瘋狂與深情

艾倫‧瑞克曼
日記絮語

MADLY, DEEPLY

THE DIARIES
OF
ALAN RICKMAN

艾倫‧瑞克曼——著

朱崇旻、林小綠——譯
艾倫‧泰勒 Alan Taylor◎編修
艾瑪‧湯普遜 Emma Thompson◎作序

目次 CONTENTS

序

——艾瑪・湯普遜（英國知名演員及劇作家）

艾倫剛去世那幾天，我見證了不可思議的現象：無數受過他關照的演員、詩人、音樂家、劇作家與導演紛紛道出對他的感激。

我在這一行還沒看過誰對如此多新人藝術家表示支持，也沒看過誰在如此多偉大藝術家成名前看見他們的才華。許多人在近期表示，他們一直不好意思親自向他道謝，覺得沒辦法輕易找他搭話。

我這位朋友矛盾得自得其樂，而這正是他最矛盾的一點——在真心想培育新秀的同時，他卻也顯得冷淡而疏遠。

實際上他當然不疏遠，而是時時刻刻活在當下；他高深莫測的表象則算是一種防衛，假使有人對他表達感激或甚至只是提問，就必然會見識到他深深的體貼，只有和他相熟的人才見過的體貼。而且，真正的他當然也稱不上波瀾不驚，他可沒少被我「驚」過，這種時候他對我的言詞便會激動起來，我還真是受益良多。

他為人大方卻也愛挑戰他人，危險又滑稽，性感又雌雄莫辨，富有男子氣概又古怪，捉摸不定又慵懶，講究又隨興。

能用以形容他的詞語不勝枚舉，相信你也能舉出一些。

他有種近似聖賢的脾性——倘若他更有自信、性子裡有那麼一丁點腐敗墮落的潛質，也許還能創立自己的宗教。在我看來，他對香腸、家具擺設等一切事物的品味都無可挑剔。

他慷慨大方的精神無人能及，花在別人身上的時間多到我都懷疑他沒有睡眠時間，也沒有只屬於自己的時間了。

一般很少人用「歡快」一詞形容艾倫，不過他真心感到好笑時，絕對體現出了歡快的精髓：他往往在笑意堆疊時忍住笑容，然後突然向前傾、軀幹一晃，頑皮的燦笑在臉上綻放，有時還伴隨著無言的一聲大笑，彷彿對自己驚訝不已。我過去一直將惹他發笑視為生命第一要務。

還記得伊美黛・史道頓（Imelda Staunton）對他說過我母親和大麻麻醉藥的搞笑故事，險些害他笑到斷氣。在那之前，我從沒看過他笑得如此開懷，之後也再也沒見過了，當下感覺像是看著別人搔人面獅身像的癢。

某年的平安夜派對上，我在家中掛了槲寄生，自己站在槲寄生下，結果一轉身就發現艾倫朝我俯身湊來。我滿懷希望地抬起下巴，他微笑著靠近，我嘟起了嘴唇。他在槲寄生下湊到我面前，這時他忽然表情一變，雙眼閃爍著精光、鼻翼微微顫動。他朝我伸手，從我下巴拔下一根略長的毛髮。

　　「很痛耶！」我說。

　　「妳長鬍子了。」說罷，他把毛髮交給我，逕自離開了。

　　艾倫就是這樣，你和他相處時，總是不曉得下一刻會被他親吻，還是會被他搞得滿心煩躁，卻還是等不及想看看接下來會發生什麼事。

　　死亡的麻煩之處在於，這之後不會有「接下來」了，只剩下曾經與從前。為此，我感到發自內心也令我心碎地感激。

　　我們一起做的最後一件事，是幫他病房裡的一盞標準型檯燈換插頭。這份任務和我們過去一同完成的其他任務沒有太大差別：我試了一次，他叫我試試別的方法，我試了但沒有成功。於是他接手嘗試，而我沒耐心地從他那裡搶過來再次嘗試，但還是沒成功，搞得我們倆都有點不耐煩了。後來，他耐著性子再次將整盞燈拆開，將正確的導線插入正確的洞裡，最後由我拴上去。我們一起抱怨這東西怎麼這麼難搞，然後喝了杯茶，從開始到結束弄了至少半個鐘頭。任務完成後，他說道：「嗯，還好我早就決定不當電工了。」

　　艾倫離世至今，我粉碎的心仍未復原，但這本日記彷彿又將我回憶中的他帶了回來——我在字裡行間看見了先前提到的體貼、慷慨、對他人的支持、激烈的評判與品味、智慧與幽默。

　　無論在人生中、藝術領域或在政治上，艾倫都是最不可多得的盟友，我打從心底信任他。

　　他無疑是最難得一見的獨特之人，我們再也遇不到他這般人物了。

無比的翻譯挑戰，聆聽眞實的艾倫‧瑞克曼

——朱崇旻（本書譯者）

身爲千禧世代末尾的孩子，我第一次接觸艾倫‧瑞克曼的作品自然是《哈利波特》，小時候被石內卜教授冷漠逼人的氣場嚇得瑟瑟發抖，長大後卻覺得這個總愛找哈利麻煩的教授有種莫名的魅力。第二次看到瑞克曼的身影，他竟是《怒犯天條》裡的天使，爲這部充滿美式風格的電影添了幾分英式諷刺與幽默，脫褲展示自己無性別那個畫面更是完全顛覆我心目中的冷傲形象。再下一次看到他，他演的是《瘋狂理髮師》裡的變態法官，一面被強尼‧戴普剃鬍子，一面開心哼著關於漂亮小姐的歌，樂在其中的模樣令人莞爾。瑞克曼每一次出現在銀幕上，似乎都能帶來新的驚喜，我也不由得爲他演繹各種角色的能力嘆爲觀止。

收到編輯的翻譯邀請時，我當然是歡天喜地接下了，恨不得立刻收藏印有瑞克曼帥照的書封。沒想到，翻譯日記並不只有翻譯人事時地物那麼簡單，還得翻譯出瑞克曼的心聲、他的感慨、他一些零碎的感想、他的喜悅與關愛、他的懊惱與悔恨。其實，光是人事時地物就是一大挑戰。瑞克曼不愧是瑞克曼，幾乎天天排滿了行程，每參加一次社交活動就能遇上政治圈、演藝界、藝術界名人（每出現一個人名就得查一次資料，光是前半本書就有一千多個詞條，浩大的工程！），每次看戲、看電影都能寫出感想與見解，就連和親友吃飯聚會也總能體悟到些什麼。雖然日記翻起來困難重重，我對瑞克曼的愛卻不減反增，對他拍片、排戲時的講究與堅持敬佩不已，而他不時冒出來的滑稽感想也讓我忍俊不禁，感覺自己有幸成了陪伴他走過一生的朋友。

第一次翻譯難度爆表的眞人日記就這麼獻給了瑞克曼，第一次和其他譯者合譯也獻給了他（辛苦另一位譯者和編輯了！），只可惜沒翻到拍《瘋狂理髮師》的那一年，心中扼腕啊。雖然只參與到他一半的日記，但瑞克曼對朋友的關懷與支持、對藝術的品味與追求帶給我深深的啓發，未來當我重溫他的作品，也許能從架上取下這本日記，聆聽瑞克曼在那一時刻的心聲。

他，就是艾倫・瑞克曼

——林小綠（本書譯者）

艾倫・瑞克曼擁有非常獨特的低沉嗓音，那一聲抑揚頓挫的：「哈利——波特！」彷彿直接刻入腦裡，在我一行行瀏覽他的文字時，腦中還能同步播放他朗讀自己日記的聲音，真實地彷彿可以看見他正坐在桌前動筆。

他鉅細靡遺記下所有他走過的地方，見過的人，做過的事，有你我好奇的《哈利波特》拍攝花絮、有被影迷簇擁的大場面、有拍戲過程發生的衝突、也有到百貨公司買平底鍋的有感而發。你很難想像這麼一個意氣風發的明星，私底下也會被樓下鄰居吵得不著覺，必須躲到飯店去睡覺，家裡同樣也有漏水、淹水、斷電的困惱。還有，你相信「石內卜」得自己大半夜去排隊買《哈利波特》最後一集嗎？

我跟著過了一遍他的人生，他就像我身邊的人，是朋友，是長輩，我走進他的內心，甚至有種我們會是知己的錯覺。這就是日記，猶如虛擬影像般投射出日記主人的形貌。你會認識到，他是一個如此熱愛生命、生活和這個世界的人，一直到生命最後的一個月，他不是在抱怨化療的痛苦或人生的不公，而是在忙著看戲、買房、設計、打包、計畫過節。日子不斷前進，同時也在倒數，如果不是他的文字量日復一日地減少，從一段話變成兩、三行，到最後的幾句話，你不會知道生命正從他身上一點一滴地流逝。

而這最後幾句話，只是關於和誰見面，在何處吃飯。任誰來看，都是再普通不過的一天，然後，就沒有然後了。我從沒在翻譯一本書的過程中哭過，終究忍不住紅了眼睛，一路淚眼婆娑地看著他的妻子補記錄完他最後的日子。

日記中，他提到的人，我不認識，他看的書，我沒看過，他愛的影片，我不知道。細查之下，跳出的是一張張的黑白照片，一個又一個的人生，每個人、每部片都太獨特，太值得去探索，延伸出許多的人生，許多的經典，當中有痴狂、有熱愛、有遺憾，這使得他的日記不光只是一本日記而已。在翻開這本書時，也許你想的人是「石內卜」，可當你闔上這本書後，你很清楚，他，就是艾倫・瑞克曼。

永遠的，唯一的

——白色豆腐蛋糕電影日記（粉絲專頁、影評人）

去年看完《怪獸與鄧不利多的祕密》之後，面對越來越龐雜華麗的魔法世界，突然很想念《哈利波特》系列，趁著年休假期再次重溫舊電影。每當看到看似陰沉冷冽的石內卜，在最後一集真相大白，這麼多年來，維繫他在暗影中奮力生存的力量，是昔日對莉莉的深情，據聞飾演該角的艾倫·瑞克曼多年前就向作者 J·K·羅琳得知石內卜的真正為人，「讓我得以攀在懸崖邊不至墜落」。

一個人這麼積極想念另一個人，又是什麼感覺呢？就像艾倫·瑞克曼在離世七年之後，我們還是一直想念著他，永遠的，唯一的。

很少有人會不喜歡這個知識淵博的英倫老紳士，謙和有禮，然則他師出名門，不僅曾於倫敦的皇家戲劇藝術學院接受培訓，並進入皇家莎士比亞劇團。雖然多年演繹莎劇，讓艾倫·瑞克曼有著不同於一般歐美明星的氣質，好萊塢卻意外相中他演出《終極警探》的斯文敗類反派漢斯·格魯伯，開啟好萊塢的演藝之路；艾倫的溫和、沉穩反而為《終極警探》這部電影製造極大反差，也成為男主角約翰·麥克連的最大夢魘。

然則，艾倫·瑞克曼從未放棄寫作之夢，嫻熟於莎士比亞文學典籍，用字文雅且流暢，在他離世前仍孜孜矻矻撰寫日記，講述他對生活、戲劇的評論，甚至是後期與他形影不離的《哈利波特》系列，也是真切愛著「石內卜」這個有血有肉的角色。石內卜在《哈利波特》系列初登場時，乍看之下是冷漠無情的教授，事實上艾倫是個不折不扣的好好先生，是為了家中的小孩，才決定接下這部眾所矚目的系列大作，一演就是十一年，卻從不厭倦，就連正式在片場結束工作的最後一天，也感性寫了一封告別信，向「石內卜」致謝。

「想演好石內卜這個角色，不能只靠著一件永遠不會更換的黑袍子戲服。」

艾倫當年提到羅琳在《哈利波特（3）：阿茲卡班的逃犯》出版時，就向他講述這個故事的完整脈絡、結局，「羅琳，這個故事需要被一位偉大的敘述者來訴說，感謝妳帶來的一切」。因為對任何事物都充滿感恩，也讓艾倫每次

的表演都顯得真性情，他與妻子瑞瑪·赫頓愛情長跑五十年，直到離世前三年才結婚，但兩人始終情深意重，艾倫形容自己的婚禮簡單、樸素，不過兩人相守一生的情誼可是真的。一輩子只愛一個人，這種奇蹟不只發生在石內卜身上，同樣也在艾倫·瑞克曼身上。

艾倫·瑞克曼所寫的私人日記《瘋狂與深情》，收錄自 1974 年至他過世前不到一個月的日記，讓我們看著一名睿智的英倫紳士，如何應對這世界的處世態度，有時激昂，有時感傷，但不變的是溫柔的筆觸，就連與他認識並合作多年的老牌影后艾瑪·湯普遜都特別撰文推薦，「本日記彷彿又將我回憶中的他帶了回來——我在字裡行間看見了先前提到的體貼、慷慨、對他人的支持、激烈的評判與品味、智慧與幽默」，足見以這本書的難能可貴。

在翻開這本四十年日記之前，
你永遠都不夠認識艾倫・瑞克曼

——龍貓大王通信（影評人）

「下午 5 點：接受安・麥克費倫的採訪——《星期日泰晤士報》。他們想談論依然還是二十年前的事，不然就是哈利波特，哈利波特，哈利波特。我該驚訝嗎……？」

寫下這段文字的人，想必已經對《哈利波特》系列十分厭煩。確實，我們在許多《哈利波特》電影裡看到的他，也總是掛著一雙生無可戀的死魚眼。但那是他飾演的角色個性限制，而對任何英國演員而言，能夠演出全八部的《哈利波特》電影，就是一種對影壇地位的肯定。

更何況，艾倫・瑞克曼飾演的可是石內卜老師：一位總是與主角哈利作對的壞脾氣老師，然後最終洗白成魔法世界裡最深情的好暖男。

我們一直不夠認識石內卜，正如我們一直不夠認識艾倫・瑞克曼。我們是在 1988 年電影《終極警探》裡認識他，這個新面孔演出了未來一整個世代的「高智商德國白人冷靜壞蛋」的範本；可是，我們不知道，在 1988 年以前，艾倫已經入圍過美國舞臺劇界最高榮譽東尼獎，以及外百老匯的最高榮譽戲劇桌獎。

而且不只這兩個例子：儘管艾倫已經在 80 年代好萊塢闖出名聲，可是在群星鬥豔的紅毯首映禮上、在歡慶榮耀的頒獎典禮派對上，艾倫總是躲在鎂光燈範圍的邊界，臉上總是一片風波不驚的安適。

我們不認識真正的艾倫・瑞克曼，就像上述這段抱怨媒體只關心《哈利波特》的文字，是艾倫在 2005 年 10 月寫下的，不到兩個月後，12 月 1 日他又寫下：

「從 6 月開始醫生所做的所有紀錄，最終得出一個診斷，我得到 PC（攝護腺癌）。」

「賈斯汀・維爾教授的說明清晰明瞭且態度樂觀。大腦、意志力像果醬金屬蓋一樣緊閉，他說你會無法聽見任何聲音。我竭力想聽清楚每一個字。」

2005 年的全世界並不知道這個事實，《哈利波特》系列才在一個月前推

推
薦
序

出了第四部電影《哈利波特：火盃的考驗》，觀眾在這部電影裡發現，原來石內卜竟然私底下為佛地魔工作！觀眾前幾集對石內卜的懷疑累積至此，終於從伊果・卡卡夫的證詞裡，證實了石內卜的真面目，這位魔藥學教授果然有鬼！

當然事實不是如此，電影觀眾得再過幾年才會了解真相，正如同他們得等到 2016 年聽到艾倫的死訊時，才得知他罹癌的事實。

你現在打開維基百科，上頭寫著「2015 年艾倫輕度中風，因此診斷出罹患胰臟癌」。但是，我們在《瘋狂與深情：艾倫・瑞克曼日記絮語》這本近期在台灣出版的艾倫親筆日記裡，可以清楚了解到，早在 2005 年，艾倫已經先一步遭遇癌症的侵襲，即便他後來切除了整個攝護腺，多年後，他仍然必須再一次面對新的病痛惡魔……而他一樣選擇向全世界隱瞞實情。

你很難說《瘋狂與深情：艾倫・瑞克曼日記絮語》是一本傳記，這本私密日記記錄了 1974 年至他逝世前不到一個月的心情，而因為是私人日記，許多隨筆顯得支離破碎，你很難從中理解艾倫・瑞克曼四十年演藝生涯的脈絡。但這本日記雖然不是傳記，某種程度上卻是最切入艾倫心靈的紀錄。

《瘋狂與深情：艾倫・瑞克曼日記絮語》記錄的不是艾倫的演技心得、也不是記錄他詮釋角色的創見，這部書記錄的是他最祕密的情緒：是「為什麼老是要提《哈利波特》？」與「史匹柏這部電影《慕尼黑》好枯燥」；是他面對病情的困惑，甚至還包含某種微妙的新奇感；還有他讓自己製作的舞臺劇《我的名字是若雪・柯利》登上紐約舞臺時所遇到的各式審查壓力……

不管你看過多少部艾倫・瑞克曼的電影，多麼熟悉他那似乎老是皺眉的眉宇，但是《瘋狂與深情：艾倫・瑞克曼日記絮語》裡有一個新奇的艾倫・瑞克曼，他有很多話想說，他對 BBC、好萊塢與《哈利波特》很有意見，而他寫在這本理應沒有別人能看到的小本子裡。

為什麼艾倫寫了四十年的日記？很明顯他不是為了日後出書，然後可以狠撈一筆名人日記紅利。因為這些文字太私密，太不給這個世界面子，那純粹僅是昨天與今天的艾倫互相對話的片段，而艾倫出於某個原因，決定記錄這些心海裡的吉光片羽，而且持續四十年以上。

若干年後的現在，讀者們終於能透過這本日記，去挖掘真實的艾倫・瑞克曼面目，在那裡沒有石內卜或是高智商的漢斯・格魯伯，只有一位真心熱愛表演的演員，深信表演能帶給人們力量與啟發，而癌細胞無法撼動他的信念。

你還能看到一個極度害羞內斂的靈魂——儘管漢斯・格魯伯一點都不害羞。2015 年，有人邀請艾倫成為皇家藝術學院主席，他說：「你需要一個知

名度更高的人」；當《哈利波特》劇組要辦聖誕舞會，試圖說服艾倫跳舞，他說：「爲什麼？和誰跳？有什麼理由？還是別出現比較好。」

在這本日記裡的艾倫，無論過了多少年，看起來都像個害羞的大男孩，有點社恐、對應對進退與名聲感到無奈並且閃躲。當讀到他必須出席某些眾星雲集的熱鬧場合時，很容易想像到艾倫不自覺扭動肢體的尷尬模樣。

眞相會令人自由，這句話無法適用於《瘋狂與深情：艾倫・瑞克曼日記絮語》。這本日記不會令我們自由，只會陷入艾倫不爲人知的瘋狂與深情，這是個嚴肅警告，在你翻開本書前請三思。

前言

──艾倫‧泰勒（本書編修者）

電影觀眾初次認識艾倫‧瑞克曼，是在 1988 年的驚悚動作片《終極警探》（*Die Hard*）。當時 42 歲的他，以好萊塢標準而言已是古稀老人了，在電影中飾演條頓恐怖份子漢斯‧格魯伯（Hans Gruber），在強據洛杉磯一幢摩天樓之後，挾持了大樓裡的人質。乍聽之下，這部電影並不特別吸引人，人們對它沒太多期待，早期的影評也毀譽參半，但《終極警探》仍十分賣座，觀眾的好評也傳了開來。《終極警探》主角其實並不是格魯伯，而是他的對手，由布魯斯‧威利（Bruce Willis）飾演的紐約警探，然而全球觀眾卻在電影裡發掘了瑞克曼先生的才華，對他扮演精神變態反派時的無所顧忌目不轉睛、讚譽有加。就如《紐約客》（*New Yorker*）一名評論者日後所述，格魯伯「喜歡高檔西裝、愛讀雜誌，也常引用錯誤的普魯塔克（Plutarch）名句，從來沒有人帶著這種不感興趣到了神乎其技境界的神情，開機關槍或處死平民。瑞克曼詮釋的格魯伯似乎心懷古怪的聽天由命態度，彷彿打從一開始便料到自己會失敗與死亡」。

詩人拜倫勳爵（Lord Byron）曾開玩笑道，在他的詩作《恰爾德‧哈羅爾德遊記》（*Childe Harold*）出版後，他一早醒來就發現自己出名了。艾倫‧瑞克曼也和過去那位詩人一樣一夕成名，而令他家戶喻曉的作品正是《終極警探》。在此之前，他主要在英國開拓演藝事業，最知名的莫過於他在皇家莎士比亞劇團（Royal Shakespeare Company）的工作，許多人在 1985 年看了他在《危險關係》（*Les Liaisons Dangereuses*）等舞臺劇的演出，對他印象深刻。而在那之前的 1982 年，艾倫曾演過 BBC 一部改編自安東尼‧特洛勒普（Anthony Trollope）小說系列作《巴徹特》（*Barchester*）的影集，完美地飾演笑容令人噁心的猥瑣雙標仔歐巴迪亞‧斯洛牧師（Reverend Obadiah Slope），充分表現了在電視上與舞臺上的演藝才能。儘管過了多年才登上全球明星舞臺，艾倫其實早已展現出這份潛力了。

他擁有足以賦予股市數值變動的性感誘惑嗓音，以及從容不迫又能蠱惑人心的演技，明顯具有演藝天賦。對艾倫而言，演戲比起職業更像是事業，他因此對試圖貶抑這一行的人們深感不耐，同時對一生致力演藝的人敬佩不已。如他的日記所示，演戲不僅是逃避的方法──但逃避本身也是一件美妙之事──更是一道門，讓人更進一步理解人性的方方面面。

瘋狂與深情

話雖如此，他最初並沒有靠演戲吃飯的打算。艾倫・希德尼・派翠克・瑞克曼（Alan Sidney Patrick Rickman）出生於 1946 年，是四個孩子中的老二（兄弟姊妹共三男一女），一家人住在倫敦近郊的阿克頓區，當地居民多為勞工階級。他父親伯納德（Bernard）是工廠工人，在艾倫 8 歲時便去世了，所以母親——瑪格麗特（Margaret）——只能靠電話接線員的薪水獨力養家餬口。艾倫先後就讀當地小學與拉提默中學（Latymer Upper），該校校友包括演員休・葛蘭（Hugh Grant）與梅爾・史密斯（Mel Smith）。

　　他 16 歲時認識了 15 歲的瑞瑪・赫頓（Rima Horton），兩人都對業餘戲劇表演深感興趣。交好數年後，他們在 1970 年左右開始交往 2012 年結婚，直到艾倫去世時都沒有分開。

　　中學畢業後，艾倫接著就讀切爾西藝術與設計學院（Chelsea College of Art and Design）並於 1968 年畢業。他先是作為平面設計師工作數年，後來獲得皇家藝術學院（Royal Academy of Dramatic Art，RADA）的獎學金，成為該學院最優秀的學生之一，而在皇家藝術學院學習的期間，他的生涯方向也逐漸成形。就如艾倫在 1974 年所書：「傑出的演技必定能如精確瞄準的炸彈，強而有力、準確專一地命中觀眾，你只會意識到當下的衝擊或一系列衝擊，事後才有辦法研究炸彈所造成的破壞，或思索炸彈的製作方法。」

　　艾倫在謝菲爾德、伯明罕、諾丁漢與格拉斯哥等城市的劇目劇院當學徒，精進演技的同時累積經驗。演員在劇院實習，就相當於少女遠赴瑞士讀女子精修學院，他因此打下了扎實的基礎，後來成為影星、廣受全球影迷注目後，他也從未忘卻自己的根本與初衷。《終極警探》上映後，艾倫變得十分搶手，最先找上門的工作是《俠盜王子羅賓漢》（Robin Hood: Prince of Thieves），他在其中扮演令人印象深刻的諾丁漢治安官（Sheriff of Nottingham）：「那就這樣了。別再把廚餘施捨給瘋瘋病人和孤兒，別再做什麼人道斬首，乾脆連聖誕節也取消算了。」

　　艾倫一向盡量避免固定演同類型角色，尤其是反派，於是他接下來和茱麗葉・史蒂芬森（Juliet Stevenson）在愛情喜劇片《人鬼未了情》（Truly, Madly, Deeply）中演對手戲——茱麗葉是他視為摯友的女性演員之一。他在 1995 年參演了改編自貝莉爾・班布里奇（Beryl Bainbridge）同名小說的《新愛情樂園》（An Awfully Big Adventure），以及艾瑪・湯普遜改編自珍・奧斯汀（Jane Austen）經典小說的《理性與感性》（Sense and Sensibility）。在後來成為一代邪典的《星艦迷航記》（Star Trek）惡搞作品《驚爆銀河系》（Galaxy Quest）中，艾倫扮演了外星人，他後來又在《怒犯天條》（Dogma）中飾演擁有上帝

之聲的天使。艾倫可說是演藝方面的全才，飾演過的角色另外包括拉斯普丁（Rasputin）、安東・梅斯梅爾（Anton Mesmer）、艾蒙・戴・瓦勒拉（Éamon de Valera），以及紐約龐克搖滾俱樂部 CBGB 的老闆希利・克里斯塔爾（Hilly Kristal）。21 世紀最初十年，他主要致力於《哈利波特》（Harry Potter）系列八部電影的演出，扮演脾氣極差又尖嘴薄舌的賽佛勒斯・石內卜（Severus Snape）教授──這成了他的代表作品，爲他增添不少粉絲，而粉絲群的平均年齡也因此大幅下降了。得知我在編修艾倫的日記時，我 8 歲的孫女難得表現出了應有的敬佩。

你會在日記中發現，艾倫總是積極挑戰自我，極少選擇簡單的道路。他要求甚高，有時不得不咬牙面對惱人的傢伙，不過他對他人嚴格的同時也嚴格要求自己。舉例而言，他在 1998 年參與了英國國家劇院（National Theatre）的《安東尼與克麗奧佩托拉》（Antony and Cleopatra）舞臺演出，由海倫・米蘭（Helen Mirren）飾演性感的埃及豔后，艾倫則扮演對她痴情著迷的戀人。在某個平行時空，艾倫也許會將一生心血投入導演工作──他成了莎曼・麥克唐納（Sharman Macdonald）戲劇作品《冬天的訪客》（The Winter Guest）的舞臺劇與電影製作人，這也一直是他畢生的得意之作。同樣令他驕傲的作品還包括《我的名字是若雪・柯利》（My Name is Rachel Corrie）：他和記者凱瑟琳・瓦伊納（Katharine Viner）參考眞實人物若雪・柯利的日記與信件，共同編寫了這部劇本，劇中女主角便是抗議巴勒斯坦人家園被毀，結果被以色列裝甲推土機壓死的這位若雪・柯利。這部舞臺劇在遷至紐約演出的前夕，突然因所謂的反以色列偏見而「延期」，艾倫則極力否定相關指控。艾倫較不受爭議的作品包括《美人情園》（A Little Chaos），講述園丁（凱特・溫斯蕾 [Kate Winslet] 飾）與法王路易十四（艾倫飾）的故事。這部電影製作時間相當長，最後終於在 2014 年問世。

看見如此驚人的履歷，我們也許會認爲艾倫所有的心思都放在了工作上，然而事實截然相反。他深愛家人朋友，且出了名地善於交際、親切、誠實與慷慨。艾倫幾乎天天在外用餐，若吃飯時別人試圖買單，他往往會用四個字拒絕對方：「哈利波特。」不在倫敦時，他經常出沒於紐約，他和瑞瑪在那裡買了一間公寓，也在義大利托斯卡尼區的坎帕尼亞蒂科鎮整修了一幢房屋。他偏愛的度假地點是加勒比群島與南非。自己沒在臺上演出時，艾倫總會去欣賞同儕出演的節目，也習慣在臺下寫筆記之後提出建議，而人們接受建議的態度往往和他給出建議的態度相當。布萊恩・考克斯（Brian Cox）回憶道，他們在 1980 年拍攝改編自埃米爾・左拉（Émile Zola）書作《紅杏出牆》（Thérèse Raquin）的電視劇時，艾倫對他說，他「在鏡頭前反應有點慢」，考克斯則回道：

「艾倫，你知道你這句話說得多遲嗎？你說我慢，我才該跟你學幾招呢。」

講述過類似回憶的人不計其數，艾倫在人們心中種下的愛也難以計量。我們得記得，當他在日記中批評朋友時，完全是出於對他們的愛，況且他寫下的言語多半都是他願意面對面告訴對方的話。

我們不清楚他寫日記的原因，各種人都可能會寫日記，他們記錄生活點滴的理由也五花八門。有些人想要見證驚天動地的事件，其他人則只想詳細記錄一些芝麻綠豆般的小事，而這些小事可能會隨時間累積而增添重要性。我們不知道艾倫會不會希望自己的日記被出版，不過他生前確實多次收到了寫書的邀請，可能會想將日記的部分內容寫進書中。我們只知道，一旦開始寫日記他便上癮了。他從 1972 年開始書寫口袋記事簿，記錄各種邀約、紀念日、開幕式與致詞，其中二十七冊保存至今。1992 年開始，艾倫以詳細許多的方式記錄生活與工作，並向當地文具店購買日記本，每一頁可用以記錄一天的事件與想法。這樣的日記本共有二十六冊，其中多冊包括精美的彩色插圖。除此之外，他在 1970 年代中期到 1980 年代中期還另外使用一本筆記本，不時在裡頭寫些文字。艾倫的最後一篇日記寫於 2015 年 12 月 12 日，當時他已經知道自己來日不多了。

《瘋狂與深情》濃縮了一百萬餘英文字，記述公元第三千禧年伊始前後最廣受喜愛與敬慕的演員之一的生平故事。這之中包括高潮與低谷、好評與負評、令人喜悅的演出，以及百般出錯的工作。在掌聲與加演結束後，艾倫往往會退至他喜歡在深夜出沒的所在，在仰慕者與演員同儕的圍繞下放鬆心神，回顧方才結束的演出與未來的表演。閱讀本書時，我們彷彿能親自去到那些地點，與真正的艾倫・瑞克曼相見。能和他相處，無疑是最大的殊榮。

中文版編輯說明：

1. 本書因爲是較隨性的日記體，書寫上會出現不少省略之處，爲使事件及人物的脈絡清楚，原文編修者的補充說明，例如：〔艾倫・瑞克曼的會計師〕大衛・科帕，會保留原文〔　〕的標示插入文句中。
2. 譯者與編輯另外的註解會以「譯註」、「編註」表示。
3. 有些影劇名稱、人名與正式名稱有所出入，爲了保留艾倫・瑞克曼最原始的寫法，會以註解的方式額外說明。

日記
Diaries

1993 ～ 2015 年

1993

派崔克・考菲德（Patrick Caulfield）

理查・威爾森（Richard Wilson）

湖區

薩塞克斯廣播電臺

柏林

河畔工作室劇院（Riverside Studios）

《瘋狂遊戲》（*Mesmer*）

彼得・塞拉斯（Peter Sellars）的《波斯人》（*The Persians*），薩爾茲堡

尼爾・金諾克（Neil Kinnock）

維也納

史提夫・萊許（Steve Reich）

《西雅圖夜未眠》（*Sleepless in Seattle*）

維也納

《瘋狂遊戲》

柏林

匈牙利

巴黎

藝術遊行（Arts Rally）

菲利克斯音樂獎（Felix Awards）

加勒比群島

6月13日

享受為朋友準備餐點的寧靜喜悅。

下午 1 點：邁可‧G（Michael G.）、克里斯多夫（Christopher）與蘿拉‧漢普頓（Laura Hampton）、丹尼（Danny）與蕾拉‧韋伯（Leila Webb）、珍（Jane）與馬克（Mark）、瑞瑪與莉莉（Lily）。

陽光露面，我們湧入花園。

6月20日

派崔克‧考菲德 [Patrick Caulfield，英國畫家] 說他討厭畫畫，但他就是以此維生。「走進這間小房間的恐怖感。得做點什麼，是什麼不重要，總之得做點什麼。」

6月21日

回家，開電視看 BBC 第 2 臺──碧娜‧鮑許（Pina Bausch）[1]。**貨真價實的人物。**（又在《The Face》雜誌讀了一篇關於年輕性感人物的文章。）她有種優雅又堅定的真誠。羅伯‧勒帕吉（Robert Lepage）[2] 向她致敬，不意外。

6月23日

12 點左右：和米特蘭銀行（Midland Bank）討論購屋的可能性。

1 點左右：[艾倫‧瑞克曼的會計師] 大衛‧科帕（David Coppard）──電影、稅務、安排、支出。他是怎麼保持歡快的？

4 點左右：貝琳達‧朗（Belinda Lang）和休‧弗拉瑟 [Hugh Fraser，她先生]──莉莉的生日，但她病了。據說我在選舉日惹到了伊蓮‧佩姬（Elaine Paige），又是我那漫不經心的殘忍了。

6月24日

讀完克里斯多夫‧漢普頓（Christopher Hampton）的《諾斯特羅莫》（*Nostromo*）劇本。那本書要怎麼全塞進一部電影？也許他可以……我也不曉得。

一早都在講電話──真正的對話是如此之少。主要是不想讓對方輕易攻擊到我。

12 點：健身房。我還不確定喜不喜歡。

4 點：帶媽去戈爾茲伯勒廣場公寓。她很勇敢。感覺到自己只是在**說服**她。這多半不是真正的解決方法吧。

1　德國舞蹈家與編舞家，1940 － 2009。

2　加拿大劇作家，1957 －。

6月25日

→健身房。

還真辛苦。

下午：和克里斯多夫討論《諾斯特羅莫》和《紅樓金粉》（*Sunset Boulevard*）──前些天安德魯・洛伊・韋伯（Andrew Lloyd-Webber）淚流滿面。「我延期六個月，把哈洛德・普林斯（Hal Prince）請來加入計畫。」崔佛・農恩（Trevor Nunn）說我這一鏡需要三十秒對白。「要說什麼？」「都可以。」

6月26日

下午 6 點：倫敦大劇院。《馬克白》（*Macbeth*）……阿根廷法西斯主義與《芬利醫師》（*Dr Finlay's Casebook*）電視劇的奇怪混合物。

彼得・喬納斯（Peter Jonas）[3]、大衛・龐特尼 [David Pountney，歌劇導演] 與馬克・埃爾德 [Mark Elder，指揮家] 都 [對英格蘭國家歌劇團（English National Opera）] 道別了。我對這個世界知之甚少，身邊盡是瘋狂鼓掌的保守黨員。喬納斯在演說中提到藝術界與國民保健署（NHS），我很想歡呼，觀眾卻靜了下來，是怫然的死寂。

6月27日

與時間賽跑。午餐前和貝琳達與休讀劇本──他們因為保母離職而大受打擊，但貝琳達仍一如往常準時備了一桌美味午餐，而且她還是在 11 點半左右得知午餐時間並非下午 1 點，而是 12 點半。她近來身體抱恙，卻還是照常進片場，看上去容光煥發。

10 點 30 分：《西雅圖夜未眠》──看到一半，我心想：「我也有演這部電影。」[4]

7月1日

和理查・威爾森共進晚餐──口音餐廳的餐點非常美味──看來必定會發生某件事情。

卡蘿・托德（Carol Todd）來了電話……河畔工作室那邊的狀況相當微妙。

羅傑（Roger）[5] 也來了電話。這麼說吧，他不是非常樂觀。

3　英國藝術管理人與歌劇團團長，1946 － 2020。

4　並沒有。

5　羅傑・史波提斯伍德（Roger Spottiswoode），英國電影導演，1945 －。

7月2日

上午 3 點 40 分：醒著，正試圖點出值得這般輾轉反側的情緒。在夢中，我黑夜中走在自家走廊上，試著僅憑雙手揣摩地形環境——找到了本該上鎖卻沒鎖的門扉。

（注意：遇到業餘心理醫師就把這個交給他們。）

7月4日

上午：開車穿過湖區去拉斯金（Ruskin）家。

5 點左右：搭渡輪回到湖泊這一岸。

6 點 58 分：去尤斯頓車站。

和羅傑（Roger）與夏洛特·格洛索普（Charlotte Glossop）[6]重聚真是開心，他們現在還有了相親相愛的可愛孩子們。

他們對工作與生活的態度真實、簡單、大方又開放，不存在任何一絲欺瞞或自私。他們打造了自己的夢想，如今過著夢想的生活，並且將這個夢贈予他人。消除這一週煩心事的最佳解藥。

7月5日

12 點：茱麗葉·史蒂芬森到來了——手忙腳亂地找尋遺失的鑰匙、撥了電話卻聯絡不上另一頭的人等等——換言之，她一如往常遲到了。

但能和這兩盞明燈同場演出，還是十分好玩。

茱麗葉當然是被控制住了。

7月6日

3 點 30 分：薩塞克斯廣播電臺的訪談——這就是為什麼我不想再接受這種訪談了。那男人嘴邊老掛著「帕迪」[7]一詞，還認為獨角戲能拯救英國戲劇界。

7月8日

3 點 30 分：搭機去柏林。

蘭斯［·W·雷諾茲（Lance W. Reynolds），製作人］跟我搭同一班機，維蘭德［·舒爾茨－凱爾（Wieland Schulz-Keil），製作人］載我到飯店與餐廳——與他們相處時我不能鬆手；我從頭到尾緊拉韁繩，直到他們簽約為止。

6　羅傑·格洛索普（Roger Glossop）與夏洛特·斯科特（Charlotte Scott）夫妻是鮑內斯鎮老朗德瑞劇院（Old Laundry Theatre）的所有者。

7　譯註：Paddies，貶義詞，指愛爾蘭人。

7月9日

與碧吉特［·胡特（Birgit Hutter），電影服裝設計師］試穿戲服——立刻成了滿腦子正義的天使。假髮和妝容非得讓人看看不可。

5點5分：搭機往倫敦。

7點左右——劇本給瑪麗·伊莉莎白·馬斯特蘭東尼奧（Mary Elizabeth Mastrantonio），帕特·歐康納（Pat O'Connor）[8] 想開派對；但不知為何他們準備去愛爾蘭一週（不是才剛來嗎）。

7月14日

有些日子似乎註定平靜，而有些日子註定狂亂。

上午9點：大衛（David）[9] 送書架來並修理櫥櫃，史帝夫（Steve）來修理音響，嘉奈特（Janet）來打掃，露比［·懷克斯（Ruby Wax）］來讓我看一些被剪的片段，電話一直響一直響一直響。

這不是河畔工作室的午餐嗎；不是河畔午餐而是晚餐；我讀過魯德金（Rudkin）的劇本了沒？[10] 我們能去斯特勞德市嗎？誰能來，誰不能來？

下午8點：與路易絲·克拉科瓦［Louise Krakower，電影導演］的晚餐。

9點50分：《今天暫時停止》（Groundhog Day）。

差一點了。還稱不上卡普拉（Capra）[11] 等級，但已經令人鬆一口氣了。

7月15日

這天導向了河畔種種莫名其妙的事件，還有晚上7點匆匆忙忙的提案。珍［·哈沃斯－楊（Jane Hackworth-Young）］不是大大出錯，就是狠狠整了我們一回。這背後藏著什麼黑幕？如果是茱爾絲·萊特（Jules Wright），我要把**她**狠狠整回去。[12]

8　愛爾蘭戲劇導演，1943 —。

9　編註：艾倫·瑞克曼的哥哥。

10　大衛·魯德金（David Rudkin），英格蘭劇作家與編劇，1936 —。

11　編註：法蘭克·卡普拉（Frank Capra），史上奧斯卡最佳導演獎得獎第二多的導演。

12　1993年夏季，倫敦西區的河畔工作室劇院遇上財政困境，艾倫、戲劇製作人塞爾瑪·霍特（Thelma Holt）與艾倫從皇家藝術學院時期便認識的電影製作人凱瑟琳·貝利（Catherine Bailey）試圖接管劇院。三人當中知名度最高的艾倫成了媒體報導的主角。經營女性劇場信託基金（Women's Playhouse Trust），同時也是河畔董事的澳洲戲劇創業家茱爾絲·萊特（Jules Wright）也提出了接管劇院的提案。根據倫敦列表雜誌《Time Out》的報導，萊特收到了擔任藝術總監的邀請。此事件後來被稱為「河畔門」（Rivergate），引發的爭議也越來越大，以致艾倫與萊特在1993年11月28日發生了一次激烈衝突。最終，艾倫等人頗具野心的提案遭拒，萊特收回了提案，而以經營愛丁堡國際藝穗節（Edinburgh Fringe）集會堂（Assembly Rooms）聞名的威廉·伯戴特－古特茲（William Burdett-Coutts）成為河畔工作室劇院的經理，任職二十七年。

7月16日

河畔的事我們就等著瞧吧。《瘋狂遊戲》也是。

我看黛博拉·華納（Deborah Warner）[13] 說得沒錯，只做自己想做的事，讓自己成為獨特的個體——然後就會受邀去薩爾斯堡與布魯諾·岡茨（Bruno Ganz）的電影。為了一部《科利奧蘭納斯》（Coriolanus），用到兩百個臨演和五匹馬。

7月18日

回家聽電話留言說茱爾絲·萊特拿下了河畔工作室，羅傑·史波提斯伍德也來了電話，告訴我最新的《瘋狂遊戲》恐怖故事。這莫非是一場大考驗？我該如何理解河畔那邊的狀況？我並非懷著怒氣寫下這些（不過——我們若發現任何偷雞摸狗的情況，憤怒必定會猛然湧來），就只是為這個國家永無止境地追求平庸、推進平庸而感到麻木。

1993

日記：1993─2015年

7月19日

今天大部分時間都用來接電話了。

《瘋狂遊戲》似乎又有了生命，支票寄出去了——有簽名嗎？有哪裡拼錯嗎？它想必也會因某種原因遭到拖延吧。

河畔給了茱爾絲·萊特，不對，不是給她，對，就是給她，到底有沒有讀我們的東西？也許沒有吧。[珍·]H－Y究竟是叛徒還是無辜者，還是滿腦子想著權勢想瘋了呢？無論如何，它不是給我們，但我們不曉得他們到底有沒有錢經營那地方。

7月20日

今天事情也許有了轉機，為此，處於糞坑裡的我有些感激。

[塞爾瑪·霍特的助理們]麥肯（Malcolm）與甜豆（Sweet Pea）都十分務實、專注——真是感人——我要是當面告訴他們，他們必定會哈哈大笑。

我們總算了結這一切了——寫了那麼多封信，一次也沒提及茱爾絲·萊特的姓名——至少目前為止是如此。然後塞爾瑪回來了，現場充滿了人性與愉悅心情。我回家發現 J·W 的提案也才四頁而已。瑞瑪想也不想就說那是「圈套」，她言之鑿鑿的模樣經常惹我發笑。

10點30分左右：看板咖啡廳。茱麗葉[·史蒂芬森]、瑪麗·麥高恩（Mary McGowan）、琳賽·鄧肯（Lindsay Duncan）與希爾頓·麥克雷[Hilton McRae，她先生]。為他們說明本日事態時，我有了集中力、力量與方向。我們會再瞧瞧，

13　英國戲劇導演，1959 －。

再瞧瞧，再瞧瞧。

這一切當中，《瘋狂遊戲》仍在狂亂飛馳。傳眞，電話，懇求，許諾，要求。問題。不知爲何就是沒有答案。另外有人開價一週 5 萬英鎊要我去西區演《一片週六夜》（*A Slice of Saturday Night*）[14]。**瘋了瘋了瘋了。**

7 月 21 日

又是接不完的電話。

回信。

塞爾瑪強硬起來了。

《Time Out》仍舊挖個不停。

麥克‧歐文（Michael Owen）[15] 退讓了。

安德烈斯 [Andreas，艾倫‧瑞克曼的健身教練] 教我一套可怕的新健身法。

7 月 22 日

上健身房之後帶雅文（Arwen）去吃午餐——國王大道的節拍咖啡廳。我上樓是如此輕鬆，她卻寸步難行，我實在是無法接受。她趴倒在計程車地上的畫面我倆肯定忘不了。幸好她、我和計程車司機都還笑得出來。

7 月 23 日

日記——眞是奇怪的東西，還得將他人簡化爲縮寫記錄下來。在此備註 J‧W ＝茱爾絲‧萊特；危險又愛操弄他人的傢伙。

7 月 26 日

河畔的問題持續蒸騰……

J‧W 一位朋友的信刊登在《旗幟晚報》，我飛機上寫回應，可見這件事能多快完成。有機會看彼得‧塞拉斯 [16] 製作的《波斯人》，突然的一聲「好」，幾通電話過後我就提著旅行包出門上路了。往薩爾斯堡去。

前往希斯洛機場的旅程還眞是無可挑剔。

接著到慕尼黑，新潮的高科技機場，100 英里長的走廊過後找到司機。100 英鎊過後我抵達薩爾斯堡，看最後半小時的《波斯人》，我現在在腦海中拍下每一張畫面的照片，珍藏每一分每一秒。費費 [費歐娜‧蕭（Fiona Shaw）] 最後

14　海瑟兄弟（Heather Brothers）的音樂劇。（編註：原文簡寫成 *Slice of Sat Night*。）

15　《旗幟晚報》（*Evening Standard*）藝術編輯。

16　美國戲劇導演，1957 －。

也來了，每次見到她都很開心，她是對人生最為肯定的一聲「好」。

7月27日

為了《科利奧蘭納斯》去拜律特節日劇院（Bayreuth Festspielhaus），場地驚人。希爾嘉德（Hildegard）[17] 的模型已是等身大小，不可思議的尺寸。忽然有股奇怪的欲望，想加入這齣劇。我們在第三排，幾乎已是舞臺的一部分。兩百名臨演，馬匹，火焰；壯闊卻又模稜兩可。我最欣賞布魯諾·岡茨，彷彿根本不是演員。我在派對上遇見他，他害羞、禮貌、文靜、瘦小，不意外。彼得·施泰因（Peter Stein）[18]——全然不同的一回事，如黛博拉所說。勇敢的演出，怯弱的觀眾。

7月28日

黛博拉和費歐娜·蕭絕對找到了屬於她們的力量，但仍有種驚慌感——她們會如何處理呢？聽說在面對黛博拉的自負時，施泰因態度粗率。

管他什麼控制飲食——午餐吃油煎香腸、馬鈴薯與德式酸菜。莫札特博物館——演奏樂器的女孩子故意用破法文說話，就為了之後用**流利**的法文令我們大吃一驚。英文也很流利。

在劇院找到費費與黛博拉，喝茶。F 在為她製作的《哈姆雷特》（*Hamlet*）、她的電影事業、我們的經紀人、她準備在國家劇院演出的舞臺劇擔憂。我看得出她為何憂心，但還真浪費了她豐沛的精力。飛機上和凱瑟琳·貝利談論此事與其他事務，了不起的女人，事情總能做得恰到好處，而且投注了所有心血。歸家。那一切當真發生過嗎？

7月29日

回家讀《Time Out》與《旗幟晚報》，都是些令人振奮與集中精力的文章。若能將所有能量與專注力移轉到河的對岸就太好了。那就繼續說吧。

《侏儸紀公園》（*Jurassic Park*）——這是什麼鬼劇情？恐龍很棒。

→下午 8 點：和丹尼斯·勞森（Denis Lawson）看《情慾》（*Lust*）。讓我聯想到 1974 年的《女兒關在家》（*Lock Up Your Daughters*），只不過**更無頭緒**。

1993

日記：1993—2015年

17　希爾嘉德·貝希特勒（Hildegard Bechtler），德國布景與戲劇服裝設計師，比爾·派特森（Bill Paterson）之妻，1951 —。

18　德國戲劇導演，1937 —。

7月30日

和史蒂芬・泰特（Stephen Tate）談話——《觀察家報》（*Observer*）。每每和記者對談，我總感到身心不安，有些像擔心自己靈魂被攝走而不愛被拍照的部落民族。但今天有種強烈的感覺，像是當頭撞上了自己的宿命。

7月31日

一覺醒來，方才夢見我和瑞瑪要去地處偏遠的鄉間小屋度假一週，路上首先得穿過滿是泥濘的田野到一幢農舍——右手邊是某種雞舍。有人指示我們將在床墊上亂跑的母雞們趕走，把床墊抖一抖之後搬去小屋。走近時，我們聽見性愛過後的咯咯笑聲。我們往內窺，稻草上有一對衣冠整齊的 75 歲老人，笑嘻嘻地躺在雞蛋與母雞之間。

與塔拉・雨果 [Tara Hugo，美國歌手與演員] 合作，為她在紐約的首演做準備。我還真喜歡這樣轉變事物——或者可以說，是更加精準地將聚光燈打在優秀人才身上。所有活動的流程對我而言都是一團謎，深刻見解究竟從何而來？一部分是累積形成，但大部分都是仍隱藏在迷霧之中的天賦。

8月1日

《觀察家報》刊登河畔相關的報導——記者太過懶惰，因此用字遣詞過於直接。

8月3日

10 點 30 分：去 ICM[國際創新管理公司] 簽合約備忘錄。真希望這些事情能著重在常識的部分——想到得議論人名的尺寸、他們會不會出洗衣錢、準備多少瓶 Evian 依雲礦泉水等等該死的問題，我就覺得丟臉。但他們要是想佔我便宜……事後我和瑞瑪為她接下來的牙買加行程購物，只消持續餵食她、經常取得咖啡，就能在騎士橋玩得開心。

8月5日

克莉絲汀・米華德[Kristin Milward，艾倫・瑞克曼在皇家藝術學院結識的老朋友] 來吃午餐。現在是時候採取激進的行動了，如果問題沒能奇蹟般解決，那她也許該去別國工作。英格蘭並沒有看見她的才華，也沒有給予她應得的報償。

8月8日

在家裡看《金諾克》（*Kinnock*）的最後一個部分。尼爾（Neil）[19] 不該感到如此

瘋狂與深情

19　譯註：指尼爾・金諾克（Neil Kinnock），英國政治家，前工黨領袖。

挫敗的。我憑直覺猜到他會在 4 月 9 日的選舉中失利，但同樣的直覺也告訴我，這個國家發展出了如此卑劣的精神——人們無聲地拒絕去思考別人的問題，以致失去平衡——他已經**不可能**再做到更多了。他做出最大的個人犧牲，成全了他人。

李文斯頓（Livingstone）[20]、斯金納（Skinner）[21] 等人錯了，他們一生都浸溺在政治之中，無法**眞**正測出風向，因職業精神而失去了與自身清白的連結。

8 月 9 日

下午 4 點：N‧N 到場前先去塞爾瑪的辦公室初步談論河畔的問題。此刻——塞爾瑪、我、克萊兒（Claire）、瑪格麗特‧赫弗南（Margaret Heffernan）[22]，一段時間後凱瑟琳‧貝利也來了。我們論及行事方向，瑪格麗特說話一如往常地清晰奪目。門鈴頻頻響起，沒看見彼此的人們進進出出，即使不是預謀好的，想必也是刻意不去看見別人的吧。N‧N 基本上在說——你們想接下河畔這件麻煩事，那就拿去吧——如果你們能在沒有經費、租金極低的情況下成功接管劇院的話。他是會計師，無法對劇場相關故事（塞爾瑪！）產生共鳴。說著說著，我們彷彿圍坐在看不見的鍋釜旁謀劃些什麼，伊恩‧麥克連（Ian McKellen）忽然來到門口。塞爾瑪立即拉他加入我們，險些太快將太多資訊告訴他。

8 月 10 日

去維也納試穿戲服，我竟然沒有爭辯。應該爭幾句的。
在知名奧地利或維也納咖啡店喝咖啡配檸檬蛋糕。
回倫敦。

8 月 12 日

《旗幟晚報》刊登了關於河畔的報導，還眞是前所未見的詆毀。一切正朝災難前進。
3 點：和羅傑與吉莉安（Gillian）[23] 討論電影腳本。[丹尼斯‧] 波特（Dennis Potter）不太肯重寫。

20　肯‧李文斯頓（Ken Livingstone），英國政治家，1945 －。
21　丹尼士‧斯金納（Dennis Skinner），曾任職英國國會議員長達近半世紀，1932 －。
22　美國企業家，1955 －。
23　英格蘭演員吉莉安‧巴奇（Gillian Barge），飾演梅斯梅爾夫人（Frau Mesmer），1940 － 2003。

8月 15日
整天下午：創建花圃這件事相當簡單，卻又是令人腰痠背痛地喜悅。

8月 16日
7點 45分：《幽靈古堡》（*Gormenghast*）——利里克劇院（Lyric Theatre）。
有亮點，但難怪我從沒讀過原著小說。粉絲向。

8月 17日
下午 3點：找醫師做電影保險的健康檢查。現在感冒，鼻水流不停，真是諷刺。
他問我這輩子最想演的是哪個角色，完全出乎我的意料。這個問題沒有答案，
總之就是看劇本決定。

8月 19日
彼得・詹姆士 [Peter James，戲劇導演] 來了電話，想在明日的河畔董事會之前
確認情勢。無法對老朋友坦承一切，感覺真怪。

8月 20日
9點 30分：和貝琳達・朗與瑪麗・伊莉莎白・馬斯特蘭東尼奧到皇家節日音
樂廳（Royal Festival Hall）聽史提夫・萊許的音樂會。原本怕會是某種深奧難
懂的鬼東西——沒想到是各種層面上引人深思的演奏。還有哪幾件音樂作品達
到了「為我闡明中東衝突」的效果？
貝琳達今天有備而來，在腦中先列出了一張可思考的事項清單，以免音樂真的
難以忍受。

8月 21日
8點→琳賽・鄧肯與希爾頓・麥克雷，以及 R與羅賓・艾利斯（Robin Ellis）[24]
與卡洛琳・霍達維 [Caroline Holdaway，設計師] 與法蒂瑪 [・南達爾（Fatimah
Namdar），攝影師]。我們想必共度了美好的一晚——因為在美味餐點、談天
說地，以及圍著鋼琴唱狄倫（Dylan）的歌過後，時間已是凌晨 3點。

8月 22日
走出隨想曲餐廳叫計程車，和一個明顯想拍到「不爽」照片的攝影師玩貓捉老
鼠，他絕對拍到了我「不爽」的後腦杓。

24　英國演員，1942 —。

8月23日

上午：河畔現在要給威廉·伯戴特－古特茲了，他想談談。好，但事已至此——只要董事會不換人，我們究竟能談什麼……

帕特·歐康納來我家——我又一度和克里斯多夫·漢普頓討論了《玻璃情人》（*Carrington*）的事，還真不曉得自己該不該加入。

下午 8 點：去漢普斯特德區，和艾倫·科杜納（Allan Corduner）[25] 與達莉亞（Dalia）[26] 一起看《親親壞姊妹》（*Marvin's Room*）。又是一部**堅持**要你產生某種感受的美國舞臺劇，只不過他們希望我產生的應該不是憤怒與厭煩。經歷過這一齣戲以後，我的大腦似乎完全關機了。艾莉森[·斯戴曼（Alison Steadman）]和其他優秀演員被糟糕透頂的導演拖垮了。

8月24日

下午 1 點：露臺，和黛安娜·霍金斯（Diana Hawkins）與蘇·達西（Sue D'Arcy）吃午餐，她們再次提起《瘋狂遊戲》。我聽說這部分很必要，但它終於到了丟臉的境界。不是她們的錯——演員最終是商品。

8月30日

上午 10 點左右：因 [諾丁丘] 嘉年華（Notting Hill）而架起路障，叫不到計程車→肯辛頓希爾頓飯店參加《瘋狂遊戲》第一場排演……劇本上的障礙仍有待解決，但見波特頻頻提出意見，我稍微放下了心。

9月1日

9 點 30 分：排演。

至少羅傑對我們的態度完全透明——一出現問題，他就用全身展現出來——而梅菲爾（Mayfair）[27] 等等的問題多得是……

9月2日

8 點 15 分：去蘿拉·漢普頓的公寓，香檳配家族陰謀詭計相關的故事，接下來是——

下午 9 點：諾瑪·海曼 [Norma Heyman，電影製作人]——《西雅圖夜未眠》派對。好多、好多姓名——梅格·萊恩（Meg Ryan）、諾拉·艾芙倫（Nora

---

25　英國演員，1950 －。

26　達莉亞·伊貝哈普塔特（Dalia Ibelhauptaite），立陶宛電影與歌劇導演，1967 －。

27　製作公司。

Ephron）、尼爾‧喬登（Neil Jordan）、安德魯‧柏金（Andrew Birkin）[28]、米高‧肯恩（Michael Caine）、艾倫‧貝茨（Alan Bates）、艾德娜‧歐伯蓮（Edna O'Brien）、史蒂芬‧佛瑞爾斯（Stephen Frears）、琳賽與希爾頓、喬恩‧羅賓‧貝茨（Jon Robin Baitz）[29]。

9月5日

2點30分：去找媽。

她疲憊不堪，需要放假，但總是能讓人平靜下來。我要去奧地利了——她那臺縫紉機需要新的變壓器。

6點10分：飛往維也納。又是那種航程：嬰兒啼哭＝心情緊繃的母親，醉酒的英國上班族＝心懷不滿的空服員，以此類推。

9月6日

下午1點：角色試鏡，角色名爲「乳房」（Bosom），想來命名時經過深思熟慮——三個女演員之中有兩人一到場便完全展現出了「乳房」。所有相關人員都大大丟臉。

2點30分：找賽門‧麥克伯尼（Simon McBurney）[30]、吉莉安‧巴奇與理查‧歐布萊恩（Richard O'Brien）。賽門的朋友約翰尼斯（Johannes）帶我在維也納快速觀光，也造訪當地幾間咖啡廳。他另外告訴我，有次他七個朋友相繼自殺（其中三人參加了多場喪禮）。

9月8日

拍攝《瘋狂遊戲》的第一天。[31]

有來自布拉提斯拉瓦的斯洛伐克人與匈牙利人。劇組成員多是德裔匈牙利人。真懷念無法以無禮爲籌碼討價還價的日子，現在就只能當旁觀者了，只有談論劇本時除外。

9月11日

和其他演員排演「苦惱」那一場景。奧地利人、德國人與匈牙利人。幸好這場

瘋狂與深情

28　英格蘭編劇，1945 —。
29　美國劇作家，1961 —。
30　英格蘭演員，1957 —。
31　羅傑‧史波提斯伍德執導，丹尼斯‧波特編寫劇本，麥可‧尼曼（Michael Nyman）譜曲。《瘋狂遊戲》講述18世紀一位古怪的醫師——弗朗茨‧安東‧梅斯梅爾（Franz Anton Mesmer）——的故事，他以動物磁性說爲基礎，開發了奇特的治療方法。

景移到了較有幫助的地點。

和約翰尼斯與賽門吃午餐，接著去看安妮·萊柏維茨（Annie Leibovitz）的展覽——她是十分優秀的平面設計師，而且人脈更優於她的才華；早期那些父母與祖母的照片有趣得多。至於漢德瓦薩（Hundertwasser）[32] 則是建造喜悅的工匠，博物館與公寓社區都令人嘆爲觀止……他設計了不平的地面，製造出「腳步的旋律」。

9月12日

著重於「苦惱」的一天。和製作人發生口角，可想而知，他們想讓演員做白工——這次是奧地利演員（不過匈牙利演員的報酬低得離譜，因爲他們的生活水平低得多）。有趣的是，他們指控我敲詐——我指出，有無可計量的道德敲詐會落在我頭上，要我表演的人多得不計其數（況且目前爲止我仍在做白工）。我把整體氣氛說得太過黑暗了——倒也不是，就只是男孩子天性使然罷了。

工作非常累人但也不錯。我懷疑其中一個匈牙利人比我們大多數人優秀，甚至比我們所有人優秀得多，他已經解決這一場開頭的問題了。

午間和羅傑開會引發了令人不安的既視感——「艾倫這人不聽指揮」——霍華德·戴維斯（Howard Davies）[33]。

在 MAK 吃晚餐——羅傑·史波提斯伍德和亞曼達·歐姆斯（Amanda Ooms）[34] 明顯在短期交往——希望這條舊船不會翻覆。

9月13日

吻戲。

太像廣告了——沒有危險感。

又是「苦惱」。這群人之中有幾個傑出演員——尤其是那幾個匈牙利人。英國演員看上去就不是那麼回事，讓我忍不住想將戲服交給他們，說「我看你們演就好」。

和 R·S 與 W·S－K 發生有趣的討論。他們說「很好！我們有這個、那個、另外一個」；我說「是，但絕對是在演員這個水平」——而不是我們的「集中與下令」（都白紙黑字寫清楚了，他們都沒在看的嗎？）。

---

32 佛登斯列·漢德瓦薩（Friedensreich Hundertwasser），奧地利視覺藝術家與建築師，1928－2000。

33 英國戲劇導演，1945－2016。艾倫·瑞克曼剛出道在皇家莎士比亞劇團工作時，曾和他合作。

34 瑞典演員，1964－。

9 月 14 日

下午沒有任何程序方法可言，所以——無法避免紛爭。我想被**指導**，而不是聽導演抱怨。（不過反過來想，他們想必認爲滿腔「肯定」的我有如噩夢。）

瑞瑪打電話告訴我，哈羅德・因諾森（Harold Innocent）[35] 週末去世了。我生命的一部分——至少我們近期見過面、談過話了，某方面而言這種想法太過自私。

9 月 15 日

放假的日子還是撥了電話過去……仍然不明白我和 R・S 吵了什麼。那個場景最後和我想像中的樣子差不多，意思是他沒能如願以償呢，還是我從一開始就說對了，只不過沒能清楚解釋自己的想法？

9 月 16 日

漫長的場景——需要極高的集中力。即使財政上困難重重，天氣方面卻備受眷顧，陽光明媚、風也合乎時宜——完全符合我們的攝影需求，甚至到了有點可怕的境地。梅斯梅爾——會不會是他在監督這一切呢？讓我**不要**監督這一切的鬥爭仍在進行中。

9 月 17 日

在維也納的最後一天，目前並沒有再回來的安排。

有人邀我爲《時尚》（Vogue）雜誌寫關於茱爾絲［・萊特］的文章，這我就不好說了。這是什麼感覺？在寫雜誌文章時必須極盡誠實。爲什麼？

碧吉特的派對——她在各方各面都無比美麗，外貌、靈魂，全身全心。美味的食物，幾段不錯的對話，有一點被黃蜂、蚊子、羽毛、磚牆等東西圍繞的感覺，不過我回到家時已是 2 點 45 分，可見派對還算不錯。

克利斯 [Chris，布景設計師] 以爲我 36 歲。我並沒有戳破他的美好幻想。

9 月 19 日

下午 7 點飛往柏林。在城裡散步……迷路……每到這種日子，時間彷彿站在一旁不耐煩地踏著地面。等著去往別處，到了卻又不知道自己身在何處。

9 月 21 日

去……和亞曼達、吉莉安與華萊士・肖恩（Wallace Shawn）[36] 吃早餐，在大廳

---

35 英格蘭演員，1933 － 1993。

36 美國演員與作家，1943 －。

和他們碰面。他今晚將在柏林劇團（Berliner Ensemble）演出。他說話斷斷續續，東歐人總是這般小心翼翼地措詞。他提到有人在曼哈頓街頭找上他，邀他去阿姆斯特丹拍電影，或者請他讀劇本。他說自己每次走進辦公室便充滿罪惡感——有幾份劇本從 1986 年就擺在那裡了——每次寫信都得出門買一張紙——還說到自己從不採取計畫之外的行動。

9 月 22 日

又是那種日子——有點過於累人——有種難以言喻的壓迫感——我總是輕易落入這種想法，而不是與之相抗，這點我自己也相當驚訝。這就是狗與拖鞋症候群。上午拍的那幾個場景很辛苦，因為其中一個演員沒有方法可言，R・S 也沒有要教他的意思。

羅傑告訴我，維蘭德在倫敦開會時打了電話給他，那場會議有二十三名律師參與，全都是我們委託來的。溫蓋特（Wingate）[37] 喜歡目前的毛片——我們該感到高興嗎，還是我可以因為他想看也得以看見毛片一事而覺得自己受到了侮辱？

和吉莉安・巴奇共進晚餐。拍這部電影最大的樂趣之一就是和她合作（終於），以及逐步認識她。

9 月 23 日

魔鬼今天到處爬，令我坐立難安。除了疲勞以外，我們也沒能真正討論什麼，所以下午完全由賽門推動一切。

非得找出瘋狂所在並展現出來不可。

與此同時，媒體仍舊令人煩心，即使是劇組公關也忍不住想拿不同的工作做比較——X 有比 Y 困難嗎？並沒有，$X = X$，$Y = Y$。別懶惰了。

我今晚不停燜燒。聯合主演[38] 不知因什麼狀況感到疲憊，所以排演時間縮短了。沒有任何討論。

9 月 24 日

今天是昨日的延續。真是不可思議，片場能感應並吸收並輕巧地繞行現場氛圍，尤其是兩名演員之間的氛圍。困難的一場景，對導演的憤怒仍未消弭。所以——我決定盡量保持距離＝在片場終日保持淡然。

女演員被當作德勒斯登市的一部分而非專業人士看待，太不應該了。

37　梅菲爾娛樂公司（Mayfair Entertainment）的羅傑・溫蓋特（Roger Wingate），電影的贊助人之一。

38　即亞曼達・歐姆斯。

但我們完成了一個場景，接著排演下一場。寸步難行，不過還是成功了。繼續前行。

9月27日
在樓梯頂度過的一天——將賽門［‧麥克伯尼］推下樓，或者溜下樓梯扶手（結果扯破褲子）。

10點左右：吉莉安非常晚收工，隔天又得早到——我得找人談談。這是在奴役演員（剝削勞工）。和她與簡‧魯貝斯（Jan Rubes）[39] 共進晚餐，捷克斯洛伐克人，富有魅力且喜歡黃色笑話。

9月28日
一整天幾乎都獨自度過。沿著選帝侯大道走去買鞋（買錯了），接著到薩維尼廣場買更多雙鞋（這次買對了）。找電動刮鬍刀的零件，還用上了德語。拍下坐在一大堆垃圾（不是她的）旁的塑膠袋女士，垃圾全裝在塑膠袋裡⋯⋯

吉莉安從片場回來時打了電話給我——我們在我房間叫客房服務，談到史拉特福區與史拉特福人（還有她在一次彼得‧布魯克［P. Brook］作品的排演過程中沒能正確拼出「Oedipus」［伊底帕斯］這個字）。

9月29日
這想必是片場上一個相對歡快的日子吧。

收到亞曼達的信——發自內心的字句，回應得倉促卻又真誠。

工作結束後去巴黎酒吧（Paris Bar）。吉莉安、湯姆（Tom）、羅傑、亞曼達、賽門。

（1）從這份劇本看來，前頭還有不少艱辛的日子等著我們。（2）這些人之間存在錯綜複雜的橫流，比迷你影集或費多（Feydeau）[40]的鬧劇更令人一頭霧水。

10月1日
最終，我們拍下了一些非常優秀的片段，但鮮血已經濺到地毯上了。我一路上掙扎、亂踢、尖叫——或者說，某種瘋狂力量代替我亂踢尖叫——**希望**是對於他們要求我們「實現效果」的抗議。我不知道誰對誰錯，我難搞、喜怒無常、不願溝通；其他人則感情用事、強求效果、毫無紀律。但最後，結果還算可以。

39　捷克裔加拿大歌劇歌手兼演員，1920－2009。

40　編註：即喬治‧費多（Georges Feydeau），法國劇作家，因其劇中的雜耍歌舞表演而聞名，1862－1921。

10月2日

漫長、辛苦的一天。這一場景的設計主軸是某個燈光效果。我不必多說了吧。
到場時，我宣布今天會當個人偶——我會非常乖巧聽話。諷刺的笑聲。

10月3日

休息一天。

和吉莉安與湯姆到氙氣電影院（Xenon），觀看《鋼琴師和她的情人》（*The Piano*）。

前半部，我以為它有些冰冷但精確地詮釋了劇本，然而它不知為何見效了。荷莉・杭特（Holly Hunter）表現優異，所有人都表現極佳。啟發人心的同時，（目前）也為我平反了。真羨慕湯姆的無邪，能結束後在街上哭泣。

10月4日

下午 7 點：領取 7 點 30 分在人民劇院（Volksbühne）的《發條橘子》（*Clockwork Orange*）入場票。我看見瑕疵可能的所在處，但一切都令人嘆為觀止，劇院內的氣氛十分緊張——演員經常遭遇物理危險，不時灑下大量鮮血、麵粉、水與其他事物——對那個東德叛徒的憤怒再明確不過。他們在演《李爾王》（*King Lear*）與《奧賽羅》（*Othello*）時都怎麼辦？

10月5日

這部電影的替代標題是胡搞瞎搞，到底誰他媽說了實話？？？
優秀的表現維持了下去，但胡鬧的部分也沒有停歇。我**真的**受夠了。
《電影院》（*Cinema*）雜誌的採訪稍稍測試了我的反應，不對，不只是稍稍而已……

10月6日

在鏡子前坐了整天。這種情況下，無論我多麼仔細盯著自己的臉，都無法看清攝影師捕捉下來的那份恐怖。該怎麼修掉才好？我一遍遍掃過自己的五官，尋找遍布小樣（contact sheet）[41] 的凹凸與皺紋……
今天收工前大鬧脾氣——未先排演就被逼著用一種方式演某個場景，然後直覺沒能被探索，反而被壓抑。

___

41　編註：將一捲底片裡的所有照片，先全部沖洗集中在一張印樣上，讓編輯或攝影師方便挑選要放大的照片。

1993

日記：1993—2015年

10 月 7 日

隔壁攝影棚在拍《大魔域》（*The Neverending Story*）[42]——真是諷刺。

下午 6 點：柏林殺青派對。

——能再跳舞感覺真好。

我今天似乎是以短句為單位做事。

10 月 9 日

和瑞瑪說了說話，太謝謝她了，她總是能使我發笑。

10 月 10 日

8 點 15 分：《最後魔鬼英雄》（*Last Action Hero*）。

我沒有任何成見，不過這部電影真的非常難看……

瘋狂與深情

10 月 11 日

有時你對一件作品的情緒投入會隱藏起來，經常隱藏多時，直到它遭受威脅才現身——這時你會完全無法行動——一種緊張的疲倦籠罩下來。

我走進店舖，喝了杯咖啡、洗了蒸氣浴，聽其他人講電話——所有人都懷著防備心，所有人都隱藏了自己的不真實。

10 月 13 日

8 點 15 分：坐車去搭 9 點 50 分飛往維也納的班機，接著坐車到匈牙利肖普朗市。來到新地點的喜悅，被這份工作相關的緊張與不安制衡——每天都有新的財政戲碼上演——我是否會永遠被蒙在谷底，無法得知背後完整的真相？儘管如此，這座城鎮有種客觀的美麗——它知道自己存在已久，曾經知曉錦緞與蝴蝶結的它，容忍了 20 世紀背著背包、穿著牛仔褲的青少年。

司諾克撞球很好玩。O 小姐各種層面上都悠遊於自私自利之中。當你缺乏好奇心時，自由與個性又會是什麼代價？

街上寂靜無聲，飯店偶爾有水管聲，一隻狗吠叫，風吹過。凌晨 2 點卻仍然清醒。我為何得為了飯店房間發生愚蠢的爭執？

10 月 14 日

錯誤的環境裡，以錯誤的順序坐在馬車裡，不該分割的一個場景分成了兩部分拍攝。

42　譯註：英文片名直譯為「永無止境的故事」。

仍然沒有答案，仍然沒有確定性。而且今天還沒東西可吃。城鎮依舊美麗，飯店——尤其是浴室——令我聯想到祖母家，那個年代可沒有同樣花色的毛巾。其他劇組人員就沒這麼幸運了——他們還得出去買淋浴間穿的鞋子。

今年究竟是怎麼回事？當導演的推動力嗎？我開始覺得現在的懲罰和當初犯的罪無關了。

10 月 15 日
乘著馬車，車夫卻是今天才學會駕車……
一些好笑的片段。一身 18 世紀服裝吃披薩吧午餐。

10 月 16 日
啪嘰！大半天都面朝下趴在泥濘中，某種奇怪的層面上令人耳目一新。

10 月 17 日
今天是肖普朗鎮貨真價實的星期日，街道寧靜，教堂鐘聲陣陣。我沒去兜風——非常聽話地留下來工作。還有散步——到墓園，非常感人的地方——在這裡，家族就是一切。窮人家的墳只有簡單的自製木十字架，卻和花崗岩墓碑同樣令人感動。到處都可以看見當地女性，她們忙著清潔、種植、照料她們的回憶。

10 月 18 日
濕。濕。濕。
冷。冷。冷。
馬車，凍僵的手，搖臂攝影鏡頭。
午餐是冷香蕉湯。
白晝縮短，較早天黑。6 點 30 分就回家了。

10 月 19 日
我和卡洛琳・霍達維排演了「舞會」場景。我凌晨 3 點就醒了，到凌晨 5 點 30 分有人來接我時一直醒著——大腦和嘴巴都不在好的狀態。而且在下雨。而且汽車喇叭聲直響，人們不停交談。但我們做到了——卡洛琳時時刻刻維持無可挑剔的禮貌與好心情。我並沒有。
凱瑟琳 [・貝利] 與 BBC[《深夜秀》(Late Show)] 劇組人員來了。朋友與工作這樣混融在一起，感覺很怪。我有了更多控制力，但他們提出的要求也更多了。
和一群人去論壇館，接著去撞球俱樂部。和羅傑談話——我工作時的自私甚至

令自己吃驚──埃萊梅爾（Elemér）[43] 自己這週也發生了不少事。其他人有他們各自的弱點。我這低劣的信念究竟從何而來？

10 月 20 日

在思索我能對《綜合節目》（*Omnibus*）／之類的節目說的話──英國戲劇（體制）被困在了前舞臺之後。主要落入了未經訓練、自以為是的年輕導演手中，他們空有野心卻沒有熱忱或手腕，無論他們是否認知到了此事，總之是被手下的演員與設計師導向了成功。他們僅憑成見選派演員，所以對演員而言毫無挑戰性，而人們打從一開始便能預測演員表現。這是隨處可見的現象──倘若有人下戰書，我很樂意接下挑戰。少有人做足心理準備，願意對我們（演員）提出真正重要的大問題，不願拋下自以為知道答案的安全感。

瘋狂與深情

10 月 21 日

今天宛若媒體馬戲團──

1. 《泰晤士報》（*The Times*）的大衛·尼克森（David Nicholson）──深具魅力的提問者──他兩邊瞳孔大小不同──他實際上是想挖出關於宗教狂熱的醜聞。
2. 莫瑞·H（Murray H.）──拍了幾張照片。（都拍得很無聊。）注意：斯諾登（Snowdon）[44]。
3. 《視與聽》（*Sight and Sound*）雜誌的人在到處挖祕密。
4. 劇組展開了追獵。

我們演出那一場景。

我們還為臨演午餐只能吃麵包吵得面紅耳赤。他們在晚間準備了適當的食物。

10 月 22 日

一個「我們來把事情搞定吧」的日子，交織著亞曼達低落的心情與倦意──布蘭奇·杜波依斯（Blanche DuBois）[45] 在模糊的遠方。

BBC2 劇組人員一直拍一直拍，直到凌晨 2 點我們回到撞球館為止。

10 月 23 日

到希爾頓飯店與電影舞會（Film Ball）。

恐怖。這種事情總是很恐怖，只有在觀察人群時除外。找到了大衛·休利斯

43　埃萊梅爾·拉加里（Elemér Ragályi），匈牙利攝影師，1939 –。

44　編註：斯諾登伯爵（Lord Snowdon），英國攝影師和電影製片人，瑪格麗特公主（Princess Margaret）的前夫。

45　譯註：《慾望街車》（*A Streetcar Named Desire*）戲劇與電影的女主角。

（David Thewlis），認識了朱莉・布朗（Julie Brown）[46]（《窮網難逃》[*Raining Stones*]）。嘈雜沙漠裡難得的綠洲。

故作冷淡＝假作無辜。總比複雜的關係來得好吧，和噩夢女人相處絕對是如此。

10 月 24 日

我背痛難耐。積累七週的壓力與緊張終於現形了。

10 月 25 日

我爲何夢見自己去應徵沃爾沃斯超市週六的兼職工作？？

10 月 26 日

「天后指數（Diva quotient）[47]」加碼了，但匈牙利女演員們沒有。再次感謝西方。儘管這套方法不自然又浪費時間，匈牙利人仍率先投入了。

事後，我們在論壇館逐漸放鬆身心——**極美味**的匈牙利燉牛肉晚餐，後來在一間奇怪的夜店（六位客人和一個穿著抗紫外線比基尼的女孩子）得知事情全貌。眞的沒有任何人和他們談過（他們倒是架起了高大的心理壁壘，還跺了跺腳——很不匈牙利的行爲）。但基本上，重點就是相信演員，允許開放的態度——還不是老掉牙的那些。羅傑竟然毫無怨言地接受了，接著說道：「我今晚學到了不少。」**令人惱火**，但他開放的心胸也十分了得。

10 月 27 日

然後你就發現，他壓根不記得昨晚的一切。

我們在一片花團錦簇中離別，我將花朵拋入她們小卡車後車廂。許多擁抱與飛吻——那些女人眞的非常棒，卻也莫名其妙。前一刻充滿了靈感——下一刻又尖聲喊著要上妝。「Das ist immoglich!!」[48]

11 月 5 日

拍最後一個場景的過程成了噩夢。又一次的停滯不前。

苦尋最後的堅強與專注力。

這個團隊很了不起，驚人的平靜與支持。到了上午 6 點 30 分，我們已是一小群交心好友，房裡充斥著無可名狀的情感。「卡」一聲過後，梅斯梅爾不再言語。

46　美國演員，1958 一。

47　編註：類似指薪酬行情。

48　「那怎麼可能！」

1993

日記：1993—2015年

11 月 8 日

拍攝的最後一天。愉快，傷感。

我坐在那裡，將那一切吸入體內。我說了幾句話，忘記起身，忘記請人翻譯——也許說得太少了。

最撼動人心的是，我和亞曼達站在白色大理石階梯頂時，所有劇組人員排成扇形站在下方，每個人都送了我們一朵花。有時我覺得自己和那女孩十分親近。道別。親吻。擁抱。人們忙著收線。卸下一盞盞燈具。裝載貨物。親吻。一道道關上的門。

11 月 9 日

[下午]6 點 40 分：飛往倫敦。這回我感覺彷彿久別歸鄉。

11 月 10 日

……到切爾西及西敏醫院看露比剛生下的第三個孩子。雖然不可思議，但她做到了，而且這次（孩子她本考慮拍賣掉的）就在那兒哺乳。房裡擺滿了鮮花——瓊·考琳斯（Joan Collins）送來的醜惡蘭花矗立在一角。我帶了隻已經煮熟的雞給她，她大快朵頤。

11 月 11 日

巴黎

最唯美的一天。清澈藍天與透徹鮮明的陽光。前往凡爾賽——我堅決要保留在電影裡的場景。看見貝蒂（Beatie）[49] 全副武裝地打扮成瑪麗·安東妮（Marie Antoinette）朝我們走來，感覺真怪。羅傑火冒三丈／悶悶不樂，他打從一開始就不想找法國演員演路易——塞爾日[·里杜](Serge Ridoux)的法國腔還真濃。羅傑弄壞了 BBC 攝影機的鏡頭蓋……在一群觀光客面前拍攝，背景是槍聲……下午燦陽給了我們輝煌的終曲，我們接著前往巴黎拉拜飯店……去接羅尼（Roni）[50] 與伊莎貝[·雨蓓（Isabelle Huppert）]和我們其他人一起吃晚餐……美好的夜晚。我和羅傑恰好結束了關於我的角色、我的工作方法、他們有沒有發生性關係等等的爭執。

11 月 12 日

又是風光明媚的日子。有些混亂，漫無目的地到處走。為瑞瑪買了些衣服……

49　貝蒂·艾德尼（Beatie Edney），英格蘭演員，1962 —。
50　黎巴嫩導演羅蘭·夏馬（Ronald Chammah），法國影后伊莎貝·雨蓓的配偶，1951 —。

吃份三明治。回飯店搭車，前往機場的車程漫長又惱人——險些錯過班機。

11月17日
3點左右：皇家宮廷劇院（Royal Court Theatre）製作會議。聽人們這樣說話很有教育意義，演員成為西區的俎上魚肉。關於尊重的主題——投資方（幾乎是在場的同一群人）、計畫、風險。嗯。皇家宮廷劇院啊。

11月18日
6點45分：好萊塢星球餐廳，討論茱麗葉的大衛・貝利（David Bailey）電影〔《誰發牌？》（Who Dealt?）〕。即使在電影瓦解時，貝利仍發自內心地惹人喜歡。我很想和他合作，他太瘋狂了。

11月19日
11點左右：華爾道夫茶室，和威廉・伯戴特－古特茲、塞爾瑪與凱瑟琳〔・貝利〕。我感到口齒笨拙，因為我認為自己眼前擺著完全不能接受的立場。一切都很負面——沒有籌碼，只等著我們付出。我們憑什麼要付出？

11月21日
3點左右：打算去看《長日將盡》（Remains of the Day），票已售罄。改而在水石書店度過愉快的一個鐘頭。

11月23日
我們到維多利亞皇宮劇院（Victoria Palace）參加藝術遊行，接著到國會大廈向議員陳情。和肯尼斯・克蘭哈姆（Ken Cranham）[51]、希薇絲特・萊圖佐（Sylvestra Le Touzel）[52]、史蒂芬・戴爾卓（Stephen Daldry）、哈莉特・華特（Harriet Walter）一起站在寒冬中。攝影機湊來——《太陽報》（Sun）謊稱是《衛報》。戈登・布朗（Gordon Brown）出來打招呼。入內——我怎麼從未來參觀過？一個繫著白領結的人給你一張綠色資料卡，請你填妥。我們現在準備去委員會室了。丹尼士・斯金納對我們說話——舌燦蓮花。我的國會議員分身乏術。
下午7點：到國家劇院看《機械》（Machinal）……以了不起的方式演出了時而有趣、時而無聊的舞臺劇，總指揮是費費。一些片段堪稱她最出色的作品——一些片段卻是連鏟車也無法將其從紙頁上鏟下來。

51　蘇格蘭演員，1944 —。
52　英國演員，1958 —。

11點→珊德拉（Sandra）與麥克·凱曼（Michael Kamen）[53]。瞥見的名人——安妮·藍妮克絲（Annie Lennox）、喬治·哈里森（George Harrison）、艾力克·克萊普頓（Eric Clapton）。一些現場演奏的音樂。留露比去向貝蒂·伯伊德（Pattie Boyd）問出消息來……

11 月 28 日
到皇家宮廷劇院看 7 點 30 分麥克斯·斯坦福－克拉克（Max Stafford-Clark）的離別演出。安排得非常好，理查·威爾森與潘·菲瑞絲（Pam Ferris）主持得很完美，滿是精采的演出，尤其是萊斯莉·夏普（Lesley Sharp）[54]那段出自《道路》(*Road*)的表演。能看到蓋瑞·歐德曼（Gary Oldman）登臺真是太好了。事後無可避免地和茱爾絲·萊特相遇，她顯得有些狂亂，這或許無可厚非。

11 月 29 日
我前往薩伏依 [飯店]——攝影機、橘汁香檳酒、提摩西·司伯（Timothy Spall）（謝天謝地）。吃幾口餐點，大膽地喝一點白酒，看著甜點融化。發電器壞了。等待，等待。米瑞安·瑪格萊斯（Miriam Margolyes）說了幾句猶太笑話。演講——但現場安靜到你能感受到每一分每一秒的批評。逃跑。

12 月 3 日
12 點 45 分→去柏林參加菲利克斯音樂獎（Felix Awards）。
和大衛·普特南（David Puttnam）與傑瑞米·湯瑪斯 [Jeremy Thomas，電影製作人] 搭機。大衛讓我看他準備發表的演說。注意機會＝人們因為想去看所以去看了《侏儸紀公園》＝別拍與觀眾無關的藝術片。我提出異議，表示應該允許藝術家呈現屬於自己的聲音，他完全沒聽進去。我說他該做好被噓的準備。下午9點：留了訊息——我不懂。和維蘭德在福里安餐廳吃晚餐——他口齒伶俐、心胸善良。我們接著去鏡棚（Mirror Tent）——非常好笑的三人組在表演。離開時恰巧遇上丹尼斯·史當頓（Denis Staunton）與包括麥克·雷德克里夫（Michael Radcliffe）在內的幾個朋友，我們湧入馬路對面的男孩子酒吧喝龍舌蘭酒。談到伯吉斯（Burgess）[55]、維達爾（Vidal）、人民劇院、施泰因、浮士德（Faust）、席勒（Schiller）、巴力（Baal）[56]，還一度提及桃樂絲·黛（Doris Day）。

53 美國作曲家麥克·凱曼（1948－2003）與其妻珊德拉·基南－凱曼（Sandra Keenan-Kamen）。
54 英格蘭演員，1960－。
55 編註：安東尼·伯吉斯（Anthony Burgess），電影《發條橘子》原著小說作者。
56 編註：古代西亞閃語的「神祇」之意，後演變為惡魔或異教神靈。

12月4日

儀式依舊漫長，你越常參加[這類活動]越會覺得這一切都荒謬至極。也許只有贏家除外——那是一種原始本能，在受鼓勵時總是會產生反應。

至於其他人呢，在面對常識時當然會產生反應。經過考量的「不」理應控制住你才對，但這險惡急促的「好」會推著你前進——食物、酒、性愛。

凌晨4點：福里安餐廳，一切都飄在我身周，之前是安東尼奧尼（Antonioni）、文・溫德斯（Wim Wenders）、路易・馬盧（Louis Malle）、J－J・亞曼德（J.-J. Armand）、[沃克・]施隆多夫（Volker Schlöndorff）、佛瑞爾斯（Frears），等等等等……奧托・桑德（Otto Sander）[57] 是新朋友。

12月6日

6點45分：計程車載媽、帕特與麥克（Michael）來接我們到愛德華王子劇院（Prince Edward Theatre）看《為你瘋狂》（*Crazy for You*）。生日外出，愚蠢的劇情，優秀的編舞、極富創意且絲毫不陳腐。這一切當然都有點像中國餐。

12月9日

誰寫得出今天的劇本呢？

11點30分：格蘭・伍德（Graham Wood）來為《泰晤士報》拍照——我不確定自己對這些照片做何感想。你有時會相信這套程序，有時就是不信。

露比來了——但是狀況很糟。我只能話說個不停，試圖豎起她無法撞倒的球柱。艾瑪・湯普遜來了電話——我願意參加慈善演出嗎？[羅伯特・]林塞（Robert Lindsay）病了。威爾斯親王。好喔。

8點：打了領帶前往聖詹姆士宮，在計程車上演練。算是跑了一遍吧。演了，演得相當誇張。威爾斯親王似乎是好傢伙。多次「引領與接待」過後，我被領進去見王子殿下。令人生厭。

和艾瑪去薩伏依燒烤餐廳，與輕鬆、歡快的人吃了頓輕鬆、歡快的飯。她經常說「幹」。歡笑連連。

12月11日

1點30分：瑪德蓮[Madeleine，露比的女兒]的派對。聰明豆掉在地毯上被輾成了粉末，孩子頭上的紙帽子頻頻被扯下，他們搶著吹蠟燭，大人站在一張矮桌旁看著孩子們參加人生中第一場派對，自己回憶自己生命中第一場派對。除了笑容以外還有淚水與鬧脾氣。

57　德國演員，1941 － 2013。

12 月 13 日

這下法西斯份子進到俄羅斯了。

羅馬焚燒的同時，我和露比去聖誕購物——她在用手機，看著 V&A[58] 的展品，拿起耳環又放回去，爲約翰·辛普森（John Simpson）買了個諾弟玩具[59]，擔心服務費太貴，邊開車邊看著店面櫥窗，吃午餐時洞察的箭矢一根根抽了出來。我們也談論到當前世上的種種憂鬱。

下午：寫聖誕賀卡——奇怪的行爲，畢竟有約一百五十張得寫，根本沒時間寫下眞正的祝賀。

12 月 17 日

上午 8 點：來自白金漢宮的限時郵件。好喔，但爲何是上午 8 點？（威爾斯親王的道謝。）

12 月 25 日

聖誕節上午向來是我的最愛，平靜、咖啡、柳橙汁、禮物、寧靜的街道。

12 點左右：媽、麥克、希拉（Sheila）、約翰（John）、莎拉（Sarah）與艾米（Amy）[60] 到來，火雞恐慌已然開始。溫度高低起伏，最終那隻鳥在三個半小時內烤熟了，沒有我們預期的五小時那麼長。火雞恐慌被馬鈴薯恐慌取而代之，蔬菜恐慌蠢蠢欲動。

所有料理（除了完全被遺忘的火雞填料）都用某種方法上了桌，被搶食一空。現在輪到禮物恐慌了。尺寸對嗎？他們喜歡嗎？尺寸對。他們也喜歡。

猜猜畫畫遊戲。喧囂。《莫坎布與懷斯》搞笑節目（Morecambe & Wise）到了尾聲。

12 月 27 日

中央暖氣死透了。透過黃頁找援軍。

12 月 30 日

三小時睡眠。搭慢吞吞的計程車前去蓋特威克機場。飛往安地卡島的航程升級到頭等艙，太好了。我早該知道報應會隨之而來。

我在安地卡機場餐廳寫日記。我們的班機超額預訂了，一群西印度群島退休老人死死黏在他們的座位上，所以在一連串「太過分了」和「我今晚不想在安地

瘋狂與深情

58　譯註：維多利亞與艾伯特博物館（Victoria and Albert Museum，V&A）。

59　編註：英國教育卡通《淘氣的諾弟》的主角。

60　麥克是艾倫·瑞克曼的弟弟，希拉是他們的妹妹，約翰是她的丈夫。莎拉是他們哥哥大衛的長女。艾米是希拉與約翰的兩個女兒之一。

卡過夜」聲浪中，我們的行李被搬下了飛機。最終，我們搭下午7點的班機去
聖克里斯多福……然後手忙腳亂地坐上六人座汽車，搭車十分鐘到尼維斯島。
在飯店泳池邊吃晚餐。[61] 大量美國人，周圍盡是竹林。
在飛機上看了《火線大行動》（*In the Line of Fire*）——厚臉皮地抄襲了《終極警
探》。和敵人通電話，從摩天樓墜落等等。

12月31日

探索尼維斯，開車在島上兜風。下午在日光浴床上度過。看劇本。打盹。可樂。
7點30分在大屋喝香檳……今年到了盡頭，感覺自己是沉默無聲的三明治內餡。

61　尼斯比特種植園海灘俱樂部（Nisbet Plantation Beach Club）。

1994

加勒比

《瘋狂遊戲》

洛杉磯地震

金球獎（Golden Globes）

蜷川幸雄（Yukio Ninagawa）

安東尼·舍爾（Antony Sher）

哈羅德·因諾森的追悼會

洛杉磯

都柏林

《新愛情樂園》

皇家藝術學院

艾迪·以札德（Eddie Izzard）

麥可·尼曼

納爾遜·曼德拉（Nelson Mandela）

約翰·史密斯（John Smith）

巴黎

《冬天的訪客》

溫布頓

巴黎

貝蒂娜·喬尼克（Bettina Jonic）

托斯卡尼

蒙特婁《瘋狂遊戲》

都柏林

維也納

丹尼斯·波特的追悼會

愛丁堡與格拉斯哥

1月1日

加勒比海，尼維斯島

狂風大作的元旦。海灘上風颳得太厲害時，我們動身去找午餐吃。查爾斯敦空無一人，全城封閉、封鎖。前往賽馬場路上有兩人來搭便車，他們絲毫不感到好奇。到了賽馬場，只見老舊搖晃的巨大看臺，有人用看似舊水桶的東西在炸雞，主持人說著「希望會是一場公平公正的比賽」。來自安地卡的 13 歲騎師贏了第二場比賽。瑞瑪本想賭琳達（Linda）的，但她沒有。琳達贏了。計程車司機希拉蕊（Hilary）請我們兩杯啤酒，一個男人發現我永遠不可能把車子倒出那道縫隙，於是為我代勞。

回飯店喝咖啡吃蛋糕，和服務生領班派特森（Patterson）聊了一會兒，他為人精明，說了些餐廳與海灘上的八卦給我們聽。晚餐是克勞斯餐廳的西印度群島之夜……和酒吧的長笛／薩克斯風手暢聊一陣，他吹奏幾首甜美的爵士曲，有人請他表演〈我的路〉（My Way）。

1月2日

解決傳真過來的《紐約時報》（*The New York Times*）頗為獨特的填字遊戲後，是時候去探索了……有著手繪招牌的海灘拾荒者酒吧，隔壁就是駭人的四季飯店。美國吞噬另一個文化之後，將它（字面意義上）轉變成高爾夫球場，包含腳踏船、高級酒吧、烤肉區與快樂時光。在艾許比堡喝咖啡——幾乎處於沼澤植被之中——是事後令人恢復人性的體驗。觀賞夕陽。蘭姆潘趣酒，棕櫚葉，樹葉與帆船的剪影，水蜜桃色雲朵。從不令人失望的景象。烤龍蝦與牛排。和一對羅德西亞（Rhodesia）[62] 母女交談。瑞瑪語調夢幻地說道，不知我們有沒有機會遇上左翼人士。晚餐時再次被迫和「法西斯份子們」說話。她喜歡瑞瑪的嗓音，對我們說有些英國人欣賞隆美爾（Rommel）。她是德國人，對今日的降雨怨聲連連，不過意思是她「今天過得非常好」（喂喂）。那男人竟能同時擺出好色與忸怩的神情，（和先前提及社會主義時一樣）說道：「抱歉，我似乎聽不到你的聲音——嘿！嘿。」

1月3日

一整天處於陷入飯店生活或外出探索真正的島嶼、人民與驚喜之間的推拉。我偏好有著希薇亞時裝與茉莉兒禮品店的世界，而不是幾乎每個停車號誌旁都看得見四季飯店與班尼頓服飾的世界。

1994

日記：1993—2015年

62　編註：位於南非，1980 年後更名為「辛巴威」。

1月4日

追逐陽光、逃避雨水的一天。那還是在車鑰匙出問題的驚險過後。汽車不肯發動，我們停在泥土路上，幸好艾許比堡的那個男人來幫忙，直接對我們說「稍微轉一下握把」（他說對了）。

亞歷山大·漢彌爾頓博物館。我學到了一點關於土壤侵蝕、爲何要種樹的知識，倒是沒怎麼增進對亞歷山大·H的認識。

1點左右：水畔的烏內羅餐廳。派特森說他們的服務效率低得出名。不過其實服務速度相當快，但女服務生在幫我們點餐前吐出了一塊冰。

今晚樹蛙悄然無息。牠們知道什麼祕密嗎？

1月8日

7點15分：蒙特佩利爾餐廳——很棒的晚餐。近乎完美，只可惜我沒法用手槍對付其他客人：「共產主義當然打從一開始就只有失敗一條路可走了。」

1月9日

打包。在大屋喝茶。去機場。瞎忙。付出幾塊錢。無辜的混亂。加勒比航空終於載瑞瑪到安地卡機場乾等三小時。在一人的泳池邊烤肉、獨自用餐眞是古怪的體驗，不值得重複太多次。對優秀的工作人員說幾聲再見。他們每個人都是獨特的個體，絲毫不畏懼。即使我們的浴室不如人意，尼斯比特俱樂部還是能以他們爲豪。

1月10日

在特大雙人床上獨自醒轉的自由與空洞感。

早餐和獨力完成的填字遊戲。很神奇。付帳。人生在眼前閃過的哲學瞬間——我是在何時何刻跨入**這種**領域，支出一筆**這麼多**的錢。（而且是度假的開銷。）在海邊游泳／散步。又回到機場……一個戴著天藍色鴨舌帽的男人，帽下是不可思議的假髮。一群被曬成神奇膚色的性感荷蘭人。走在延誤的鋼索上——無公告的平靜……匆匆趕上飛往邁阿密的班機。行李也上飛機了嗎？遇見李奧納德·尼莫伊（Leonard Nimoy）[63] 夫妻。瑪西亞·費雷斯登（Marcia Firesten）[64] 坐小貨車前來。到日落侯爵飯店後花了片刻想起行李，這才將行李箱搬出來。

63　編註：美國演員，以《星艦迷航記》系列影視作品中的「史巴克」一角聞名，1931 － 2015。

64　美國演員，1955 －。

1月11日

洛杉磯——一早都拿著遙控器。洛雷娜·博比特（Lorena Bobbitt）[65] 的審判相當引人注目，內容與媒體播報著實驚人——世界就是如此，這場審判填滿了所有電視螢幕。最終一輛車派了過來，瑪西亞也來了——我們去吃午餐——那輛車有著自動門鎖、自動窗戶與按鈕——而且它太大了。是那種反過來駕駛你的車。逛逛服飾店與鞋店——在尼維斯島待十天過後，**一切**——道路、燈光、喧囂、衣服——都顯得詭異。

1月12日

下午1點：伊恩（Ian）表哥來接我，帶我參觀他在洛杉磯的生活。他在聖費爾南多谷裡新開的咖啡廳、他的房子、他在比佛利山新開的室內設計店。他和威瑪（Wilma）是天作之合，值得最好的生活——他們有種簡單的膽氣與透徹，成了今天的良藥。

下午8點：和茱蒂〔·霍夫蘭（Judy Hoflund），艾倫·瑞克曼的經紀人〕與羅傑在燒烤餐廳用晚餐。他明天會試映電影，明顯擔心我會以錯誤的方式判斷一切，但他時時面帶微小的笑容，茱蒂則相當樂觀。然而，要和防衛心如此重的人談論任何事情真的非常難。

1月13日

瑪西亞帶著一份露比的《哈囉》（Hello）雜誌過來——她未受譴責。[66]

到大時代（Big Time）放映室看《瘋狂遊戲》粗剪（rough cut）。好難看下去。其他人的反應似乎都十分正面——我認為還需要大量修改才能找到它的節奏、尋回它的機智與瘋狂，並且讓故事清晰一些。現在要加進我的樣貌與聲音已經太遲了。我是真的大感震驚。

1月14日

再度想著電影以致輾轉難眠。我得花些時間和羅傑在剪輯室做點工作，和他談過之後似乎有機會。

11點30分：去 UTA〔United Talent Agency，聯合人才經紀公司〕和茱蒂商量。我覺得自己的弱點全暴露了出來，這對我毫無幫助，但我們盡量不說謊話——真正點出了各自對於電影的想法與感受，以及對於其他計畫的想法。他們要我

65　她趁丈夫熟睡時切下了他的陰莖。

66　1994年1月8日的《哈囉》雜誌，封面是露比·懷克斯與嬰兒的照片：「荒唐女喜劇演員在家中和家人與新生嬰兒瑪琳娜（Marina）的照片出爐」。

先留在洛杉磯，我好想飛奔去公車站。「演藝工作使人腦力薄弱」，說得真好。在飯店和安東尼·明格拉（Anthony Minghella）[67]喝茶，他對我表示同情。他和我一樣，在做腦內的春季大掃除。

1 月 16 日

6 點：去芙朗辛（Francine）[68]家看有線電視傑出獎（ACE Awards）——舞臺，身穿黑衣、繫著他媽紅緞帶的人們上臺、下臺、上臺、下臺，提名、宣布、頒獎、致謝。和其他所有頒獎典禮無異。

9 點左右：更多一身黑的人們參加 HBO 在餐廳辦的派對。麥克·富克斯（Michael Fuchs）[69]——值得記住的無禮傢伙。基佛·蘇德蘭（Kiefer Sutherland）和布萊恩·丹尼希（Brian Dennehy）都打了招呼，K·S 似乎是真的生性親切。

1 月 17 日

上午 9 點前不久：凌晨 4 點 30 分過後，世界似乎就脫軌了，時間已然失去意義，床鋪、牆壁、飯店、街道感覺永遠不會停止搖晃[70]。我充滿了全然的驚慌與全然的平靜，奇怪的情緒在心中交雜混融——（愚蠢地）緊抓著床，床卻也像暴風雨中的一株植物。一切靜下來時，某種理智的想法終於回來，與此同時黑暗全面降臨。我開始思索是否要站到門口，然後想到要穿鞋，我最先找到鞋子，然後又想到自己全裸加球鞋看起來一定非常蠢。我（摸索著）找到內褲——還荒謬地確認是否前後穿反了（誰管這個啊！）——牛仔褲與 T 恤。然後我的大腦啟動了，我想到也許該速速離開那裡。手忙腳亂地找鑰匙、錢、記事本。人們穿著睡衣、裹著毯子聚集在飯店大廳。最終摸黑在地下室找到了車子，行駛在黑暗街道上，去確認芙朗辛沒事。回到山坡下時，飯店已經泡了咖啡。餘下的一天都顯得不真實，工作人員居然還能照常服務、清潔、吸地板。到午餐時間，我在陽光下喝卡布奇諾，從頭到尾都想著不知接下來會發生什麼事。持續度過一整天，人們懷著安靜的緊張感步入夜晚。

1 月 18 日

一醒來就碰巧遇上三、四次大餘震。好棒。在電視上觀看這一切的諷刺之處在

67　編註：英國導演及編劇，1954 – 2008。原文簡稱其名為「Ant」。

68　芙朗辛·萊弗拉克（Francine LeFrak），美國戲劇製作人與慈善家，1948 –。

69　當年的 HBO 董事長，根據《洛杉磯時報》（LA Times）報導，他將 HBO「當成海軍陸戰隊新兵訓練營在經營」。他於 1995 年被開除。

70　編註：1994 年 1 月 17 日，美國洛杉磯發生芮氏規模 6.6 大地震。

於，流浪街頭的人們多是西語裔美國人與勞工階級，而這時飯店客房服務並未中斷……

1月19日

在洛杉磯奇怪的一天。某種全面性的疲勞籠罩下來——多半是因為自己和城裡所有人一樣困在渾沌狀態。今天大部分時間都在看地震播報——最終還是設法將注意力轉移到腳本上。這段時間又發生兩、三次規模 5.0 餘震，令大腦在半秒內集中精神。

9 點 15 分：多姆餐廳——和潘（Pam）與梅爾·史密斯夫妻倆喝咖啡與葡萄酒。D·P 一如往常地富有爭議性。

洛杉磯令我憂鬱。

1月21日

1994

日
記
：
1
9
9
3
─
2
0
1
5
年

9 點 30 分：和羅傑討論電影。我仍怕他偷工減料……

下午 1 點：去貝萊爾飯店（會不會太高檔了？）和克里斯多夫·漢普頓吃午餐。丹尼爾·戴－路易斯（Dan Day-Lewis）滿身大汗地慢跑經過。我們聊到傑克（Jack）與帕特·歐康納，留了無禮的紙條給艾瑪·湯普遜。看看克里斯多夫的房間——偷窺狂的午餐。我和這座城市的關係變化個不停……

1月22日

和約翰·阿米奇（Jon Amici）在泳池畔打桌球（我實在跟不上他和那些情人跌宕起伏的關係），然後游了泳。

去一趟服飾店（沒幾個人）買今晚穿的衣服。找到**不是**今晚要穿的衣服，買了下來。

去金球獎囉，充滿暗示的頒獎節目。《歡樂單身派對》（*Seinfeld*）團隊的演說真好笑……

1月23日

太多流言滿天飛，說之後還會發生地震；太多獨自度過的夜晚，無法使流言消失。我不知為何決定搭機去倫敦。艾瑪也搭那一班，還幫我升級了座位。於是嘮叨繼續進行（最完美的描述，而且她的嘮叨與抱怨既輕鬆、親切又可愛），斷斷續續睡了一點。

1月24日

即使是最微小的碰撞或聲響都會令我受驚，我從沒見過如此嚴重的延遲反應。

輪子落地，椅子刮過地面。我和艾瑪規劃了未來幾項合作計畫，必須在正確時間推出正確的劇目，我們也許會親自參與製作。聽起來像是出自《簾幕窸窣》（Swish of the Curtain）[71] 的語句，但我畢竟因時差而疲勞。

各種電話來電，將行李歸位。即使排除時差的作用，倫敦仍使我慵懶。（只有在椅腳刮過樓上地板、我下意識伸手扶住最近的支撐物時除外。**這情況**還會持續多久？）

1 月 26 日

和〔羅曼・〕波蘭斯基（Roman Polanski）那通電話印證了他的魅力與聰慧——竟然是電話上的魅力呢！真不曉得……

我的腦、心與志向滿是事業，自己剩下的部分則像掛在背面門把上的外套，最厭惡這種情況了。

1 月 27 日

這週工人來了，塗灰泥、修補裂縫，到處都是塵埃。

散漫的日子。無法正常思考。有種奇怪的感覺，不願意接電話，和朋友說話也感覺像一種義務。

一切的根源仍然是猶豫不決。

好多的「不」——比伊・霍姆（Bee Holm）的電影《新愛情樂園》、蘭金（Rankin）的電影《親親我的愛》（Jack and Sarah）、《小錫兵》（The Tin Soldier）[72] 的導演工作、諾丁漢劇院（Nottingham Playhouse）的經營事務。命運攤著雙手到處跑。

1 月 28 日

下午 8 點：在漢普斯特德看《搞笑至極》（Dead Funny）。

又是需要導演的一群演員。作家的作品改編成舞臺劇時，他們不該自己當導演。如果穿上銳跑鞋（Reeboks）想必會很棒。結束後和貝蒂與柔伊〔・瓦娜梅克（Zoë Wanamaker）〕吃晚餐。小心翼翼其實也沒問題，但這有巨大的改進空間，於是我冒險用較激烈的言詞提出建議。

1 月 29 日

下午：去夏菲尼高百貨公司找瑞瑪的生日禮物。太遲了，太趕了，太餓了。

6 點左右：探望媽，她眼睛的狀況日益好轉了。接著回家看瑞瑪最愛的《急診

71　帕梅拉・布朗（Pamela Brown）於 1941 年出版的童書。

72　漢斯・克里斯汀・安徒生（Hans Christian Andersen）童話故事《小錫兵》（The Steadfast Tin Soldier）改編的舞臺劇。

室》（*Casualty*）……

然後看《長日將盡》——製作精良的一部電影，［安東尼·］霍普金斯（Anthony Hopkins）表現得非常出色。學到了一堂課。艾瑪需要和一個會請她挖掘而非淺淺掠過的人合作。

1月30日
上午9點：油漆工在樓上敲敲打打。我知道他們想早點完工，但……

1月31日
說來好笑，壓力大時我也許會發憤圖強，也可能會早上用被子蓋住頭，下午去購物。今天是後者。劇本仍然未讀。

2月1日
工人、灰塵、洗碗水——整修、鋪瓷磚、重新上灰泥、塵埃、塵埃、訪客。

2月2日
時差持續下去——大腦與身體詭異的錯位，突如其來的睡眠，清晨5點醒過來，知道這種情形還會持續兩週。這副身體得意地展開報復。
寶拉·戴安尼索提（Paola Dionisotti）[73] 來了電話。這是與朋友貨真價實的對話，而非平時沿電話線飄去的空洞自動化發言。

2月3日
10點30分：寶拉來接我，我們去往位於克拉珀姆的《皮爾金》（*Peer Gynt*）排演室。見到蜷川 [74] 笑容滿面，見到塞爾瑪與其他人，真是太好了。我站在排演室裡想著一條條未竟之路，感受到陣陣傷痛……我和蜷川都說道：「下次。」
下午4點：史蒂芬·波利亞科夫（Stephen Poliakoff）帶了他下一部電影的新版草稿過來——來回踱步，手裡拋著柳橙，自己完全沒意識到這兩件事。
8點左右：路易絲、露比、艾德（Ed）[75]、史蒂芬加入我和瑞瑪，來一頓亨麗埃塔（Henrietta）的「快速料理」[76]。美味的速食，時光飛逝的夜晚。露比狀態良好——讓人笑得腹部生疼。

1994

日記：1993—2015年

73　義大利與英裔演員，1946 —。
74　日本戲劇導演蜷川幸雄，1935 — 2016。
75　編註：艾德·拜伊（Ed Bye），露比·懷克斯的老公。
76　《快速料理》（*Quick Cuisine*），路易斯·伊森（Lewis Esson）、亨麗埃塔·格林（Henrietta Green）與瑪麗－皮爾·莫因（Marie-Pierre Moine）著，1991 年出版。

2月5日

下午5點：和艾倫［‧科杜納］與茱蒂‧帕利許（Judy Parish）去牛津看羅文‧約菲（Rowan Joffé）的舞臺劇。我們開玩笑說要趁現在趕緊抱他的大腿——這也許不是開玩笑；劇比較像電影劇本（他的未來？），不過它有勇敢創新的基礎，羅文也保有他的魅力。

2月6日

又是油漆、灰塵、泡茶。

瑞瑪來了電話，她出車禍了。恐懼立刻湧上。她沒事。

2月7日

瑞瑪跛著腳過來，但她沒有大礙！唯一自然地脫口而出的語句是「感謝主」。

6點左右：和麥克‧紐威爾（Mike Newell）到巴比倫海灘毯餐廳討論《新愛情樂園》——他以冠冕堂皇的詞句將滿足出資者的選角合理化。我實在不曉得……在灰塵與推到一旁的家具之中吃晚餐。心神不寧。

2月9日

11點30分：克莉絲汀‧米華德來訪——到［當地咖啡廳］櫻桃咖啡逃避粉塵、鑽孔聲與異味。她帶了些德式聖誕蛋糕，又稱「令人欲罷不能的蛋糕」。她仍在規劃波士尼亞之旅。我們談到了狂放的靈魂。

和史蒂芬‧波利亞科夫談話，對他說我不想演他的新電影。我受夠了拒絕他人，**他**則不肯接受我的拒絕。

2月12日

屋裡滿是抹布、水桶、清潔劑、撢子、吸塵器與汗水。

2月13日

8點30分：里克‧梅耶爾（Rik Mayall）與芭芭拉[77]的喬遷派對。一間維多利亞小說風格的大屋子，到處都是隱匿的小角落。到處都掛著紅氣球與愛心——屋子一角曾一度聚集了將近所有的電視喜劇演員。里克、亞德‧埃德蒙森（Ade Edmondson）、班‧埃爾頓（Ben Elton）、露比、珍妮佛‧珊德絲（Jennifer Saunders）（唐恩［Dawn］和蘭尼［Lenny］已經離開了）。他們都是如此專注（或者顯得專注）。

---

77 編註：本名為芭芭拉‧羅賓（Barbara Robbin），里克‧梅耶爾的妻子。

2月14日

一層積雪過後，英格蘭停止運作。「我沒辦法走小路喔。」計程車司機說道，賭我不願意上車。「總之載我到騎士橋就是了。」這句話足夠果斷，足以讓他難爲情，也足以讓他發現我——低劣的優雅。

到騎士橋，英格蘭再次出招。塔拉 [·雨果] 第二度在公園披薩（Pizza on the Park）表演。沒有燈光、沒有音響還算正常，但**沒有鋼琴手是怎麼回事**？我們練習清唱（某些方面而言簡單許多……）。

在夏菲尼高百貨公司吃午餐（別碰素食菜單）。

下午逛了逛街。

下午 8 點 30 分：回公園披薩。塔拉吃了兩顆 Beta 受體阻斷藥，整晚都慢半拍，不過母音都十分放鬆地唱了出來。除此之外……非常好。回家吃起司、酸黃瓜、醃洋蔥，以及冰箱裡各種剩菜。

2月16日

工人最後的敲敲打打。我們是否終於能說「塵埃落定」了？

讀東尼·舍爾[78] 的劇本——有可能拍成絕佳的電影，不過這是他的電影，資金夠嗎？和適當的人物搭上關係了嗎？

和茱麗葉說話——總是無比輕鬆……從摩洛哥聊到《死亡處女》（*Death and the Maiden*）——可以輕易聊上好幾個鐘頭（她也果真聊了這麼久）。凌晨 2 點在掛照片——雜亂無章的優柔寡斷，以及遍布牆壁的小孔。

2月17日

和東尼·舍爾談過了，我們下週會找時間見面，這表示 [我得] 找時間再讀一遍了。想到去年所有的接受與拒絕與猶豫，只感到腦中一片混亂。我就只能仰賴直覺而已，但直覺忙著猜疑他人的意見，以致嚴重稀釋、偏了方向。

今天下午 6 點和史蒂芬·P 見面討論他的新片，我盡量誠實直白，卻不怎麼確定己想說什麼。此時此刻，我的感官存在巨大的漏洞。

2月18日

12 點 30 分：常春藤餐廳，和艾琳（Irene）、保羅·萊昂－瑪利斯 [Paul Lyon-Maris，艾倫·瑞克曼的經紀人]、馬克·夏瓦斯 [Mark Shivas，電視節目製作人] 吃午餐，談到導演和製片事務；倫敦努力模仿洛杉磯，餐廳裡滿是同行的熟面孔。有時你會希望地震直擊某一桌。

78　編註：即安東尼·舍爾，東尼（Tony）是安東尼（Antony）的簡稱。

2月24日

盲目前進。

上午 10 點的排練，我已經在注意時鐘了。到了 11 點 15 分，搭計程車到柯芬園聖保羅座堂參加哈羅德 [·因諾森] 的追悼會。大衛·G 安排得非常好。在令人發顫的寒冷空氣中，和芭芭拉·萊－亨特（Barbara Leigh-Hunt）[79]、諾爾·戴維斯（Noel Davis）[80] 與戴瑞克·傑寇比（Derek Jacobi）坐在一起。教堂坐滿了人（謝天謝地），儀式也很完美——幽默、美妙的歌曲、掌聲連連。哈羅德如果見了想必也會喜歡。我朗讀約翰·多恩（John Donne）與克里斯蒂·布朗（Christy Brown）的作品——哈羅德也許會希望我朗誦多恩的詩句時大聲一些。

2月25日

下午 6 點：到公園街 47 號和薛尼·波拉克（Sydney Pollack）見面。發自內心的親切、聰明與魅力。我很樂意簽下去。

2月26日

12 點 30 分：飛往洛杉磯。3 點 30 分抵達——帶亞曼達 [·歐姆斯] 到圓點與月光服飾店快速購物——她只有毛衣可穿。不過她即使只穿了布袋，也能穿得亮眼。去日落侯爵飯店——我現在只能醒著。沖澡，威士忌沙瓦。有人來接我去下午 8 點的試映會。熟面孔、生面孔。《瘋狂遊戲》現在是愛情故事了，我似乎只有一種節奏、一種聲調、一種表情。光是在剪輯室就能做到的一切，令我深感不安……且使我深深憂鬱。即使在凌晨 3 點半仍不讓你入眠。

2月27日

和亞曼達吃早餐——思索著昨晚的事。如她所說，你可以盡情發出批判的小聲音，但事後就只剩下一種空虛感。

2月28日

上午 10 點：如履薄冰地和羅傑討論電影，他自然是想為自己辯駁，但也一如往常地保持心胸開放。如果他能靜一靜……等等，等等。

3月1日

11 點 30 分：到 UTA 辦公室和茱蒂·霍夫蘭一起拍攝——就像走進來說聲「嗨」

瘋狂與深情

79 英國演員，1935 －。
80 英國演員，1927 － 2002。

的第三次鏡頭之類的。然而，錄像中某處也包括一些關於《瘋狂遊戲》的東西，這可是能用來告人的。

3月2日
和羅傑一通絕望的電話，他認為我是發狂的演員。他雖然態度開放，卻也無比頑固。

3月4日
上午9點：到格雷格‧戈爾曼［Greg Gorman，攝影師］那裡，一整天都在和亞曼達、法蘭絲（Frances）、黛安娜（Diana）與格雷格的團隊拍照。一切都非常專業；人們合作尋找些什麼。我們還真找到了……諷刺的是，這一整天都充斥著我因作品受危害而生的憤怒。再次穿上服裝的感覺十分古怪。
回飯店喝一杯——聽說有些人打電話過來，卻得知我已經退房……給茱蒂的問號……搭加長禮車去機場。
下午9點：飛往倫敦。

3月5日
下午4點左右：回到家，準備外出，還有將衣服放入洗衣機與讀信……
搭計程車到巴比肯藝術中心（Barbican）看蜷川的《皮爾金》。我受嚴重的時差影響，怎麼可能做判斷呢？但普遍缺乏共鳴感之中，仍有一些美麗的瞬間。

3月6日
下午1點：和瑞瑪、露比、艾德、懷克斯夫婦與孩子們去麗城飯店，懷克斯一家的全貌不是電影劇本能想像出來的東西。露比笑著坐在其中——很棒的百憂解廣告。
回他們家喝茶與調整家具。
貝琳達來了電話，問我要不要吃中國菜。太棒了。她那齣舞臺劇的恐怖故事（外加時差）使我啞口無言，好在瑞瑪幫我填補了沉默，出色地為**家庭津貼**辯駁。我愛她這一點。一切都平衡了。

3月7日
上午9點：開車到希斯洛機場，搭10點50分的飛機去都柏林。浪費了200英鎊升級座位。

3月8日

《新愛情樂園》的第一天。

一開始就是最難的幾個場景之一，或許也不錯。記得保持不斷前進的能量，太多時間就表示有太多時間思考。艾倫・阿姆斯壯（Alun Armstrong）和麗塔・塔欣厄姆（Rita Tushingham）看上去已經進入狀態，戲服卻非如此。一些可怕的壓死線趕工。

3月9日

下午與晚上都在規劃明天的床戲，並拍了初吻。喬琪娜（Georgina）[81] 一如既往地勇敢專注，我一直忘記她才 17 歲，**完全不必放低標準**。驚人地奢侈。

回飯店打著哈欠吃晚餐，我累到感覺像在睡夢中接了電話，說到一半才醒過來，發現自己是在和吉莉安・巴奇對話與安排週六的午餐。我一定得問問她和瘋子對話的印象。

瘋狂與深情

3月10日

一早都在打炮（銀幕上那種）、挺動，疲憊至極。人生絕非如戲——誰要是用那種姿勢性交，第二次就會手腕骨折。

3月12日

宿醉。

下午 3 點：重機課。這東西讓我聯想到危險的高頭大馬，我花了二十分鐘學會控制離合器。

3月13日

7 點 40 分：車來了，開往碼頭。美好的暴雨日再適合這一場景不過。只有遇上替身演員不是替身的問題時，事情才變得難搞。我試圖拯救眾人，結果摔下機車、膝蓋腫了起來。事後兩度面朝下趴在水裡——凍得要死，而且說來奇怪，全身異常地濕透。還有大量奔跑與激動的戲碼，以致下午 9 點 30 分寫下這些，疲累入骨。

事後——背痛、膝蓋痛、打噴嚏……

3月15日

回碼頭面對新的難關——他媽的重機。它有自己的腦子，至少絕對有自己的意

81　喬琪娜・凱絲（Georgina Cates），英格蘭演員，1975 —。

志，它受夠了我逐漸膨脹的自信，開始自動自發轉至高速檔，像匹迫不及待想飛奔的馬。

4點45分：飛往倫敦。羅傑帶著《瘋狂遊戲》錄影帶來了，我快轉看了一個鐘頭。我們到口音餐廳吃晚餐。我吃了什麼？我只專注於解釋自己的想法，但對方宛如茅廁的銅牆鐵壁，絲毫聽不進去。

3月17日

9點30分：金峰［工作室］（Goldcrest Studios）。
下午穩定工作，最後在片子墜向米斯與布恩（Mills and Boon）[82]風格之時大爆炸。
6點45分結束，去河畔看《露西・卡布的三生》（*Three Lives of Lucie Cabrol*）。

3月18日

上午11點：瑪西亞・費雷斯登與艾倫・科杜納的婚禮。
我竟然沒有笑出聲來，主要是因為這件事觸發了種種想法。幸好儀式沒牽扯到宗教，那會令我非常不自在。
回艾倫家喝幾杯香檳——我看他幾乎要相信這一切是真的了——或可能是在享受那身打扮的關係。

3月20日

都柏林

在拖車裡度過一天。整天聽人說：「沒辦法，拍電影就是這麼回事。」上午10點15分被叫來，沒有輪到我。晚上9點回去。能讀的東西不夠多。盡量控制飲食——目前每一條褲子都太緊。拿著又一杯黑咖啡從餐車回來的路上，艾倫・德夫林（Alan Devlin）[83]朝我走來，艾倫・阿姆斯壯也加入我們。三個艾倫。德夫林無時無刻不在和酒瓶奮鬥，強勢又引人入勝的機智風趣，雙眼流露了內心脆弱。「你們兩個！穿了看起來很可疑的外套還能佔上風。」
晚些和羅傑在托卡德洛餐廳吃晚餐。輕快又親切。爭吵有什麼意義？應該請他讓我看所有被剪的片段的。

3月22日

在歡樂劇院酒吧待了一整天，這地方假裝自己是聖誕派對場地。氣球、橫幅、火雞晚餐、暖氣、跳舞、重播、比手畫腳的餘興。感覺能私密談天的氛圍，讓

82　譯註：米斯與布恩出版社，專門出版羅曼史作品。
83　愛爾蘭演員，1948 － 2011。

演員互相認識，只不過我們是坐在特等席，真是諷刺。只有我們這個行業的人才會如此不留情地將自己暴露在大眾顯微鏡下。

9點30分：看奧斯卡頒獎典禮……時而好笑，時而嚴肅。當我們這般認真看待自己時，就會成為自己的死敵，但這個世界想拍下這些。一群猿猴在互相抓跳蚤。

3月25日

虎克船長（Captain Hook）日。就如我對麥克·紐威爾所說，有三個人同時在行動——我、虎克船長與歐哈拉（O'Hara），每個人的中心都不同，而我（牽動另外兩者的人）的中心絕對是最不穩固的一個。於是，我們亦步亦趨地朝看上去些許有把握的東西前進。感受到「觀眾」的信心與你一同增長，太不可思議了。

3月27日

……該工作呢，還是閒晃五個鐘頭？有時製作人的沉默超出了失禮的範疇，已經到懦弱的境地了。晚間10點結束被剪了羽翼的場景，清晨7點15分又被叫去，這是該被提出來的問題。去一趟斯坦帕水療飯店之後，厭煩的感受逐漸淡去，鮑勃·格爾多夫（Bob Geldof）也在那裡，符合我對他的所有想像——熱情、言詞清晰、討人喜愛且（當你開始思索你**可以**成為的一切時……？）被白白浪費了。

3月29日

BBC拍了一整天。貝莉爾·班布里奇來了，和她偷睡午覺被逮。競爭昂起醜惡的頭顱，[虎克船長]這個角色給了我一點距離感，但我的天，這些年輕演員有的除了野心之外一無所有，就只有這沒裝彈簧的刺人靠墊可以仰賴了。

下午：瑞瑪來了，我放下內心一大疙瘩。我們一起笑了，謝天謝地。她來了剛好看見帕蒂·樂福（Patti Love）[84] 作為彼得潘（Peter Pan）飛上天，絕不能錯過的畫面。

3月31日

整個下午都在虎克船長，直至晚間，有點像是把汽球戳爆的感覺。終於在9點30分→大門劇院（Gate Theatre）看《海鷗》（*The Seagull*）後半部分——導演糟糕到了危險的境地——好演員與傑出演員飄著、飄著，飄在虛無之境……帕蒂、瑞瑪和我最後回飯店喝茶與議論「天后」[喬琪娜·凱絲]。

84　英國演員，1947 —。

4月1日

深深的熱忱——爲了得獎而甘願喉嚨痛。

是時候穿著睡衣閒晃，叫客房服務了。

或者坐在大廳一角喝茶吃雞肉三明治。

或者看電視與回信。

或者在樓下餐廳吃晚餐——「我們特別讓步，讓兩位客人共飲半瓶酒」——都柏林的聖週五。

天后蹦蹦跳跳進來——說她「和茱蒂去了」……[85]

4月6日

鬧鐘在清晨 5 點 30 分準時工作，瑞瑪出發去倫敦。約一個鐘頭的坐立難安過後，上計程車前往科克機場與都柏林……去飯店。去和康納‧麥德莫托（Conor McDermottroe）[86] 喝咖啡。去買些愛爾蘭音樂錄音帶。去奧林匹亞劇院（Olympia Theatre）。對普妮拉‧斯凱爾斯（Prunella Scales）打招呼——細節豐富、無比複雜的女演員，她本人也這般緩慢揭露自己的內在，就像勸說花瓣再稍微張開一些那樣。這個片場的人們大多可自給自足，斯凱爾斯女士、麥克‧N、天后、我……

4月7日

今天還眞是奇怪——逐漸蔓生的心情成了危險的轉角。和普妮拉拍了反過來的鏡頭——走入特寫，並帶著可怕的自我意識眉來眼去。

4月8日

我今天的鏡頭。往上走幾階，停步，轉身，看，別過頭。最簡單的任務能讓你覺得自己像沒上油的機器人。

4月16日

又是騎 [機] 車。

4 點 30 分：和蔡敏儀（Carolyn Choa）[87] 在謝爾本飯店喝茶，後來安東尼‧明格拉也來了。討論《吸血情聖》（*Wisdom of Crocodiles*）與 4W[88]，這可是美國當紅電影……

85　她和艾倫‧瑞克曼的經紀人茱蒂‧霍夫蘭簽了約。

86　《新愛情樂園》共同製片人。

87　安東尼‧明格拉的配偶。

88　《妳是我今生的新娘》（*Four Weddings and a Funeral*）。

事後，費歐娜・蕭、丹尼斯和我們三人去了塞納河咖啡廳（丹尼斯稱之為「瘋子咖啡廳」），所有人都十分盡興。費歐娜認為我一定是瘋了才不演魯德金那部片。唉。去片場……所有人都在附近酒吧喝得酩酊大醉。迪克・波普 [Dick Pope，電影攝影師] 越來越火大了，嫌自己的時間和才華被白白浪費。

4月17日

一整天都在待命，等同客房服務、打包行李、包禮物直到下午5點→到片場拍團隊合照。略嫌不歡樂的情境。現在有種不耐煩的感覺了。拍得好的影像太多，時間卻太少——一些場景被迫刪去或修剪。對部分演員說再見——其中一些人激勵我清晰發言、風趣談天、保持幽默與親切，也有一些人能使上述特質在大腦火堆裡生生凍結。

瘋狂與深情

4月18日

待命到下午1點。幫東尼・霍普金斯買了些白蘭地。注意，我的司機不是A先生。巴格特街不算遠……我怎麼之前一直沒去逛過？在片場吃午餐。近似最終日的氣氛，寧靜而溫馨。用頭撞了撞橡膠，然後去水族館。冰冷刺骨的水；蛙人；抓我的腳踝；睜開眼睛；額頭上的血；盯著。花了些時間。

下午9點：奧利佛獎（Olivier Awards）[89]。一切都顯得如此遙遠。接著去托卡德洛餐廳——這麼說吧，我們不容許愚蠢的想法。

小天后和她阿姨在飯店酒吧，她話很多，但眼神銳利。

接著去托卡德洛餐廳……和瓊安・柏金 [Joan Bergin，電影服裝設計師]、費費和康納一起。我們最終應該是發生了實在的對話，但費費不願意接受任何批評——也許她說得對，不過真有人能**如此**肯定嗎？

4月19日

10點45分→飛往倫敦。

逐漸感到全身疼痛，不是情緒造成，就只是因水族館浸水而產生的反應而已。

4月20日

黛安娜為丹尼斯・波特準備的照片送來了。

照常躲避焦點的同時，我去見茱蒂・戴許 [Judy Daish，經紀人] 請她送照片過去。她提到波特，他已經完成了目前的工作，身體十分虛弱。我想為自己與他

89　編註：勞倫斯・奧利佛獎（Laurence Olivier Awards），經常被簡稱為「奧利佛獎」，是英國劇場界最高榮譽，相當於美國百老匯的東尼獎。

的連結感到驕傲——只能希望他的長處與黑暗之處能透過潛意識傳達出去。也許之後有音樂就可以了吧。我寫道，謝謝你給我超越「隱隱完美感」的感受。

4 月 22 日

8 點：露比的生日派對。

她在明顯的混亂當中愉快到來，身旁的艾德則散發完美平衡的平靜。孩子們逐漸敞開心扉——是因為他們感到較有安全感了嗎？珍妮佛・珊德絲、亞德・埃德蒙森、柔伊・瓦娜梅克、喬安娜・拉姆利（Joanna Lumley）、蘇珊・貝蒂許（Suzanne Bertish）[90]、提菈（Tira）、亨麗埃塔、約翰・塞森斯（John Sessions）。以及無可避免的深夜爭執……

4 月 24 日

12 點 30 分：去露比家吃貝果配燻鮭魚。許多小孩子在腳邊、懷裡與肩上，或在玩任天堂遊戲——僅僅是虛無罷了！

嘉莉・費雪（Carrie Fisher）也在，她幽默又明快。史帝夫問珍妮佛・S 是做什麼工作的。露比不曉得今晚要穿什麼去英國影藝學院電影獎（BAFTA awards），我建議她穿適合特寫鏡頭的服裝。

4 月 25 日

2 點 30 分：畢卡索（Picasso）。

令人大開眼界的展覽。我和費歐娜・蕭逛著逛著，為自己渺小的人生與不值一提的抱負感到羞愧。畢卡索彷彿**永久插著插頭、通著電**。無盡的創意、人性、熱情，這些在紙上不過是文字——在展間卻全都**觸手可及**。

4 月 27 日

上午 7 點：看著南非升起新旗幟，並爬過絆網、爬出地道[91]。

下午 1 點：去皇家藝術學院準備今晚第一個節目。年輕演員為各式拿著紙筆的人們表演，打勾、打叉、打勾。二十年後重回這幢建築，怎麼已經過那麼久了？……凡布魯劇院（Vanbrugh）發生了些醜陋的變化，一度是劇場的它，如今成為阻礙活動的峭壁。也許身為理事會一員，我主要會扮演反動角色。

---

90 英格蘭演員，1951 ─。

91 編註：南非白人和黑人選民首次平等參加大選投票，白人政權敗選，首次打破種族隔離。該日也被定為南非官方假日「自由日」。

4月28日

受邀參演馬密（Mamet）[92] 的新劇《密碼》（*The Cryptogram*），拒絕了。那個角色感覺不對。推薦了艾迪·以札德，他們非常認同，但需要說服他——和他談談並提議一起讀劇本。他說好。我感覺自己像製作人——不錯的感覺。

下午4點：史蒂芬·波利亞科夫來討論劇本——自顧自地討論。我知道自己的立場，靜靜坐著等待偶然出現的空檔，鑽那個銳利的夾縫。他想到一個新的橋段，想以此將我吸引回來。

4月29日

下午4點：彼得·巴恩斯（Peter Barnes）[93] 與黛麗絲·萊伊（Dilys Laye）[94] 來訪。彼得的太太夏洛特（Charlotte）星期三去世了。她擁有獨一無二的靈魂——精力充沛、閃耀動人，總是勇猛地守護他人，結果最後，她的靈魂因思覺失調症而與自身相鬥。彼得說，她是憑意志力讓自己死去的，彼得明顯深受打擊。經此提醒，我將生命中所有堅定的友誼看得更為重要。

6點：亞曼達 [·歐姆斯] 來看格雷格·戈爾曼拍的照片，她當然在每一張照片中都美麗動人，因此才有只草草看一眼的餘裕。

4月30日

12點左右→在艾比路，聽麥可·尼曼為《瘋狂遊戲》譜的幾首配樂。羅傑與維蘭德也在，沒有任何人要幫別人介紹的意思……不過音樂聽上去像馬達，像引擎。

1點30分：到琳賽與希爾頓家和艾迪·以札德讀《密碼》劇本。鮑伯·克勞利 [Bob Crowley，劇場設計師] 也在。

10點30分：艾比路。和尼曼看《歐洲歌唱大賽》（*Eurovision*），鮮明對比讓人看得非常開心。我早該在一個月前下注那首愛爾蘭歌曲 [95] 的。

5月1日

打給媽，計程車上演了費多 [鬧劇]。她終於來了，我們一起度過寧靜的午後，她玩填字遊戲、填比賽表單、看電視。她看起來氣色很好，輕鬆地自娛自樂，我則同樣輕鬆地鬱悶沉思。瑪瑪拉票回來了。我準備晚餐。媽說了她幾個孩子的故事，拿了照片給我們看。

92　編註：大衛·馬密（David Mamet），美國劇作家，1947 —。

93　英格蘭劇作家，1931 — 2004。

94　英格蘭演員，1934 — 2009。

95　保羅·哈靈頓（Paul Harrington）與查理·麥吉帝根（Charlie McGettigan）的〈Rock 'n' Roll Kids〉。

5月3日

和莉茲（Liz）討論，她在巴黎看了詹姆士・艾佛利（James Ivory），以及即將在他那部電影[96] 裡演梅斯梅爾的演員［丹尼爾・梅古奇（Daniel Mesguich）］的《瘋狂遊戲》。面對又一次的失禮，我真心感到震驚。

5月4日

琳賽來了電話，艾迪・以札德拿下那份工作了！！我感受到一種真實的成就感。希望接下來數週一切都順利。

5月5日

地方選舉。聖瑪麗學校；像松鼠一樣機警、活躍。

12點30分準備下午1點→常春藤餐廳，參加《旗幟晚報》為彼得・布魯克辦的午餐會。**非常多名人**，從左到右：我、麥克・歐文、費莉希蒂・肯達爾（Felicity Kendall）[97]、彼得・烏斯蒂諾夫（Peter Ustinov）、編輯［史都華・史蒂芬（Stewart Steven）］和史蒂芬太太、湯姆・史塔佩（Tom Stoppard）、黛博拉・華納、奧利佛・薩克斯（Oliver Sacks）和他其中一位病人、凡妮莎・蕾格烈芙（Vanessa Redgrave）、約翰・吉爾古德爵士（Sir John Gielgud）、彼得・布魯克、崔佛・農恩、費歐娜・蕭。烏斯蒂諾夫能輕而易舉地惹人發笑——他看《今夜來即興》（*Tonight We Improvise*）記下了許多故事與血淋淋的細節。

5月6日

英國選民今日宣布他們對保守黨的不滿，投給了別人。投票「支持」任何人的時代早已過去了。現在工黨基本上控制住了全國的議會，政府跌跌撞撞地找路。

5月7日

3點30分：和瑞瑪與寶琳・莫蘭（Pauline Moran）[98] 到皇家宮廷劇院看霍華德・巴克（Howard Barker）的《日暮飯店》（*Hotel Nightfall*）。在我看來完全無法理解，但（當然）不無聊且充滿了諷刺意味。我怎麼看不懂在演什麼？是我變笨了嗎？

96　《總統的祕密情人》（*Jefferson in Paris*）。

97　編註：全名費莉希蒂・肯達爾・霍夫曼（Felicity Kendall Huffman），美國女演員，1962 —。

98　英格蘭演員，1947 —。

5月9日

又做了一場鮮明的夢。單純的性交，沒有任何奇怪之處，沒摻雜任何其他東西。應該拍成影片的。

下午9點：看著曼德拉走進國會！

5月10日

南非如今有了黑人總統，成為自由國家了。簡直像在看電影。

下午6點：和格雷格‧穆舍 [Greg Mosher，戲劇導演] 與艾迪‧以札德喝酒，艾迪似乎非常期待這份挑戰。

5月11日

5點：在家中，為工黨歐洲晚會著裝。約翰‧史密斯[99]、羅賓‧庫克（Robin Cook）、東尼‧布萊爾（Tony Blair）都打了招呼，在樓梯間經過芭芭拉‧卡素爾（Barbara Castle）。「如果我中獎了，那請告訴我。」我還真在抽獎環節時中了一份獎，是兩本書。遇見許多人，聽了許多場演說，整場活動感覺愉快卻又敷衍。戈登‧布朗看上去**非常**無聊。約翰‧普雷斯科特（John Prescott）出價3,500鎊，想買下幾本歐威爾（Orwell）的初版書。只要提到尼爾[100]，所有人便會熱情鼓掌。（葛蕾妮絲 [Glenys][101] 的媽媽傍晚去世了。）史密斯發表了我目前聽來**最棒**的一場演講。班‧埃爾頓機智又搞笑。

5月12日

約翰‧史密斯去世了。我昨晚和他說了幾句話，他談到接管一個國家這份艱鉅任務與感受，但他（和我一樣）看到曼德拉，就覺得自己的問題與不安都太過渺小。他的演說**確實**精采。我們都知道他**本可以**成為偉大領袖的。我看著臺上與觀眾席，看著貝克特（Beckett）、普雷斯科特、布朗、布萊爾的種種複雜，卻只看見他清晰的認知、他的智慧與溫暖。

5月13日

吃早餐看電視上的致敬、預言與分析時，我意識到「約翰‧史密斯在做什麼？」和英國媒體與負面新聞的私情大大相關。約翰‧梅傑（John Major）[102]越是出錯，新聞頭條就寫得越聳動。約翰‧史密斯的幹練、幽默感和沉穩的力量無法讓報

99　編註：前工黨黨魁，1938－1994。
100　編註：尼爾‧金諾克，葛蕾妮絲的丈夫。
101　編註：葛蕾妮絲‧金諾克（Glenys Kinnock），前英國歐洲及北美事務國務大臣。
102　編註：前英國首相，1943－。

050

瘋狂與深情

紙大賣，只有在這些成爲他的墓誌銘時才終於登上報紙。

和露比喝茶——換言之「你能不能看看這幾份劇本？」。

5月14日

讀劇本。還是拒絕。

電話。

回信。要錢的訊息堆積如山，人們現在都不知除了要錢還能幹什麼。

在雨中去一趟乾洗店。

看足球決賽。

閱讀。

做晚餐。

看電視。羅傑回了電話，他剪完片了，卻沒聽說巴黎放映會的事。可想而知，他十分火大。這下故事又會如何發展呢？

5月19日

3點30分：史蒂芬‧波利亞科夫。當你的褲腳被狗咬住時，你實在很難保持客觀。

5月20日

在電視上看約翰‧史密斯的喪禮，同時準備照相——我的人生充斥著奇怪的對比，時而嚴肅、時而瑣碎。也許我的心情有受此影響，攝影師安德烈亞斯‧諾伊鮑爾（Andreas Neubauer）等了好一陣子才拍到有生氣的照片，他也很努力了。飯店這個地點選得不錯——橘色床套與罌粟花樣壁紙，以及各種奧頓（Orton）風格 [103] 的走廊。

2點30分：到塔橋與碼頭區。油漆斑駁的門、生鏽的欄杆——甚至還有一隻死老鼠。我感覺到臉部肌肉逐漸放鬆，這漫長的一天來到尾聲時，他應該是拍到了幾張好照片。

5月21日

12點30分：搭機去巴黎。直接出去找埃瑞（Irié）的店。瑞瑪挑衣服，I 也在，一如往常地迷人又害羞。瑞瑪挑了一大堆商品，幸好 I 有優惠。

接著在巴黎到處晃蕩。鞋店、咖啡吧——椅子朝向外面的世界——在這座城市裡，你即使獨自坐在咖啡廳也不必感到丟臉。

103　譯註：指黑色喜劇風格。

5月22日

早餐——在飯店吃早餐總是比較好玩……看著瑪格麗特・貝克特在電視節目《弗羅斯特早餐時間》（Frost）上優秀的表現。瑞瑪認為他們應該讓她繼續當副黨魁的。

5月23日

下午 1 點：法國之家餐廳——和泰瑞・漢德斯（Terry Hands）[104] 吃午餐。我過去曾覺得他令人生畏——至於他呢，他表示我在皇家莎士比亞劇團的大失敗，是因為我「缺乏自信與憤怒」——這之中想必存在某種連結……無論我對他過去的作品做何感想——視覺演說、太多皮革——他終究還是深愛演員，也了解演員。

5月24日

下午 8 點：和露比、雪兒・海特（Shere Hite）[105] 與柯絲蒂・朗（Kirsty Lang）[106]在尼爾街餐廳吃晚餐。非常自大的接待員與過於熱心的工作人員，食物非常美味。很棒的對話——歐洲、女性主義、為 S・H 的妓院想名字（海特點——我的提案；S・H 在此為您吹話兒——露比的提案）。

5月30日

8 點：和戴克斯特（Dexter）[107] 與達莉亞去泰國餐廳。我必須注意不被捲進他人的問題，那只會將我的能量消耗殆盡。

6月1日

上午 11 點：戴克斯特・F 來收抵押借款，我們安排用電匯方式匯款——但這裡是英格蘭，所以過程中當然得遇上死腦筋的傢伙。

莎曼・麥克唐納 [108] 與羅賓・唐恩 [Robin Don，劇場設計師] 來訪，我們到 192討論《冬天的訪客》，以及在格拉斯哥電車軌道旁打廣告的可能性。必須避免將這齣劇說得太一文不值——它是脆弱而神祕的生物。

6月2日

11 點左右：露比來訪。

104　英格蘭戲劇導演，1941 － 2020。
105　譯註：性學家與女性主義研究者，1942 － 2020。
106　英國記者，1962 －。
107　英國藝術家與劇場設計師戴克斯特・佛萊契（Dexter Fletcher），1966 －。
108　蘇格蘭作家與演員，1951 －。

瘋狂與深情

下午 1 點：牙醫。美白何時變得這麼貴了？而且還有種刺痛感，或者說我是眞的被刺痛了。

7 點 30 分：在法國學院劇場（French Institute）看 [薩繆爾‧貝克特（Samuel Beckett）的]《美好時光》（*Happy Days*）。

安琪拉‧普萊桑斯（Angela Pleasence）[109] 與彼得‧貝利斯（Peter Bayliss）。她先前和希蒙‧本穆薩（Simone Benmussa）[110] 相處不睦，但無論是非對錯，都不能讓**如此**有才華的演員怕到我們幾乎聽不見她的聲音。事後到 SW7 義麵餐廳討論這一切，她明天會提高音量。若非如此，我們是爲誰做這些？但舞臺劇非常好看。

6 月 3 日

尋常對話的詩意——賈斯汀‧韋伯（Justin Webb）在《早餐新聞》（*Breakfast News*）上採訪兩位二戰老兵（6 月 6 日是諾曼第登陸的 50 週年），問他們：「它一直都留在你們心中嗎？你們都沒辦法忘掉它嗎？」恩斯特（Ernest）說當你去到墓園，所有的朋友都在身邊時，很難忘記那件事。隆恩（Ron）說：「我喜歡墓園，我想去好朋友埋葬的地方。他以前就是在我面前被殺的。他轉過來對我說：『白蘭柯（Blanco），今天是大日子！』砰。死了。就這樣死了。」

6 月 6 日

8 點左右：去露比家——我們煮義大利麵。她將自己的看法與否告訴我——簡單而言，她認爲我拖延得太誇張了——這是事實，但沒有她說得這般負面。她總愛排擠比自己弱的人。我懂她的意思，不過她（如此生活著）眞的正確嗎？

6 月 7 日

致信布萊恩‧弗雷爾（Brian Friel）——婉謝參演他的劇。

下午——在附近五金行找黑蠅殺蟲劑時，聽見廣播電臺宣布丹尼斯‧波特去世的消息。他若看見這個畫面，想必會喜歡這種反差。

6 月 9 日

7 點 30 分：《玫瑰夫人》（*A Month in the Country*）。海倫‧米蘭是迷霧之中的燈塔，絲毫不自私，也不受她所在之處的流沙影響。

109　英格蘭演員，1941 ─。
110　出生於阿爾及利亞的作家與戲劇導演，1931 ─ 2001。

6月12日

陽光明媚的寧靜日子。瑞瑪在花園裡改考卷，我四處閒晃。

終於讀了《勸導》（*Persuasion*）與《瘋狂喬治王》（*Madness of George*）的劇本。兩個都不行。

後來看了歐洲議會選舉的結果，現在工黨佔了許多席次。葛蕾妮絲·K偕同尼爾拿下席位的畫面真是太諷刺了。15年來，一直告訴別人當自私自利的垃圾也沒關係，現在終於有一丁點常識浮上水面，我們才意識到不能這樣過活，但葛蕾妮絲和尼爾還是來了。我理應雀躍，卻只感到忿恨。

6月14日

羅傑·S從洛杉磯打電話過來，《瘋狂遊戲》的戲碼仍未結束。梅菲爾顯然對藝術一竅不通——路易與瑪麗·A那個場景在他們眼裡「十分噁心」。愛情故事到哪去了？他們沒注意到腳本上寫著丹尼斯·波特的名字嗎？

瘋狂與深情

6月15日

→去192吃午餐，並寄鮮花給分娩多日後生下了女嬰的茱麗葉——9英磅重的痛苦。

6月20日

心思散漫的日子。

打了幾通電話安排未來事項。

聽答錄機上的留言，不接電話。

溫布頓第一天。

最後——還是不去紅堡（印度餐廳）。感覺自己像被利用了。

沒法天天這樣度日，但這是必要的空間，是集中精神的機會。

6月25日

裁縫店那個討人厭的矮小男人——「這太困難了，為什麼買這種不可能修改的外套——請你站在那邊，不對不是那裡，你擋到我的光線了——還是**你想自己改衣服？**」回答——不想，但（收拾所有東西）我請別人幫我改吧。謝謝。

6月29日

若有所謂思覺失調的日子，那今天絕對是其中之一。瑪格麗特（Margaret）[111]

111　艾倫·瑞克曼母親的鄰居。

來電告訴我，媽送醫了。感覺彷彿突然發現自己關在冷凍庫裡，然後才開始考慮到實際層面。幾通電話，搭計程車到家，搭計程車到哈默史密斯醫院。麥克在急診室等候間，媽在小隔間裡，戴著氧氣罩。呼吸困難，但除此之外沒有大礙。很多問題，很多等待。對面隔間的女人對她女兒問「媽，妳需要什麼東西嗎？」的回應是：「一劑毒藥。」可見情緒勒索這位老朋友仍然健在。最後終於進入病房，護理師都十分溫柔體貼。更多的問題。是，她平時自己住。是，她都自己準備食物。早餐吃一片吐司，午餐吃火腿三明治，是的，晚餐自己煮，可能會吃雞肉配薯條。都是些會令人逐漸平靜的提問，狀況好到我離開醫院去看了首演。《密碼》……之後，我們逃離人潮，去歐索餐廳。

7月1日

下午1點：在歐索餐廳和塞爾瑪CBE吃午餐。塞爾瑪的日記讀起來一定很有趣。「和戈爾・維達爾（Gore Vidal）去看戲，十分鐘過後他就想走了。我說：『你不能走，你是名人，大家都會注意到你。』『喔。』他說。我趁機說：『你看，大家都盯著你。』他們當然沒在看他，但他還是站在那兒微笑點頭……」
去醫院，到場時媽說故事的聲音迴盪在病房裡……

7月2日

決定不在下午1點看《千禧年降臨》（*Millennium Approaches*）[112] 日場，改去看瑪蒂娜・娜拉提洛娃（Martina Navratilova）。我早該猜到結果的，她輸了。我想見見她——在事後的採訪中，她談到要找出自己身為「有生產力的人類」可以做的事，她可不僅是發球與打凌空球的選手。

7月3日

昨日的想法成了今日的現實。上午7點瑪西・卡韓 [Marcy Kahan，劇作家] 來了。7點15分搭計程車，搭8點30分的飛機前往巴黎。
和蘇珊娜・S（Susanna S.）、伊莎貝爾・杜巴（Isabelle DuBar）與羅蘭（Laurent）在丁香園吃午餐。真的很棒——鴨肉配萊姆與無花果。偷吃瑞瑪的小羊排——同樣也是值得特地飛來品嚐的美味。
接著到奧德翁劇院（L'Odeon）看下午3點的《歐蘭朵》（*Orlando*），伊莎貝・雨蓓主演，羅伯・威爾森（Robert Wilson）[113] 執導。真是我難得看見如此了得的演技——自由的靈魂與純熟的技術達到了全然和諧。

112　東尼・庫許納（Tony Kushner）的《美國天使：千禧年降臨》（*Angels in America: Millennium Approaches*）。

113　美國導演，1941 —。

事後在更衣室裡，伊莎貝一如往常地開朗、迷人、精明而不感情用事。

事後有些心不在焉地在盧森堡公園閒晃，喝咖啡、法國檸檬水、冰淇淋。機場，飛回家。

7月4日

1點30分：車子來接我去比更士菲鎮。國家電影學校（National Film School）。看《金錢帝國》（*Hudsucker Proxy*）。據說是柯恩兄弟（Coen Brothers）對《風雲人物》（*It's a Wonderful Life*）、《小報妙冤家》（*His Girl Friday*）等的致敬。結果它成了動作遲緩又毫無方向的模仿物──中間是親切友善的提姆·羅賓斯（Tim Robbins），邊緣是傑出冰冷的珍妮佛·傑森·李（Jennifer Jason Leigh）。事後，和滿房的編劇課申請人談論這個與其他許多件事，算是不離題的訓練，不讓對話變成「你早餐都吃什麼？」。大致上是成功了，但在離開時，他們其中一人問我，他能用什麼方法將劇本送到布魯斯·威利手裡。

瘋
狂
與
深
情

7月6日

下午3點：皇家藝術學院──三十多個學生即將踏出子宮。即使身處十四號房、一隻靴子穩穩踩在另一隻腳上，也不能多想。他們臉上表情千變萬化，從開朗到欽慕到不情願到懷疑。不知爲何，我們一如往常聊到了政治，以及好萊塢，以及劇場。整體而言我相當喜歡他們，也有一些原本模糊的想法逐漸成形。

7月7日

9點30分：去貝琳達與休家，參加他們的諾森伯蘭社區街上派對。英格蘭最古怪的一部分。把自己的桌子搬到街上，和幾十個人一起開晚餐會，卻沒有任何人爲彼此互相介紹。

7月9日

下午8點：（在水石書局找到禮物後）去印度總督餐廳參加葛蕾妮絲·金諾克的生日派對──非常好，我餓死了。跳著舞的印度少女。周圍的人們──伊恩·麥克連、麥克·福特、K·弗雷特（K. Follett）與B[114]、哈莉特·哈曼（Harriet Harman）、戈登·布朗等人。我一度看見麥克·福特拄著拐杖，從身穿米色西裝、坐立難安的東尼·布萊爾身旁走過，工黨兩大書擋。

114　英國小說家肯·弗雷特（Ken Follett），1949 －，與其妻芭芭拉·弗雷特（Barbara Follett），英國工黨政治家，1942 －。

7月14日

搭計程車去皇家藝術學院參加 2 點 30 分的理事會議。首座——A 男爵（Lord A.）[115] 是主席。我坐在安東尼‧H 爵士與席薇雅‧辛絲（Sylvia Syms）之間。接著去 4 點 30 分的 AGM——那個美國巫婆粉墨登場的噩夢——她是誰？——這是她第一次參加協會會議，她卻強橫霸道、說個不停。好幾個人都走了。最後我和保羅（Paul）去看道具室，了不起的男人，整理得非常好。我在出去路上遇到了「超完美嬌妻」，在路邊上演醜惡的一幕，她提及柴契爾（Thatcher）、雷根（Reagan）、邱吉爾（Churchill）的在天之靈。何必呢？何必發怒呢？面對「學生應該自己出錢——共產主義已死」等等言論，你又能如何回應？她在最終說道「你該長大了」，我則在她錯過計程車時說「妳該醒醒了」。哈哈哈。

7月15日

7 點－7 點 30 分：去 BBC 接待室，接著到藝廊看露比錄音。
她和東尼‧斯萊特里（Tony Slattery）之間發生了一些神奇的瘋狂，還有不怎麼討喜地欺負來賓。
去露臺餐廳吃晚餐——在倦意與太多劣質葡萄酒的作用下，我想必對無比耐心的彼得‧理查森（Peter Richardson）[116] 胡說八道了一陣。

7月16日

←然後宿醉醒來——仍在頭暈，保持面朝前……

7月17日

世界盃決賽打從一開始似乎就全錯了——帕薩迪納市玫瑰碗球場看臺不夠高，不適合這樣的戲劇場景，讓我們聯想到公園裡的球賽。最後由 PK 大戰決定結果，戲劇性總算歸來，但如果沒踢進的人是你，你該如何面對自己？[117]

7月20日

有些電話對話應該錄音的——今早和貝蒂娜‧喬尼克[118] 通電話，四十五分鐘說了一連串無名小鎮的巡迴演出故事，其中包括海倫娜‧薇格（Helen

---

115　李察‧艾登堡（Richard Attenborough），1923 － 2014。
116　英國導演，1951 －。
117　巴西在 PK 大戰（互射十二碼）中贏過義大利，比數三比二。
118　克羅埃西亞出生的歌手，1938 － 2021。

Weigel）[119]、羅特·蓮娜（Lotte Lenya）[120]（薇格沒有唱歌，而是讀了一份專著，中止了《美好時光》第一場演出）；薩繆爾·貝克特，說他在不同的房間，然後讓太太蘇珊（Suzanne）從其他入口進來，但是她用《果陀》（Godot）大力敲門。約內斯庫（Ionesco）說到想把太太切開，確保她比自己早死（她還活著）。

這些是適合在炎熱、散漫之日聽的故事，這種日子除此之外也就只有領掛號信（安德烈亞斯·諾伊鮑爾拍的照片——我記得那次的攝影，但這個人是誰？），在家等水管工傑利（Gerry）來調整水壓，吃太多甜食。

7月21日

雙魚座的生活、心思與時間安排。我半顆腦子在說——不要，別去，這是錯誤，另外半顆腦子卻在讓自己燙襯衫與叫計程車。去動態影像博物館參加百大電影（Cinema 100）開幕式，並排隊和查爾斯王子見面。茱麗葉、傑瑞米·艾朗（Jeremy Irons）、理查·E·格蘭特（Richard E. Grant）、瓊安·普洛萊特（Joan Plowright）、麗塔·塔欣厄姆、迪奇·A（Dickie A.）[121]、約翰·米爾斯爵士（Sir John Mills）。事前的閒聊與礦泉水，然後查爾斯到場——繞了半圈，居然對每個人都有相關話題可說；電影秀與多場演說，然後吃午餐並和A·楊圖（A. Yentob）與柯林·麥克比（Colin MacCabe）[122]談話。剛去完東尼·布萊爾「加冕典禮」的大衛·普特南來了，他告訴我，他們安排讓我參加工黨年會上的一場辯論。

去醫院帶媽到安全的避風港。露比來了，惹得所有人哈哈大笑；我們和艾德、艾倫·旺曾堡 [Alan Wanzenberg，露比的老朋友] 與傑德 [Jed，他的伴侶] 去河流咖啡廳。伊蓮·雅各（Irène Jacob）突然憑空冒出來，盧夫斯·塞維爾（Rufus Sewell）也跟著出現，還有一整個製片團隊。我們這桌歡笑連連——露比的故事總是如此精采。稍晚和茱蒂·霍夫蘭談話——她懷孕了。「別擔心——我上回生完十天就回來工作了。」

擔心？我嗎？？今天真是塞滿了殘像。傑瑞米要演《終極警探》第三集。伊蓮沒演《瘋狂遊戲》。理查·E演了《親親我的愛》。盧夫斯要演《玻璃情人》（Carrington）。

8月1日

整個上午不時冒出強勁的能量。看著自己讓事情一件件成真。打幾通電話安排

119　德國演員，1900－1971。
120　奧地利歌手，1898－1981。
121　編註：即李察·艾登堡，迪奇是他的別名。
122　英格蘭學者與電影製作人，1949－。

和建築師見面，買國家劇院的門票，訂輪椅並等到東西送來，最後還安排了去格林德伯恩歌劇院（Glyndebourne）的行程——今天的行程——一個鐘頭內做好準備，半個鐘頭內抵達維多利亞車站（而且還繫上了黑領帶）。

和費歐娜與黛博拉見面——藝術界「可怕的兩歲孩子」之一。希爾嘉德加入我們，我們搭上駛往格林德伯恩歌劇院的火車。抵達目的地時——它就在那裡——仍堅定存續下來的一小塊舊時代英格蘭，頑固地繼續擺出折疊椅、三明治、香檳（一個男人獨自坐在那裡，身邊只有福南[123]下午茶野餐籃，另一組人竟然有他媽的花藝擺設）。我不停心想：「隨時會有人提著機關槍出現。」牛隻悠閒地走來走去，嘗試和不同組人互動。

《唐‧喬凡尼》（*Don Giovanni*）——當然有著滿是挑戰性的好點子，但歌手遠遠無法作為演員滿足那些點子，我擔心黛博拉無法自我批判。費歐娜也一樣。我要是遇到這種情況，可能也是如此吧。其中一些部分真的很丟臉——合唱團穿著《生活的甜蜜》（*La Dolce Vita*）的服裝在跳扭擺舞。

趕著回家。洗戰鬥澡。

8月10日

四小時睡眠，然後 7 點 45 分搭車前往希斯洛機場，10 點 10 分飛往比薩→搭火車到比薩中央車站（Pisa Central）→搭火車到格羅塞托市。被圍牆環繞的美麗城鎮，公眾假期裡沒有店面開張，走在街上看著一扇扇閉鎖的窗扉，在飯店打盹，出去吃晚餐（如果有人開門的話），找到明顯每年辦一次的老城接力賽（藍隊贏了），全鎮都在看比賽，到處是家庭、小孩子到處跑或在咖啡廳裡坐在大人腿上（即使到了深夜也是），完全是活動的一部分。訓練有素的第六感帶領我們來到露天大披薩餐廳，紅酒、沙拉、咖啡，完美。

一桌坐了一家四口——媽媽用叉子插起一塊披薩吹涼，然後餵到小女兒嘴裡。周圍都是六人、八人、十人桌——沒有廳餐放的背景音樂，就只有談天說地的聲音。每一組新客人都有一張乾淨的白桌布。

8月11日

在房裡吃完早餐後，晃去卡杜奇咖啡廳和達莉亞碰面，只見戴著草帽、全身曬黑的她跑來。我們去找哈莉特‧克魯克桑克 [Harriet Cruickshank，電影製作人] 與鄧肯‧麥阿斯凱 [Duncan MacAskill，藝術家]，搭白牌車去塔拉蒙（海邊）喝啤酒吃午餐。搭計程車回來，趁警察發現我們五個人乘一輛車之前趕緊下車。回飯店打盹，達莉亞沖澡後安排下午 7 點的車，接著去西西里堡。計程車

123　編註：福南梅森（Fortnum & Mason），英國歷史悠久的高級食品與百貨品牌。

司機的朋友有艘船，魔法就這麼開始了……

我們**筆直**航向厄爾巴島與夕陽，在落日消失之時——岩石與塔樓黑影和粉紅背景形成鮮明對比——彎月逐漸鋒銳，一群鳥似乎忽然被放過來和我們打招呼。我們咚咚咚回到達西納餐廳，享用美味的魚肉、沙拉、鮭魚生魚片、薯條、檸檬冰沙、濃咖啡、當地葡萄酒。在這令人印象深刻的夜晚最後，我們和計程車司機喬福雷多（Giofreddo）以每小時 100 英里的高速狂奔回去，在廣場跳舞。老、少、金髮、禿頭，一張張臉隨午夜的音樂微笑與舞動。非常、非常特別的時光。

8 月 12 日

11 點 45 分：搭公車到錫耶納市。在寧靜、無人、開著冷氣的車上公路旅行，穿過明信片般美麗的托斯卡尼，來到這座壯麗的城鎮。田野廣場剛映入眼簾的一刹那，有著同樣驚人的納沃納廣場，以及繞過海灣到雪梨港的畫面。在咖啡色陽傘下坐下來，供馬匹踩踏的沙子被風吹揚起——克羅斯提尼 [124]、番茄義大利麵、沙拉、幸福……窗扉與磚牆、屋頂與牆壁、門框與看臺全然地和諧（來看賽馬——7 月 2 日、8 月 16 日；難以想像他們脈搏如何飆高）。爬上市政廳的塔樓——各方面而言都令人頭暈目眩。接著去米蘭大教堂——彷彿掉進了一大包綜合甘草糖——以及聖多米尼克宮，趕、趕、趕著去搭公車，公車遲到了二十五分鐘，但無所謂，回家的車程完全是梵谷（Van Gogh）走過的世界。常有人沒事就用「令人屏息」形容事物，但在這裡十分貼切。而在這一切之間，人們似乎用最直接、最簡單的方式過著自己的生活，還有一直說話、說話、說話。

8 月 14 日

去索爾・扎恩茲（Saul Zaentz）[125] 與安妮特 [Annette，他太太] 家和他們吃午餐，還有安東尼・M、芭芭拉、蔡敏儀、麥克思 [Max，明格拉家的兒子]、麥可・翁達傑（Michael Ondaatje）、茱蒂・戴許、安吉（Angy）、達莉亞、瑪莉亞・B（Maria B.）[126] 更多悠閒時光，更多食物，游泳，歡笑。索爾與安吉都非常機智風趣。我們一行人出發前往巴蒂納諾鎮看《唐・喬凡尼》，戴克斯特和史帝夫與小傑克也在那裡（我們沒能成功進當地一間餐廳用餐）。我們所有人都坐在星空下……參觀了女修道院——此時坐在觀眾席。這場演出當然和格林德伯恩歌劇院的版本截然不同——光是聽到瑪莉亞・比約恩森你就該猜到了——它有自己的風格，非常豐富且有趣。蘇・布蘭 [Sue Blane，電影服裝設計師] 也

124　譯註：Crostini，一種傳統的義大利前菜，在烤過的麵包覆上食材。

125　美國電影製作人，1921 － 2014。

126　法國劇場設計師瑪莉亞・比約恩森（Maria Bjornson），1949 － 2002。

在那裡（列昂・布列坦 [Leon Brittan] 也在……）。這是精采一週當中又一個明豔的元素。假期……凌晨 1 點 30 分，索爾與安妮特載我們回巴斯提亞尼飯店。雖然疲倦卻又開心，但也滿腦子《英倫情人》（*English Patient*）般的想法。時機，時機。「我日夜操勞……[127]」

8 月 16 日

上午 9 點就下床出了門，到格羅塞托車站才赫然發現，9 點 35 分開往比薩的車其實是 9 點 25 分出發。瑪莉亞・比約恩森與瑞秋（Rachel）在另一個售票窗，於是我們晃回卡杜奇咖啡廳。瑪莉亞提到對現實失望的事，也許近期和達莉亞合作、難得有機會加入中間過程而暫時鬆了口氣。又是聽慣了的故事……
閒晃半晌——在巷子裡一間很棒的老店買了個茶壺，最終回車站搭 12 點 38 分的車。達莉亞抱著滿懷行李在那裡等著，我早就發誓絕不扛行李了。跌跌撞撞地上火車，跌跌撞撞地在比薩站下車，行李全拿去寄放，然後去看斜塔／大教堂／洗禮所。比薩是個雜亂且帶有怨念的地方，圍籬都是隨便搭起來的，食物非常普通，多得是討人厭的紀念品。大教堂內部倒是令人屏息（本日優美詞句），究竟有多少間令人瞠目結舌的教堂呢？比薩機場→倫敦→一堆信件。

8 月 19 日

下午 4 點：凱瑟琳 [・貝利] 與蘿西（Rosie）來討論我剛看完的《瘋狂遊戲》紀錄片。這部拍得很不錯，但目前看來有一個場景**非得**剪去不可，剪了才能保住我的羞愧，其他人也才不會因而受傷。**千萬**別私底下對人說任何祕密，之後必定會有人把你的祕密拿來用。片子需要多一些事實考據，以及更加清晰的觀點。

8 月 20 日

有時真會覺得自己在為人提供私人洗衣服務——友誼不該成為放縱的空間。聽人抱怨選角問題、排演問題、照相問題，他們離開時內心會堅強一些，你卻會疲憊不堪。這樣不對……

8 月 21 日

→去肯辛頓戲院（Odeon Kensington），大排長龍。愛麗絲・波洛克（Alice Pollock）[128] 前來救援，我們進去看《最後的誘惑》（*The Last Seduction*）——評價極高、琳達・佛倫提諾（Linda Fiorentino），諸如這般，看上去應該不錯。結果

127　編註：歌劇《唐・喬凡尼》的唱詞之一：「Night and day, I slave away...」
128　選角導演佩西・波洛克（Patsy Pollock）的女兒。

卻是極其憤世嫉俗、毫無樂趣且令人心情低落的作品，我們決定提早離場。還是喝杯濃咖啡比較實在。

8月25日
前往多倫多，下午1點。

先前忙著打包行李、打電話（其中一通還是和興奮過頭的希拉蕊・希斯 [Hilary Heath][129]……），我竟然忘了帶外套和長褲。這下得靈活使用牛仔褲和T恤，不然就是得更加靈活地使用美國運通卡了。

8月28日

蒙特婁

11點：《瘋狂遊戲》第一場放映會，帝國戲院（Cinéma Impérial）人滿為患——非常華美的電影院，座位高低分層且鋪了紅色絨布。說法語原來沒有我想像中恐怖。

接下來是一整天的訪談，以及誠實且有內涵地談話、同時卻保持**警戒**的掙扎……

9點30分：《瘋狂遊戲》第二場放映會……在包廂看了一部分，立刻悶悶不樂地想到它本能達到的高度。

8月29日
悠閒地晃去蒙特婁美術館——李奇登斯坦（Lichtenstein）與德・藍碧嘉（de Lempicka）作品展——但博物館星期一沒開。我考慮花1,200元買一件外套，以撫慰受傷的心靈，但最後還是成功抗拒了誘惑。這趟旅程我其實根本沒看到蒙特婁的真面目，而且宣傳行程往往會削減你的好奇心——你一旦興奮起來就會放下心防，那可不行。

觀眾對《瘋狂遊戲》的評價非常高。第二輪即將開始，是時候清空場地了。

5點30分：蒙特婁機場。遇到查爾斯・丹斯（Charles Dance）——真誠而友善的男人。

9月1日
又是糟糕至極的一天，我整天想著：「我到底幹了什麼？」

今天還有人邀我上BBC的《問題時間》（*Question Time*）節目，完美定義了「你在跟我開玩笑吧」這句話……

129　英格蘭演員，1945 - 2020。

9月4日

掃落葉是很好的心理治療，幾乎能治癒所有煩惱。達莉亞來了電話——然後來吃晚餐。鴨肉、烤馬鈴薯。我忘了一隻鴨只能**勉強**餵飽兩個人。

9月5日

晚間 8 點：伊莉莎白（Elizabeth）與亞歷山卓·魯納迪（Alessandro Lunardi）[130]來訪，瑞瑪（終於）從市政廳回來時，我們一起去常春藤餐廳。美好的饗宴。談到義大利與義大利人。到滑鐵盧橋散步。回家。

9月6日

大清早寫信是因為清晨 5 點鐘醒來，這次則是因為建築工人的報酬、繳稅等等問題鬧得我心煩意亂。（唉，真恨不得在托斯卡尼的農莊喝葡萄酒配起司。）

電話響了，安德拉斯 [Andras，《瘋狂遊戲》共同製作人] 捎來消息，是蒙特婁的最佳男主角獎[131]。我對這份消息相當有感觸，因為這讓梅菲爾的方向顯得更加，嗯，錯誤了。

和希拉蕊·希斯在金公雞餐廳吃午餐——她其實還是個年輕女孩，心地善良，談話方式像把折疊刀。

稍晚到上 A 園 12 號[132]。和彼得 [·米許康（Peter Mishcon），建築師] 及布萊恩·D[Brian D.，建築商] 討論更多細節。我們現在得減緩連續支出千元的速度了。

9月7日

環繞我們的牆壁——我們填滿空間用的物品——它們所描述的人生。

帶著母親離開塞滿了收集來的各式家具、紙張、雜誌，還有舊伯羅圓珠筆和指甲砂銼及茶匙整齊排放的屋子——去到查特韋爾莊園，特別為家境好的老年人建造的宅子。它的設施都在同一層樓，工作人員也無可挑剔，我在放心的同時感到愧疚——罕見的組合。我們走著瞧吧。

上艾迪遜園 12 號又是另一回事了。大筆金錢花在了小細節上——這裡差了一毫米，那裡要加上楓木條。

我自己的家（今天是星期三，嘉奈特剛來過）則長得像攝影棚，夜裡杳無人煙，等著故事上演。然後收到瑞瑪父親的信，他住在老人院裡，卻稱之為瘋人院——他裸身上廁所被人逮到。晚間 9 點鐘熄燈。

130　義大利裔美國建築師與設計師。

131　編註：艾倫以《瘋狂遊戲》獲得蒙特婁世界電影節（Montreal World Film Festival）最佳男主角獎。

132　上艾迪遜園（Upper Addison Gardens）12 號，艾倫·瑞克曼在荷蘭公園買下的一間公寓。

9 月 8 日

今天大部分時間都花在了查特韋爾莊園。此時此刻，我的生活切割成了涇渭分明的幾條分線：事業、建築、平靜、其他人的事業、人際關係。似乎就是照這個順序排下來。今天的重點幾乎完全放在母親身上，花時間認識新環境、聯絡醫師、測試她的聽力、幫她穿暖後推著她的輪椅去散步與領藥、無助地看著她面對今日的疼痛，還有她因此而生的憤怒。我不曉得自己在這種情況下會變成什麼東西——類似過去與現在融合而成的混沌吧。我必須硬將自己推往電話，處理清單上其他人的事務。無數的分線。晚些，艾琳 [Eileen，艾倫·瑞克曼的親戚]、男友與兩個女兒來訪，我一部分的童年——堂表兄弟姊妹、叔伯阿姨等親戚閃過眼前。然後瑞瑪也來了，我今晚剩下的時間都陷入沉默。這不知是自制、憂鬱還是疲勞？

9 月 9 日

10 點 30 分：去德蘭麗亞 [工作室（De Lane Lea Studios）]（精神狀態不佳）參加《新愛情樂園》試映會，在場只有麥克·紐威爾、音訊工程師與我。這是一部馬賽克，或者說像一部電影的閣樓，一切都混雜而鮮明，充滿了黑暗的角落與突如其來的爆笑驚喜。天曉得美國人會**如何**看待它——也許他們根本不懂得如何看這部片。你不能被動觀影——觀眾也得稍微努力一下。也許這種萬花筒風格有點太難懂了，可以在一些地方多做停留。每一次事件發生時，演員的表現都很好——無法分出休 [·葛蘭]、喬琪娜與我的高下。競爭感太重了，或者是那段記憶仍懸掛在空氣中。但凱絲小姐的問題是，她只憑自己對故事的感覺演戲，什麼都沒聽進去，也不對其他人做出任何反應。她是獨自關在玻璃展示箱裡的蝴蝶，只懂得欣賞箱中鼓翅的自己。

搭車到希斯洛機場，應景地飛往都柏林。在達文波特飯店和康納碰面，我們吃了點東西，然後我巧遇施萊·斯蒂芬森（Shelagh Stephenson）[133]——在戴維·B[134] 喝一杯健力士，接著到孔雀劇院（Peacock）看大衛·歐凱利（David O'Kerry）的《庇護，庇護》（*Asylum Asylum*）——優秀的編劇、導演與演出。

9 月 10 日

特別晚起，然後進城和康納見面……聽了昨夜那齣戲的背景資訊，整體體驗豐富多了。一個男演員很神經質，一個男演員脾氣暴躁，還有一個女演員收工後總是直接回家。

133　英格蘭劇作家與演員，1955 —。

134　戴維伯恩酒吧（Davy Byrne's pub）。

前往機場——我坐在後座，可以一個人佔用三個座位，感謝老天。搭計程車到查特韋爾莊園，找到瑞瑪與媽。回家準備去看《溫夫人的扇子》(*Lady Windermere's Fan*)。我、瑞瑪和貝琳達，同一排還有蘭妮·史賓賽 (Raine Spencer)[135]。我滿腦子想著坐她後面的可憐蟲，視線完全被她那堆頭髮擋住了。

9 月 12 日
3 點 30 分：去 12UA[136]。空氣中瀰漫著羞愧——果不其然，我終於發現帳單的走向，它已經飆升到平流層了。

9 月 13 日
去查特韋爾莊園帶媽回家，讓她自己考慮所有選項。

回家看到吉莉 [Gilly，鄰居] 在花園裡忙碌……我們的前院花園在街坊會比賽得名了……

瑪西亞來了。瑞瑪來了。我們去利里克劇院看《道林格雷的畫像》(*The Picture of Dorian Gray*)，這是尼爾·巴特利特 (Neil Bartlett) 剛上任的第一齣劇。我們在樓梯頂交談，於是我使出全力祝他們好運，但再怎麼努力，我最後還是覺得戲劇堅決待在臺上，不然就是完全沒進到我腦子裡。和我的內心沒有任何接觸。

9 月 21 日
安德烈亞斯來訪。我的任務是傾聽、挑戰與提供可能的線索，幫助他逃離目前的地獄處境。和一個哀悼中的人談話時真容易鬼扯，英國人在這方面可是訓練有素，我們花了多年……反覆重複這幾句陳詞濫調。至少我們談到了布萊尼 (Briny) 與他的感受——還笑了起來。最終，在越過靈性／哲學的沙丘後，他去參加伏特加廣告的攝影面試了。

9 月 25 日
和瑞瑪與慷慨大方的理查·威爾森在康諾飯店吃午餐。整天和故友在無常變化中相處。吃一頓午餐就得打領帶，一塊魚肉就 35 英鎊（可能還包括銀餐具、法國服務生、桌上的鮮花與橡木板的價錢吧）。附近是一桌彷彿從伍德豪斯 (Wodehouse) 作品裡走出來的避難者——整間餐廳都是常客，只有我們除外。盛酒服務生有點惱人，你每喝一口他們就堅持要過來幫你添酒。

---

135 芭芭拉·卡特蘭 (Barbara Cartland) 之女，黛安娜王子妃 (Princess Diana) 的繼母，1929－2015。

136 編註：即正在裝修的上艾迪遜園 12 號。

9 月 29 日
上午：12UA。討論踢腳板。

10 月 1 日
11 點左右：去 Books Etc. 書店，找送丹尼斯・勞森的禮物。羅伯特・埃文斯（Robert Evans）自傳 [137] 很合適。

10 月 2 日
週日報紙讓人一窺明天的《深夜秀》特別節目（已經被昨天的《衛報》批評得一無是處了）[138]，一天下來我受他人無聲抨擊的感受越發強烈。我必須認清演員談論自己的風險（除非你這個人有美國腔——今晚播出一小時長的丹尼斯・霍柏 [Dennis Hopper] 介紹節目，沒有人為此亮出利爪——但如果你是英國人，那還是早早備好彈性繃帶吧），但我們難道一輩子都必須忍受他人高高在上的態度，談論自己的工作時，**永遠**得說得輕描淡寫嗎？

10 月 4 日
上午 7 點 30 分電話響了，清除我腦中迷霧……

結果這一天充斥著一種輕盈感，我大多時候非常有精神，但也有些暈眩。大多數人對昨晚節目的反應還算不錯——我不再執著於報上的批評。

下午 6 點：到格羅丘俱樂部（Groucho Club）和彼得・理查森與史蒂芬・佛萊（Stephen Fry）討論製片計畫。史蒂芬面色灰敗——他近期體驗到了新聞媒體的羅威那犬特質，某方面而言大失血了。

10 月 6 日
昨晚和今日都想著昨天送來的文件，足足 2 英寸厚的資料夾裝滿了梅菲爾的各項異議。最重大的一條指控是，我在某一時刻「沒有熱淚盈眶」——這種胡言亂語我是要怎麼認真看待？[139]

看了電影《想像》（*Imagine*），最後和其他人稍微哭了一下。就如一個女孩子

瘋狂與深情

137　《胖女士引吭高歌》（*The Fat Lady Sang*）。

138　BBC 紀錄片《人鬼艾倫・瑞克曼》（*Truly, Madly, Alan Rickman*），講述《瘋狂遊戲》製作過程與艾倫・瑞克曼到當時為止的事業。

139　艾倫似乎非常適合這個角色，但在拍片過程中電影的主要出資者之一——梅菲爾國際娛樂公司——的代表表示不滿，指稱這位影星的演出不夠情色，因而引發爭執。也有一些人反對他們的看法：艾倫在 1994 年蒙特婁電影節（Montreal Film Festival）贏得了最佳男主角獎，《大西洋》（*Atlantic*）雜誌影評人也表示：「他不僅優秀，更是偉大，大膽到了愚蠢的地步。」在那之後雙方接受仲裁，結果梅菲爾撤回了資金。

所說：「我們是跟著他們長大的。」而且面對阿爾‧卡普（Al Capp）與《紐約時報》那個女人，藍儂（Lennon）的言詞更是清晰無比，完全找不到懶惰的回應。值得敬慕的成熟男人。

10 月 10 日

艱難的日子。茱蒂說《冬天的訪客》可以在 12 月 16 日開始排演，所有人都樂不可支。我這是**什麼**感覺？被人劫持的感受嗎？

1 點 15 分：皇家藝術學院理事會議。艾登堡 [140] 是個非常特別的男人，一絲不苟的禮貌，清楚意識到了房裡每一絲細節，且心胸足夠開放，想到可能和納爾遜‧曼德拉共處時還興奮了起來。在這種執著的日子，你能從他身上學到同時往所有方向過生活的方法。

10 月 12 日

6 點 30 分：二十世紀福斯（20th Century Fox）放映室。《新愛情樂園》播給英國影視投資者組織（British Screen Investors）看。我被不敢道出自己意見的人包圍。電影太長了，開頭難懂，而且目前為止我不知道哪裡找得到能看懂這部片的觀眾。

10 月 13 日

下午 1 點：和茱蒂‧戴許去芬尼斯餐廳吃午餐。侍者總管一如往常地無禮。我們順過丹尼斯‧波特追悼會的流程，安排起來還算輕鬆——至少紙上談兵的部分是如此。真是諷刺……

10 月 14 日

在燈光電影院（Lumière）看《折翼母親》（*Ladybird, Ladybird*）。才剛開始五分鐘，我就雙手抱胸，眉頭揚了起來。這部電影到底在演什麼？？要攻擊社會服務太過容易，我不認為我們掌握了所有資訊。克麗西‧羅克（Crissy Rock）[141] 的演技引人同情，我其實也一直沒失去對她的同情心，但這**當然**更顯得其他幾乎所有元素太過愚蠢。

10 月 15 日

8 點：去找露比與艾德，簡單看一眼露比和瑪丹娜（Madonna）的訪談。但是你猜，訪談中一直說話的人是誰？終於有一些爆笑時刻了。

140　編註：即李察‧艾登堡。
141　克麗絲汀‧羅克（Christine Rock），英格蘭演員，1958 —。

10 月 16 日

去找媽，她冥頑不靈卻也脆弱、易受傷。

今天不是很適合釐清狀況。我看見義務、固有的規律，表面上知道不能陷進去，但養分究竟在哪裡呢？

10 月 17 日

8 點 20 分：《阿甘正傳》（*Forrest Gump*）。我原本發誓不會去的，結果還是去了，它果然很糟糕，但和我預料的糟糕截然不同。他們明顯試圖稀釋了那份多愁善感，然而整部電影還是不知滿足，然後把它吃下去的東西伴隨著越南、「未透露名稱的病毒」等東西吐了出來。

深夜——瑪拉巴餐廳——露比曾在這裡開始分娩。

瘋狂與深情

10 月 18 日

4 點左右：12UA。帳單金額越來越誇張了。我現在該發怒了——但又有何意義？大量金錢即將轉手，但工作**還是**得完成。

10 月 20 日

下午 1 點：和喬伊絲・內特爾斯（Joyce Nettles）在口音餐廳吃午餐。我還是第一次和這樣的選角導演合作，感覺腳下有些虛浮。

接著去《玻璃情人》試映會——醫師絕對會建議我**不要**去。我彷彿不斷遭搶劫。

10 月 21 日

下午：12UA，油漆顏色……腦中浮現了血紅色……

10 月 23 日

去 12UA。試圖殺價。

去西區電影院（Odeon West End）——《新愛情樂園》的演員與劇組試映會。敲著窗戶叫他們放我進去；麥克・N 與菲利普 [・亨奇利夫（Philip Hinchcliffe，製作人] 讓我入內，希拉蕊 [・希斯] 和凱絲小姐一同站在樓梯間。我發現自己除了冷靜以外無法做出其他反應。電影在大銀幕上非常美。

10 月 24 日

去 12UA。瓷磚危機。誰？多少錢？何時？帶著微受冒犯的尊嚴努力穿針引線。開始上色，也**開始變得美觀了**。

10 月 25 日

去戲院參加〔《瘋狂遊戲》〕放映會。我看不下去。我和羅傑找了間酒吧——他對我說了許多梅菲爾不懂藝術的故事，令我憂鬱至極。

10 月 29 日

8 點 45 分：《黑色追緝令》（*Pulp Fiction*）——精采又空洞，創新又重複。像在讀非常非常高檔的漫畫——不過是給流氓看的……

10 月 31 日

上午：時間都用來研讀梅菲爾的法律聲明了。都是一派胡言——比起披露更像是確保安全。

8 點→去常春藤餐廳。和馬康・麥拉林（Malcolm McLaren）與蜜雪兒・圭許〔Michelle Guish，選角導演〕吃晚餐，非常非常有娛樂性。而且**沒有狗屁言論！！**

11 月 1 日

上午 9 點：丹尼斯・波特的追悼會，皮卡迪利聖雅各教堂。起初唐納・利夫牧師（Rev. Donald Reeves）似乎毫無幽默感——太危險了。結果不然，後來他露出了本性，等到追悼會正式開始時他已經解放了自我，他嫌我們第一次唱〈月亮滾過草原〉（Roll Along Prairie Moon）唱得不夠好，叫我們再唱一次。充滿美妙字句與音樂的一個小時過去了，我們聽了波特與赫茲利特（Hazlitt）等人的文句，聽伊美黛・史道頓獻唱一曲〈皮卡第玫瑰〉（Roses of Picardy），還聽了莫札特的〈慈悲經〉（Kyrie）。〔麥克・〕格雷德（Michael Grade）、〔艾倫・〕楊圖（Alan Yentob）與特拉德（Trodd）[142] 都為我們帶來美好的歡笑，格雷德從排練時的情況猜到我們隨時可能崩潰痛哭，特拉德回憶起波特生前一句哀傷的聲明：他對於自己的死亡只有一個憂慮——他擔心特拉德會在他的追悼會上致詞。

11 月 2 日

又是上午 9 點了。這回是律師、桌子、水、紙、淡笑。我走進房間時給史考爾（Scorer）[143] 的笑容最淡。

令人極盡焦慮的體驗——為我自行詮釋劇本的權利辯駁——這都什麼年代了？最終，我從腹中找出了一段不帶「呃」或「啊」的論述，只希望是波特暫且收

142　英國電視製作人肯尼斯・特拉德（Kenith Trodd），1936 —。

143　伊恩・史考爾（Ian Scorer），梅菲爾國際娛樂公司創辦人。

起笑聲來幫了我一把。這天剩下時間都覺得自己受貶抑與污染，也非常、非常哀傷。我只能認定這兩天之間極巧的對稱顯露出了命運的旨意。

11月3日
去ICM。迅速看過幻燈片。邊吃半份三明治邊給自己頒發蒙特婁最佳男主角獎。回家為《冬天的訪客》做準備──選角、開會等等。

11月4日
中午左右：去12UA。臥房的油漆顏色又錯了。這回不是我的問題。

11月10日
顛倒相反的日子──為《冬天的訪客》面試一些年輕演員，試著對他們敞開心扉──這並不困難，因為喬伊絲・內特爾斯安排得很好──每個人都**非常**不一樣。目前在選角方面只有二分之一的把握。

瘋狂與深情

11月11日
下午3點：露比──我早該知道的。她要我幫忙改進新的一齣劇。

11月12日
7點15分：坎登大堂。

我寫了一篇演講，準備對滿廳觀眾介紹東尼・布萊爾。我緊張兮兮，他則在做一些最後的調整。班・埃爾頓發表了關於「裝飾」的精采演說──我這才意識到，我們其實就是裝飾。布萊爾的致詞一結束，他就去下議院和印度商人談話了──「同一篇致詞嗎？」我機智地問道。「你需要腦內筆記型電腦。」「我已經有了。」他說道。他的演說有那麼一點懶惰，沒真正考慮到這次的觀眾，邊角也有些含糊。金諾克倒是十分耀眼──人們將他當英雄看待。「真好。」葛蕾妮絲說道。她最後飽含隱晦的愛慕注視著觀眾，尼爾則在一旁和聖歌合唱團高唱〈幸福時日〉（Happy Days）。也許布萊爾的距離感能讓他成為成功的領袖，不過尼爾截然不同，他總是記得帶上自己的心，就像天天帶家門鑰匙外出一樣絕不忘記。

11月15日
5點30分：搭機去愛丁堡。史考特［・湯瑪斯（Scott Thomas），電影剪輯師］前來接機，帶我到青少年劇院（西洛錫安［W. Lothian]）工作坊。在挑選小孩時必須用動物的直覺，但有三人絕對適合……和史考特在飯店酒吧喝了幾杯然

後→卡利多尼亞飯店。奢華享受與總匯三明治。

11 月 16 日
搭火車到格拉斯哥，然後……去蘇格蘭皇家音樂學院（RSAMD）整天對人說你好、抱歉、請進、故事是這樣的、你覺得呢、能不能請你讀……這幢建築丟人現眼——是誰想到要用這間到處是回音的醫院研究發音、音樂和動態的？
寫日記的同時，我隱隱回憶起一些感覺比其他人更合適、更有才華的人。如今看起來真是情勢反轉，尤其是到了最後，進去和約一百個學生談話之時。
搭火車回愛丁堡。完全精疲力竭。用掉太多禮貌了。

11 月 17 日
10 點 30 分：皇家蘭心劇院（Royal Lyceum）。
至少他們泡了一壺咖啡，我發現這種事情真的很重要。還有禮貌，以及開放的態度。還有不胡說八道。更多的優秀人才——更多問題。有機會往好幾個不同的方向前進。
午餐時間和伊莉莎白・米爾班克（Elizabeth Millbank）去穿越咖啡廳，她對我自我介紹。廣受仰慕的女演員——她提醒我，我幾年前把她推介給了霍華德・戴維斯。她的態度**絕對**很開放——我們一見如故。她還幫我介紹了菲利普・霍華德 [Philip Howard，當時的助理導演]，他帶我參觀這間美麗的新劇院——蘭心、亞瑟廳（Usher Hall）、穿越劇院（Traverse），文化具象化的曲線。
6 點 45 分：又一場西洛錫安青少年劇院的工作坊——這次沒那麼成功，不過史考特的熱忱有加分，和他、他女友與女友的朋友在泰式餐廳那一頓晚餐也有加分。隔壁桌的人頻頻盯著我們，後來還叫朋友打電話給餐廳確認我是我。到了這時候，我已經疲憊到開始好奇……

11 月 18 日
> **愛丁堡**

洛杉磯打來的電話還**真是**來自另一個世界——從《終極警探》到《DH3》[144]，他們還能把我榨得更乾嗎？

11 月 20 日
感謝那個半夜發神經的小丑更改我的早餐訂單，原本該在 8 點 30 分送來的吐司與咖啡，變成了早上 7 點 20 分送來的魚與鳳梨汁……

144　編註：《終極警探 3》（*Die Hard with a Vengeance*）。

11 月 21 日

11 點 45 分：去阿爾梅達劇院（Almeida Theatre），和喬伊絲與莎曼討論蘇格蘭行程。這部分不容易──類似在別人生命中扮演上帝角色。光是做決定就夠困難了。

看電視上的《旗幟晚報》年度戲劇獎。光榮與恥辱近在咫尺。其實這種對於鼓勵的需求就是一種恥辱了，但如果非得這麼做不可，那就效法彼得‧布魯克（Peter Brook）的優雅態度去接受它吧。

11 月 23 日

雅文‧荷姆（Arwen Holm）來電告訴我，《每日電訊報》（The Telegraph）有一篇惹人厭的短文，嫌我出現在當地熟食店時沒有露出笑容。

瘋狂與深情

11 月 25 日

珊德拉與麥克‧凱曼家辦感恩節派對。我只想弄到一本簽名簿──凱特‧布希（Kate Bush）、布萊恩‧亞當斯（Bryan Adams）、大衛‧鮑伊（David Bowie）、史蒂夫‧溫伍德（Stevie Winwood）。

11 月 26 日

9 點 15 分：和喬伊絲搭計程車去希斯洛機場，趕上午 11 點飛往格拉斯哥的班機，然後去雅典劇院（Athenaeum）參加蘇格蘭青年劇院（Scottish Youth Theatre）的工作坊。花了兩小時迅速見過尚恩（Sean）、道格拉斯（Douglas）、安東尼（Anthony）、安德魯（Andrew）、布萊恩（Brian）、大衛（David）、約翰－羅斯（John-Ross）與約翰（John）。[145] 每個都很棒，每個都不一樣。我有點太累了，沒什麼靈感，但幸好喬伊絲給了家長們滿滿的信心。事後，克里斯蒂安‧贊諾（Christian Zanone）[146] 與家人來和我們討論整個過程。

這是個沒有規則的日子──時間過得太快，很多時候我都想倒帶或重來。但它就是這樣──亂七八糟、滿懷希望的日子。

11 月 27 日

皇家阿爾伯特音樂廳──艾爾頓‧強（Elton John）與雷‧庫珀（Ray Cooper）。艾爾頓完全**充滿**了寬廣的空間，雷‧庫珀也對此頗有貢獻，他用舞者般的動作打鼓。其實他們兩人的祕方就是身心放鬆。

145　為《冬天的訪客》試鏡的演員。

146　蘇格蘭演員，飾演舞臺劇中的角色亞歷克斯（Alex）。

12 月 2 日

在家爲琳賽、希爾頓、珍、馬克、艾倫與費費準備晚餐。我心不在焉卻能偶爾跳幾下踢踏舞。反正在這些人面前崩潰也沒關係，眞是令人放心。

稍晚——一瓶香檳或波特酒——午夜去一趟 12UA。費費坐在浴缸裡。

12 月 4 日

7 點 45 分：去西區寇鬆影城（Curzon West End）參加《42 街的凡尼亞》（*Vanya on 42 Street*）的阿爾梅達募資活動（Almeida Fund Raiser）。可惜沒人告訴我這是梅菲爾出資拍的電影。史考爾朝我走來，稍微伸出了手。「我們該找時間坐下來談談。」「談什麼？」我勉強問道。「眞相。」他回答。

12 月 7 日

晚間 8 點：珊德拉與麥克‧凱曼——眞難以置信——小提琴、大提琴、長笛、雙簧管、豎琴，後來奈吉爾‧甘迺迪（Nigel Kennedy）還在凱曼家前廳爲我們約十人演奏巴哈與布拉姆斯的曲子。美好卻又不好意思的小樂事。

12 月 9 日

2 點 30 分：麥克‧凱曼——他的專注時間**極短無比**。他很有天賦，自己甚至還沒開始就已經結束，我們還沒眞正產生興趣他就無聊了。眞難改變他的節奏，但他總是能源源不絕地生出旋律。

12 月 11 日

和達莉亞去 12UA，吸塵器、拖把與水桶。不老實的開銷，額外加上老實的勞動。只能稍微找回一丁點平衡……

12 月 12 日

搭計程車前往聖喬治劇院（St George's Theatre），參加《冬天的訪客》第一天排演。調整文字、鏡頭段落，爲約翰與安東尼蒐集資訊 [147]（吃午餐時發現安東尼是法蘭克‧卡普拉 [Frank Capra]、奧森‧威爾斯 [Orson Welles] 與塔倫提諾 [Tarantino] 的大粉絲……），如此一來他們就能寫作文和日記了。

下午：約翰－羅斯與大衛來了。這下有了四個性格皆異的孩子，眞棒——不過他們似乎默契非常好。

147　舞臺版《冬天的訪客》的演員有數名蘇格蘭年輕人，其中包括克里斯蒂安‧贊諾、約翰－羅斯‧莫蘭（John-Ross Morland）、安東尼‧歐唐納（Anthony O'Donnell）、大衛‧伊凡斯（David Evans）與約翰‧沃克（John Wark）。

我們何不一起去劇院？何不（好不容易）去看《悲慘世界》（*Les Misérables*）呢——我還以為自己這輩子永遠看不到這齣劇呢。演出能量與投入程度意外地達到了 100%，了不起。話雖如此——看著他們對一人 30 英鎊的多國觀眾揮舞紅旗，我還是覺得這個畫面很奇怪。

12 月 13 日

聖喬治劇院

整天都在輪流和男孩子們相處——四人迥異的性格逐漸展露出來。

約翰－羅斯——超脫樂團（Nirvana）、槍與玫瑰（Guns N' Roses）、科幻、棒球帽。擅長及時表現。

約翰·W——年僅 12 歲卻有智慧且善良——有時甚至感覺像年紀最大的孩子。非常有才華，天生的演員。安靜且全然專注。

安東尼——他的學校說他愛惹麻煩。何時惹麻煩了？他很複雜——他喜歡卡普拉、威爾斯，不容易專心，但這也是因為他才剛到幾小時而已。擅長模仿艾倫·帕特奇（Alan Partridge）。

大衛——有些拘束，得想辦法讓他敞開心扉。勇敢的孩子。不幸心臟功能弱，發育不良。非常有天賦，太多技巧了。會由他團結所有人。

他們都擁有善良的心。

12 月 18 日

3 點左右去找媽。她此時坐在她的指揮中心——電話、信件、米斯與布恩出版社的書（但不只有愛情故事……）、填字遊戲、文選都全擺在近處，排成用以分散注意力的半圓。仍然堅毅的本能繼續驅動她的心智——「我才不要去馬路對面那間俱樂部——都是些滿口髒話的老人。」

12 月 19 日

10 點 30 分：成年演員的第一天排演。考驗來了，你終究得出聲說話了——幸好羅賓的布景匯聚了千言萬語，能夠鼓舞人心。於是我們拖著腳步度過這一天，尋找線索、形狀、模糊之處。克里斯蒂安與阿琳[148]——他們來倫敦的第一天，參演戲劇，誰也不認識。阿琳被莎曼救出了旅店。

下午 6 點：去阿爾梅達葡萄酒吧，接受《觀察家報》鄧肯·法勒爾（Duncan Fallowell）的採訪。他很聰明，從各個角度提問，但當然是從負面角度出發——難搞、叛逆、特立獨行。唉。

148　阿琳·考克本（Arlene Cockburn），飾演妮塔（Nita）的蘇格蘭演員。

事後瑞瑪玩填字遊戲玩到一半，開始對我詳述《理查三世》(*Richard III*) 的劇情。

12 月 23 日
拒絕了《理查三世》。最近還真是奇怪。
聖誕節前的購物。

12 月 24 日
麥克在 8 點 30 分過來，我們吃了點東西後（和 11 點 45 分到來的達莉亞）一同前往諸聖教堂參加午夜彌撒——聖歌、蠟燭、搖籃、門口有某人醉醺醺地靠著別人的肩膀哭泣，和往年一樣，所有的讚美詩音都太高了，這個管風琴手很顯然是以每分鐘三十三又三分之一圈的轉速運作。但這使今天變得正式許多，這樣很好——我希望事物能直接找上我，而不想時時刻刻尋找、查探、盼望、爭取。

12 月 25 日
凌晨 2 點上床，這表示隔天我們得在 12 點大衛到來前手忙腳亂地洗澡、吃早餐與拆禮物。但我就是最喜歡聖誕節的這一部分——就我們兩個人，以相同的模式、互補的節奏享受事物。在午餐前與午餐期間一切都安好——克莉絲（Chris）[149] 有條不紊。然而，下肚的黃湯越多，緊張感就越是浮上水面，可怕的脾氣即將在市郊爆發的預感也越來越強烈了。家庭這東西可說是巧合……人們被組合為兄弟姊妹，釘上一些感情與孩子，然後在這一天齊聚一堂一起享樂。我們**確實**在享樂——大量單純的愛和其他情緒負擔全混雜在一起。最終——我們兩個再次回到家，喝一杯茶。一切安好……

12 月 31 日
一年過去了……這年發生了大地震、《瘋狂遊戲》風暴、波特的追悼會、《新愛情樂園》、將塔拉・雨果與艾迪・以札德輕輕推往其他位置、上艾迪遜園的重生、《吸血情聖》與理查森／佛萊腳本的成長之苦與**實際成長**、《唐・喬凡尼》、巴黎、義大利、皇家藝術學院理事會。《冬天的訪客》成了兩年之間的橋樑。其他圖表上當然出現了更大的事件——曼德拉、盧安達、史密斯、布萊爾。但能夠向前看真好。

149　克莉絲汀（Christine），大衛的妻子。

1995

里茲，《冬天的訪客》

鹽湖城，《新愛情樂園》

唐納・普萊桑斯（Donald Pleasence）

斯諾登伯爵

《瘋狂遊戲》

艾瑪・湯普遜

史蒂芬・佛萊

貝納多・貝托魯奇（Bernardo Bertolucci）

李安（Ang Lee）

東尼・布萊爾

大衛・貝利

《理性與感性》

都柏林，《豪情本色》（*Michael Collins*）

《終極警探 3》

聖彼得堡／布達佩斯，《俄宮奸雄》（*Rasputin*）

全家共度聖誕節

紐約

1月2日

和理查森一家人吃早餐，快快去了趟隔壁的原型鄉村廚房，接著所有人上車去牛頓阿伯特鎮，搭 12 點 02 分的車去帕丁頓。

道利什海岸鐵路平行海灘那段路風光明媚。如我今晚所說（見下文），我腦中充滿了《智仁勇探險小說》（*Famous Five*）那類的畫面，都是些岩池與海星、短褲與樹枝。

回家在附近逛逛。最後（！）一點聖誕購物。也許今晚能安安靜靜地準備出遠門，也許不行。朱利安・山德斯（Julian Sands）與尤金妮亞 [Evgenia，他太太] 和達莉亞到來，晚間我們四人愉快地談天說地，邊聊邊吃美味的馬來西亞外帶餐（或者說是帶去吃餐）。

太晚睡了，明天就得付出代價。

1月3日

代價來了。

上午 7 點：坐車去國王十字車站，7 點 50 分的火車到里茲。普爾曼列車如今像是福爾蒂飯店走廊。

劇院充滿了友善氣氛，能再和男孩子們見面真好。約翰和大衛一如往常地觀察入微，約翰－羅斯與安東尼則身在另一顆星球。即使過了這段空檔，他們仍記得不少，但絕對還有進步空間。

下午：和克里斯蒂安與阿琳排練，他們發現能量、張力與同臺演出的種種之時，不禁容光煥發。晚間希拉（Sheila）與珊德拉（Sandra）[150] 表現得相當出色。現在有充分的時間、空間與燈光，能做細節上的調整了。

1月4日

10 點 30 分：參觀建築。

11 點 30 分－ 12 點：全體演員終於齊聚一堂，我們首次將劇本從頭到尾讀一遍。其中一些部分非常棒——男孩子們自在且毫不做作。其他部分則封閉而複雜。這就是本週與下週的課題了。

下午 5 點：開製作會議與討論服裝。這種情況下能果斷做決定——顏色、形狀。

下午 7 點：和費莉達 [・洛（Phyllida Law）] 與希恩・湯瑪斯（Siân Thomas）[151] 進到排演室，享受細節豐富的角色塑造過程。

150　蘇格蘭演員希拉・里德（Sheila Reid，1937 －）與珊德拉・沃（Sandra Voe，1936 －），分別飾演莉莉（Lily）與克羅伊（Chloe）。

151　英國演員，1953 －。

我和莎曼去披薩快遞餐廳喝紅酒不配起司。莎曼苦尋共鳴與和解——能用以終結整齣劇的東西。

1月5日

這天工作成果令人滿意。從男孩子們開始——先是一一順過每一幕，特別是看著約翰－羅斯在劇本之外找到新生命，大衛則拋下過去的安全網。

接著逐步調整整部戲劇，首次將一幕幕拼組起來——這樣可以。音樂、燈光、聲音的部分仍得靠運氣，不過一整天都看著這齣劇逐漸開啟門扉。

下午 7 點：寧靜且有才華的阿琳終於開始享受這份工作了。克里斯蒂安對工作的享受稍微少了些——這是好事。

1月7日

今早亂七八糟地排練了幾幕（這是錯誤示範），到了搭計程車的時間，我身後的莎曼驚慌不安。但我們趕上了火車——我和希恩與莎曼開聊與閱讀，回到國王十字站……信件、支票、拆下聖誕賀卡、打電話、清洗。

1月8日

帶著聖誕禮物去露比與艾德家，送瑪德蓮一個珠寶盒，我最後看見她親著珠寶盒帶它上床入睡。如瑞瑪所說，不考慮其他因素的話，也許那是她少數非塑膠製的所有物。

1月9日

7 點 50 分：搭火車去里茲。對面的男人腹部擠著他前方 2 英尺的桌緣，大啖香腸、雞蛋等等。「可以再給我一點馬鈴薯嗎？」

上午 10 點：男孩子們——每個都為他們週末買的東西興奮不已。墨鏡、用來嚇我的東西，約翰則買了一本厚厚的《悲慘世界》——「才 3 英鎊而已喔。」

1月10日

初次從頭到尾順一遍，所有加加減減的部分都冒出來了。

莎曼寫的劇充滿了複雜的共鳴、諷刺、笑話與悲傷，大部分時候演員都能奇蹟般地展現與活出這一切。危險在於它陷入自己的節拍，另外還有一個問題是，一些較黑暗的段落是由 12 歲孩子唸出來，這些文句（技術上而言）超出了他們的能耐。問題是，如何教他們說謊呢？？？

1月12日

記者會──二十多個記者。精明的幾個靜靜坐在位子上做筆記，笨蛋則忙著發問。

1月14日

整齣劇現在有了慣例般的美好事物，以及節奏可能化爲慢動作的陷阱區。但他們都再英勇不過，如果男孩子們能保持狀態，如果阿琳與克里斯蒂安能找到些許樂趣，那我就能當個單純的導演而非社工了。

1月19日

2點45分：彩排。

第一次試演──考慮到所有面向，其實進行得**非常**好。大衛與約翰－羅斯不亦樂乎，其他所有人都逐步將整齣劇拼湊起來了。真是了不起的成果。

1月20日

隔天早上──我不想再做任何更動了。

消息來了──媒體會在星期一過來……希望他們到時會記得完整的一切──腦細胞、天線、心。

2點45分：彩排。到了這個階段，感覺不太必要了，但對約翰與安東尼而言不然。在這個階段很難找到平衡點──究竟要給他們大量指示與多幾次排練，還是直接讓他們上場、祈禱船到橋頭自然直呢？

第二次試演──小鬼們照常探頭探腦，尋找任何一個立足點……每到第二晚，整體氛圍似乎都會傾覆。但觀眾反應熱烈，約翰與安東尼也表現出彩。只要信心不過度膨脹就好。

1月23日

我在包廂看劇，但大部分時候都沒有出聲，沒有做任何筆記。他們在臺上自行演出──觀眾不甚熱情但也稱不上冷淡，邊看第一晚演出邊評判劇組。他們太清楚這是場特殊活動了。大衛優秀地救場，約翰－羅斯險些提前半小時將小貓們帶上場，不過整體而言還算不錯。事後所有人都擠進披薩快遞餐廳度過歡樂的兩、三小時，四個孩子完全**融入**成年人群體了──美好的畫面。

1月24日

8點30分起床搭10點15分的飛機去達拉斯。因感冒而鼻水流不停──主要想找一大盒衛生紙在飛機上用。

3點45分：達拉斯→**鹽湖城**。

下午7點：《新愛情樂園》。八分鐘內沖澡與更衣。開車進城，來到兩百人座的電影院……

事後，相當丟人的映後問答——我這時已經累到聽不懂一些字眼了，接著去蛙鳴餐廳吃墨西哥料理……簡直像是沒有帽子與氣球的瘋狂兒童派對。同時感到疑神疑鬼。對那部電影。我在其中的定位。唉。

1月25日

好消息是傳眞過來的倫敦報紙評論，都是好評，太好了。

晚間9點：《刺激驚爆點》（*The Usual Suspects*）——才剛開始十分鐘就發現那是之前一直追問我的劇本。我邊看邊睡了好一陣子。感覺像是導演的標誌性作品。[152] 蓋布瑞・拜恩（Gabriel Byrne）面帶溫暖的笑容，提姆・羅斯（Tim Roth）如蛇一般掛在椅背上。

1月26日

上午10點：鬧劇般的採訪。開始意識到，美國對難搞的明星特別感興趣。《每日電訊報》再次露出庸俗的小爪牙。

去找丹尼・鮑伊（Danny Boyle）——他容光煥發，享受這一切的名譽、潛力與**到來**。[153]

1月30日

洛杉磯

下午7點：開去洛杉磯國際機場。無意中看見《觀察家報》的劇評也是理所當然——是我太多疑嗎？爲什麼？我們一定得放在背面，沒有照片，而且一定得和麥克・萊克利夫（Michael Ratcliffe）的種種偏見放在一起嗎？怎麼可以有三分之一篇的評論都著重於男孩子們的發音和西約克夏劇院（West Yorkshire Playhouse）大雪中的服務問題……

9點10分：飛往倫敦。

2月2日

12點：有點漫長的矯正大會，但總得讓列車回歸正軌。

午餐。排演。4點5分的火車。我感覺像是擠在沙丁魚罐頭裡的一根胡蘿蔔。他們都是動態——打電話、用筆記型電腦、看資產負債表。我讀了一份劇本。

152　導演是布萊恩・辛格（Bryan Singer）。

153　《魔鬼一族》（*Shallow Grave*）在那不久前剛上映。

晚間在家中……致信安琪拉——[她父親]唐納．普萊桑斯今天去世了。當初是他教我如何搶鏡頭的——在兩人的對手戲當中，先等另一名演員開始高談闊論，然後在對方說話時移動——他們非得捕捉你移動的畫面不可。邪惡的男人。但也坦承又溫柔，而且傑出無比。

2月4日

得去一趟健身房了。

電視上在播《裘斯．荷蘭的晚間秀》電視節目（*Later With Jools Holland*），強尼．凱許（Johnny Cash）、簡．卡特（June Carter）、卡琳．安德森（Carleen Anderson）、波普斯．史黛波（Pops Staples）與迷惑之星（Mazzy Star）的演出實是一大享受。

2月5日

8點：和瑞瑪、戴克斯特與達莉亞去口音餐廳。晚餐等同看諮商。希望自己經常、清楚且大聲說出同樣幾句話，就能突破防線與條件反射，只希望他內心其實知曉「我也有過那種感受」的事實。

2月7日

1點10分：搭火車去里茲……劇場一切安好——只有感冒的約翰－羅斯除外，但他沒有抱怨。希拉染了紅髮：「我總得做些什麼嘛——每天晚上都作為莉莉下舞臺。」他們的演出非常漂亮——這齣劇**此時此刻**完美無瑕。像是懷舊的慶祝，慶祝人生的七個階段。

2月8日

奇異的憂鬱籠罩下來，在想到那齣劇時，我感覺工作其實已經結束了。我現在只能偶爾取出掃把與畚箕——更加激進的行動只會撞上年少時或習慣的障礙。與此同時我又拒絕了其他工作機會，這對內心的安和毫無幫助。

艾瑪．湯普遜來了電話。好，我[會去]見他。[154]

2月9日

斯諾登來電邀我參加他每年為奧利佛．梅塞爾（Oliver Messel）[155] 舉辦的多爾切斯特午餐會。

---

154 艾倫．瑞克曼在此指的是李安。

155 英格蘭藝術家與舞臺設計師，1904－1978。

2月10日

答錄機說《星期日郵報》（*Mail on Sunday*）即將刊登可起訴的文章。通知了律師。一**切**都交由聰明人包辦。

2月11日

上午10點：保羅・萊昂－瑪利斯來了電話。當然是《瘋狂遊戲》的事。據說我太過冷漠。據說我做了五十七次修改。據說羅傑談到了「優秀而爭論不休的傲慢」。他們要試就來啊。

去約翰路易斯 [156] 買些有趣的東西，例如茶壺、吐司機、燙衣板。帶東西去12UA。這間公寓總有一天會完工，家具擺飾也會添購完成。變得有點好玩。

2月12日

《星期日郵報》關於《瘋狂遊戲》的文章爲這一天染了色，也影響了午餐時關於其他電影的談話。這**不可能**成爲我生命的概述，我也**絕不能**降至和梅菲爾同樣的等級，學他們用言語跺腳鬧脾氣。

2月13日

和艾瑪談話，現在是「她的人」和「我的人」了。昨日的報導能看見律師的影子。就如莎曼所書——我不知道。我不知道。我不知道。

4點左右：去找媽。走廊現在被名爲電動樓梯機的怪獸機器佔滿。

今早露比來了電話，又是那段「我旅行回來了我告訴你喔」的自言自語。她告訴我她邀嘉莉・費雪去看她的拖車（彷彿F女士從沒見過這種東西一樣）。說到這個，**她**可是登上了《星期日泰晤士報》（*Sunday Times Magazine*）雜誌封面，該雜誌**恰巧**想寫一篇特別報導（要？不要？），雜誌也**恰巧**包含卓伊・海勒（Zoë Heller）一篇關於她母親的好文章。露比、嘉莉・F與佐伊・H——有時看見自己的生活在兩頁雜誌上無盡鋪展開來，感覺太過奇怪。

2月14日

上午11點：去斯諾登伯爵處看《瘋狂遊戲》底片。富有絕對魅力的男人，也需要將最新的作品刊登在本月《浮華世界》（*Vanity Fair*）雜誌上，這點著實感人。他還談到BBC的謝勒（Sellers）紀錄片 [157]、使用他和「瑪格麗特公主」的私人錄像，以及其他種種對他人隱私的侵犯（他讀了週日的報紙），表示自己

156　譯註：John Lewis，英國高檔連鎖百貨公司。

157　《競技場：彼得・謝勒的故事》（*Arena: The Peter Sellers Story*）（BBC2，1995）。

對 BBC 頗有微詞。他拍下的電影畫面拍得很好，但亞曼達那幾張就不怎麼好了──你看得出她當時有多氣。有時你就是得聽話辦事（「小指往上一點──太多了──下來──就是這樣」）。

2月18日

今天大部分時間都蒙上了陰影，受西約克夏劇院寄來的約克夏媒體剪報影響。我認為直接的事物，在他們眼裡卻是無禮、嚇人等等──所以頭條都是「瘋狂與糟糕」等等等。真是的，他們偏要選這種觀點……但我也許學到了教訓，反正微笑著轉移話題就對了。

晚些看謝勒的《競技場》節目時，你發現他們現在得將事情合理化、將他貶抑為「瘋子」，而不是聚焦於（從《奇愛博士》[Strangelove] 一部分看來）明顯屬於天才的才華，以及這份才華的培育過程……

2月21日

生日又來了，但我不再記數字。儘管其他人還是會。哥哥的賀卡混在其他人的卡片之中送來，宛如對折的幾頁《太陽報》──每年都寫滿了關於力氣衰退的警告……滿是螢光筆跡與驚嘆號。

2月24日

在新聞上看到史蒂芬・佛萊大逃亡[158]的消息。伊恩・麥K寫了封字字珠璣的信給其中一家報社。許多方面而言，史蒂芬那是勇敢的表現。我還記得自己全身插滿了刀在臺上爬來爬去──我可不記得當時的自己有任何榮譽感或尊嚴，就只感受到痛苦而已。隨時間過去，我越來越無法理解評論家與記者為何對這般殘忍的事物感到喜悅……我想到，如果不得不選個同伴，那我無疑會挑史蒂芬・佛萊或特定幾個劇評家。

2月28日

感冒結束後一週──流感來襲。人們常說「我得流感了」──但大部分時候並沒有。這才是流感。雙腿痠痛、眼睛發疼、頭部陣痛。床是最好的所在，每次下床都只能跟蹌前行。

它擴散到了全身。

158　他拋下賽門・葛瑞（Simon Gray）舞臺劇《獄友》（*Cell Mates*）中的主角工作，逃到了比利時。

和鄧肯・希斯（Duncan Heath）[159] 談話。
和凱瑟琳・歐林（Catherine Olim）[160] 談話。
我完全搞不清楚。我究竟收到了什麼訊息？

3月1日

清晨──在黑暗中嘔吐。早上匆匆衝進廁所……身體渴望在床上待一天，我實現了它的願望。嘉奈特來了，繞過我吸地板。

3月8日

首先，一個過分有創意的計程車司機，讓我晚了十五分鐘抵達阿爾梅達，只參與到剩餘的技術彩排。

下午1點：又一系列紅燈與車陣，這才和貝納多・貝托魯奇與賽蕾絲蒂亞・福克斯 [Celestia Fox，選角導演] 見到面，結果是為了什麼？他的托斯卡尼電影。[161] 他還算友善，但我頻頻看見他在各種微乎其微的面向評判我，每五秒一次。

3月10日

12點30分：和克里斯蒂安見面，看他面試皇家藝術學院用的表演。其中一段是安吉洛（Angelo）的獨白 [出自《一報還一報》(*Measure for Measure*)]。他才17歲，就已經在準備我從皇家藝術學院畢業時發表的演說片段了。

試演第二次。

觀眾反應慢，但後來我發現他們有在仔細聽。

3月11日

下午4點：日場。從頭到尾都很專注，結束後給了些建議，然後酒吧裡的人多了起來，潔拉爾汀・麥克伊旺（Geraldine McEwan）、凱瑟琳、達莉亞、戴克斯特、莎佛朗・布洛斯（Saffron Burrows）[162]、艾倫・康明（Alan Cumming）、琳賽・鄧肯、希爾頓都來了。他們這群難討好的觀眾都很愛這齣戲。七嘴八舌地叫人刮冰淇淋容器、調整站姿，這裡甚至還有咳嗽專家。只不過到了最後，你發現其他人其實都有在仔細傾聽。

瘋狂與深情

159　英國演藝經紀人，1947 －。他是艾倫・瑞克曼早期的經紀人。

160　艾倫・瑞克曼的公關人員。

161　《偷香》(*Stealing Beauty*)，1996 年。

162　英國演員與模特，1972 －。

3 月 14 日

下午 7 點：媒體之夜。

演出遠遠超出所有人最狂野的想像與希望。一切都完美到位且非常特別，每一個演員都恰到好處。我們甚至差一**點**解決了燈光問題，觀眾席也都是朋友。事後是（感覺像）九十五人的晚餐——我聽說有人覺得今晚的戲與觀眾合而為一了。**再好不過。**

3 月 18 日

下午 3 點：去找李安。他看懂了感性的部分，那理性呢？如何演繹，如何拍攝「故事中唯一的男子漢」布蘭登呢？我說：「由我來做，你負責拍就行了。」離開路上，看見伊莫金‧斯塔布斯（Imogen Stubbs）入內。

3 月 19 日

又兩篇《冬天的訪客》的好評。我們持續努力下去。

晚些在家看電視上的馬丁‧艾米斯（Martin Amis）——希望他偶爾能笑笑，偶爾能輕鬆一些。瑞瑪說他都寫些「男人的書」。

3 月 23 日

東西裝一袋，車來載我去希斯洛機場搭 6 點 55 分飛往柏林的班機。如果這些休息室不是為感到無聊與令人無聊的傢伙設計就好了，也許可以特別設一道門，標記為「奇人與怪胎專用」。

3 月 24 日

上午：時間過得非常快。[《瘋狂遊戲》相關的] 書面與廣播訪談。我不確定自己和這些標籤相抗究竟能獲得些什麼，但總是得抗爭的。

話雖如此，整體而言這天的提問大多稱得上聰明，而且驚人的是，沒人問起年齡或私生活。

下午 3 點：回去接受電視訪談。「演員是什麼？」……「我不認為這部電影會太成功。」（！？！！）

3 月 25 日

歸家途中平靜而睏倦。

8 點 30 分：去阿爾梅達，看到聽上去有些疲憊的演員們。表現良好但有些偷懶，大衛又開始「演戲」了，這點很危險。劇院人滿為患，但日場的熱意仍未散去。這部脆弱而難以預測的作品……就如我此刻的人生。→

3月26日

→爭執持續了下去。我**就是**個惡霸，但這不過是我爲驅逐死寂而發出的噪音罷了。

8點30分：去約翰 [John，美國記者] 與妮納・丹屯（Nina Darnton）處。和東尼與雪麗・布萊爾（Cherie Blair）、榮・斯諾（Jon Snow）與他太太、海倫娜・甘迺迪（Helena Kennedy）與伊安・胡奇森（Iain Hutchison）、雨果・楊（Hugo Young）與露西・華林 [Lucy Waring，他太太]、阿瑟・沙茲伯格（Arthur Sulzberger）[163] 與蓋兒（Gail）。

在我的想像中，這就彷彿在呼吸高緯度的氧氣——聽見東尼・布萊爾問雨果・楊：「我們該做什麼？」榮・斯諾迫切想拋下所有頭銜……東尼・布萊爾放鬆時頗爲威嚴且十分專注（放鬆但還未到不正式的程度——他發現在場只有他一個男士沒打領帶時相當挫折）。打了領帶的我也產生類似的痛苦——他還以爲我會是盟友。我想多和雪麗・布萊爾聊聊——聰慧但不強勢。東尼・布萊爾和我談到了名人受苛待的問題。他明顯尊敬梅傑——但又沒有絲毫懷恨在心。

3月28日

凌晨3點－清晨6點30分：瘋狂。看奧斯卡。近期電視上最沒品、最粗野的幾個時刻。《阿甘正傳》上位，《黑色追緝令》被貶。這都是什麼意思？茱蒂・霍夫蘭說，這表示學院裡有投票權的人平均年齡是95歲。

稍晚……《理性與感性》差不多談成了，稍微鬆了一口氣。

3月30日

多徹斯特飯店的奧利佛・梅塞爾套房，參加斯諾登伯爵的午餐會。美麗的日子，美麗的房間與陽臺，先是喝了香檳，和同桌的波莉・德夫林（Polly Devlin）[164]、瓊恩・茱麗葉・巴克（Joan Juliet Buck）[165]、約翰・威爾斯（John Wells）[166]（《羅里・布雷姆納秀》[The Rory Bremner Show] 節目上鳥與財富橋段的即興表演者）聊得很愉快。人生樂事之一。

3點30分：去謝珀頓鎮試妝與試穿服裝。艾瑪、伊美黛 [・史道頓]、伊莫金都在同一輛拖車——還有凱特・溫斯蕾——第一印象是甜美與剛毅。

163　全名小阿瑟・沙茲伯格（Arthur Sulzberger Jr.），美國記者，1951 －；蓋兒是他當時的太太。
164　愛爾蘭作家，1944 －。
165　美國作家，1948 －。
166　英格蘭演員與諷刺作家，1936 － 1998。

3 月 31 日

下午 2 點：大衛・貝利──他真是開朗、善良、好笑又不設防的靈魂。也許這些會是近來最誠實的幾張照片，不過他說：「我不愛拍我喜歡的人……」

4 月 1 日

10 點左右：陽光下和伊莎貝［・雨蓓］走至波多貝羅市集──我感覺像個觀光客。她買了耳環，接著去康蘭[167]──我買一件禮品，她買了杯子與碟子。

4 月 6 日

都柏林

晚間 8 點：愛爾蘭超級足球聯賽。

怎麼這麼黑？怎麼這麼晚才開始？

讀著麥克［・紐威爾］的信，只覺得自己像年邁政治家。

10 點 30 分：都柏林城堡。在休憩室（HG［休・葛蘭］更加神氣活現）。

深夜→莉莉的妓院[168]。昏暗、嘈雜而令人放鬆。

1995

日記：1993─2015年

4 月 7 日

上午 10 點：在都柏林街頭閒逛，最後回謝爾本飯店參加上午 11 點的會議，赫然發現──！──尼爾・喬登與史蒂芬・沃利（Stephen Woolley）又來和我討論《大塊頭》（The Big Fella）的事了。我願意嗎？願意減重嗎？除此之外還有什麼要求？

11 點 25 分→去機場然後搭機回家。

下午晚些：阿爾梅達劇院。

約翰－羅斯完全成了縱火狂，他點燃火柴、點著了──沒過多久，火盆裡的東西全燒了起來。但大衛仍（幾乎）若無其事地繼續演下去──只有在火焰高達 3 英尺時冒出一聲「天啊」……最終瑞貝卡（Rebecca）與團隊帶著滅火器上臺了。

4 月 10 日

下午 1 點：和［劇作家］彼得・巴恩斯在鵜鶘餐廳吃午餐。彷彿拔出塞子，讓怨念全滴到下面某個空間。結束後他飛去洛杉磯「開會」了。

167　Conran，室內設計與家具店。

168　仿維多利亞時代妓院風格的俱樂部。

4月12日

11點：去找詹姆斯・羅斯－埃文斯（James Roose-Evans）[169]，他在為受委託寫的理查・威爾森書錄幾段訪談。度過了愉快的上午，談論我敬愛也深深感激的人——詹姆斯・R－E優雅、機智又聰明。

2點15分：去皇家藝術學院。理事會為抽籤評估（Lottery Assessment）而齊聚一堂。更多的機智與聰明，但某些理事會成員並沒有，他們可是從黑暗時代爬出來的。

4月16日

10點：看《勸導》。羅傑・米契爾[Roger Michell，導演]在去神祕化這方面做得很好，卻讓一些演員一副在波多貝羅市集的樣子演戲。服裝不適合——與她[170]的語句不適合。她寫的是諷刺——中產階級的愛情故事，而不是社會現實主義故事。我想了解這些人心中、腦中發生的事，而不是他們指甲髒不髒。但儘管如此，他還是個好導演，因為他的品味與腦子絕對有**活著**。

4月20日

（《豪情本色》或《大塊頭》的案子莫名其妙就談成了。所以——回都柏林去。）

4月22日

在今晚的演出——理查・威爾森、尼爾・皮爾森（Neil Pearson）、鮑伯・克勞利、羅絲・馬奇（Ros March）[171]、蘇菲・湯普遜（Sophie Thompson）[172]、法蒂瑪與卡洛琳・霍達維。觀眾有點像足球賽的人們，掉零錢、水瓶在地上亂滾，最後還吹口哨。但他們很愛這次演出。

去水銀餐廳。以上所有人加全體演員。糟糕至極的服務——糟到女服務生甚至哈哈大笑。她還能怎麼辦？

4月23日

11點30分：去找安東尼與敏儀（Carolyn Minghella），和他們與伊蓮・雅各討論《吸血情聖》。她今晚抱持最棒、最清晰、最「還行」的態度，去參加英國影藝學院電影獎頒獎典禮，而她對於《吸血情聖》當中那個角色也抱持相同的

169　英國戲劇導演，1927－。文中的書是指《一腳在臺上》（*One Foot on the Stage*）。

170　編註：指珍・奧斯汀。

171　英國演員羅莎琳德・馬奇（Rosalind March）。

172　英國演員，1962－，艾瑪・湯普遜的妹妹。

憂慮。現在就只需要多加觀察了。安東尼在面對《英倫情人》時也走在同一片早期雷區之中，辦公室裡的人們總是意見一堆。

4月25日

[在普利茅斯站] 上車，坐車二十分鐘到達目的地。到了午餐時間，伊莫金・斯塔布斯、姬瑪・瓊斯（Gemma Jones）、艾瑪・湯普遜都擠進拖車——伊莫金與艾瑪整個打扮成了珍・奧斯汀故事中的人物。姬瑪則穿著登山靴……下午都在弄頭髮與上妝。這段是下午7點20分寫的。我明明是來試妝的，到現在還不見這件事的蹤影……到了8點左右，我們在有些緊張的氣氛下完成了必要的起立、坐下、往左看、往右看，更別提外套的部分了。稍感羞恥。回飯店，和休・G、伊莫金與凱特・W喝一杯。

4月26日

9點35分：搭火車回倫敦。
仍為昨日感到微微憂鬱。他們是如此注重「外貌」，那「內容」怎麼辦？
另外，要如何創造和李安合作的環境呢——從已然清晰的言下之意看來，他習慣「指揮」手下演員，而不是培養他們。
休・G說他們在比較「最糟建議」，相當典型的葛蘭活動。然而，「剛才那樣缺乏生氣」聽上去沒什麼幫助。

4月29日

最後的日場演出，四個男孩子都來了，也來得正好。這齣戲完美地交了出去。為什麼最優秀的表現往往發生在日間呢？也許是午後較為放鬆吧。
晚間8點：無比精彩的最後一場表演，充滿了自由與新思想。有時我看著這一切，怎麼也無法理解它是**如何**走到這一步的。謝幕時，七個男孩子都在歡呼聲中上臺。

5月2日

6點15分醒來，這是我真正參與《理性與感性》的第一天。
上妝與髮型成了溫和的談判——尤其是頭髮。加熱髮捲最終勝出。
整天都在從這間美麗的教堂走出來，走向露西安娜・阿瑞吉（Luciana Arrighi）[173] 的茅草穀倉與翁鬱原野中幾堆乾草。在附近的小飯店吃下午茶……凱特・W穿著金婚紗的模樣真美。艾瑪・T的眼神四處飄移。哈莉特・W和我承認自己光是在那兒就很開心了，我們就是不懂得裝酷。

173　澳洲、巴西與義大利裔電影美術指導，1940 —。

晚間 8 點在酒吧喝酒——艾瑪、伊美黛、休［·羅利（Hugh Laurie）］、休·G、姬瑪·瓊斯、哈莉特、凱特·W。休·G 一如往常地伶牙俐齒、言語帶刺。接著是休 x2[174]、哈莉特與我的晚餐。幸好話題遠離了八卦，我們聊到英國與美國的電影製作。過於諷刺了嗎？休·羅利竟然是動作片迷。休·G 對數字、金額、% 深感興趣。

5 月 4 日

我逐漸了解李安了。他來和我聊聊。「你身為布蘭登，打算怎麼做？」我只能演給他看，並且概括描述。到了最後，他和其他所有人似乎都相當開心，我得以去普利茅斯搭 6 點 35 分→倫敦的車。

讀了幾篇麥克·霍登（Michael Hordern）的訃文——我的思緒飄回到 1978 年的史特拉福，當時的他和我同樣憤怒，卻也親切、幽默、輕佻又正經。「我這人比較忠於自我一點。」我們在家中的晚餐；演出當中伊芙［·莫蒂默（Eve Mortimer），M·H 的太太］在劇院外等待；麥克說戲劇在他心目中地位不及釣魚與種植洋蔥，只能勉強排第三名。

5 月 5 日

7 點 30 分：去漢默史密斯劇院（Odeon Hammersmith），也就是因瑪麗·翠萍·卡本特（Mary Chapin Carpenter）而被稱為拉巴特阿波羅（Labatt's Apollo）的劇院。她在 8 點 30 分登場——光鮮亮麗、專業、垂落肩頭的金髮晃蕩著、換吉他的動作分秒不差。她也許有一、兩度詮釋了僅屬於自己的相對時間，但其他時候時間照常流逝。她輕鬆地從一首歌切換到下一首。結束後去她的更衣室——酷酷的、專業且不受干擾。

5 月 7 日

6 點左右：去找媽。看了海德公園糟糕至極的二戰歐戰勝利紀念日音樂會。都是些演藝圈的右翼人士。鄔蒂·蘭普（Ute Lemper）再次證明自己不是瑪琳·黛德麗（Marlene Dietrich）。伊蓮［·佩姬］只能和琵雅芙（Piaf）同臺，**沒有**自己表演。克里夫·李察（Cliff Richard）告訴我們「這個日子讓他意識到，自己應該對那些英勇的男女心懷感激……」。

5 月 10 日

又是沒有上場的一天。

174　編註：即休·葛蘭和休·羅利。

在片場吃午餐，接著換上靴子與馬褲去馬棚。馬克斯（Marcus）騎起來不太平穩──牠是坦克，心不甘情不願的坦克。每一步都十分沉重，所以騎牠非常累人。半個小時過後我就疲憊不堪。

5月12日
再次 7 點 30 分起床。又是無用武之地的日子。
豔陽高照。他們去做些別的事。後來烏雲飄來了──他們還是在做別的事。
可能要租車。證照過期了，所以只能等待。

5月13日
上午 7 點上工──我終於上場了⋯⋯
結果這個場景成了噩夢，滿是倉促的決定、對他人的操縱，以及太多太多的眼神。事情沒有想清楚，所以浪費了不少時間，用全然不必要的方式將馬固定在木樁旁⋯⋯這表示演戲這件事被拋到了九霄雲外⋯⋯這天結束時我感到羞恥又火大──卻不能表現出來。但還是對琳賽‧鐸朗 [Lindsay Doran，製作人] 說了幾句。不過那個場景就長那樣了。永遠都會是那樣了。這種工作模式不可行。
晚點去艾瑪的聚會，推開（貨真價實的）憂鬱開始跳舞。

5月14日
我和艾瑪、姬瑪、葛瑞格 [‧懷斯（Greg Wise）] 去崖邊散步三小時，真是驚心動魄的風景。這是英格蘭，我的英格蘭。如此美麗（混雜著旅行車停車場、花園裡的地精雕像、迷你瀑布──完全是英格蘭風格）。我們兩人、三人、四人並肩行走，有時獨自走著⋯⋯艾瑪仍喜歡當老大。

5月15日
令人擔憂的上午──我首次和一群演員與李安合作的一個場景。他過於開放地接納他人的想法，以致逐漸變得模稜兩可。人們提出建議，那一場最後放鬆、妥協，拍到了一些好東西。他的品味也一直是指引我們的明燈。
深夜 [撥電話] 到美國──又是《終極警探3》的事。過去的作品被這般反芻，真是太丟人了。我要單挑大型製片公司嗎？當然不會了。我沒那個力氣，更沒有那個錢。

5月16日
《終極警探3》戲碼繼續進行下去，現在還有訴訟律師攪和進來。
看第 4 臺的《政治家之妻》（The Politician's Wife）。讓人忍不住想看下去──尤

其期待茱麗葉的角色展開反擊。悲慘的劇本，但還是極富娛樂性。

5月17日
在酒吧停車場吃午餐。李安揭露了他對甜點與所有甜食的深愛。我用保麗龍盤把三種甜點都端去給他——檸檬蛋白霜派、泡芙與香蕉太妃派。李安的天堂。我吃了三顆小蜜柑。

5月20日
和琳賽在飯店吃早餐——我們談到樂觀主義者／悲觀主義者，以及兩者爲自己創造的道路。瑞瑪頻頻對我投來困惑的眼神。

5月22日
這是充滿反差的一天。我仍不知人生究竟想讓我學到什麼教訓。

布蘭登在蘆葦叢中，布蘭登獨坐在船上，遛狗，騎馬——在一些不尋常的地點找到他自身中心的機會。我已經在內省了，回到飯店又聽到坎城／《玻璃情人》那些事件。

這會不會是我職涯中**最大**的錯誤？

5月23日
9點35分：搭火車去倫敦。

露比來訪，我們去阿加迪爾餐廳吃晚餐，非常適合說關於洛杉磯的故事。但沒那麼適合讓露比來分析我們目前對彼此的認知。這之中的教訓當然是，別把密友視爲理所當然。

5月24日
哈羅德·威爾遜（Harold Wilson）去世了。人們對他的稱頌大方、明晰且洋溢著人性，尤其是芭芭拉·卡素爾與托尼·本恩（Tony Benn）（他提醒我們，威爾遜並沒有將左派推到一旁或排除他們，而是**包容**了他們——伊恩·米卡爾多 [Ian Mikardo][175]：「鳥兒需要左翼和右翼才能飛翔。」）。他們沒說的是，對我們這些在1964年仍是青少年的人而言，那可說是個「美麗新世界」，政府滿是聰慧的腦子與新想法，有種真實的革命感。而就如芭芭拉·卡素爾所說——「要不是他辭職，我們可能永遠都不必忍受柴契爾主義。」

瘋狂與深情

175　工黨國會議員，1908－1993。

5月29日

結果呢，J‧P果然在坎城得獎了。[176] 媽的，這之中的教訓究竟是什麼？多說「好」，別這麼常想東想西。你也許因一些非常錯誤的理由做了決定。

算了——結果是非常寧靜的一天。我受夠了這種衝擊，但這可能會一直持續到我不再擔憂、不再支吾其詞為止。

5月31日

薩默塞特郡，蒙塔庫特府邸

陽光明媚的日子。

多個拍攝場次。我們一同解決了它們，三度一鏡完工。

稍晚，這種生活的奇異——轉換鏡頭時被噴水，噴上了依雲噴霧罐的內容物，身邊圍著一群英國國民信託的行政人員。

6月1日

這一天以克里斯多夫‧李維（Christopher Reeve）事故的電臺報導為起始——令人不寒而慄、細思極恐。[177] 我們所有人都因此特別在意今天的最後一個鏡頭。晚些，我和姬瑪上了馬車，隨鳴響器而去。我緊接著和馬克斯一起奔馳下車道。四次。幸好我們把韁繩分開了……

在飯店吃晚餐，桌上擺著鮮花。伊美黛說了麻藥司康的故事，讓我們笑得淚流不止。

6月2日

我和休‧羅利談到《笨賊一籮筐》（*Wanda*）的續集〔《偷雞摸狗》（*Fierce Creatures*）〕。他收到了邀請，最後決定拒絕，現在充滿了自我折磨與幸災樂禍。耳熟的情境……

6月3日

大雨滂沱——十分適合剩下的幾個鏡頭。

我和葛瑞格輪流抱著凱特穿過濕答答的草坪，一段綠線延伸了過去，指引我們前行。

接著是等待。剛好可以開始讀提姆‧帕特‧庫根（Tim Pat Coogan）關於戴‧

1995

日記：1993─2015年

176　強納森‧普萊斯（Jonathan Pryce）在《玻璃情人》中飾演利頓‧斯特雷奇（Lytton Strachey）而得獎。

177　美國演員，1952－2004，以飾演超人聞名，因騎馬時發生意外而癱瘓。

瓦勒拉的書 [178]，寫得極好且頗有娛樂性。

6月5日
我今天感覺到了新的分裂——不是永久的裂痕，就只是我自己專注於工作而非享樂的這份欲望。我注意到演員遭受有些輕慢的對待。場景是一點一點拼湊起來的，沒有先完整檢視。

6月6日
和姬瑪搭火車回倫敦。

6月7日
7點45分：和安琪拉·普萊桑斯到大使劇院（Ambassadors）看《刺殺喬治修女》（Killing of Sister George）。為了避免我們因整體製作而思想麻木，他們還將舞臺劇標題投影在前幕上。真的做得很糟糕，但當然也毫無方向可言。不過話說回來，米瑞安［·瑪格萊斯］也不容易被指導。

6月19日
這天很艱難。我算是早就知道會變成這樣了。敵意與負面情緒找到了熟悉的空隙，再加上艾瑪過頭的指教。我沒辦法成為這些東西——或其他任何事物——的操偶師。莉茲·史皮格斯（Liz Spriggs） [179] 注意到了緊繃的情緒，她環抱住我的腰。
晚點和一些［電工］去酒吧喝一杯，實是一大享受。他們非常享受自己的生活，也喜歡認識新朋友，沒有任何一絲憤世嫉俗。

6月20日
較自由的一天，圍繞大腦的微風較為和緩。

6月22日
索爾茲伯里的廣場，大教堂飄在我們後方。紙上顯得容易駕馭的文字，在攝影時一如往常地變得難纏。在進行一次拍攝時，一句若無其事的「抱歉，我可以再試一次嗎？」就表示眾人得大幅重新調整馬車、馬匹、臨演，像整支軍隊……在索爾茲伯里某間書店找到一份印刷品。殺青送禮的焦慮開始了。

178　《戴·瓦勒拉：大個子，大陰影》（*De Valera: Long Fellow, Long Shadow*）。

179　伊莉莎白·史皮格斯（Elizabeth Spriggs），英格蘭演員，1929 － 2008。

然後梅傑「辭職」了。人們稱之為「勇敢」的舉動。我讀了這麼多關於戴‧瓦勒拉的故事，認為這其實是「精明」、「判斷得當」、「狡猾」之舉。

6月23日

再次走鋼索。建議則被視作惱人的東西。這種氣氛**不適合**起衝突——若硬是挑起爭執，李安會因自尊心、名譽等一切受創而崩潰。

3點23分：搭火車去倫敦。

6月25日

這幾天是人生的**臨界點**。左？右？筆直？蜿蜒？

瑞瑪決定不來導演工會（Directors' Guild）的晚餐——於是我明智地決定偕同路易絲‧克拉科瓦出席。這場活動到底在搞什麼鬼？？以後務必要聽從自己的直覺——**千萬別去**。

[約翰‧]鮑曼（John Boorman）胡言亂語、齊費里尼（Zeffirelli）[180] 沒在溝通，諸如此類，哪有人這樣頌揚電影業的？最後一場演說降臨的那一瞬間，我們逃之夭夭……

6月26日

上午7點20分：車子來接我去希斯洛機場，然後去都柏林。

我[在都柏林]下車時就看見茱莉亞‧羅勃茲（Julia Roberts），連恩[‧尼遜（Liam Neeson）]與艾登[‧昆恩（Aidan Quinn）]就在樓上。尼爾‧喬登數分鐘後到來——我們坐下來討論戴‧瓦勒拉那幾個場景。尼爾照常緊張兮兮——如同在不同話題間彈跳的蚱蜢。

6月27日

9點45分：搭車去[《豪情本色》]製作辦公室讀劇本。

斯蒂芬‧瑞（Stephen Rea）溫暖的熱忱填滿了整個房間，舉目望去都是了不起的人物。尼爾讀了舞臺指示還唱了歌，偶爾高呼幾聲，並停下來談論布景——他為這一切興奮不已。

小趕至機場，趕上2點45分的班機。

6月29日

去謝珀頓鎮……想當然耳，片場、報紙、電視等一切都執著於休‧葛蘭與他的

180　編註：法蘭高‧齊費里尼（Franco Zeffirelli），知名義大利電影及歌劇導演，1923 － 2019。

落日戲碼……[181] 你還能說些什麼？不過就如我對艾瑪說的：「還好我沒一起遭殃。」此時此刻，我覺得這完美符合世界貪婪地自我啃噬的概念。這麼多的專欄篇幅，我們應了解的其他問題也這麼多。

現在感覺在一個個解決清單上的場景……李安似乎很緊張。他大概是需要擁抱，就和休一樣。

7月5日

露比來了電話。她和卡門・杜・索托伊（Carmen du Sautoy）[182] 在一塊——後來她們來了，我們一起去梅德咖啡廳。和老朋友坦然地交談，感覺非常棒——又是我們**到底**在做什麼這個老話題——我們將走向何方？但還是解開了心結。

7月9日

下午1點：去理查・威爾森家參加他的生日午餐派對……有種田園詩意。只可惜他們越來越為「我們喝了多少？？」這件事糾結，這導向深夜的爭吵——毫無意義的死寂。

7月12日

7點45分：和芭芭拉與肯・弗雷特吃晚餐。肯和平時一樣，一見面就樂呵呵地侮辱我的工作——這似乎是某種反射動作。芭芭拉顯得十分疲憊。（後來她坦承自己之前忙到了凌晨3點30分。）

7月19日

去肯辛頓議事廳。瑞瑪開口時他們全都閉嘴了。未來的國會議員……

7月23日

上午9點：在風光明媚的鄉村騎馬馳騁，只可惜我的馬名叫沃根（Wogan）。但牠又高又壯也十分俊美，牠有意願時可以媲美強陣風。

回家收到來自洛杉磯的訊息，說《新愛情樂園》評價不錯，但它無疑太過黑暗，不可能受歡迎。

8月8日

去……都柏林。接著是謝爾本飯店。是時候迅速追上進度了。找一臺錄影機，

181　他在洛杉磯和一名妓女被逮捕。

182　英國演員，1950 —。

把書讀一讀，進入戴瓦[183]這個角色。希望能成。

8月9日

8點45分上車→片場……仿建版的奧康奈爾街建得非常好。郵局、官邸、鵝卵石路面以及——令人生畏的部分——戴瓦演講用的平臺。但還好（我是這麼覺得），我第一次乘車駛下這條街時開始習慣了。

群眾人數整天不停成長——據說有兩千人被趕回家。但結果還是有兩、三千人在裡頭，所有人都盯著我，因為尼爾[・喬丹]宣布要先拍演說的部分。他是太緊張嗎？怎麼開始質疑髮型、服裝、腔調，**這全部？？？**

最終他滿意了，我們直接開拍。沒有演練，直接開拍。這就是為什麼美國與英國演員的差別待遇令人如此火大，我**再也不會**讓這種事情發生。但無法否定這之中的興奮感。

8月10日

10點30分：車子來接我去片場。給愛爾蘭媒體拍照。茱莉亞・羅勃茲等得有點不耐煩了……她可沒體驗到昨天的雲霄飛車呢。

8月11日

午餐時間左右去「愛爾蘭最高酒吧」。福克斯（Fox）經營的。這是最高嗎？它倒是最多雜七雜八的古董或垃圾，包括固定在牆上的幾份戴瓦頭版報導和維多利亞時代便壺……

8月12日

搭計程車去機場，坐12點30分的班機→科克市。延誤、閒晃、坐在柏油路上。終於抵達目的地，又瞎搞了一陣子尋找租來的車。

開往科克市（與後續）的車程美麗動人。這個蔚藍晴天的最後一站是位在灰色廣場邊的布朗酒吧——一杯健力士下肚，接著走下一條小巷找到貝琳達・朗。他們是怎麼找到這片人間天堂的？……在草地上野餐，仰望山坡頂。美味的晚餐，太多紅酒了，目光渙散。該睡了。

8月17日

在都柏林街道閒晃——沿著達姆街從坦普爾酒吧區走到格拉夫頓街、道森街再

1995

日記：1993—2015年

183　指艾蒙・戴・瓦勒拉。

回來，打鑰匙、在布朗托馬斯 [184] 逛逛──它主要讓我聯想到格林威治村第六與第七大道早期的街景。

回到公寓，緩緩將它塑造成我要的形狀……去片場染髮……回來清潔窗戶（一向能達到療癒心靈的效果──立刻就見效了）。晚餐。早早就寢。

8 月 18 日

和其他演員在片場度過的第一天……主要是愉快的氛圍。

8 月 19 日

等著修電視的人來解決影片問題，也等著瑞瑪過來……到坦普爾酒吧區走走，在義大利熟食店買些好吃得驚人的火腿。

瘋狂與深情

8 月 20 日

讀週日報紙。《終極警探 3》這週上映了──可以形容我對於和二十世紀福斯那些「討論」的態度。

8 月 21 日

奔跑與跳躍的一天……沒有臺詞所以玩得很開心。一種無可避免的飄然──又因我為莎朗·夏儂（Sharon Shannon）跑一趟維蘭音樂廳而加深了。我的偶像。從她 CD 湧出的喜悅完全比不上現場表演，一首接著一首歌使全身、全場無助地一塊動了起來。我還和她見了面，還親了她。還請她來我們的殺青派對表演。她還答應了。

回家吃焗豆吐司。

8 月 22 日

凱勒梅堡監獄

才在其中一間牢房待兩分鐘，我就開始焦慮──從前關在這裡頭的人不知是什麼感受？《遺言》（Last Words）──博物館管理員給我的書──裡倒是寫得很清楚，他們都驕傲地赴死了。他們知道死亡將在何時到來，[也] 知道自己是為了什麼而死。踩著他曾經的腳步感覺也很怪，然後抄寫著戴·瓦勒拉寫給岡薩加修女（Mother Gonzaga） [185] 的信（他當時剛得知自己將被槍斃）。這一切逐漸感覺像是我必須放手順其自然的事──它會自己將自己料理好的。隱藏的力

184　Brown Thomas，百貨公司。

185　瑪麗·岡薩加·貝瑞修女（Mother Mary Gonzaga Barry），愛爾蘭天主教修女，1834 － 1915。

量極其強大。我坐在他的牢房裡，寫著給麥可‧柯林斯（Michael Collins）的信，塵埃瀰漫在窗口斜削下來的一道陽光之中。對他而言，能夠瞥見外頭天色的變換想必意義重大。

8月23日

凱勒梅堡監獄與聖器收藏室。若讓他戴上眼鏡，本篤神父（Father Benedict）完全可以扮演戴‧瓦勒拉。我們試圖塑造出這個場景，用蠟燭留下蠟印，身邊人們全在解釋各種情況下聖體會擺哪裡、你該在哪裡跪拜。這相當困難，我也突然意識到熱度是會傳導的，尤其從金屬鑰匙傳到握柄上。最終算是把這個場景拼湊起來了，希望它有些風趣之處，也希望我堅持要拍下整張臉一事不會被視為**純然傲慢**。

8月25日

整天活埋在無盡的地下墓穴之中，少有空間和他人輕鬆地談心……稍有衝突——更要命的是，還有一群沉默過頭的陪審員（來演這場景的）。這一場本就難以駕馭，過分（且太過熟悉）的渴望又冒了出來，想要瞬間「解決」它，但這毫無幫助。在混合了專注、堅持與創新之後，製作出**類似真實**狀況的東西，然而倦意最終拔得頭籌，攝影機轉向我之時，文句不巧在我口中化為灰燼。

9月3日

卯起來在星期天工作，這完全是對立的兩件事。10點15分車子接我去再次把頭髮染成棕色，然後在拖車裡耗了好幾個鐘頭，但至少能看［克萊爾郡與奧法利郡之間的］愛爾蘭蓋爾運動決賽，戴瓦若還在世，想必是支持克萊爾郡隊吧。這場比賽刺激無比——**這就該讓梅鐸去推廣了**。克萊爾郡81年來首次得勝……這次的場景意外地設定在單車店內，於是轉動的輪子成了道具與象徵（象徵我努力和舌頭連線的大腦）。最後似乎有那麼點頑皮，也絕不能讓神祕感成為戴瓦的慣常模式，但至少還有**形狀**可言。

9月7日

7點15分：上工。去市長官邸……一開始爭論了一番，討論這地方為什麼一個女人也沒有。馬凱維奇伯爵夫人（Countess Markievicz）[186]？如尼爾所言，這份劇本之所以沒有瓦解，是多虧了大量歷史偏見與當時紀錄很不完整。有好多部分都只能以傳聞或個人觀點為憑據。但我們還是做到了。在拍攝休息時間，

186　愛爾蘭政治家，1868 － 1927。

照常半失敗半成功地將尼爾拉過來討論之後的幾個場景，或讓他看幾個不同的版本。不過至少我現在知道了，儘管他緊張得全身靜止，他其實還是有聽進去。他對工作成果滿意時，整個人容光煥發。安靜、堅毅又害羞的克利斯‧門格斯〔Chris Menges，攝影指導〕拍了我的背，這也令我感動。今天圓滿結束了，尼爾說了（三、四次）：「我來看看那個場景吧？」

9 月 9 日

到機場搭 12 點 45 分的飛機去倫敦。遇見史蒂芬‧佛瑞爾斯……我聽他說到《情繫快餐車》（*The Van*）進行得多麼順利……我仍不太確定他是什麼意思：他說他總是想不懂，爲什麼有些人（他是說演員，這裡特指克利斯‧門格斯）會想當導演。他是說他痛恨自己的工作嗎？還是想表示自己未違背原則？

9 月 12 日

12 點 45 分：搭機前往都柏林。

6 點 45 分：搭車去凱勒梅堡監獄夜間攝影。珊蒂‧鮑威爾〔Sandy Powell，電影服裝設計師〕替戴瓦做了套好看的外套與呢帽，是爲了逃出林肯監獄用的。花了不少時間擺弄鑰匙、鎖與門，接著在馬路上奔跑到清晨 5 點，這時一切都已昏花模糊。史蒂芬‧沃利說狂奔的部分很棒，我相信這個（平時寡言鮮語的）男人。

9 月 19 日

1 點 30 分車子來接我。穿行威克洛山脈到格蘭馬呂谷，來到溪邊一間茅草小屋。首次拍攝戴瓦的演說相關場景，和「新鮮人」強納森（Jonathan）[187] 拍對手戲。這其實是他今年第三部電影了，他會吹長笛、哨笛和打鼓（還會唱凱爾特搖滾），剛從越南背包旅行回來，曾在埃及學習阿拉伯文，當然還帥得不可思議……
七手八腳地拍攝，又沒有好好考慮了。我們只能自己回家做功課與保持彈性，卻無法保證當下的心情，但這也是和尼爾共事的樂趣之一。你**不得不**妥協。他無法停下來和你有頭有尾地討論事情，就某種奇怪的方面而言，這其實讓人感到自在。

9 月 21 日

……下午 6 點上車。

又將愛爾蘭其中一塊用來拍攝「酒吧與乾草堆」〔拍攝場景〕。城鎮一夜未眠，就爲了看我們拍戲。我的鏡頭最終在凌晨 4 點開拍。這樣也許不錯，我在這時的發抖絕無作假。

187　強納森‧萊斯‧梅爾（Jonathan Rhys Meyers），飾演暗殺參可‧柯林斯的殺手。

我和尼爾在清晨 6 點進酒吧喝一杯，其他工作人員也紛紛來了。這成了互相聲明未來還想再合作的機會。我的腦子早已收拾好行囊了，我們可能之後得用完整的語句重複這段對話。

上午 7 點才上床。

9 月 25 日

「條約辯論」場景。在三一學院的「閱讀室」——滿是偉人頭像的八角形空間，非常美麗……戴瓦上身，一整天都沒有離去，到了傍晚攝影機轉來時也還在狀態。尼爾稍微提醒一句，整體調性就變得更加神經質、更加黑暗了。總之是漫長且煙霧瀰漫的一天。

剛好可以去庫克餐廳和艾登・昆恩吃頓送別晚餐。然後先後和尼爾與娜塔莎・李察遜（Natasha Richardson）好好談了一會兒，後者卡在我們熟知的「我該做、不該做」困局之中。

後來當然應莉莉[188]的召喚待到了凌晨 4 點。又來了。

10 月 1 日

上午 9 點：電話響了。從入睡到現在似乎只過了三小時。從入睡到現在真的只過了三小時。回片場重新排練和連恩的對手戲（攝影機沒開，但戴了眼鏡）。現在在安排星期二重拍。這也不無好處，如此一來我星期日就能靜靜思考打包與回信的事，以及下一步了。

10 月 3 日

9 點 45 分車子來接。重拍和柯林斯的場景但沒有連恩，他的臺詞由尼爾來讀。克利斯想重新打光，那也合理。片場上的工匠可**不止有演員**。

10 月 4 日

回家看到堆積如山的信件與二十四則留言。電話響了。艾瑪・T。她聽上去很怪——有點失去了自身個性，這對她而言可是大大的矛盾。真希望她能**偶爾**抱持單純喜悅的心情，將他人的話聽進去……

10 月 9 日

下午 7 點：《郵差》（*Il Postino*）。《新天堂樂園》（*Cinema Paradiso*）流派。字幕在某個關鍵時刻突然消失，險些毀了整部電影。我沒有如當初預期的那樣，全然

188　編註：俱樂部名字。

投入這部片。

事後在義大利餐廳吃晚餐，我想到未來恐怕得天天在餐廳用餐。這可不行。在有效率的廚房準備餐點、招待朋友好玩多了。

10 月 12 日

9 點 30 分：搭車去金峰工作室進行《理性與感性》的無盡循環。和李安與琳賽見面很開心。著實惹人煩躁的錄音機。怎麼還有演技的指點？！？「能不能在這裡補一點笑聲，蓋過空隙……」

10 月 15 日

上午去→媽那裡探望她，還坐她的小機車繞超市一圈，令人汗毛直豎的體驗。

10 月 16 日

沒有比睡眠充足、起床檢查清單上所有事項後出門、上車去希斯洛機場更棒的事了。但中間還是發生了一點小差池，R·W 給我的鑰匙，司機把我丟在第 4 而非第 1 航廈……但我後來還是和伊恩·麥克連上了飛機，前往聖彼得堡。伊恩絕對是最佳旅伴——幽默、大方又好奇，而且和我同樣笨手笨腳的，果汁灑得整個座位都是。在另一區吃午餐。

10 月 17 日

今天完全是校準與巴貝爾斯堡攝影棚既視感的混合物，外加為一個我還不熟的角色試穿服裝，所以晚些回飯店補進度了。這至少在服裝方面頗有幫助。

晚餐前和伊恩晃進一間超市，非也，是迷你市場，買了替我這些胡言亂語揹黑鍋的格魯吉亞紅酒。

10 月 19 日

我是不是再也無法適應沒有魚子醬的早餐了？？

10 月 20 日

《俄宮奸雄》第一天拍攝。

延後開始就表示……光照逐漸不佳，於是先開始拍嘔吐的鏡頭——只有最後拍的那一次除外。一些 HBO 的竊竊私語，接著是「再來一次」，嘔吐物消失在了柱子後後方。再多的性愛與暴力都行，但不能有**看得到**的嘔吐物。

10 月 25 日

上午 10 點上車。動不動就弄丟的鏡頭。[塞瑪拉·] 路斯坦（Sedmara Rutstein）錄了三首歌——今天花了些時間記歌詞。也邊吃午餐邊提醒弗雷迪（Freddie）[189] 的母親，他們付錢給他就是要他別再抱怨了……終於在下午 6 點左右上片場。「我們收到了指示。」埃萊梅爾 [·拉加里，電影攝影師] 神祕兮兮地說，但也完全預示了拍攝的走向。烏利 [·艾德（Uli Edel），導演] 一直處於幽默感匱乏的危險地帶，說話越來越像獨裁者了。之後很可能會發生對決。

回到飯店，黛安娜·奎克（Diana Quick）、詹姆士·弗萊恩（James Frain）[190]、彼得·傑佛瑞（Peter Jeffrey）[191] 等人已到場。我們一起在帝國餐廳吃晚餐，歡笑連連。演員都是很棒的人，每個都特別又好笑也善於自嘲，不同意的人都可以去死。

10 月 26 日

第一場真正的拍攝場景。拉斯普丁第一次真正治癒阿列克謝過後，重點都在於對導演的操縱、勸誘、脅迫、奉承等等。出了片場，烏利有種突破拖拉機性格的真誠與脆弱，但在片場上他堅持大聲下令、幾乎無幽默感、彷彿從沒聽過禮貌這回事，驅趕臨演、對演員下指令。「你站這裡，你做這個，接下來做這個。」面對這一切，我的反應當然宛若逐步前行的坦克。後來發生小爭執，我們試試「演員也是人」的水溫，主要是因為他喜歡我們的演技與攝影，所以藉機解釋確切要如何達成目標——彷彿在對小孩子解釋事情。結果如何呢？至少他不再大聲吼叫了。

樂趣在於，我邊邊地航入混亂之中時，姬莉黛 [·莎芝（Greta Scacchi）] 與伊恩仍保持歡快風趣。未來想必會帶來無數歡笑聲……

10 月 31 日

我和伊恩的對手戲，有晚期的劇本註釋支撐——不過是從製作現場角落一張懦弱、膽小的嘴裡說出來。

11 月 1 日

在聖以撒廣場，有人將這個拍攝場景作為（價值 35,000 元的）大禮送給我們。我覺得烏利不知該拿它做什麼才好。有可用且清楚的故事主軸當然更好，但他

189　英國演員弗雷迪·芬德利（Freddie Findlay），1983 —，飾演沙皇之子阿列克謝（Tsarevich Alexei）。

190　英格蘭演員，1968 —。

191　英格蘭演員，1929 — 1999。

的驚慌與不安轉化爲毫無魅力又陰鬱的行爲表現出來，適得其反。我們如果眞能合作，每個人想必都能表現得更好。

11月2日

我下午6點去片場，結果晚間8點就被送回家了。大約在10點30分感受到即將降臨的對峙，於是我去找碴。成功了。尼克〔·吉洛特（Nick Gillott），製作人〕與烏利在酒吧，瞎忙著。所有人都「有話直說」了，答應要排演。哈雷路亞。

11月6日

這是用俄語對所有俄國工作人員唱歌的一天……以及和「等著人們聽從他」的烏利無盡爭吵的一天。沒有方法可言。他十分孩子氣，我們只要稍微偏離他的分鏡腳本，他就會忍不住制止我們。

11月7日

烏利終於說出口了。我提到可以讓攝影機跟著我穿過雪地時，他說：「爲什麼？」我回道：「那樣才拍得出最恰當的感覺。」他說：「我會在剪輯室搞定。」

11月8日

生理時鐘咻咻直轉、倒帶回去後又嗡嗡響個不停。不曉得自己何時會睜眼。這是早上8點10分寫下的。腦袋怎麼也無法甩去昨天那句：「你爲什麼要拍這部電影？」

11月9日

昨日的努力化成了今日的痠痛瘀青，按摩與渦流浴有些幫助，接著就去木橋（眞的就是當時那座橋）把拉斯普丁丟進河裡。脫了手套與外套後，負10度還眞是不可思議的溫度，我只能盡量躲在車內。我恨透了最後一夜、最後的鏡頭和離別。只能盡量保持輕快——但面對俄國工作人員的熱情，這實在很難。眞希望我們能在這裡待久些，如果領導者再善解人意一點就好了。

不過香檳與蛋糕促成了歡快的道別，馬戲團即將往下一站行進。事後……烏利對〔飾演其中兩位公主的演員〕「瑪莉莎（Marisa）」與「奧嘉（Olga）」講述俄羅斯歷史。我還眞他媽不敢相信，幾乎完全缺乏對他人的好奇心……

11月10日

維也納機場。3點15分飛離聖彼得堡，現在我們往回退了兩小時，等著搭7點50分的班機去布達佩斯。一頭霧水，也不知自己在幹什麼。這份工作前一

刻讓人投入身心，下一刻卻又給你無盡的距離感。我爲何一次次被推到馬路中央？？這莫非就是柯林‧威爾遜（Colin Wilson）[192] 說的，兩個宿命糟糕至極的交會點？半在內、半在外——這究竟是不可能的融合，還是創新的狀態呢？？之所以想到上述這些，是娜塔莎‧L[193] 的鬱悶所致。我似乎招來厄運，結果我們的班機取消了。兩小時後，我們搭上荷蘭皇家航空的飛機，抵達布達佩斯。很棒的房間，可以眺望多瑙河與布達市區。

11 月 11 日

稍微修改了劇本。尼古拉（Nicholas）[194] 去打仗那一段全錯了。

布達佩斯已然「淪陷」——麥當勞、漢堡王、馬莎百貨。它沒有聖彼得堡那種不可思議的流暢美感，但絕對具有某種明顯的獨特性，並逐漸展露出頭角。飯店完全就是美國，進口電話、檯燈、櫥櫃等等。眞是的，美國人就不能接受身處**異鄉**的感覺嗎？

11 月 13 日

在某些日子，寫日記不僅是生活當中必要的一環，甚至還是法律上的必要之事。自從拍攝《俄宮奸雄》以後，我的聽覺就一直不太對勁，今天提出看醫生的請求 [然後] 被帶去見專科醫師——耳膜沒有破裂，不過有高頻音「急性聽力喪失」的問題。我可以選擇每天接受四小時治療（這沒辦法），或吃維他命藥丸等讓受損細胞再生——這全都令人驚恐……我注意到製作人們眼中盈滿了無聲的驚慌……緊接著是「再問問別人的意見」這句話。

11 月 14 日

烏利有種令人煩躁的能力，他看見你直覺的反應之後，會在做調整的同時抱怨這些反應「太熟練」、「太戲劇化」——每次都是太如何如何。我聯想到電視廣告上那種放了電池就會自己動起來的玩具鼓手。

晚些，片場設計師也在酒吧提出相同的怨言——「劇本明明寫得那麼好」——我一直想不懂，爲什麼要改動它？何時？怎麼改？出資者的手悄悄伸了過來。

11 月 15 日

瑪莉莎 [公主] 的場景——基本款約會強暴，而在那之前，女人不是在替我洗衣

192　《局外人》（*The Outsider*）作者。

193　娜塔莎‧蘭多（Natasha Landau），電影服裝設計師。

194　編註：即末代沙皇尼古拉二世（Nicholas II of Russia），1868 － 1918。

服或幫我烤蛋糕，就是在幫我縫上衣……沒有任何意見，就只有對英雄的崇拜而已。《瘋狂遊戲》的既視感再次縈繞，微帶譴責之意的一張張臉還真令人懷念，聳肩的樣子也與過去無異。我們只能祈禱最後一切順利……

「製作組」繼續笨拙地經歷這一切。喬伊絲［·內特爾斯］被炒了（繼派特[Pat]、險些被刪除的攝影工作人員，以及安迪[Andy]），緊接著休·哈洛[Hugh Harlow，製作總監]也被開除。我真正**信任**的人就只有**他們**了——這是巧合嗎？？？還是人格缺陷？？

我和希拉·拉斯金（Sheila Ruskin）[195] 今天完成了史上最迅速的色誘場景，離開酒吧時已然酩酊大醉。

11 月 16 日
——結果還是得接著拍——上午 8 點就幹了起來，攝影機與電線到處都是。品味、判斷力與小心擺放的衣物。

11 月 17 日
這天的開頭感覺很有希望（很喜歡這個樂團——我後來才發現，其中一名舞者因肩膀裸露而淚流滿面，生怕丈夫會和她離婚——娜塔莎[Natasha][196]只得速速找來幾條披肩）。

隨著這天的時間流逝，烏利在拖慢工作速度這方面找到了要領……我懷著謀殺的念頭倒上床。

11 月 20 日
魅力。幽默感。洞察力。對他人的尊重。對外語及習俗的體認。這一切似乎都不存在於導演先生的心中，不過他的真誠讓我留在了他身邊，而不是直接搭下一班飛機回家。

11 月 21 日
馬可·波羅黨，外加飛來的黛安娜·奎克。這是詹姆士·F 和我們共事的最後一晚了。他完全可以代表他那一代的演員，內心藏著他對演藝工作的熱愛，但最為響亮、清楚又惹人注目的部分，卻是他對誰和誰演什麼電影、票房多少的認知，以及如何用「是喔？」與「真的？」作為對話中的貢獻。或者是用以（再次）掩蓋他真實的智慧與溫暖，以免人們認為他這些特質不夠酷。謝啦，柴契爾。

195　英格蘭演員，1946 —。電影中她飾演瑪莉莎公主，請拉斯普丁賜福於她，但拉斯普丁堅持要先和她發生性行為。

196　娜塔莎·勾林納（Natasha Gorina），化妝總監。

11月22日

1點左右：去醫院做第二次聽力測試。稍微改善了，但他們想做「注入」治療。每天得在醫院待一個小時——排日程的那幾個傢伙，我只能祝你們好運了。

11月24日

一醒來就知道自己今天是不可能工作了……去片場之後，直接帶著好幾盒形形色色的藥丸躺回床上……這種病能奪走你所有的想法——你現在就只剩感覺了，而且沒有一個是舒服的，只有暖和地靜靜躺著時感到輕鬆一些。

11月25日

伊恩與約翰[197]花了四小時改寫他們的兩個場景後，來探望我……伊恩晚些又帶著鮮花，憂心忡忡地回來看我，真的無比貼心。姬莉黛告訴我，他昨天也去探望了她。單方面的對話內容是：「妳也不想讓那些衣服就這麼堆著，對吧？」「妳也不想把那麼多盤食物放在那邊不管，對吧？」說罷，他叫了客房服務、把姬莉黛所有的衣物都掛起來，然後進浴室清洗了一陣，姬莉黛甚至懷疑他洗了浴缸。他離開時說的是：「如果妳外在狀態不好，那內在也不可能好起來的，是不是啊。」我房裡就只有一個托盤能讓他質疑，不過他絕對東張西望檢查了一遍。

11月26日

一覺醒來只覺得渾身不舒服……青黴素的效用是什麼？粉飾症狀嗎？還是對你開開玩笑？
瑞瑪不愧是瑞瑪，在電話上跟我解釋得清清楚楚：「如果是病毒——那沒有用，但用了也無妨。但如果是細菌，用了會有幫助。」我愛死她這種確信和把握了。

11月28日

病毒似乎減緩了攻勢，讓我快速進入「一次打三個噴嚏」那種感冒狀態。
看著 K·克拉克（K. Clarke）克服他的預算表。如果你是坐擁老式名車、成天喝蘇格蘭威士忌的老富翁，那當然很好——有什麼好驚訝的呢。
回去讀這本日記其中幾頁，彷彿看著疲憊心神起起伏伏的圖表。

11月29日

回去工作……我們憑藉意志力完成了三個場景（其中兩場還是一次到位……）。

197　約翰・伍德（John Wood），英格蘭演員，1930 — 2011。

1995

日記：1993—2015年

12月1日

瑞瑪來了——愉快地逛街，在手工店買了鞋。買了些給姬莉黛的禮物，可能還有給伊恩的。

12月2日

情緒相當高漲的一天——或者如珍妮（Jenny）所言：「你一旦開始說烏利，就會驚訝地發現原來這麼多人都有其他事要忙。」但還是不可能對他的無禮置之不理。「讓她動得快一點……」「她」的名字是愛蓮娜［·瑪拉雪夫斯卡亞（Elena Malashevskaya），飾演奧嘉女大公（Grand Duchess Olga）〕，她可是打從一開始就在和我們共事了。**你倒是把她的名字記起來啊！！！**

12月6日

地獄的另一種定義。這回是吃晚餐的場景，在滿是鏡子的房間裡，導演**他媽根本就沒做功課**。所以整天早上都在瞎忙。

G·S就只有兩句臺詞而已，卻花了大半天試著記住它們，同時擺起了女王架子。不討人喜歡，倒是被我深深記在腦子裡了，尤其當你一堆文字與連貫性都攪在一起之時。腦中時時冒出掐死別人的念頭。

12月7日

有十個場景要拍（這有可能嗎）……我看著自己的石膏／橡膠模型（非常詭異）被埋到土裡，後來又被燒毀。烏利之前半開玩笑地表示，他很期待讓我本人躺進棺材，然後把棺蓋釘死（還得硬加上杜賓犬式的「哈哈哈」）。

12月10日

到布達市區與城堡看看場景……我這就看到我們面對的其中一個問題了——烏利致命的優柔寡斷，以及其他人置身事外的態度。他向來不可靠的幽默感已然逃逸無蹤。攝影對他而言是種狹隘而偏執的活動，只消真正讓其他人參與進來就等同暴露自身弱點；又或者他受過欺壓，或者如約翰·C（John C.）[198] 所說，他身為娶了猶太黑人的德國人，對他人的防禦意識更盛了。也許，他只要克制自己那種犬吠般的呼喝就行。回程路上的車子裡，他對完全狀況外的司機開罵，要對方切掉音樂。這就是為什麼我頻頻和他起紛爭，也是為什麼我對這樣的自己沒有好感。

198　約翰·卡特（John Cater），英格蘭演員，1932－2009。

12 月 11 日

身心都十分疲倦。上午和亞妮絲（Agnes）[199] 拍妓女的場景，她非常優秀——又是一如往常那堆「能不能撩人一點」的垃圾話……

稍晚，和伊恩吃了頓印度餐……收到留言說《理性與感性》很好看。我認真覺得該好好放假了。

12 月 14 日

終於拍了最後一場跪在路邊潮濕土地上的最後一個鏡頭，犬吠聲不絕於耳，車聲不斷……

晚點回飯店，我和伊恩、姬莉黛在燒烤餐廳吃了頓上菜較晚的晚餐。太遲了，我已經發現菜單上也有可食用的食物。姬莉黛到很晚還沒睡，伊恩說：「沒關係，反正妳明天本來就該是氣色很差的樣子。」

12 月 15 日

羅曼諾夫（Romanovs）一家今天被槍斃了[200]。在那之前我去了趟醫院——沒有好轉。現在的診斷是永久損傷了，這句話突然令我憂鬱煩悶。

不出所料，（移到飯店舉辦的）殺青派對又再次上演衝突。和製作人這樣不歡而散真是難受。事後在飯店酒吧，我試著和烏利談論整體的體驗——他對自己的遠見與才智、對演員的包容與了解堅信不移。他完全沒錯，甚至在我白費力氣試圖解釋些什麼時，突然又冒出一句「那個在哪裡……」。

伊恩的評價是二流。我的評價是惹人惱火。

12 月 17 日

倫敦

瑞瑪去了《理性與感性》放映會。我身心滿溢了冰寒與《俄宮奸雄》結束後的混亂，決定待在家。她神采奕奕地回來，以她這個前無古人、後無來者的奧斯汀狂粉而言，這就是最大的讚賞了。

12 月 21 日

12 點 30 分：去看加菲爾·戴維斯 [Garfield Davies，耳鼻喉專科醫師]，一模一樣的診斷。永久損傷——沒法醫了。吃再多藥丸也毫無幫助。這就像盯著一張

199　亞姬·庫肯轟西（Ági Kökényessy），匈牙利演員，1967 -。

200　編註：俄皇羅曼諾夫家族的皇室成員因當時俄羅斯內戰，於 1918 年 7 月遭到槍決，無一生還。

白紙。無法眞正理解這件事。

12月25日

不曉得是哪條法律——或自以爲法律的東西——規定家人必須在特定日子齊聚一堂、和睦相處，但這東西應該廢除或完全消滅才是。

糟糕透頂。

酒精照常解放了口舌、眞相與假話，可以讓人得到自由，卻也能粉碎事物。在飯店吃的那一餐太恐怖了，服務極差……食物都是冷的，出菜間隔了好幾個鐘頭。太多用來喝酒的時間了。回憶起往年的聖誕節。

幸好到了最後，我和瑞瑪終於得以獨處，吃著涼掉的肉、一瓶葡萄酒，搭配《白宮夜未眠》（*The American President*）。再恰當不過——一部空泛無內容的電影……

12月26日

去一趟露比與艾德家，然後——竟然被麥克斯（Max）[201]擁抱了，這還是頭一次。我們讓他開開心心地自己玩地理遊戲（Geo-Game），然後轉移陣地去海倫娜與伊安的派對。尼爾與葛蕾妮絲、強納森與凱特、蘇西·奧巴赫（Susie Orbach）、克萊爾·雷納（Claire Rayner）、阿拉斯泰爾·坎貝爾（Alastair Campbell）、榮·斯諾等等——又是平時這令人頭暈目眩的一群人。B·H因爲時差與洛杉磯症造成的問題——只能被人拯救，帶到安靜的房間去。更多酒，更多淚。回憶一閃而過，想起兒時的我打開門看見阿姨在哭泣，當時也是聖誕節。終於逃離派對，找到唯一眞實的東西——我的母親坐在家中，雖然狀況不佳，但看見我們時還是很高興。最後到標準餐廳（當地印度餐廳）加入R、E與B。現在R小姐火大了，她口若懸河、巴不得和人爭辯。我感覺頭頂和頭部分離，旋轉個不停。打包行李。

12月27日

輕鬆、無痛地飛往多倫多。

12月29日

直接飛到紐約。貝弗莉·彭貝西（Beverly Penberthy）[202]的兄弟來接機，載我們到拉伊市——迪士尼與合瑪克風格的冬季樂園……貝弗莉後來做了晚餐，來賓

201　編註：露比與艾德的兒子，麥克斯·拜伊（Max Bye）。

202　美國演員，1932－。

多了瑪莎・克拉克（Martha Clarke）[203]。聽力問題看來會造成不少麻煩——我被迫處於對話「之外」……不過話又說回來，看了《理性與感性》的廣告之後，也是同樣的效果——不可能看不出哥倫比亞（Columbia）[204]心目中的賣點是誰。

12 月 30 日

上午：隔著曲面窗戶俯瞰海灣流水，窗框內填滿了暗色樹枝，清澈藍／灰與淡黃色天空——回顧這行程爆滿的一年。

《冬天的訪客》里茲／日舞影展（Sundance）／洛杉磯／《冬天的訪客》倫敦／柏林／布萊爾晚餐會／斯諾登午餐會／《新愛情樂園》首映／《理性與感性》／《豪情本色》／坦普爾巷／《俄宮奸雄》／聖彼得堡與布達佩斯／難怪最後非得盛大完結**外加**幾聲嗚咽。

沿著哈德遜河駛入曼哈頓。陽光燦爛又溫暖——完全像是春日。還好我帶了大外套和圍巾……

12 月 31 日

慵懶的上午……後來我們出了門……去和連恩與娜塔莎見面，吃了頓談天說地、輕鬆歡快的午餐——連恩看了《豪情本色》之後非常喜歡，所以——**繼續前進**。娜塔莎對我們說了一兩個關於 J・R・K・B 與 E・T 的恐怖故事，我們一路聊到大約 3 點 30 分。

晚間 11 點 45 分過馬路到李・葛蘭（Lee Grant）[205]的公寓——寬敞的房間，滿滿的人（包括 G・派特洛 [G. Paltrow] 與布萊德・彼特 [Brad Pitt]）拿著酒杯站在那裡微笑、閒聊，和瑪西 [・卡韓]、帕特 [・歐康納]、M・E[・馬斯特蘭東尼奧]、黛安娜與理查與 R 離場。造訪瑪西亞價值 300 萬英鎊的住所。

上床。早早就寢。再見了，1995。

203　美國戲劇導演與編舞師，1944 —。

204　編註：哥倫比亞影業。

205　美國演員、紀錄片製片人與導演，出生於 1920 年代中期。

1996

都柏林

《豪情本色》

伊莎貝・雨蓓

《冬天的訪客》

《理性與感性》

鄧伯蘭小學大屠殺（Dunblane Massacre）

洛杉磯

《英倫情人》

紐約

坎城

法夫（Fife）

格林德伯恩歌劇院

伊恩・麥克連

帕薩迪納

格拉斯哥

紐約

維多利亞・伍德（Victoria Wood）

法夫

1月15日

和希拉蕊・希斯在肯辛頓廣場吃午餐。她和強納森・鮑威爾（Jonathan Powell）
要我演《蝴蝶夢》（*Rebecca*）裡的那個誰[206]——但那是四集的電視影集。於是我說
了沒辦法。即使你演得和平時一樣（甚至更好），只要是電視節目總會拉低你
的水準，除非是美國的情境喜劇（湯姆・漢克斯 [Tom Hanks] 的《羅斯安家庭生
活》[*Roseanne*]），那就變成是電視節目把**你**的水準拉高了。莫名其妙的悖論。

7點30分：《玻璃動物園》（*The Glass Menagerie*）。

又是山姆・曼德斯（Sam Mendes）的作品。他到底是怎麼回事呢？對他來說，
舞臺劇不是遊樂場就是個人心理治療的濕巾。沒什麼真正的共鳴——沒感覺到
什麼人突然發脾氣的危險。全都安排得小心翼翼。柔伊・瓦娜梅克有能力料理
好自己，但她需要被人挑戰。克萊兒・史基納（Claire Skinner）[207]完全可以輕
鬆挑戰她。一切都在我們眼前晃過，虛假事物假扮成了真貨。

1月17日

和貝琳達、休與法蘭西絲 [・巴伯（Frances Barber）] 吃晚餐。整晚都是《世界
新聞報》（*News of the World*）類型的細節，幸好我不會聲張出去……法蘭西絲彷
若極強的生命力——笑聲與見解如一波波潮湧。只要別對她說太多故事就好；
她那裡存著的故事已經夠多了。

1月18日

恐怖的宿醉——頭痛，就連背部與頸子也遭了魚池之殃，全身都不對勁。再也
不要了。

1月22日

觀看《理性與感性》時心情越來越差。在剪接過後它將重點完完全全放在了那
幾個女性的心路歷程上——男角一個個都沒有腦子。太可惜了——不是該讓我
們關心這些人要嫁誰、娶誰嗎？

1月23日

陰沉的情緒當然仍未消失，總覺得《理性與感性》太偷工減料了——沒有任何
特異之處，沒有聚焦在布蘭登（特別是布蘭登）身上**發生**的事。我們可是劇情
的黏著劑。

1996

日記：1993—2015年

206　馬辛・德溫特（Maxim de Winter）。

207　英格蘭演員，1965 —。

1月24日

在口音餐廳和凱特·萊丁（Kate Ryding）吃午餐。她單耳失聰，所以我們看上去想必很可笑，兩人都在各自的病症下將就選了最適合的位子。

1月25日

收到了《豪情本色》的召集。

12點50分→都柏林與阿德莫工作室（Ardmore Studios）。尼爾的頭髮比上回見面時長了些，不過他的節奏一如往常，才剛開始重播檢視某個場景，他就急著想和我談論／觀看另一場。不斷重播的當然是最情緒化的部分，你除了看下去以外別無他法。（他們說電影非常棒。）剪輯師都很優秀，我們短短一個小時就結束了。尼爾載我們進都柏林市——他開車的風格就和對話一樣——換檔、煞車與加速都沒有規律可循。我們在謝爾本飯店喝了杯健力士啤酒，當作來都柏林的歡迎……

瘋狂與深情

1月26日

去機場搭2點15分的班機回倫敦。

和艾瑪談過了，她非常支持《冬天的訪客》——用美國代表隊那邊的稱呼就是《冬天之訪客》（Winter's Guest）。我的手指伸向電話時，希恩·湯瑪斯浮上了心頭。原先清澈的水已經變得混濁了，但加入一些堅定的誠實總會有幫助。

1月28日

和艾瑪·T談話時，發現英國影業將《理性與感性》的首映會辦在寇鬆影城完全是在自找麻煩……它位在一條小路上，也才560個座位而已。

1月29日

前一刻還在談論電影合約，下一刻就談到了助聽器，以及示範如何用機械抓夾把褲子往上拉。

下午：去探望媽與艾希阿姨（Aunt Elsie）。誰說姊妹就一定可以和睦相處的？不過看著她們永無止境的頑固與鬥嘴，我還是感到鬱悶——幸好還是有短暫的輕鬆與歡快，但主體仍是倔強。

開心地獨自度過這個夜晚。看看《旗幟晚報》電影獎有益身心。索拉·赫德（Thora Hird）守住了她的尊嚴，還惹得我哈哈大笑，雙倍的英雄。

1月31日

瑞瑪的生日——白天都在為晚上做安排……還好常春藤餐廳一向可靠。我都在

那邊消費這麼多次，現在應該能算是它的老闆之一了吧。

2月1日

蕾拉‧貝特朗 [Leila Bertrand，選角導演] 來訪，和我討論《諸如此類》（*And All That Jazz*）——透過「1950年代多明尼加女孩的視角看倫敦」的電影劇本。她、約翰‧克萊夫（John Clive）[208]、譚蒂‧紐頓（Thandie Newton）都是吸引我參與拍片的好理由。在目前這個階段，我建議安排演員一起讀劇本，這應該是當下最有幫助的做法了。

洛杉磯傳來的消息……《俄宮奸雄》給人看過了，他們很喜歡。

連續兩天晚睡——又起得太早——倦意掌控了全身，看得出它影響到聽力，似乎還使耳鳴加劇了。真令人鬱悶，而且還是惡性循環。

2月3日

珊德拉與麥克‧凱曼。和瑞瑪、布萊恩‧亞當斯與希希莉 [Cecilie，B‧A 的女友] 吃晚餐。又有更多驚喜了，原來布萊恩就是個普通男人，有時會為建築物的事情操心，也不會吸毒。希希莉是名模——或許還算得上超模——打算在這一行做個兩、三年，等等等等。

到大約凌晨 2 點，麥克播了（十分堪憂的）《家有傑克》（*Jack*）電影新主題曲給我們聽，然後春季海潮般的連漪傳遍了整齣《冬天的訪客》。

2月4日

帶著午餐去找媽和艾希阿姨。這種腦內挖掘與需求看上去著實古怪，但無論這有何缺點，總之媽看起來健康多了。可能是有人可以呼來喚去所致，也可能是難得有機會展現出內心那個千金大小姐的關係。柯芬園還真錯失了個有趣的人。

深深觸動人心的時光，我和瑞瑪分別推著兩臺輪椅去公園散步，我們四人都暫停下來，靜靜看著斜陽下搖搖擺擺走動的喜鵲。

2月6日

去和伊莎貝‧雨蓓見面。最好聊的人非她莫屬——總是充滿了笑聲，還能夠在一瞬間集中精神。而且還充滿好奇心。真不英國。感受到她的勇氣，我恨不得明天就去用法語演戲。

208　英格蘭演員，1933－2012。

2月7日

7點15分：在國家劇院看《福爾蓬奈》(*Volpone*)。坎邦（Gambon）表現出色且邪惡非常。我懷疑［班・］強生（Ben Jonson）是否真會用凱文（Kevin）這個名字稱呼僕人……整體製作似乎有所缺憾——舞臺會旋轉，臺詞天花亂墜，演技（大多）大膽勇敢，不過整體而言有種**未多加探索**的氛圍。西蒙・羅素・畢爾（Simon Russell Beale）唸臺詞時語調十分動聽，我只希望他能改用別種嘴型。

2月11日

隨著今年生日逼近，有種控制過往（照片、舊劇本、紀念物）或將這些全部拋開的強烈欲望。讓人感到**非常**自在。往衣櫥裡看了看——如果有哪幾件衣服你一看就覺得有些憂鬱——那也許該把它們扔了。

觀看露比與羅珊［・巴爾（Roseanne Barr）］的錄影帶——大部分時候都看得很開心，不過露比應該讓**他們**自己發言就好。我們靜靜看著他們就好。

2月12日

……收到亞莉克・薛利斯（Alex Sheriffs）[209] 一段悲傷的訊息。

2月13日

我今早去電，得知事情仍未平息。羅貝塔・薛利斯（Roberta Sheriffs）星期日被送進了聖瑪麗醫院，醫師不認為她能撐過那一晚，不過她現在還在那兒。但也就只是「還在」而已了——現在他們撥電話給亞莉克，告訴她可能只剩最後五分鐘了。我跳上計程車去醫院和亞莉克會合，然後一同上樓，來到病房時——羅貝塔已經走了。床邊掛簾都已收攏起來，護理師們表露同情，但我走進去時——腦子裡就只有「走了」這二字。若是不知情，我根本不可能認出她來，靈魂果真離這張臉、這具身軀而去了。我感覺到的不算是死亡，而是因生命不可思議的消逝而意識到生命**本身**。亞莉克一次次梳過她的頭髮，替她擦嘴、擦眼睛，親吻她，對她說話。比我直接得多，我就只能默默在腦中記下這個畫面，將照片般的這一幕永遠存在腦中。醫師說明得很清楚也很有耐心，因為現在亞莉克得討論細節了。結束後，我們所有人都去義大利餐廳吃午餐，盡量談笑。還真笑了不少次。

似乎為我設計的價值觀鬥爭終於神化了，因為今天就是奧斯卡金像獎提名日。這裡暫且掩飾我對一切都滿頭霧水的反應，只記錄和康納・麥德莫托在口音餐廳愉快的晚餐吧（他準備久住下來）。

209　艾倫・瑞克曼的老朋友。

2 月 14 日

昨日艾瑪與凱特都被提名奧斯卡獎，伊恩與妮可・K（Nicole K.）卻沒有。瘋狂的日子。

2 月 15 日

晚間 8 點：漢普斯特德。

史蒂芬・波利亞科夫的新一齣舞臺劇。史蒂芬在休息室朝我**直奔而來**，叫我**別**給他那兩個女演員任何意見。我就算想給建議也沒辦法啊，她們兩人在史蒂芬又一次走在刀尖與鋼索上的劇中都表現極佳。

2 月 18 日

12 點：在常春藤樓上和伊莎貝吃午餐。美麗的橢圓形餐桌邊共坐了 34 ？人。這種日子，你總希望它能永遠持續下去……除此之外——現在想來，那個房間裡滿是往昔的回音，尤其是和我演過對手戲的女人——我環顧四周——茱麗葉、費歐娜、寶拉、哈莉特、薩絲琪亞（Saskia）[210]、黛博拉、貝蒂、柔伊、吉莉安、安娜——真是令人驕傲。

2 月 20 日

在常春藤餐廳的吧檯等著伊莎貝。到處都是炸彈危機——倫敦是脆弱的所在。

2 月 21 日

凌晨 2 點：茱蒂・霍夫蘭從洛杉磯打電話過來，提早祝我生日快樂。

這份工作的缺點在於，你可以全彩、近距離看著自己與身邊朋友逐漸年老，按下按鈕就能倒轉或快轉。快轉得太快了。

1 點 15 分：去阿拉斯泰爾・雷托（Alastair Little）的餐廳和露比與蘇珊・貝蒂許吃午餐。露比送我磨豆機與平底鍋——蘇珊送了水晶。她們兩個達到了不錯的平衡——蘇珊美麗的笑聲與踏實的心，露比則照常匆忙。

回家準備。

6 點 30 分：車子來了，我們在 6 點 45 分上路，去梅菲爾寇鬆影城（Curzon Mayfair）參加《理性與感性》首映會，在生日當天有這項活動讓我分心也不錯……穿新衣的老朋友，排隊和查爾斯王子見面（告訴他我這個角色應該交由他演才對），接著進場看電影。音效很糟，但不注意剪接問題的話，這其實是相當美的作品。去白廳宴會廳吃晚餐——天花板上是漂亮的魯本斯（Rubens）

210　編註：薩絲琪亞・里夫斯（Saskia Reeves），英國女演員，1961 —。

畫作──和理查‧W 與伊莎貝‧H 上車。哈莉特在她的演出結束後過來。喬斯林‧史蒂文斯（Jocelyn Stevens）[211] 那群人堅持要我「來嘛！說幾句話嘛！是他耶！他那個嗓子」。

2 月 22 日

之後是極其討厭的一天──睡眠不足，喝太多酒了，什麼事情都沒解決；漫長、遲緩的悶痛。有種「何苦呢？」的感覺。無論是朋友或政治都充滿了緊張感。究竟是怎麼回事？也許之後風向會轉變，但目前有種感覺啃噬著我的心，總覺得這段人生只給了我幾段短暫的和諧，剩下部分都需要更強健的身體、更成熟的心智才能撐過去。

獨自度過這一天對上述狀況毫無幫助。嘉奈特來打掃，電話響了──經紀人的事，抵押貸款的事。不過和閃耀的昨日相比，這兩件事都顯得毫無目的。

知足惜福。該長大了。

瘋
狂
與
深
情

2 月 24 日

看了《刺激 1995》（*Shawshank Redemption*）。評價是「技術高超」，沒有任何錯誤之處，很有品味。只可惜所有囚徒的髮型也都很有品味，每個人梳理得整整齊齊。導演何時才會叫造型師**別再幫**大家梳整髮型了──真是要命的反射動作。

2 月 26 日

11 點 15 分：在臨陣打電話、安排與停車過後，車子來接我了，第一站是克莉絲汀‧米華德家，她會隨我去柏林一趟。哥倫比亞要我去領金熊獎（Golden Bear）。李安不在，艾瑪不是躲起來了就是獨處深閨，不過至少是和老朋友見面的機會。

下午 5 點──和美國那邊電話訪談。還寫了篇短講稿，是要用德語發表的。

6 點 30 分：克莉絲汀娜 [Christina，艾倫‧瑞克曼的德國朋友]、克勞斯（Klaus）與克利斯托福（Christophe）帶了瓶香檳來飯店，然後去領獎。爬上臺，收下黃金泰迪熊……

3 月 3 日

晚間 8 點：去多徹斯特飯店，和蘇珊‧莎蘭登（Susan Sarandon）坐在房裡叫客房服務，她是來為《越過死亡線》（*Dead Man Walking*）做宣傳的。蘇珊的腦子轉得很快──想法從政治飄到了她的事業再飄到提姆 [‧羅賓斯，她的伴侶]

211　報紙發行人，1932 － 2014。

與孩子們身上，用在每個主題上的心思分量也相等。還有哪個母親會帶兩個孩子去愛達荷州泛舟呢？

3月6日

2點30分：茱蒂‧戴許的辦公室──空間很美──完美襯托出茱蒂歡脫又有教養的性格。

事後完成了《冬天的訪客》第二版草稿，幾番微調過後也許就能**變變變**，它**還真**成了份好劇本。

3月7日

伊莎貝想找人陪她去《亂世情緣》（*Restoration*）首映會。我建議她帶休‧弗拉瑟同行，害他慌亂了一陣，但他還是答應會去。

3月9日

下午3點：《湯米》（*Tommy*）日場。整體製作精良，那些滿口誹謗的評論家……不過是吹毛求疵罷了。就由他們去吧。

5點20分：去……格羅丘俱樂部和迪斯‧麥納弗（Des McAnuff）討論他的電影《情場女贏家》（*Cousin Bette*）[212]，就如我對他所說，那部片就像是揉合了費多（Feydeau）與易卜生（Ibsen）。這有可能嗎？話雖如此，他還是很好聊。我今天的自我控制力**稍嫌**不足，填補了對話中可能的短暫沉默。有時你開啟句子，卻根本不知最後會如何結尾，太可怕了。

3月10日

12點15分：搭車去葛雷休公園〔水療館〕。遠離電話與建築工人的四天。遠離酒精、節制飲食的四天。規律運動的四天。

不過是以四十五分鐘的臉部按摩、乳液與面膜開始。**完全**符合醫師的指示，以致我在過程中一度睡著，響亮的鼾聲嚇壞了按摩師。

副產物是劇本讀了、信也寫了。哈雷路亞。

3月11日

9點30分：營養師──她還能說什麼？這種生活模式太荒唐了。

10點15分：蒸氣室。

212　麥納弗執導了這部改編自巴爾札克（Balzac）小說的電影。

10 點 45 分：按摩。我們可以的，別跟我扯些錢普尼[213]之類的胡話。

吃午餐前去游泳與泡熱水池。

2 點 30 分：一小時的網球訓練，多年積習瞬間就改善了。疲憊不堪。

下午 5 點：顱部整骨。意識在睡眠／作夢狀態載浮載沉。她最後說「你現在平衡很多了」（之類的話）——果真是如此。

3 月 12 日

午餐的關鍵在於我能往盤子上堆多少食物，但也要避免從自助取餐區回餐桌路上跌倒在地。

5 點 30 分：全身按摩——我猜這地方能合法做到最接近性愛的服務，應該就是這個了吧。她堅持要我一絲不掛，雙手與上油的動作**非常慢**。

兩小時過後她按完了，我原本還算享受，只可惜他們一直播難聽的新世紀「放鬆」音樂，而且我逐漸懷疑這裡最享受的人其實是她。「這份工作很棒喔——我每次都等不及去摸這些裸體。」

完全是昏睡狀態。餓得要命。

3 月 13 日

這一天，因鄧伯蘭那些在學校體育館被屠殺的孩子們而變得無足輕重[214]。我一直到下午才得知消息，所以反射治療時腦中並沒有這些雜念，但用漂浮缸時複雜的思緒全都揮之不去。我的大腦從頭到尾都在與漂浮缸相抗，也許是想減少自我放縱的感覺吧。說要「放開自己」、「什麼都不想」，這又是什麼意思？即使沒事先安排明日離開，我還是會決定離此而去。也不曉得是要出去幹什麼，就只是想再次**加入**外界。遠離塵世確實是非常寶貴的體驗，更不用說**非常**昂貴了，我在過程中檢視了不少想法。你在這裡待一週，怎麼會等同於一個戲劇學生的生活費、穿去洛杉磯的一件西裝外套、媽媽的輪椅，諸如此類？其實我這四天被人撫摸按摩了不少次，但卻不是我愛的人。而今晚的蘇格蘭充斥著滿滿的愛與傷痛。

3 月 14 日

今早電視上的新聞播報——全英國的生活重心都在那兒了。第 4 臺設法在新聞報導之間穿插些無腦的遊戲——這是怎麼做到的？ BBC 枯燥乏味，GMTV 在

213　譯註：另一家水療館。

214　編註：這起校園槍擊事件中，共 16 名孩童和一名教師身亡，凶嫌隨後也自行了斷生命。此次事件後，英國政府通過兩個新的槍枝管制法案。

報導現況時活潑一些，卻摻雜了自滿與評判意味。即使你說要兇手「下地獄」也於事無補……那個殺人犯也曾經是 5 歲小孩，你看看他的照片，再看看孩子們的照片。我們從孩子們全然無邪的狀態——不知曉仇恨、壓抑、種族、責任的狀態——到長大時，究竟發生了什麼事？他們就只有一張張笑容而已——腦子裡裝不下半個小時過後的未來。為什麼長大多年後拿起槍枝的就只有男人？我們到底對自己做了什麼，才使得怪物在內心誕生？還是說，這其實是與生俱來的？無論如何，GMTV 過分簡化的說法噁心至極。

3 月 19 日

上午 10 點：坐車去搭 12 點 15 分飛往洛杉磯的飛機。
在售票櫃檯遇上伊恩．麥 K 和他男友利蒂安（Ridian），這趟旅程頓時添了不少樂趣。

3 月 20 日

7 點 15 分：車子來接我去《俄宮妖雄》試映會。銀幕上我正準備「治癒」阿列克謝時，後面忽然傳來一句：「在場有醫師嗎？門廳那邊發生了緊急事故。」我差點起身，一回神才想到自己根本不通醫術。奇怪的音效，奇怪的試映會。也許是 R 的幽魂來訪吧。在蝕餐廳吃晚餐。似乎沒有人知道該對電影做何感想，這也難怪——參與導演工作的人至少有十多個吧。

3 月 24 日

5 點 15 分：和茱蒂在飯店會合，接著去琳賽 [．鐸朗] 與羅德尼（Rodney）[215] 家參加《理性與感性》宴會。它感覺有點像是拍美式阿嘉莎．克莉絲蒂（Agatha Christie）電影用的屋子，果不其然——它建於 1930 年代，類似一座古蹟建築。艾瑪與葛瑞格曬得黝黑、非常愉快。[216]
8 點 30 分：去瑪莎．L 家參加蘇珊．莎蘭登與提姆．羅賓斯接待會。房裡、城裡、到處的人們都逐漸確信，蘇珊將在明日拔得頭籌。那還是奧斯卡獎——雖然她這次表現不算最佳，但也差不多是時候了。至於提姆低調內斂的導演風格，學院應該看得不知所措，所以他**不會**得獎。[217]

215 　編註：即琳賽的演員丈夫羅德尼．克默勒（Rodney Kemerer）。

216 　編註：兩人於 1995 年因《理性與感性》結緣開始交往。

217 　那屆的最佳電影獎得主為《梅爾吉勃遜之英雄本色》（*Braveheart*），最佳女主角為參演《越過死亡線》的蘇珊．莎蘭登，最佳導演則是執導《梅爾吉勃遜之英雄本色》的梅爾．吉勃遜（Mel Gibson）。

3月25日

下午2點：和伊恩會合，和利蒂安一同開車去大衛·霍克尼（David Hockney）的工作室。這間工作室含括了一整個產業——辦公室、各種資料、下屬，我們走進寬敞的工作室／展示空間，就見D·H睡在沙發上。真是如夢似幻的時光，我們接著去往他在穆荷蘭的家。想法接二連三在他腦中冒出來，他興奮地讓我們看他的新想法、新計畫。他拍下我們三人的拍立得照片，然後將其複印與放大。幸運的利蒂安得到了照片。他的重聽似乎越來越嚴重了；他的清醒、他的笑聲、他幾乎就像在這間屋子裡的色彩之中漂游。

5點45分：去貝萊爾飯店接葛瑞格，然後去茱蒂家……《英雄本色》之夜。《娛樂週刊》（*Entertainment Weekly*）原以為「《理性與感性》已經過了巔峰」。真是不可思議的世界。事後去……哥倫比亞的派對。噪音、攝影機、食物、飲料。房裡隱隱飄著失落感。我感覺自己和這一切十分遙遠。艾瑪與凱特到場——噪音、攝影機、艾瑪與凱特時間。

瘋
狂
與
深
情

3月26日

9點30分：和安東尼與敏儀[218]吃早餐，外加他們的業務經理——約翰（John）與鄧肯（Duncan）。

他們被羅伯特·楊格（Robert Young）取而代之——我們談到了昨晚（他的電影《刺激驚爆點》昨晚拿了兩個獎項）。

茱莉亞·羅勃茲進來吃蘇珊的慶功早午餐——她的腰**非常**好搜。出去路上經過了蘇珊，她疲憊但狀況很不錯。

3月27日

上午7點：退房後和安東尼·明格拉去洛杉磯國際機場，搭機飛往舊金山……

下午：我看了四小時《英倫情人》的粗剪[219]。疲憊不堪，但也覺得引人入勝，尤其在陳述、新聞、攝影、演技方面全都很好。它印證了我當初讀劇本時的想法——這會是一部在剪輯室成形的電影。

我回家吐出兩段心得。安東尼宛如開心吃飯的狗，看得出他這個歡樂導演是多麼執著。雷夫·范恩斯（Ralph Fiennes）、克莉絲汀·史考特·湯瑪斯（Kristin Scott Thomas）、威廉·達佛（Willem Dafoe）與茱麗葉·畢諾許（Juliette Binoche）都非常優秀，能看見如此**聰明**的演技真好，不只是單純賣弄。

218　編註：明格拉夫婦。

219　編註：包括了所有電影中場景的鏡頭，片長通常比最後完成的影片要長出許多。

3月28日

回牧場幹活（幾乎就是字面上的意思），安東尼決定在網路上搜尋 A・R——368 筆資料。彷彿在讀陌生人的資料，尤其當他們寫到我**隔壁鄰居**是誰、不是誰……不過他們大多沒有惡意，感覺像一支啦啦隊在夜裡敲著鍵盤。

4月9日

7 點 30 分：去聖莫尼卡參加《豪情本色》試映會。它仍是缺乏政治元素的動作片，堪稱「男孩子的革命守則」。在現實生活中爆炸能夠相抵，在藝術作品中也是如此嗎？但它仍不是完成品，所以還有時間改善敘事問題。尼爾算是在場——在座位上跳上跳下的。「可以跟你借根菸嗎？」「你支持這個嗎？」

4月11日

茱蒂來電告訴我，《每日郵報》（*Daily Mail*）出現了批評文。唉。

4月12日

[倫敦]

晚間 8 點：麥克・凱曼的生日派對……印象深刻的部分是與莎朗・史東（Sharon Stone）相遇——著實有魅力的女人，雙眼透出熠熠生輝的吸引力——而且還聰明幽默。難怪她沒有男人。

4月14日

1 點 15 分：在常春藤餐廳和彼得・米達克 [Peter Medak，電影導演]、茱莉亞・米金斯 [Julia Migenes，歌劇歌手]、路易絲・克拉科瓦 [電影製作人]、盧絲・麥爾斯 [Ruth Myers，電影服裝設計師] 與伊莎貝拉・羅塞里尼（Isabella Rossellini）吃午餐。終於有幸和 R 小姐見面了……她美得讓人分心，有時你只能專注盯著她的嘴型，無法將她的話語聽進去。

4月28日

紐約

12 點：溫德姆飯店。

黛安・布爾（Diane Bull）[220] 病重的消息傳來，成了籠罩這一天的偌大陰影——生命可能在彈指間消逝。我們繼續努力了下去，強納森和倫敦那邊談了一陣。和這些人合作真是一大享受——每個人都抱持堅定的意見，每個人也都能夠走

---

220 英格蘭演員，1952 － 2008。

捷徑，我們得以逐步重建節目表。但我擔心之中幽默感不足。

7 點左右：瑟可酒吧（Circo）——蒂娜·布朗（Tina Brown）/《紐約客》/阿爾梅達劇院的派對。

現場擠得水洩不通，這晚，我大部分時間都只勉強擠在人群邊緣，但忽然間房間空了下來。美國人就是如此——英國人就不一樣了，我們老愛待到主人不耐煩，心不在焉地吃點東西、在空瓶裡尋找任何一滴酒水。

4 月 29 日

下午 2 點：羅拉佩絲劇院（Laura Pels Theatre），百老匯與 45 街路口。

當中的一段時間，我還以為我們無法在今天完成所有事項——協調行動與草草寫下這些。我們在 6 點完事，進入更衣室，我現在甚至連是誰最先進去都不記得了。有人要吃三明治，我和娜塔莎·李察遜去了趟馬路對面的超市。靜靜讀過潦草的筆記。

晚間 8 點：演出。前半段感受到外來推力，這也是難免。尋來找去。你是誰？這是什麼劇情？我是誰？我在**哪裡**？不過觀眾漸漸決定相信這一切，後半段就輕鬆許多了。劇情還算平衡。到了最後，一切都感覺十分特別、十分歡樂。

5 月 12 日

1996 年坎城影展。

……去尼斯。坐車到坎城海角飯店。非常昂貴的修道院小室……請人乾洗西裝竟然要 60 英鎊。花 200 法郎搭計程車去《坎薩斯情仇》（Kansas City）的派對。沒有人幫我倒酒，不過有將魅力等級開到了最高，最終獎賞就是和勞勃·阿特曼（Robert Altman）見面的機會。很有人情味、溫暖、開朗、風趣。**偶像 1 號**。凌晨 3 點在酒吧。**偶像 2 號**。米克·傑格（Mick Jagger）。

5 月 13 日

[午夜]12 點：《猜火車》（Trainspotting）。初次走上那條紅毯，不過我們提早半小時到場，所以現場還沒什麼氣氛可言。話雖如此，格雷德男爵（Lord Grade）就在最頂——還是值得一來的。都 89 歲了還呼吸著午夜空氣，等著看《猜火車》，而且還不吝誇讚。在場還有——戴蒙·亞邦（Damon Albarn）、李奧納多·狄卡皮歐（Leonardo DiCaprio）、V·波特姆利（V. Bottomley）[221]，當然還有丹尼·鮑伊了。這部片還**真**是毒品廣告，拍得非常好的毒品廣告。

221　維多利亞·波特姆利（Virginia Bottomley），1948 —，當時的國家文化資產國務大臣（Secretary of State for National Heritage）。

瘋狂與深情

5月25日

9點05分：肯辛頓劇院。《祕密與謊言》(*Secrets and Lies*)。

彷彿看著自己的人生一閃而逝。阿姨們做過的事或說過的話，媽媽都未曾忘卻，卻又從不談論它們，你只能在聖誕節開門看見泣不成聲的親戚時感到一頭霧水。提摩西·司伯演得很棒。

5月31日

下午7點：去柯芬園飯店接蘿拉·鄧恩 (Laura Dern)，接著去國家劇院看《指定送葬人》(*Designated Mourner*)。開演前在休息室見到華利·肖恩 [Wally Shawn，該劇作者]，演出結束後在後臺門見了一次，到常春藤餐廳又見了一次。該說什麼呢？我不曉得臺上發生了什麼事，只知道風格很棒且相當風趣。在常春藤度過愉快的時光——尤其因為費伊·普瑞斯托 (Fay Presto) [222] 的表演，撲克牌甚至跑到了天花板上。

6月2日

9點左右：去賽西斯餐廳參加布萊恩·考克斯的生日派對。所有人類的行為模式都在那裡了（包括一個瑞瑪翻版的小男孩）。

6月6日

清早喉嚨癢。

10點15分：檢查耳朵。

不適感開始從頭部蔓延到胸口。

下午7點：匆匆趕進場 [以免] 錯過7點30分英格蘭國家歌劇團的《費德里奧》(*Fidelio*) 開幕……第1幕的四重唱，稱得上是我此生聽過最美妙的聲音。大衛·霍克尼也在，他說了關於竇加 (Degas) 與電話的笑話，我到現在還是沒很懂。

稍晚：常春藤餐廳。

再晚些：又和 Lemsip 感冒藥見面了。

6月9日

12點：去大衛·蘇切特 (David Suchet) 的生日午宴……完全沒料到高街的風景如此可愛，也沒料到大衛與席拉 (Sheila) 的花園會如此寬廣完美。在將人釘死在原位的炎熱中，紅格紋桌布不斷翻飛著。

2 點 45 分：不甚體面地和鄧肯離場，參加蘇珊·弗利特伍德（Susan Fleetwood）[223]的追悼會，追悼會本身沒什麼問題，但險些被聖雅各伯堂那個妄自尊大的教區長給毀了。

6 月 10 日
11 點左右：莎曼來訪，我們開始討論文字及每一幕的時間安排。

6 月 12 日
凌晨 2 點左右：致電人在洛杉磯的伊恩·麥 K。他帶來滿滿的故事——歌蒂·韓（Goldie Hawn）家的那個印度大師。「你是在抽萬寶路嗎？」

6 月 14 日
去馬莎百貨找給媽媽的毛衣與洋裝。

7 月 7 日
和艾瑪與費莉達喝茶，感覺有那麼點像在考試。也不是誰的錯，就只是為了短暫在此出遊而放棄了大事業，她當然有資格緊張了。

7 月 11 日
8 點：和麥克與珊德拉·凱曼吃晚餐。露比說起自己作為《時尚》雜誌評論家去巴黎看新系列，故事令人莞爾。她總是被安排在 1A 座位，結果學會用十一種語言說：「媽的，她是誰啊？」

7 月 14 日
12 點：理查·W 的生日。60 大壽——朋友紛紛出席，現場洋溢著他的慷慨大方。他如此熱愛孩子，應該當祖父才是。派對開始前，一道道開胃菜從旁飄過，他卻在耐心地擺放玩具。

7 月 15 日
上午 8 點：飛往愛丁堡。
（很晚）和安東尼、約翰、約翰－羅斯與大衛吃晚餐。酒吧裡擠滿了家長軍團。在蘭心劇院對面吃中國菜。他們轉眼間從小男孩變成了少年，約翰－羅斯聲音變了，大衛身形抽高了，14 歲的約翰看上去像 18 歲，就只有安東尼和從前一樣，

223　蘇格蘭演員，1944 － 1995。

彷彿有皮球在體內彈來彈去（不過他長高 9 英寸，皮球又多了些彈跳空間）。
語音留言叫我打給瑞瑪。媽住院了。沒睡多少。

7 月 16 日

整天在法夫海岸的不同城鎮間奔走，過程中思索是否該將重點放在簡單、荒涼
之上，安斯特魯瑟鎮與皮登威姆村脫穎而出。
8 點左右：吃晚餐……和克里斯蒂安‧贊諾吃泰式料理。他說到自己沒準備就
通過了考試。他的臉也發生一些細微變化。我發現自己用選角導演看演員的目
光注視著他——這個太多了、那個還不夠。至少他溫和的性子沒變。談到飾演
馬伏里奧（Malvolio）與漂流到義大利庇護中心，兩者未分輕重。

7 月 17 日

去羅曼德湖，好做出抉擇。接著去西岸——拉格斯鎮、特倫鎮、普雷斯特威克
鎮、艾爾郡。以便輕聲尖叫。艾爾郡是夏季的地獄。不過在薩特寇茲鎮找到了
很棒的走道、牆與奇怪的廢棄屋子，這些都該記下來。
簡而言之，我們若能排除美麗如畫的風景，鏡頭指向岩石地形、牆與燈塔，那
法夫海岸絕對可行。文字中的雉堞已經夠多了。

7 月 19 日

1 點 30 分：去切恩道，接著和芭芭拉與肯‧弗雷特去格林德伯恩歌劇院。肯
因為沒車／沒司機之類的問題發脾氣，他這人很喜歡事情安排好後順利完成。
車上喝香檳、吃小點心等等。

8 月 3 日

下午 5 點：彭特街的聖高隆巴堂，參加達斯蒂（Dusty）[224]與潔西卡‧休斯（Jessica
Hughes）的婚禮。
教堂起初似乎毫無氣氛可言，但最後它的簡單、它優秀的合唱團——悠揚的莫
札特曲子——以及達斯蒂母親的阿茲海默症有些發作，還是由看護替她解釋婚
禮儀式——這都為儀式增添了美好。
辦在萊頓屋博物館的宴會上，我坐在凱西‧雷特（Kathy Lette）隔壁，她絕對
是世界調情冠軍。

8月11日

1點30分：搭計程車到伊恩‧麥克連位於河畔的家，參加蘇珊‧貝蒂許的生日派對。西恩（Sean）[225] 也在場，他興高采烈、明顯如魚得水地談論他的電影《生命中不能承受之情》（*Bent*），法蘭西絲‧巴伯則是狀態好到毀天滅地的程度，說了好幾個在奇切斯特市生活的故事——注意，只要是你不希望她到處宣揚的事，就**千萬**別告訴她，否則那件事必然會像綿軟的人造奶油般被塗開。甚至連她也不得不伸手制止伊莫金‧斯塔布斯，不讓伊莫金將「這件事妳要嚴格保密喔……」這句話說完——我們就這麼決定了，等法蘭西絲哪天膩了、想終結自己的事業，那就將這句話當成她獨角戲的戲名。

9月7日

10點30分：車子來了。12點15分→洛杉磯。

這是某種瘋狂——四十八小時來回的行程。但之前就一直隱隱覺得自己該去。

瘋狂與深情

9月8日

3點30分左右：車子來接我去帕薩迪納。[226] 路易絲與茱蒂都一身黑。茱蒂帶了瓶水晶香檳，在當下感覺像是晚點要喝的……到場時，現場喧鬧不止。好幾排座位供人觀看名人。瓊‧瑞佛斯（Joan Rivers）問我的西裝是誰做的……開始轉播，歐普拉（Oprah）出現了。時差開始作用，天花板開始微微旋轉，某種水晶香檳相關的本能使我嘗試記住幾個要感謝的人名，然後海倫‧米蘭得了獎，然後是聽見自己名字的電擊感。[克莉絲汀‧] 巴倫絲基（Christine Baranski）身穿金色服裝，一身紅裝的西碧兒‧雪柏（Cybill Shepherd）——前者張開了雙臂，後者保持鎮定。接著是五光十色的暈眩——被趕著穿過一個個滿是攝影機、麥克風、筆記型電腦的房間。不就是電視的頒獎典禮嗎！……然後是派對……

9月9日

晚些和茱蒂談話，我從前都沒發現她是在我身上孤注一擲。

[晚間]8點55分→倫敦。

9月11日

9點45分：搭車去看蓋諾醫師（Dr Gaynor）。

225　西恩‧馬提亞斯（Sean Mathias），威爾斯戲劇導演，1956 —。

226　艾倫‧瑞克曼飾演《俄宮奸雄》主角而獲得艾美獎（Emmy）迷你影集最佳男主角。

我現在在保險單上顯然被歸到「不可能」那一類了，所以只得大規模檢修。演員並非無可替代——這件事很有趣，但也不意外。

事後——去藝術部門。他們真是太可愛了——房裡還掛著布條。工作進行中；持續朝實際成品邁進。

9 月 15 日

7 點 45 分：車子來接→希斯洛機場與格拉斯哥。接了西默斯 [·麥葛維（Seamus McGarvey），電影攝影師] 之後開往法夫。在街道與岩石地到處走，這些到時會是電影畫龍點睛的一筆。西默斯在提到眼前鋪展開來的所有可能性時，最愛用的是「瘋了」一詞。

9 月 16 日

接著去艾利（Elie）等艾瑪與費莉達到來。很高興她們能來，我也希望她們能多和西默斯相處。三人當然一見如故，我們重複了街道／岩石地的巡視，這回認真探索了巧克雜貨店內部——這將會是我們常來的地方——復古店裡擺滿了手工巧克力、珍妮煮糖、帕瑪紫羅蘭，還有妹妹從前愛啃的可食用項鍊，她每次都啃到只剩手腕與脖子上一條好吃的鬆緊繩。

9 月 24 日

去皇家藝術學院看最終版凡布魯模型。我戴著拳擊手套入內，結果白色小盒內似乎裝著最佳解答，布萊恩·艾弗里 [Bryan Avery，建築師] 也真心為我的干預感到感激。

匆匆回照相館取亞歷山卓與伊莉莎白的新婚禮物，然後上車趕 2 點 45 分的班機→紐華克。

在飛機上看《面有憂色》（*Blue in the Face*）——新的英雄角色，是把塑膠袋從樹上取下來的男人……接著看了拍得很好的一集《解密高手》（*Cracker*）——運鏡充滿了信心。我這幾天第二度成功被嚇到。

晚餐……尼爾 [·喬登]。人形蝴蝶、噴槍、魔術箱、有心的蚱蜢。

9 月 25 日

紐約

9 點 45 分→去麗晶飯店參加媒體活動第一天，滿室的提問。擁有盈盈纖腰的茱莉亞·羅勃茲就在走廊上。又是平時那幾類問題，採取平時的策略閃避問題——隱約覺得自己成了悄立自己肩頭的小天使或惡魔。

和艾登與連恩吃午餐，他們忙著研究電影所有的電視廣告。《豪情本色》——

講述兄弟之情的電影。

9 月 26 日

上午 10 點：車子來了。接著進行電視訪談，每場六分鐘。最常見的幾個問題很快便成形了。扮演一個曾經在世的人是什麼感覺？你預先做了什麼研究？尼爾／連恩是什麼樣的人？電影題材會不會讓你困擾？請幫我們解說愛爾蘭歷史。以及過了幾個鐘頭後：「你覺得電影裡有誰很性感？」

9 月 28 日

7 點左右：抵達倫敦。

晚間 8 點：維多利亞・伍德——阿爾伯特音樂廳。

驚人的演出。她演得非常快，倘若放慢速度，同樣的內容可以演上一整天。精采地摧毀了聖誕節。包括在 6,000 人面前提及《終極警探》，令我膽戰心驚。

10 月 4 日

法夫

8 點 30 分：和羅斯（Ross）、莉茲（Liz）、西默斯、莎曼、阿琳、史蒂夫 [・克拉克－霍爾（Steve Clark-Hall），製作人] 在巴傑蒂屋餐廳吃晚餐。這將是接下來數週的家，鄉村屋子、巨大的後院草坪、冷杉樹、舒適、美味的食物——不過距離艾利／皮登威姆有三十分鐘路程，可能會拖慢速度。

10 月 6 日

睡過頭有時不過是四肢不願動彈的問題，後來它們在 11 點 30 分活了起來，亞瑟 [・莫里森（Arthur Morrison），運輸組長] 將我們所有人送至聖莫南斯，沿著懸崖走三英里路去艾利。驚心動魄。峭壁、岩石、海灘、斜坡、曠野、廢墟，甚至還有一條隧道。同時也感到了驚慌，擔心錯漏這許多好地點，但回頭想想也許不必擔心，這些地方交通不便，有些地點的風景也太過搶眼。

在這天賜的船隻旅店吃午餐，盤上燻鱈魚堆積如山，餐後甜點是椰棗太妃蛋糕。我該如何在這一切之中存活下來呢？

10 月 11 日

上午 10 點→理髮。

道格拉斯・莫菲（Douglas Murphy）[227] 失去簾幕般的頭髮時特別震驚。他是個

227　飾演山姆（Sam）的蘇格蘭演員。

複雜的孩子——用字遣詞、想法、腦力都遠比同齡男孩成熟，現在卻因「肥臉」（實際上當然不肥）暴露在外而戴著帽子頹坐在地上。

下午 4 點去辦公室。艾瑪與費莉達來了，**她**剪了短髮倒是很好看。

10 月 12 日

去高爾夫［飯店］，讓艾瑪與費莉達試穿服裝。艾瑪為了拍片，把我的毛衣給偷走了。

10 月 14 日

上午 6 點 25 分：鬧鐘嗶嗶響起；飯店別處傳來低沉話聲、地板吱呀聲、遠處沖馬桶的聲響。外頭仍然一片漆黑，不過透過寬窗往外望去，除了格蘭路思酒廠的點點燈光之外，我還能看見天空——清澈得駭人。此時的西默斯想必整張臉都貼在窗戶玻璃上。

走吧！

晚間 11 點。吃完印度料理後回飯店……很棒的一天——彷彿在皇家藝術學院的第一天。我從數天前便周身籠罩著詳寧——因為在正確的時間點身邊圍繞著正確的人。我們拍到幾個好鏡頭，也有一些仍待加強。我們被海潮追著逃走，後來又被天空招引回去了。

10 月 17 日

不可思議的大晴天。我們拍了艾瑪過橋的鏡頭，但再拍別的也沒有意義。在些許壓力的推動下，我提出進室內的要求。

這天剩下時間被優秀的團隊合作拯救下來，我們大約在下午 2 點 30 分重新動工，到 6 點 30 分時已經差不多拍完浴室［場景］了。艾瑪表現絕佳，每一個場景都直接遵照指令辦事，起身、開水龍頭、坐下、聽音樂、哭泣……

10 月 25 日

數千英尺的膠捲，就等著海鷗從道格拉斯緊張兮兮的手裡叼走一塊魚肉。

10 月 26 日

艾瑪還真是輛勞斯萊斯，每一絲細節都以完美角度呈現在鏡頭前，每一個念頭都清晰到位。要改進的地方是保持中等音調，而不是飆至較高的音域，我猜她最能夠自我監控的應該是高聲調吧。

10月30日

衝刺的畫面拍得非常棒——西默斯，幹得好。（前去路上幫人將翻覆的汽車回正。「你是艾倫‧瑞克曼嗎？」）

10月31日

進入重複循環。我們敗給了海潮，艾瑪與費莉達演這個場景時，只勉強沒將沖刷海灘的浪花也拍進去。

魔鬼坐上了我肩頭，想到也許得刪減片段，還有天候、時程造成無可避免的妥協時，我實在難掩心中的怒火。

5點左右：瓊安[‧柏金]為酒吧加上了萬聖節裝飾。我完全沒有開派對的心情，也無法甩脫這種煩悶。

晚間9點就上了床。疲憊不堪，也沒能力口齒清晰地和莎曼對話了。

11月1日

睡眠與風將壞心情吹得無影無蹤。E與Ph[228]整天都非常棒。她們是怎麼做到的？嚴謹**卻**又心情愉悅。

11月2日

10點左右：在酒吧裡找到了莎曼——沒錯，她**的確**等了一段時間……這個階段還真奇怪——她想要緊抓著不放，**也想**放手。邊吃早餐邊為了刪減問題討價還價。

11月6日

和美國那邊討論《鐵面人》（*Man in the Iron Mask*）電影。又是《四劍客》（*The 4 Musketeers*）了嗎？？他們大概是以《梅爾吉勃遜之英雄本色》為目標吧。令人鬱悶。另外，CAA[創新藝人經紀公司（Creative Artists Agency）]問我何時開始拍攝。而且柯林頓（Clinton）又選上了。

11月15日

[晚間]9點30分：瑞瑪到來。她和平時一樣，一到場就能使大部分狀況平靜下來。

11月17日

在盧薩克斯飯店吃早餐。

228　編註：即艾瑪‧湯普遜與費莉達‧洛母女。

沿著《火戰車》海灘 [229] 散步。

11 月 18 日
今天陽光明媚到了令人絕望的地步。極藍的天空。天寒地凍——但仍是純藍色的。完全沒用。只在西默斯有辦法遮擋陽光時才能攝影。

11 月 19 日
終日冰雹、寒霜、朔風。工作團隊整天在外頭受凍……一堆鏡頭得慢慢處理，一堆蛋糕得吃……陣風呼嘯了下去……大自然明天又會拿什麼對付我們？

11 月 23 日
8 點 30 分：去魯夫勒茨飯店參加派對。白色降落傘絲布搭成的帳篷。美味的食物。燭光、常春藤、彩色小燈、音樂。我們恨不得跳一整夜的舞，我這是在凌晨 4 點 04 分寫下的，我們真的差不多跳了一整夜……

11 月 30 日
回皮登威姆拍直升機鏡頭。

結果考慮到林林總總，今天變成了有點可惜的一天。要不是我膽小，就能早些搭直升機上去，在更好的時間點拍到更好的畫面了。唉。我**後來**上去時，就得以讓他們慢下來，並且找到焦點。那之後感覺就像是警匪片……現在太陽當然已經露面了，**而且**道路太窄無法迴轉，**而且**直升機駕駛得在下午 3 點回印威內斯市，否則天太黑他會不好降落。哪有什麼壓力呢。我們對準攝影機，祈禱一切順遂。揮別希拉 [230]，2 點 50 分回皮登威姆去。我們飛近時艾瑪沿著碼頭奔來，我們繞去找站在門前臺階的蓋瑞（Gary）[231]，然後上升、飛遠。刺激又瘋狂。

12 月 2 日
漫長的幾個場景。好幾頁對白。當場做了一些不錯的刪減，使鏡頭變得精簡、具體許多。但莎曼會為其中一些片段被刪而憤懣不已。

12 月 3 日
和艾瑪、葛瑞格、費莉達與西默斯吃晚餐。年輕記者坐在外頭看書。這個女孩

229　1981 年電影《火戰車》（*Chariots of Fire*）在聖安德魯斯的拍攝地點。

230　編註：希拉・里德。

231　蘇格蘭演員蓋瑞・好萊塢（Gary Hollywood），1979 一，飾演亞歷克斯（Alex）。

子想必曾在大學讀書，曾經懷有野心吧。

12 月 4 日

艾瑪的最後一天，基本上也是費莉達的最後一日。瓊安［‧柏金］與加百列［‧歐布萊恩（Gabriel O'Brien），服裝總監］細心做了艾絲佩（Elspeth）和法蘭絲（Frances）[232] 娃娃，送給她們——廚房片場裡盈滿了淚水與大笑聲。

12 月 6 日

阿琳身穿金紅桌布的模樣美麗無雙，但戶外溫度應該遠低於零下。艾莉（Ellie）說：「可是開了暖爐，我們就看不到她呼吸的霧氣了。」

9 點 35 分：阿琳的最後一個鏡頭。拍下最後一個鏡頭後，接著是「營造氣氛」的三十秒沉默。很有趣的三十秒，在那段時間裡會覺得那是什麼鬼？然後是擁抱、香檳——全都在徹骨寒冷之中，阿琳裹著毛巾悠然穿行工作室。

12 月 7 日

艾瑪來了電話。我說：「妳應該當導演。」她說：「我們得先成長一點。」耐力——這才是你最需要的東西。

殺青派對……又和道格拉斯‧莫菲與肖恩‧比格斯塔夫（Sean Biggerstaff）[233] 見到面，很開心。在你渴望自由時被人困住，就沒那麼開心了。**不過有準時完工，也沒有超出預算。**凌晨 4 點 30 分上床。**那本**書是這麼說的——瑞瑪總能讓我鎮定。

12 月 11 日

去看蓋諾醫師，確保自己沒有凍傷（兩隻腳趾到現在仍頑固地保持麻木）。

下午 7 點：去妮可‧法希（Nicole Farhi）的聖誕派對……大衛‧海爾（David Hare）婚後不是軟化，而是整個融化了，那個幸運的傢伙現在要去祕魯和哥倫比亞過聖誕節呢。

12 月 30 日

媽又住院了。

232　編註：為電影中艾瑪和費莉達所飾演的角色。

233　蘇格蘭演員，1983 —。

12月31日

和貝琳達與休吃一頓跨年晚餐，都再正當不過——這兩個老朋友就要搬走了。這會是他們作爲我們的鄰居，在這棟屋子裡辦的最後一次慶祝會⋯⋯莉莉那孩子長得越來越大了，也逐漸成爲問題兒童。食物很棒，聊得很愉快。朋友啊。

1997

洛杉磯，金球獎

內政部抗議活動

萊斯特

艾倫·瑞克曼母親去世

美國演員工會獎（Screen Actors Guild Award）

安東尼·明格拉

英國影藝學院電影獎

彼得·曼德爾森（Peter Mandelson）

麥克·凱曼

威尼斯

露比·懷克斯

艾希阿姨

羅馬

威尼斯

黛安娜王子妃

洛·史泰格（Rod Steiger）

波士頓

緬因州坎登鎮

《惡夜謀殺》（*Dark Harbor*）

大衛·馬密

懷俄明州

紐約

艾德娜·歐伯蓮

1月1日

新年**沒**在加勒比海開始──而是躺在床上，在公寓裡來回走動，不時打開櫥櫃，發現一件西裝被蟲蛀了。

半個腦袋彷彿洗著電影［《冬天的訪客》］的牌──至少在我腦中仍保持流動性。

1月4日

1點45分：搭火車去萊斯特與綜合醫院。我們走進病房時媽熟睡著，我輕輕碰醒她，在她身邊擺滿了巧克力與餅乾，看著她做了點刺繡，聽著同間病房一個在簾子另一側被更衣（？）移動（？）的老太太不停哭喊──「不要！不要！媽媽！媽媽！」除此之外度過了平靜的時光──她看上去鎮定且氣色佳。

1月6日

6點30分：《英倫情人》……安東，幹得好。祝你藉著這份偌大的成就贏得所有獎項。

1月7日

7點30分：《玩偶之家》（*A Doll's House*）。

從她翻滾上臺那一瞬間，珍娜·麥提爾（Janet McTeer）[234] 就拿出了我所見出色的演技之一。沒有任何一秒的含糊，沒有任何片刻的不誠實，總是在傾聽，總是在回應。傑出的作品。

1月17日

12點：搭英國航空的班機去洛杉磯。看了《奏出新希望》（*Brassed Off*）與《致命警徽》（*Lone Star*）。還真是天南地北。

1月19日

下午3點：坐車去茱蒂那裡，然後接了路易絲，接著去金球獎。伊恩·麥K得獎了，我們得獎了，我得獎了……！……！閃光燈、致詞、沒吃的食物、斯蒂芬·瑞、布蘭達·布蕾辛（Brenda Blethyn）、看著安東尼拿下最佳電影獎──好萊塢喧鬧非常。

幾個昏暗的房間或擺滿鮮花的帳篷，人們站在一旁。和傑佛瑞·洛許（Geoffrey Rush）與他太太[235] 見了面，他們似乎相當緊繃，心思也有些複雜。我猜她厭惡

234　英格蘭演員，1961 －。

235　珍·門洛斯（Jane Menelaus），澳洲演員，1959 －。

扮演像配茱般的角色。

1月23日

12點附近：回到家。

先前在飛機上開始看《心靈地圖》（*The Road Less Traveled*）[236]，今天剩下的時間則看著自己照常不「延遲享樂」。話雖如此，也沒什麼享樂好延遲的——冰箱空空如也。

但我設法找到夠多值得享受的差事，逃避坐下來處理信件與劇本。

書上寫得沒錯——**先把困難的工作完成**，否則你會浪費太多時間逃避它。

結果我凌晨1點在回信。

1月24日

下午1點去 [《冬天的訪客》] 試映會。可圈可點。仍在一些地方疏忽了情緒暗流，令人擔憂。還是說，那不過是我個人的偏好罷了？

1月30日

時而感到成熟，時而覺得自己是躲在角落、旁觀滿室大人的小男孩，今天就是那種大日子。

上午9點：去第4臺……以及給出資人看的第一場試映。我們大多時候是默默觀影（我當然在想像能有更好的色彩、音樂等等等等）。灰絨座位區飄來一些低笑聲。結束後，電梯裡瀰漫著極端**危險**的死寂。「非常動人。」莎朗·H（Sharon H.）說道。太感謝她了。我在辦公室打破沉寂——「所以呢，想說什麼就直說吧。」於是他說了。[237] 一整天都在努力拔出刺在五臟六腑的碎玻璃，但這當然是最佳狀況了。冒險現在開始。大膽一些，去尋找你要的電影吧。

1月31日

4點30分：去內政部加入克利斯·M、哈羅德·品特（Harold Pinter）、丹尼斯 [·勞森] 與希拉 [·吉許（Sheila Gish）]、理查·W、法蘭琪·德·拉·T（Frankie de la T.）[238] 等朋友，為政治難民持續監禁於羅徹斯特監獄（Rochester Jail）之事抗議——他們所有人都節食抗議了。後來一些攝影師三三兩兩過來，我們靜止在原處。麥克·霍華德（Michael Howard）翻找著他的滾輪辦公櫃。

236　編註：史考特·派克（M. Scott Peck, M.D.）的心理著作。

237　大衛·奧金（David Aukin），1942－，當時的第4臺電影主任。

238　即法蘭西斯·狄·拉·托爾（Frances de la Tour），英格蘭演員，1944－。

2 月 8 日
去萊斯特。媽吊滿點滴，氧氣罩遮住了她的臉。

2 月 9 日
上午在飯店，把報紙每一版都看完了。

去醫院。麥克、希拉、大衛與克莉絲汀（Chris）都在。瑞瑪晚點也到來。

媽深信醫師故意不將她和其他病人治好，因為「他想當保守黨黨魁」、知道瑞瑪有政治上的野心……雖然好笑，但想到這些念頭全在她腦中飄來飄去、令她不愉快，我心裡還是非常難受。

2 月 10 日
媽顯然昨晚過得不好……醫師不怎麼樂觀，但在暈眩與呼吸困難之下，燦爛的靈魂仍在熊熊燃燒。

2 月 11 日
去醫院。

這段期間基本上不可能將以回顧的方式寫日記。高潮、低谷、喧囂、寂靜全都形成了無盡的曲線圖，而這張圖表絲毫沒注意到日記本的分隔線。

回倫敦。

2 月 12 日
晚間 8 點：搭火車去萊斯特。

在空無一人的食堂待了一陣之後，在醫院房間過夜。20 號病房有個男病人不停尖叫著說自己被殺害了，他們制伏了他。我們兄弟與妹妹都在那裡，在那個感覺像捷克斯洛伐克的所在。

2 月 13 日
媽現在有時會變得非常安寧，靜靜注視著我們，但呼吸困難的次數也更頻繁了。醫師提到要施予二乙醯嗎啡[239]，然後就施用了。這開啓了新的情境：睡眠、眼皮顫動、悠遠的目光。

午餐時間去當地商店區（非常有波利亞科夫感，狂風大作、令人憂鬱），找乾淨的內著與襪子。

最終我們在常識驅使下到金格爾餐廳覓食。它內附在普美洛吉飯店裡——我雙

239　譯註：Diamorphine，俗稱海洛因。

腳自動自發走向飯店前檯，幫我們所有人都訂了房。熱水澡、毛巾、電視。晚餐後回醫院……我們進去時媽剛好醒來，但是從二乙醯嗎啡導致的睡眠醒來。她凝視著天花板——那雙半閉著的眼眸想必在上頭看見什麼有趣之物吧。看著這樣的她，感受到最深刻的心碎。

2 月 14 日

希拉的生日——媽想拍我們所有人的合照——腦中只冒出拍立得這回事。昨日午餐時間的外出，現在有了用處——有一家迪森電器行。買了一臺拍立得，拍了照片，媽看著它們洗出來，將它們裝入塑膠相框後擺在床頭櫃。那臺拍立得相機成了希拉的生日禮物。在中午休息時間難得的寧靜之中寫下這些。燈關了，窗簾拉攏了，只剩下病房裡持續不斷的噴霧器與氧氣罩的嗡嗡聲。媽睜眼又閉眼，胸口起起伏伏——一切都創造出僅一刻接著一刻的節拍。

在金格爾吃晚餐——情人節之夜就在融合了餐廳／酒吧／兒童遊樂區／之類的地方度過。只有英格蘭人才想得出這種怪組合。遠遠傳來薩克斯風、歌聲與數位伴唱，〈紅衣女郎〉（Lady in Red）無縫融入肯尼・吉（Kenny G.），炸這個或提卡那個之類的菜餚上桌。

2 月 15 日

早餐就文明許多了。少少幾人，陽光灑在外頭草地上，咖啡、雞蛋與吐司。不可能出問題的一餐。即使是否接演《超時空奇俠》（Dr Who）的媒體報導揮之不去，也不影響早餐心情。

規律逐漸出現。小聊幾句，微微笑著，一些空白的眼神；我們坐著、讀書、去醫院娛樂室、喝咖啡、和護理師談話、繼續坐著。媽時而安詳，時而焦躁，他們對她噴霧與注射了更多東西。過程中，片片段段的甜蜜劃破了規律。昨日的笑容仍存在她眼角與嘴邊。今天，她再次環顧四周，數著我們四個人。她的孩子。她是這麼說的。但今天她說得非常少。她數著人、看著周遭、睡著。

2 月 16 日

這是事後寫的。

我和瑞瑪都輾轉難眠。

7 點 15 分有人敲門——聽見麥克的聲音（也可能是敲門聲），我就知道媽已經走了。麥克癱倒在我們房間裡，因她死時我們沒在身邊陪伴她而悲痛不已。但事情也可能是發生在我們喝茶、在走廊上、轉身片刻之時……當然，再怎麼想這些也無法擺脫那份罪惡感。我們都振作起來開車去醫院，喬伊絲（Joyce）護理師等著我們。那是在她稍微分神轉身時發生的。媽就在那個間隙走了。過去數月來，

我不時試圖在腦中預演這件事，現在寫下這些時，我不曉得自己接受了多少，但走到緊拉的簾幕後看見她泛黃的臉、毫無動靜的身體，做再多的心理準備都沒有用。

2 月 17 日
11 點 30 分：驚險趕上往倫敦的火車。這是我曾預演過的一趟旅程。坐在那裡靜靜閱讀，原野從窗外閃過。

2 月 18 日
和大衛與麥克去見禮儀師。

整天都試圖將不同線繩擰成一條——教堂、墓園、基尤區、牧師。

我們在下午 3 點前往基尤——美麗的房間。我再次感到緊張，有人會將我的品味強加在滿房的人身上，那些人預期的場面大概是壓低聲音交談與火腿三明治，而我卻提議要請弦樂四重奏演奏蓋希文（Gershwin）的曲子並供應魚派。今天天氣很好，我們打開面向草坪與牆壁的落地門窗，一切都會被原諒的。

找到了〈巴利島〉（Barry Island）[240]，可以在追悼會朗誦。如果能將它讀完的話……

2 月 19 日
7 點 30 分：我和大衛去見約翰・西蒙斯牧師（Rev. John Simmonds）——他家是完美的循道宗教區牧師布景。說了些關於媽的事，去參觀新完工的河廷教堂——還真是與往昔大相逕庭。一切都已經變了，或者更確切而言是整容了，童年回憶無法湧上心頭。

2 月 20 日
1 點 30 分：在大西洋餐廳吃午餐。我只默默旁聽。都在聊奧斯卡。彷彿還有明年一樣。

2 月 23 日
琳賽與希爾頓送來的玫瑰帶來了不少喜悅，色彩與芬芳相互交融，惹得你不禁想將每一個色調與協調之處記入腦中。

P.S. 電話留言說我贏了美國演員工會獎。[241] 那是其他演員頒給我的。

240　伊德里斯・戴維斯（Idris Davies）的詩作〈我們去巴利島〉（Let's Go to Barry Island）。
241　因作品《俄宮妖雄》獲獎。

2月25日

下午2點：去羅徹斯特街教堂對面的肯揚〔葬儀社〕。教堂的管風琴樂可謂驚喜。媽穿上洋裝的樣子很好看，對世界全然滿足的模樣。

2月26日

媽的喪禮。

「媽」與「喪禮」兩件事擺在一起，理應或本該黑暗沉重才對，實際上卻是花朵與光明的一天，一束束陽光灑落草坪，河廷教堂放眼望去皆是黃水仙。

多謝約翰・西蒙斯牧師，多虧了他輕快卻又集中焦點的主持風格，所有人都很清楚自己為何出席。

整場儀式的重點絕對是**她**，是為了**她**而辦，在基尤區的桌上擺著**她**的照片，波特（Porter），弦樂四重奏拉著悠揚的蓋希文曲。它最終成了一場慶祝——人們帶著鮮花回家，某方面而言人人心懷喜悅。

媽，我們紀念了妳。深愛著妳。

3月19日

11點30分：第4臺的大衛・奧金與艾倫・萊許〔Allon Reich，電影製作人〕。他們也知道自己如履薄冰，結果我們後來還是有不少進展。然後我又刪減了幾段……

3月20日

和艾瑪與費莉達反覆檢視錄像——對她們兩人而言有點像噩夢，但她們還是保持無可挑剔的好心情認真辦事。我都不曉得她們是怎麼做到的……我想起過去在工作室鬧過幾次脾氣——麥克風砸在錄音座上之類的。

8點15分→和露比去找貝琳達與休。又喝太多葡萄酒了。還去幾間熟悉的屋子看了看。不過他們是我愛的朋友，所以無所謂——有時還釋放出詼諧的能量。罕見而美好。

3月24日

凌晨2點：看奧斯卡獎。

誰有去，誰沒去，誰得獎了，誰該得獎，誰不該得獎。

以及，他們穿了什麼？

但還是恭喜安東、索爾、華特（Walter）。[242]

242　華特・莫屈（Walter Murch），1943 —，美國電影剪輯師，和安東尼・明格拉與索爾・扎恩茲因《英倫情人》獲獎。

3 月 26 日

下午 7 點：國家劇院，《李爾王》。

李察‧艾爾（Richard Eyre）又在亂七八糟了，**完全**不曉得他想表達什麼。伊恩‧霍姆（Ian Holm）在小細節上表現得很好，但他過於在意他人爬過的高山，而沒有專注於攀登他自己的山峰。

4 月 4 日

2 點 30 分：試映。

開始的時間延誤了。音效很差。配樂宛若毒蟲迷離之際的作品。出資人像拉什莫爾山那幾尊總統頭像一樣僵坐在那裡。徹頭徹尾的地獄。

4 月 7 日

事情似乎以某種方式振作了起來（這裡是指剪輯室裡的「振作」）。為什麼偏要等到現在才找到創作這部電影的自由呢？感覺彷彿在完全擁有它之後，現在又要放手。像學著玩溜溜球似的。

4 月 9 日

安東尼‧明格拉打來，我們說了許久。他又回到了關於汽車保險的「現實世界」。也花了些時間助我下定決心。

稍晚整理粉絲信件——一個看了《理性與感性》的女人寄信問我，我們英格蘭人到現在走進房間還會互相鞠躬致意嗎？

4 月 12 日

在梅佐餐廳吃午餐。

望見餐廳另一頭的安德魯（《俄宮奸雄》的那個安德魯），揮手後，他那位戴皮帽的同伴微笑走來，我到最後一刻才發現那是克利斯汀‧史萊特（Christian Slater）——這就表示拉妲‧B（Radha B.）[243] 也在。他們離去時，她明顯在無視我，我還真大感震驚。

4 月 13 日

去老橡公巷 175 號。[244] 我和大衛、麥克與克莉絲汀開始一一拉開抽屜，檢視相片，決定哪些東西要丟、哪些要留。只要是帶有任何一絲回憶的東西都不丟，

243　拉妲‧布蘭克（Radha Blank），美國電影製作人，1976 —。
244　艾倫‧瑞克曼母親的房子。

舊燈炮、包裝禮物的緞帶、所有的出生證明。無論看向何處，都是看得見、摸得著的人生。媽的鋼琴考試證書和內衣塞在一起；我從前的劇團照片則放在樓梯下。一些深深觸動人心的東西，像是給凱文・科斯納（Kevin Costner）太太的那封信中，簡單明瞭地傾訴了孤獨感。我們坐在花園裡一起吃午餐。這些是值得銘記在心的事物。

4 月 15 日
配樂還有非常大的改進空間。

4 月 18 日
8 點 30 分：羅傑・格雷夫（Roger Graef）[245] 的生日派對。

各種對話拼組而成的披薩。海倫娜・甘迺迪與伊安・胡奇森、珍妮特・蘇茲曼（Janet Suzman）、彼得・艾爾（Peter Eyre）[246]、BBC 的人、報社的人、伊芙・阿諾德（Eve Arnold）[247] 等等等。很有「布萊爾／史達林登基前夕」的感覺——與 1992 年大相逕庭。這回若保守黨得勝，不會有任何人悶悶不樂，就只會感到無奈或直接搭機離去而已。

4 月 25 日
2 點 30 分：皇家藝術學院理事會。艾登堡一如往常地掌握了所有狀況，太了不起了。我們其餘人都望塵莫及，只能遠遠追隨著他。

4 月 27 日
下午 5 點：皇家阿爾伯特音樂廳——和塔拉同行。

貝蒂娜・喬尼克唱了懷爾（Weill）[248]、海涅（Heine）[249]、布雷希特（Brecht）[250] 的詩歌。貝蒂娜完全是她自己最狂熱的粉絲——而且完全當之無愧。難得能看她這種貨真價實的藝術家表演，即使德語程度不佳，你也能感受到流落他鄉及與人疏遠的暗流。

---

245 英國紀錄片製作人，1936 － 2022。
246 美國演員，1942 －。
247 美國攝影記者，1912 － 2012。
248 編註：寇特・懷爾（Kurt Weill），德國作曲家，1900 － 1950。
249 編註：海因里希・海涅（Heinrich Heine），19 世紀德國浪漫主義詩人，1797 － 1856。
250 編註：貝托爾特・布雷希特（Bertolt Brecht），德國戲劇家、詩人，1898 － 1956。

4月29日

6點15分：坐車去阿爾伯特廳參加英國影藝學院電影獎。

遇見凱特·W——不能親她，否則會毀了她的妝容；站在黛安娜·羅斯（Diana Ross）身後頒獎——不能站得太近，否則只能踏著她的裙襬滑壘。頒獎給安東尼·M……和肯·洛區（Ken Loach）坐同一桌，他示範如何在見到皇室成員時不著痕跡地起立……

4月30日

8點30分：哥倫比亞三星影業（Columbia TriStar）——麥克·紐威爾的《驚天爆》（*Donnie Brasco*）試映會。導演、攝影與演技都非常優秀。麥克自己看得不亦樂乎。

5月1日

選舉日。豔陽高照。

10點30分：去找海倫娜·K與伊安。

派對就這麼開始了。眼見席次逐漸增加，我滿腦子想著：誰快去跟尼爾·金諾克說聲謝謝。過程中人們歡呼、大笑，還有一些人在哭。「真不敢相信」這句話不絕於耳。[251]

5月2日

最為晴朗的一天。

寄了花束給尼爾、芭芭拉·弗雷特與彼得·曼德爾森。我們腦子裡只能想著五年前的這一天，一切都**好**不一樣。終於感覺這個國家在呼吸了，希望能夠長久。下午7點：彼得·M來電謝謝我送花，說他看見鮮花時不禁淚流滿面。我問他此時是什麼感覺。「很怪異。」

5月15日

12點：麥克·凱曼。

幸好史考特下午來為我們仲裁，這絕對是本部電影最難搞的一段關係。麥克是天才，但和他合作就彷彿要捕捉飛舞的蝴蝶，他時而偏離主軸、時而毫無方向、時而具體非常、時而憑直覺辦事。我們在史考特的指引下緊抓著些許鎮定不放，最後得出了一些好結果，麥克竟然還感到愉快。回家路上，我發覺自己游在未經探索的海域，這並不是一般的工作模式……我錯了。

251　勞工黨在東尼·布萊爾的領導下取得了壓倒性勝利。

5月16日

上午8點：車子來了→魯頓機場→威尼斯。

保羅‧艾倫（Paul Allen）[252] 的盛會。

5月17日

上午6點：趁我還記得先寫下來。過來的飛機上，遇到布萊恩‧費瑞（Bryan Ferry）、咪咪‧羅傑斯（Mimi Rogers）[253]、大衛‧史都華（Dave Stewart）、吉娜‧黛維絲（Geena Davis）、薛尼‧波拉克、潔芮‧霍爾（Jerry Hall）、西巴‧費海（Siobhan Fahey）[254]——不尋常的週末就此拉開序幕。我之前怎麼會考慮不來呢？雖不是最知名的人物（昨晚除了上述幾人之外，還有羅賓‧威廉斯 [Robin Williams]、芭芭拉‧荷西 [Barbara Hershey]、米高‧基頓 [Michael Keaton]、莫妮卡‧莎莉絲 [Monica Seles]、約翰‧馬克安諾 [John McEnroe]、艾伯特‧布魯克斯 [Albert Brooks][255]、吉姆‧布魯克斯 [Jim Brooks][256]、嘉莉‧費雪、露比‧弗蘭‧利伯維茲 [Fran Lebowitz]、麥克與珊德拉‧K，等等等），不過現在清晨6點，我在朗德拉宮殿飯店的陽臺俯瞰悄悄活了起來的威尼斯大運河，寫下這些之時……這週末有許多畫面深深銘印在我心中。昨夜在聖洛克大會堂，到處是提也波洛（Tiepolo）與丁托列托（Tintoretto）的畫，音樂則是阿爾比諾尼（Albinoni）與韋瓦第（Vivaldi）。紅絲絨與哈利酒吧。

5月17日 *編註：原始書稿有兩天5月17日。

7點30分：香檳送到房間裡，我們喝了一些做準備——然後就開始了。去大廳，出門到平底船上（繼續喝冰香檳）。船隊悠然前往宮殿飯店，每個人到場都被喇叭手、吞火表演者與舞者迎接。門前有人為來賓唱名，保羅‧艾倫與莫妮卡‧莎莉絲歡迎我們，每個人都戴著華麗面具與羽毛裝飾。晚餐在樓上持續進行，有人唱了歌劇，山塔那合唱團（Santana）在上一層樓表演，由大衛‧史都華、諾埃爾‧瑞丁（Noel Redding）[257]、約翰‧馬克安諾、保羅‧A與哈利‧希勒（Harry Shearer）[258] 伴奏伴唱。

晚點去鋼琴酒吧。佩蒂‧史密斯（Patti Smith）[259] 對著我唱歌。

252　微軟公司的創辦人之一。
253　美國演員，1956 —。
254　英國女子團體「芭娜娜拉瑪（Bananarama）」的團員，後來與大衛‧史都華結婚。
255　美國演員，1947 —。
256　美國導演、製作人與腳本作家詹姆士‧L‧布魯克斯（James L. Brooks），1940 —。
257　吉米‧罕醉克斯體驗樂隊（Jimi Hendrix Experience）的前貝斯手。
258　美國演員，1943 —。
259　美國歌手與歌曲作曲家，1946 —。

5月18日

12點：將行李拿下樓，然後搭船去奇普里亞尼飯店吃早午餐。[老朋友]約翰與黛・卡林（Di Carling）突然出現在大廳——今天是她的生日。在此種情況下，令人恢復了平靜——這裡的「情況」是指彼得・蓋布瑞爾（Peter Gabriel）、楚蒂（Trudie）與史汀（Sting）、艾瑞克・愛都（Eric Idle）、大衛・葛芬（David Geffen）、巴瑞・迪勒（Barry Diller）[260]、勞倫斯・費許朋（Laurence Fishburne）、潘妮・馬歇爾（Penny Marshall）、泰瑞・喬治 [Terry George，夜店老闆]、瑪姬・仁齊（Maggie Renzi）[261] 等等。所有人都得維持各自的形象。
4點30分：上船→機場，搭機去尼斯與倫敦。

5月21日

去一趟乾洗店，剛好清空大腦。

6月6日

麥克的音樂在音調、溫度、清晰度等方面都亂七八糟。
我們得重新錄音了。

6月23日

11點左右：去懷特菲爾德錄音工作室，和麥克與史蒂夫[262] 面對今天的難題。

7月2日

12點左右：露比來尋求劇本靈感——珍妮佛・珊德絲的生產速度不夠快。露比和平時一樣迫不及待想看到**結果**，但完全不了解中間**過程**，用一句譬喻來說，她已經忙著翻閱作家版的《聚光》（*Spotlight*）雜誌了。

7月3日

2點30分：去影視城取電視機，然後送去給住在聖瑪麗醫院的雅文・荷姆。她當時在旁邊的小房間裡弄頭髮——全身鋪著塑膠躺在那裡，頭髮又染成了黑色，過程中理髮師發揮創意，開開心心地談論她自己在醫院太平間的工作。「我很喜歡喔——他們都不能回嘴。」

260　美國媒體高層，1942 —。

261　美國電影製作人，1951 —。

262　編註：《冬天的訪客》電影製作人史蒂夫・克拉克－霍爾。

1997

日記：1993—2015年

7月6日

和露比講了很久的電話。這之中的事情和過去有著千絲萬縷的關係，我們還是早早接受此事、繼續過我們的生活吧。露比似乎想分析那些。在我看來，再怎麼分析也毫無幫助，只會影響內心而已。

7月10日

找計程車的路上，撞到一個在路邊發宣傳卡的男人——卡片漫天飛舞，他用充滿暴力的目光看著我說：「撿起來。」我——難得——沒有反駁。我同意自己笨手笨腳，但不是故意的，然後默默離開。還真是變了。我知道自己當下只差那麼一點就要被暴力攻擊了。

7月14日

下午7點：去節日音樂廳（Festival Hall）參加《衛報》的夏季派對。還真是有趣。只有記者才懂的目無法紀。

7月29日

去唐寧街11號，戈登·布朗、克利斯·史密斯（Chris Smith）[263] 與湯姆·克拉克（Tom Clarke）[264] 對電影產業致敬。又是平時那幾個人物……在某個精彩時刻，有人帶我們到處參觀10號與11號——內閣辦公室、用餐室等等，結果我們行跡敗露，迅速逃逸。

8月3日

3點：去聖瑪麗醫院探望雅文。

8月4日

活動、通話、厭煩與純粹的悲傷，和喜悅混雜交戰的一天……我們試圖規劃度假行程，並且檢查替代方案。大衛最終來電告訴我，艾希阿姨今早去世了。現在補昨天的日記也毫無意義——那只會顯得更像是不祥的預感。但我昨日**的確**有種不對勁的感覺，內心十分不安。

263　工黨政治家，1951 —，當時的文化傳媒與體育大臣（Secretary of State for Culture, Media and Sport）。

264　工黨政治家，1941 —，當時的電影與觀光國務大臣（Minister of State for Film and Tourism）。

8月5日

下午 7 點：雀爾喜電影院——《豆豆先生》（*Mr Bean*）[265]。

坐在（絕對）錯誤的座位上，梅爾‧史密斯與羅溫‧艾金森（Rowan Atkinson）就在後面那一排，只得勉強發出笑聲，朝後方傳遞正面的訊息。吃了一整包 M&M 巧克力。

8月13日

和彼得‧曼德爾森談到了四面楚歌的情況。他聽上去是真心感到憂鬱，事情也被報章媒體用來毫不留情地猛攻他。我說他身在廚房本就會感到炎熱，但我沒說的是，他該意識到這有很大一部分都是他自找的。

8月14日

7 點 55 分：飛往羅馬。

11 點 20 分：克勞迪歐（Claudio）來接我們，鎮定又迅速地載我們到托迪鎮。

8 點 30 分：終於。在飯店吃晚餐。他送上菜單也才花了半小時，食物上桌也不過是又是半個鐘頭後的事。

8月15日

開往阿西西城。

憑著鼻子找午餐，走下階梯，進入小巷……

午餐過後去聖方濟各教堂，以及講述聖方濟各生平的那排美麗喬托（Giotto）壁畫。

8月20日

羅馬

我們爬下床，設法在上午 8 點 30 分到西斯汀小堂開始排隊，那時隊伍已經繞街區 150 碼了。不過進去倒是沒什麼問題……只可惜我沒膽直接躺在地板上往上看，或 [躺在] 推車之類的東西上，也許過去的米開朗基羅（Michelangelo）也是這麼躺著。漫步離開時，感覺自己是巨大非凡的人類。

3 點 40 分→倫敦。

---

265 編註：這裡指的是 1997 年基於電視連續劇《豆豆先生》衍生的電影《豆豆秀》（*Bean*）。

8月26日

9點30分：找阿拉斯泰爾·莫里斯（Alastair Morris）拍攝《冬天的訪客》相片集。我們給他一大筆錢，就是為了完成艾瑪不想做的三小時攝影工作。她看見（目前的）美術圖，直接指向兩者當中我個人偏好的那一張。「那張哪裡不好了？」對啊哪裡呢？阿拉斯泰爾很有親和力與效率，而我覺得要拍出新鮮且充滿低調的東西實在不適合找他。他走的是經典與嚴謹的路線。除了合約裡加一段條款以外，我也不曉得該怎麼辦了。

8月27日

8點45分：坐車去希斯洛機場。找到費莉達與艾瑪。找到去威尼斯的飛機……歡樂的航程，歡樂地坐船去格瑞提皇宮飯店。
晚間9點：搭計程車去達涅利飯店。艾瑪今天有點難以捉摸，在稍微勸誘一番之後她同意坐上水上計程車，前去參加艾德（Ed）與凱文（Kevin）的晚餐會。

8月28日

上午在德班飯店度過——珍·康萍（Jane Campion）打招呼時我居然沒認出她，起初以為是剪了短髮的史翠普（Streep），但接著又想，不對啊，她在愛爾蘭——這個人是誰？而且還是主席陪審員呢。
下午1點：在德班飯店泳池邊吃午餐。阿琳、男孩子、家長……珍·康萍……
8點30分－9點：再次走向斷頭臺。今晚某種層面上毀了，因為露絲·維塔爾 [Ruth Vitale，電影製作人]將毀譽參半的評價告訴我；艾德滿腦子想著行銷會議的事。
電影慘不忍睹，聲音亂七八糟——我無助地完全投降，勉強將整部電影看完。今晚結束時，我充滿了某種難以名狀的黑暗情緒。佳線電影公司 [Fine Line，製片公司]已經不確定眼睛該往哪裡擺了——推卸罪咎的態度昂起了頭來。有時我是真心痛恨這份工作。

8月29日

嚴重失眠。最深切的悲傷此時化作憂鬱，沉澱在萬物最底的深淵。彈性繃帶——隨便了，總之必須將一切都拖出來，準備接受一整個下午的訪談。
先是在上午11點和茉蒂與派崔克聊聊。《搖錢樹》（*Holy Man*）的事情不能不說出口。我還能婉拒多少份工作？
與此同時，就我目前看來評價有好有壞，有些人看懂了，有些人沒懂。開始重新梳理腦袋。又來了。
我需要**好幾個月**的長假。

8 月 30 日

午餐時間在維斯康提沙龍度過，外頭是棲滿了鳥兒的露臺，在那之外則是威尼斯。一切感覺都像再荒謬不過的背景，眼前只有永無止境的問題與相機快門聲。我竟然將威尼斯視為理所當然，太可怕了。

回家就聽到消息，瑪麗‧塞爾威（Mary Selway）[266] 住院，她幾乎全新的髖關節脫臼了。劇痛與拖延的恐怖故事。我不禁心生愧疚——當初是我說服她一起來的。

8 月 31 日

無可名狀、靜態、遲緩的悲傷主宰著我，後來西恩 [267] 一家來吃早餐時，這份悲傷的驚人身分水落石出——他們告訴我，黛安娜王子妃死了。剛聽到消息那一、兩秒，我還以為是文字遊戲或奇怪的笑話。結果不然——此時在格瑞提皇宮飯店露臺上，陽光下閃耀、明顯是全世界最美麗地點之一的此處，那份真實消息顯得再殘酷不過。

我和艾瑪、費莉達與瑞瑪恍恍惚惚地去學院美術館，但這也是我們目前最好的選擇了——去看看卡帕齊奧（Carpaccio）、丁托列托、委羅內塞（Veronese）[268] 作品。費莉達終於崩潰了——在她身上這實在很難察覺，她總是微笑著心碎。我們三人去醫院探望瑪麗（在我們憑著艾瑪的圓滑說詞過了恐怖護理師那一關後），她全身打著石膏但還是面帶笑容，星期一的飛機要清出六張椅子的空間了。

5 點 30 分：搭船→機場，搭私用噴射機／車前往鄉村屋飯店樂園。

9 月 1 日

飯店園區無盡延伸，到處都是英格蘭風光……在很棒的鄉村酒吧吃午餐，接著是令人屏息的直升機之旅，去到希斯洛機場。一輛曾屬於伊莉莎白女王的車等著載瑞瑪回家，加拿大航空再親切熱心不過。

報上到處都是相關新聞，印滿了黛安娜的照片；街道上鋪滿鮮花。是真的——一盞明燈熄了。一個傳奇誕生了。

4 點 45 分的班機改成 5 點 30 分飛往多倫多的班機。希望我能在無噪音與謊言的情況下熬過接下來幾天。

9 月 2 日

頒獎典禮與放映會。如此簡單的兩件事，竟能拼組成超級恐怖秀。到場時，空

1997

日記：1993─2015年

266　英格蘭選角導演，1936 － 2004。
267　編註：西恩‧馬提亞斯。
268　編註：三者皆為文藝復興時期的威尼斯畫派畫家。

氣中已然飄著混亂。接著開始發生推擠。電影節總監十分無禮（到一旁和洛·史泰格聊天時，他表示他也這麼認為），也是放映這部電影的**最壞**示範——喧鬧、毫不安分的觀眾、噪音。

9月3日
和露比談了一番——在黛安娜這件事情上，她一如既往地侃侃而談。
《義務報》（*Le Devoir*）刊登了一張極端駭人的照片。→9點45分洛杉磯。
在飛機上和史泰格交談，或者說是傾聽。有何不可呢？只可惜我身邊沒有錄音機。他大談白蘭度（Brando）的事，說自己四十四年來首度在蒙特婁一間中國餐館和他見了面。白蘭度對方·基墨（Val Kilmer）說：「我不喜歡你的聲音，我不喜歡你的臉，我不喜歡你的演技，我不喜歡你……」他談到電視直播，以及在演飛機場景時有個男人突然忘詞，結果沒頭沒腦地說：「到站了，我要在這裡下車。」那可是35,000英尺高空，而且某個製片公司高層對他說：「你可以用南方口音說話嗎？」（《惡夜追緝令》[*In the Heat of the Night*]——奧斯卡金像獎）。源源不絕的故事。

9月4日
又讀了一次《搖錢樹》——很明顯**不行**。將又一份工作、又一堆現金交給別的演員。這一切到底有什麼道理可言？？《綜藝》（*Variety*）雜誌的評價據說「**非常非常好**」。要我形容的話，我會說是「百般不情願」。

9月5日
在羅蘭·約菲（Roland Joffé）與蘇西（Susi）位於貝萊爾的美麗屋子裡，我們坐下來看黛安娜的喪禮。我們從大約晚上11點到凌晨5點幾乎都沒說話。非凡的事件在電視上發生了，而且我們會這麼覺得不只是事後諸葛，電視上的畫面完全能讓人聚精會神。每分鐘響一次的鐘聲；不同性別、年齡與膚色的人們都全心參與，使我集中精神看著電視轉播——記下這件事。記住這件事。查爾斯·史賓賽（Charles Spencer）[269]致詞時，我們已經看著歷史異動與改變，未來或許已經重塑了。威廉會不會在25歲即位為王，他父親則窩在海格羅夫莊園剪玫瑰花叢的枯花呢？整件事都盛大而動人——就連艾爾頓·強也僥倖免受批評。掌聲與拋花為喪禮細節增添了即興元素。群眾最後只能站在西敏寺外頭，皇宮仍不想放手。一個總是直率笑著的人，竟能讓如此多人集結於一處，真是美好的畫面。

編註：黛安娜王子妃的弟弟。

9月7日

去馬克飯店，接著去吃晚餐。可可瘋狂餐廳——惹人厭的東區餐廳，華麗得要命。保拉·龐德斯通 [Paula Poundstone，單口喜劇演員] 從一張比利·喬（Billy Joel）風格的餐桌起身走來，問我是誰……驚人地無禮，但後來餐廳經理悄悄來告訴我們，她替我們買了單。

9月9日

去波士頓接受一整天的訪談。大體上沒什麼問題，只是他們堅持要談論《終極警探》，實在令人鬱悶。我已經能想見之後扭曲的標題了——「終極笨蛋」。

9月19日

和連恩與娜塔莎、約翰·克里斯（John Cleese）、伊旺·麥奎格（Ewan McGregor）與伊芙 [Eve，他太太]、喬治·盧卡斯（George Lucas）與米亞（Mia），以及娜塔莎的妹妹凱瑟琳（Katherine）共進晚餐。麥 G 先生自我中心到了驚人的地步，卻也像個小孩子，所以意外地不惹人厭。但這些人到了 35 或 40 歲，真能變得成熟嗎？說來可怕，他們身為聲音沒什麼分量、心思沒什麼重量、腦中沒什麼內容、年僅二十多歲的人，卻**擁有**許多能夠利用的資源。

9月22日

8點：和蜜雪兒·圭許去奧西諾餐廳，和琳賽·鐸朗、艾瑪、葛瑞格、凱特·W、伊莫金·S、艾瑪·J、派特·道爾（Pat Doyle）[270]，以及後來加入我們的崔佛·農恩一起吃晚餐。簽名獵人的美夢成真了——就連服務生也加入他們。花了不少時間討論誰在做什麼，不過最棒的部分仍然是派特與他的故事，即使不斷重播他關於皇家的言論我也樂意重複聽。崔佛用有些疑惑的眼神瞅著他——怎麼會有如此才華洋溢、我卻不認識的人？

9月24日

上午 7 點 30 分：沒聽見鬧鐘，大概也錯過了車子。打電話，安排了新的車、新的時間。濕衣服丟進烘衣機。重新思索。重新打包……忘了蓋特威克機場永無止境的單軌電車。在最後十分鐘趕上飛機……看了《樹木酒館》（*Trees Lounge*），史蒂夫·布希密（Steve Buscemi）的電影拍得很美。讓人重新思考邊演邊導的問題，然而這部電影本身非常無雜訊，你會忘記有任何人在演戲或執導。我深受啓發。

270　蘇格蘭電影配樂作曲家，1953 —。

9月28日

[緬因州坎登鎮,《惡夜謀殺》]

下午4點:所有人都來讀劇本、吃喝、閒晃。試穿了幾件服裝。讀劇本的體驗很奇怪,有種靈魂出竅的感覺,我完全失去了和劇本的連結,讀到一半時諾曼·瑞杜斯(Norman Reedus)[271] 出聲質疑這究竟是不是好主意,我還得瘋狂地對他撒謊。他讀得非常好——X·M也不會有問題的。如我昨天所說,反正必須下去採礦的人是我和波莉(Polly)[272]。

9月29日

《惡夜謀殺》——第一天。跟跟蹌蹌、滑來滑去。在雨中。在腦中。亞當 [·科爾曼·霍華德(Adam Coleman Howard),導演] 充滿了掌聲、噪音與積極,也許將我的沉默誤解為不贊同,不過我站在滂沱大雨中總得保持靜止才撐得下去。午餐時間和N聊了許久,他可是經歷過人生的人。網球冠軍,住在印地安人保留區、東京、西班牙與圖廷貝克區。他的開朗著實耀眼,只要憑藉這份開朗,他什麼都做得到。洛杉磯究竟是如何理解他的呢?波莉也當了一整天沉默的英雄。我怎麼這麼快就開始愛這兩個人了?劇本仍需要整理,房間仍需要暖氣。

10月4日

站在森林裡,全身被噴灑溫水,噴到睡衣與睡袍都濕透了。在早晨冰寒的空氣之中。由於我的想法不到位——不過在某些方面,它當然有到位——我無法完全進入狀態,演好這個場景。而且有很強的既視感,煙燻槍與霧氣,看著煙霧還未下沉就全然消失時,DP[273] 不知所措的表情。演這個場景的時候,背景卻像是戰爭片。

10月5日

下雨、下雨、下雨——尤其在我腦子裡……最後我們看了東尼·布萊爾的會議演說。都是**全新、現代、改革、變革**之類的用詞,和洗衣粉廣告沒兩樣。他的演說有不少亮點,但重複性過高,而且不夠誠懇。他其實很誠懇,但在缺乏憤怒或不夠義憤填膺的情況下,比起首相,他看上去更像是班長。比起鼓掌歡呼,你更想摸摸他的頭。

271　美國演員,1969 —。(編註:其最著名角色為電視劇《陰屍路》〔*The Walking Dead*〕的十字弓男戴瑞〔Daryl〕。)

272　英格蘭演員波莉·沃克(Polly Walker),1966 —,和艾倫·瑞克曼聯合主演《惡夜謀殺》。

273　此指攝影指導(director of photography)。

10月6日

鄧肯‧希斯居然來吃午餐,他在從紐約到波士頓到波特蘭回家的路上。瘋狂的行程,但也很感人。我們聊到《懺悔》(The Confessions),我應該不會參與這部。我也不怎麼擔心——應該由紐約出身的猶太人來演才對。但我腦中究竟是怎麼回事呢——魯莽?還是粗心?還是某種更好的新東西?也許我不會再偏執了……當然,其中一個真相是,當我執著於單一個人時,其餘事物都感覺沒那麼重要了。真傻。

10月7日

整天上午坐在圓形大廳裡——午餐的場景。全緬因州的蒼蠅都來加入我們了。稍晚是「防曬乳」的場景。假裝自己會操作筆記型電腦。

10月10日

在碼頭上,以及在汽艇上對著海灣尖叫。真實的刺激感。我們撞上攝影船的尾波,還險些摔下船。這一切都發生在美麗絕倫、緩緩穩定下來的陽光之下(我們在霧中航行了一早上),結果船遇上小障礙,發出怨聲後停了下來。我們被繩索拖著回坎登港,太羞恥了。等到晚間10點要拍攝鏡頭,但結果後來中止了。

10月11日

現在多倫多積累下來的疲倦,外加坐船的延遲勞累都起了作用,隨著今天時間流逝,醜惡的倦意驅使所有人來問我「還好嗎」。我感覺到貨真價實的表演**動物**正甩著尾巴。

不健康也無生產力,卻將一個問題分離了出來——一**種孤立感**,你和你愛的人演對手戲的場景太少,無法有兩人相愛的鏡頭可參考。一切都流於推想。這使得大腦惴惴不安,靈魂也缺乏養分。

我回來時,琳賽與瑪格麗特都到了。感謝她們兩位,她們做了鴨肉與巧克力舒芙蕾,還準備了美味的紅酒。她們就寢後,我半夜去水工酒吧。明智的決定——跳舞與談話、唱歌與歡笑——幾乎能解所有煩惱的良方。

10月13日

「高爾夫」場景。相當棘手,內心煩躁,盡量騰挪。亞當很有洞察力,也充滿了控制機制。我看見自己的影子嗎?讓我下午5點時頭腦發緊的,莫非就是這個?現在狀況有點怪,得想辦法解決。幸好直截了當、樂於助人的波莉來了電話——那通電話有沒有被人**竊聽**?

10 月 16 日

寫日記的同時緩慢思考著。整天都在船上，在霧槍聲中演一個慵懶多霧的場景。我和波莉都聽不見對方的聲音。她和諾曼進到了夜間寒冷刺骨的水裡。

10 月 17 日

近來最嚴重的一次失眠，幾乎徹夜未眠。還好這天都待在一台 1960 年代的梅賽德斯車裡，雨水沖刷著擋風玻璃……而在其他方面，某種較不痛苦的東西籠罩了下來，彷彿身上蓋了厚被。希望能持久。

10 月 18 日

昨天糟糕透頂，今天卻有充足的歡樂時光。在準備罪人場景時，播了幾段葛瑞茲基（Górecki）交響樂進入狀況，這天餘下時間我和波莉都躺在軟綿綿的大床上裝睡。這種拍攝可謂老天賞臉。

稍晚和波莉去米蘭達咖啡廳吃晚餐，然後是無可避免的水工酒吧。聲音**超**吵，但跳舞時感覺方才下肚的葡萄酒與雞肉都隨著汗水排出來了。

亞當宛如一杯不停憂心、不停沸騰、加了止痛發泡碇的人生、愛、輕率又直白。我只希望他無盡的積極用對了地方，也希望他這些感受有所根據。

10 月 20 日

又失眠了，這他媽是怎麼回事——是枕頭的問題嗎？還是彈簧床？還是整個房間的風水？

總之——一早都在屋裡，等著之後 2 點 30 分上工。我們在廚房拍第一個上床後隔日的場景——香菸的小戲法。

開車回家與歡笑過後，一個吻得到了回應。

10 月 21 日

令人畏懼的第 77 場。十三頁的文字、噪音、小房間與逐漸加劇的頭疼。竟然還是拍到了能用的幾段。

10 月 22 日

各種逆轉的一天，令我陷入沉默的繭之中。我看著自己從事這無謂的活動。這對人們造成了莫大的影響——他們感到困惑，我也感到困惑。過程中疼痛越來越嚴重了。到這個地步，我已經不曉得該如何是好。奮鬥帶來了慘痛後果——滿身是傷。我這下知道「麻煩」一詞是從何而來了。這毀滅性的面向為何無法阻攔，為何如此凶殘地自我吞噬，沒有得到任何勝利。它不過是部**電影**啊。

瘋狂與深情

10 月 25 日

在海灘上寒冷難耐的一天，草草排演過的拍攝場景，引發了對於分而治之策略的不滿。水淹到了沃特（Walt）[274] 腳踝。好有既視感。

事後……和亞當、傑夫［·羅達（Jeff Roda），製作人］吃晚餐……像蜘蛛網一樣，在跳舞跳到午夜後，成了全體回 138 號房那種狀況，最後關了燈、一堆人倒在床上。我悄悄溜走了，但應該更早離場的……

10 月 26 日

11 點：頭痛。心痛。

10 月 27 日

雨中的一天。更多雨了。只生出了更多急躁。我為什麼不能直接做就是了？在這方面波莉當真了不起。我還不是淋得最濕的一個……

10 月 29 日

在客廳裡，身邊是一個紙箱和兩隻活龍蝦，牠們的螯被橡皮筋捆住，眼珠子帶指控之意盯著上方的我。

這天稍晚，出門到門廊上，結果忽然撞上掛在天花板下方的鐘（掛得太低了）。二十分鐘過後，我們在前往潘灣醫院的路上，鼻子上多了條劃痕與冰袋。這都是真的——又花了二十分鐘填表單與完成行政作業，這才得以窺見護理師或醫師的蹤影。不過他們相當優秀、醫治得很妥當，盡量預防腦震盪、頭暈等等等。

10 月 30 日

很難隱晦地描述，只能說第 105 場用各種方式拍了好幾次。在決定好髮型與服裝後，我們基本上開始工作了，有時恨不得在中間停下來說：誰在跟誰開玩笑啊——這是雙方都有的想法吧？是吧？不是嗎？我永遠都不會知道吧。[275]

11 月 1 日

寫日記之時，狂風擊打著房屋，剛才逃出了殺青派對。我不確定是誰在生誰的氣——我的確有種被放在錯誤位置的感覺……

今天的拍攝場景很不容易。大部分時候都還未到位。亞當如黏在樓梯上的糖蜜，如路障般頑固。我要的就只是**故事**而已，而不是無窮無盡的理由。

274　沃特·勞伊德（Walt Lloyd），電影攝影師。

275　艾倫·瑞克曼這裡指的是和諾曼·瑞杜斯拍對手戲。

我們成功了。工作團隊對其中一個場景的描述是「很精采」。

但現在我受夠了他們的冷淡與落在臉頰上的一吻。這之中的重點當然是我的需求了，可是幹他媽的，我已經為這部電影付出夠多了。

11月2日

收拾。離開。開車離去。

7點30分：在瑞迪餐廳和所有演員與工作人員吃晚餐。必要而愉快的時光。但還是無法把事情做好，我在致詞時提到了「愛」這個字。事後牽了手，不過還是錯接了。既然都到這種地步，我還是放棄吧。頭暈。

11月3日

最後一日。最後的拍攝。諾曼消失去機場了——他眼眶的瘀青還未消退。當時還得用力敲他的門和幫他頭部按摩，好說歹說才把他勸來拍攝現場。我繼續走進一幢幢建築物，從建築物與計程車出來，走在街道上，走上樓，直到「收工」。和過去一樣，各種感受混在一起，只不過這次**真的**在危險邊緣了。

11月13日

[去洛杉磯拍攝《惡夜謀殺》另一些場景]

開始下雨的日子。是聖嬰現象的開端嗎？一段時間後，我們在這片墨西哥沙漠裡開始拍車禍場面。電線上掛著好幾雙球鞋，據說這表示附近可以買到毒品——一隻鞋是麻藥的意思，兩隻鞋是古柯鹼，以此類推。

11月14日

一早都坐在運輸車上的汽車裡。搞笑卻也好笑，空氣中瀰漫著好心情。直到卡車司機們決定罷工，好心情戛然而止……

11月22日

和葛瑞格與艾瑪在泳池邊吃午餐。

我們在創新藝人經紀公司試映了《冬天的訪客》。還真的很恐怖，感謝佳線電影公司爛爛的印刷、過氣的色調，還沒有歌曲。但他們很喜歡（他們非常喜歡），我們接著移動到金手指酒吧。吵雜、空間小、昏暗、兩個被塗上金漆的女孩子，食物不多，但所有人都喝酒跳舞到凌晨2點30分……累倒。

12月4日

下午3點，我就知道自己不是接受《衛報》訪談，而是和《國家詢問報》

（*National Enquirer*）／《世界新聞報》的人對談。討人厭、刺探你的私生活，焦點幾乎完全放在性生活上。事後越想越覺得糟糕。

12 月 6 日

2 點：我和大衛、克莉絲汀與 R 去墓園。今天是媽生日。我們種下幾顆球莖與報春花，掛上聖誕節的冬青環。看上去有點莫名其妙，但也有種沾沾自喜感。接著去看奶奶和爺爺。土上悄悄出現了一些假花，真討厭。事後我們開去 D 阿姨與 V 姨丈[276] 家喝茶、吃水果蛋糕。看 50 歲生日派對的照片。

12 月 7 日

珍·安德森（Jean Anderson）[277] 的 90 歲生日派對。她是我們的榜樣──到現在還會思考下一份工作，想著各種可能性。但錯過了午餐；去希斯洛機場的車下午 1 點 30 分抵達。

12 月 8 日

電話響了，另一頭的聲音說「我是大衛·馬密」，接著我就花了十分鐘告訴他，我應該不會加入《豪門風雲》（*The Winslow Boy*）[278]。

12 月 16 日

3 點 45 分：《今日秀》（*Today Show*）──吉爾·拉帕波特（Jill Rappaport）。天啊，好多頭髮。

12 月 17 日

下午 1 點：在藝術餐廳吃午餐。彼得·崔維斯 [Peter Travers，電影評論家]。很有趣。他非常專注與大方，在關於事業的討論中，偷偷加了幾句八卦問題，看得出他是記者。蘿拉·鄧恩原本坐在雅座，離開時她熱心地誇《冬天的訪客》為「傑作」。

8 點：《冬天的訪客》試映會──肯（Ken）[279] 的致詞令我羞恥難當──竟然提到沒人賺超過 150,000 元……

276　編註：多莉阿姨（Aunt Dolly）和維克姨丈（Uncle Vic）。

277　英格蘭演員，1907 － 2001。

278　馬密當時在將泰倫斯·拉提根（Terence Rattigan）的舞臺劇改編成電影，並且擔任電影版導演。

279　肯·利柏（Ken Lipper），製作人。

12 月 19 日

8 點 15 分：在埃麗卡‧容（Erica Jong）家吃晚餐……滿室幽默風趣且多半粗俗的人，整晚都盡量保持禮貌。

12 月 21 日

8 點 15 分：《心靈捕手》（*Good Will Hunting*）。
結果有些失望。麥特‧戴蒙（Matt Damon）是非常優秀的演員，但電影感覺像在尋找使命感，或者是太多使命感了。而且羅賓‧威廉斯打從一開始就太過溫柔。

12 月 25 日

聖誕節當日 [和茱蒂‧霍夫蘭] 在懷俄明度過。下樓就看見人們藏身於漫天飛舞的包裝紙、堆積如山的芭比娃娃與螢光色塑膠之中。這些女孩子被寵到「寵壞」一詞已完全失去意義。過幾個鐘頭，蘿絲瑪莉（Rosemary）站在這之中，說想找「什麼事情來做」。夏洛特（Charlotte）最主要的夢想從以前就一直是「一支棒棒糖」。

6 點 30 分：晚餐上桌。我和瑞托 [Reto，廚師] 盡量遷就茱蒂對烤箱溫度的執著。她答應要請優秀的廚師來幫我們做菜，結果卻不讓他工作。食物終於奇蹟似地出現在盤子上時，嚐起來美味又獨特，而瑞托已然精疲力竭。

晚點：看《慾望之翼》（*Wings of the Dove*）。我唯一的反應是一個問號。這些人是誰？他們想推銷的是什麼商品？

12 月 26 日

去卡利可餐廳吃家庭聚餐。瑞托本打算下廚的，但我看茱蒂應該是受不了廚藝競爭了。真是莫名其妙——她難道會去餐廳廚房檢查嗎？不會啊。她給女兒吃的早餐是什麼？不就是用化學物質調味與上色的「麥片」嗎？還有咖啡伴侶。[280] 回家看甘迺迪中心榮譽獎（Kennedy Center Awards）。狄倫身穿黑西裝與緞帶。他坐在卻爾登‧希斯頓（Charlton Heston）隔壁，接下來會發生什麼事呢……？

12 月 27 日

去紐約。
大包小包的出埃及記……[懷俄明州] 傑克遜谷機場看上去陰翳、戲劇化、布滿了白雪。

280　譯註：粉狀奶精。

12月31日

去溫德姆飯店找艾德娜‧歐伯蓮⋯⋯艾德娜望見了第二大道上的拔 U（Pluck U）雞肉店。

9點：去格林威治村拜訪尼克‧海特納 [Nick Hytner，戲劇導演]。他稱之為「胡志明建造的房子」。[281] 令人精神集中。驚人的曼哈頓風景。真實的爐火。我感覺自己身在雜誌之中。

11點：去 15 街拜訪蘇珊‧莎蘭登與提姆‧羅賓斯⋯⋯一位傑出的手風琴手和提姆與另一個朋友一同演奏，還有個陌生人唱了〈午夜鐘頭〉（In the Midnight Hour）。艾蜜莉‧華森（Emily Watson）與丈夫傑克 [‧沃特斯（Jack Waters）] 與我們同行，因時差而昏昏欲睡。

凌晨 1 點 15 分：回馬克飯店。今晚有人引述《紐約客》對《冬天的訪客》的評論（它有著藝術繞梁不散的光輝）。「真是場災難。」艾德娜‧歐 B 說道。

281　因為《西貢小姐》（Miss Saigon）大受歡迎。

1998

《冬天的訪客》

洛杉磯

金球獎

布魯塞爾

東京

三宅一生（Issey Miyake）

南非

匹茲堡，《怒犯天條》（Dogma）

紐約

凱文‧史貝西（Kevin Spacey）

匹茲堡，《怒犯天條》

法蘭克‧辛納屈（Frank Sinatra）

洛杉磯

《怒犯天條》

艾迪‧以札德

協和號客機

托斯卡尼

《安東尼與克麗奧佩托拉》

阿拉斯加

海倫‧米蘭

開普敦

1月1日

艾德娜打來，說她「再也不喝酒了」——之類的——她那時正在吃麥片粥。

1月2日

下午7點：去甘迺迪機場，以及英國航空的臥榻服務。睡不了。

1月5日

電話、電話、首映會入場票、朋友、捐款、洛杉磯（金球獎）。凱絲·瓦伊納（Kath Viner）[282]——她對我說話的方式，有**那麼點**像是反被我採訪。

1月8日

下午7點：搭車去漢默史密斯劇院（和瑞瑪與米蘭達·李察遜 [Miranda Richardson] 同行）。面對最初的氛圍，決定直接對著麥克風迎擊，相當直接地提起了負評。似乎有幫助。每一場活動的觀眾都很放鬆、全場同心，氣氛非常非常特別。

稍晚去貝琳達家。凌晨3點，她還在談天與做菜呢！義大利麵。

1月9日

開始抱怨了。紐約，我來也……

1月11日

讀了一些通知，大部分倒是避開了，還真是駭人又莫名其妙——開始能預測到他們的怨言。太戲劇化，沒有新意。全都將焦點放在負面問題，全都錯漏了重點。他們怎麼就沒想過，這部電影是故意拍得不自然，而且是講述值得一再重複的古老故事？

1月15日

12點30分：去圖廷區的聖喬治醫院看派特·道爾[283]。他對發生在自己身上的一切瞭若指掌——用以對抗化療痛楚的嗎啡，天天執著於他的「數值」，還真是不可思議。即使經歷了這些，他仍舊幽默、仍舊**好奇**。艾瑪戴著格呢帽到來，我們拍了幾張拍立得。

下午3點：在龐德街的妮可·法希店買了西裝、鞋子，以及給瑞瑪的兩件東西，

282　即凱瑟琳·瓦伊納，英國記者，1971 —。

283　他被診斷出白血病。

價格極低。這套西裝我會穿超過一次嗎？

1月16日

10點左右：露比來時看見我穿著睡袍，結果她就買可頌去了。和她父母談到塞席爾[284]那邊糟糕的狀況，以及那一切的《現代啓示錄》(*Apocalypse Now*)相似感。

1月17日

10點30分：車子來接→希斯洛機場→洛杉磯國際機場。

1月18日

3點30分：車來接我前往金球獎會場。

還真是瘋了，食物都還沒吃完盤子就被迅速收走，以免在電視直播時拍到餐盤；影星們身穿極其昂貴卻只可能穿一次的禮服；規模盛大的名人聚會——在會場也是，在……創新藝人經紀公司的派對也是如此——葛斯·范桑(Gus Van Sant)、麥特·戴蒙(我喝得頗醉，抓著他的領子說他真的——**真的**——是很優秀的演員)、蜜妮·卓芙(Minnie Driver)、洛琳·白考兒(Lauren Bacall)、莎莉·麥克琳(Shirley MacLaine)(她非常愛《冬天的訪客》，我的偶像)、薇諾娜·瑞德(Winona Ryder)、瓊安·庫薩克(Joan Cusack)(一起擠在電梯裡——我們有機會共事嗎？)、凱文·克萊(Kevin Kline)。將金球獎頒給艾佛烈·伍達(Alfre Woodard)[285]時感覺**再好不過**！

1月22日

11點30分：回到倫敦。

1月25日

電視上在播南岸獎(South Bank Awards)——彼得·霍爾(Peter Hall)說得很好，兩個黨在野時都十分支持藝術。他說得沒錯。這可不行。

10點27分：搭歐洲之星去布魯塞爾。未來也會想常搭，別人說得都不假，高速、絲綢般的順暢無聲，直接駛入布魯塞爾市中心。很快就抵達巴黎。

下午3點：多場訪談——古怪的演員休息室自帶吧檯，藏身在高檔列寧格勒風格的購物中心裡。

284　編註：非洲的群島國家，為大英國協成員國。

285　美國演員，1952 — 。

1月27日

清晨 5 點醒過來，這一整天都將壓抑哈欠，說著沒有動詞的句子。沒想到上午的訪談都充滿了聰明且前衛的問題，讓我輕鬆自在許多。若非如此，他們平常問的也就那六個問題，我可以直接提供（甚至是傳真）標準答案給他們了事。

下午：更多問題，他們逐步逼近《終極警探》與《俠盜王子羅賓漢》。他們彷彿啃著老舊拖鞋、疲憊不堪的小狗。

下午 7 點：放映會，大成功。即使銀幕上滿是法蘭德斯文與法文字幕，電影仍打動了紅絨座位上的觀眾。觀眾起立鼓掌。

放映結束後是電臺訪談，她冒著被我掐死的風險，一開頭就說：「你通常都演……」

10 點：和尼爾〔・金諾克〕去牡蠣餐廳……尼爾竟能一次談論十二個話題，但言語中交織著對新工黨（New Labour）愈發加劇的抨擊。「如果不一週上三次健身房，就等著被踢出去。」

1月31日

→希斯洛機場→阿姆斯特丹。

2月1日

→東京。

好怪。下了阿姆斯特丹的飛機，就看見希臘國王康斯坦丁二世（King Constantine）與安妮－瑪麗王后（Queen Anne-Marie）。我登上飛往東京的班機時，他也在客艙裡。也太巧了吧？

2月2日

抵達東京。

下午 7 點：和蜷川吃晚餐……總是難以放下種種禮節。蜷川一向如此內斂，如此專注於工作。他請我再演一次，並導演莎劇。

2月3日

一整天的訪談。下次注意──實在沒必要每場訪談都五十分鐘，只會累死人而已。不過日本人有種令人放下防備的狹窄視野──這些文靜、嬌小的人們興建了這座大城市，默默地不停從事生產。

8 點 30 分：和三宅一生吃晚餐……[286] 他魅力十足，幽默又開朗，送我一本歐文・佩恩（Irving Penn）拍攝的衣物寫真集。幸好我之前收下了馬汀・帕爾（Martin

---

Parr）[287] 的書，但當初的第一直覺是扛著達米恩・赫斯特（Damien Hirst）的書漂洋過海，那應該會更好。不過在這種情況下，自然是禮輕情意重。

2 月 4 日
令人驚愕的電視訪談──「那對母女去海邊和回來時的表情不同──你是怎麼讓她們表情變化的？」

2 月 6 日
9 點 52 分：搭新幹線到京都。「子彈列車」這稱呼真貼切，你的移動速度之快，致使從頭到尾都在隱隱約約的噁心感之中旅行，因為你捕捉了窗外閃過的任何一處日本風光，看上去都像是巨大的 3D 電路。話雖如此，列車本身很美，很期待哪天英國鐵路也裝設電子公告板、聽得見但又安靜的廣播，還有在她離開車廂時會對我們鞠躬的驗票員。

2 月 11 日
一整天的「不」。
令人不安。安靜的憂鬱。
學院又繼續愚蠢下去──完全沒有《冰風暴》（*The Ice Storm*）的提名，《驚天爆》、《不羈夜》（*Boogie Nights*）也幾乎什麼都沒有。
別這般讓人沮喪，別在年初就開始提名。

2 月 13 日
下午 3 點：去赫茲利特家找約翰・赫特（John Hurt），接著去格羅丘俱樂部，然後去大西洋酒吧。
搭計程車到棲息地酒吧。在廁所櫥櫃翻來找去。搭計程車回家。觀看《惡夜謀殺》的一些鏡頭，心情非常憂鬱……多了 20 英磅的憂鬱。

2 月 24 日
晚間 9 點：和亞當與波莉去常春藤餐廳，餐廳座位區簡直就是《哈囉》雜誌封面照──菲姬（Fergie）和艾爾頓・強在閒聊，傑瑞米・艾朗與西內德・庫薩克（Sinead Cusack）就在餐廳另一頭。亞當瞠目結舌……

287　英國攝影師，1952 —。

3 月 4 日

6 點 30 分：搭車去希斯洛機場，搭晚間 9 點的班機去南非。

3 月 6 日

因感冒 / 流感 / 之類的而鼻水流不止。人生也可以簡化為一臺電視、一個飯店房間，外頭陽光與泳池如何有南非開普敦風情都無所謂了。

3 月 7 日

9 點：《冬天的訪客》放映會。

彷彿透過啤酒杯底看電影。在這些情況下，太難好好欣賞電影了。在雜音之中，音樂究竟適合這部電影嗎？當你頭痛欲裂之時，畫作究竟好看嗎？

3 月 8 日

10 點 30 分：《冬天的訪客》的問答。

總覺得人們應該不怎麼喜歡這部電影，所以不確定該問什麼才好。我漸漸發現，不是**所有人**都不愛這一部，但也夠多人了。

3 月 9 日

9 點左右：《終極警探》。已經十年了。它仍有種其他電影不能及的獨到之處，真實的能量、完美的攝影、風趣與風格。

3 月 10 日

9 點：《越愛越沉痛》（*Under the Skin*）。

這真的非常特別，難怪 [評審團] 在愛丁堡頒了最主要的獎項給它。

3 月 14 日

6 點 10 分→約翰尼斯堡 / 9 點 15 分→倫敦。

莉莎·基（Liza Key）的瘋狂外出活動，一度遺失了所有東西——鑰匙、停車票、我的錢包。我們迷路了。差點。她甚至滿懷希望地問：「有人看見機場了嗎？」但開車路上風光明媚——沿著印度洋行駛——同時也令人震驚，小鎮與貧民窟不過是厚紙板與金屬塊拼組而成的一個個家，再拼組成狂亂的美術拼貼。大量洗好的衣物在塵土中英勇地飄揚。在這個地方，你要如何寄信？高速公路左手邊的第三百間棚屋？

3月15日

露比與辣妹合唱團（Spice Girls）上電視了。什麼？是誰？爲什麼？

3月17日

11點30分→匹茲堡。

在飛機上看《再生》（Regeneration）。說來奇怪，絲毫未投入，也絲毫不令人投入，不夠巧妙、不夠冰冷、不夠犀利。平順、和緩又不起眼——就是週日電視劇。只有最後幾分鐘除外，有**某種**驚天動地的事情發生了。

我們在蒙特婁停留一個鐘頭，接著去匹茲堡，然後是威廉・佩恩飯店。衝出地道的瞬間仍舊令人情緒激昂。

3月18日

[拍攝《怒犯天條》]

11點：試穿服裝。凡賽斯[288]無懈可擊。艾碧姬（Abigail）[289]明顯非常非常優秀，無論是形狀、線條、材質都無可挑剔，而且她願意傾聽。

下午3點：和琳達・佛倫提諾讀劇本。另外和傑伊（Jay，傑森・繆斯 [Jason Mewes][290]）見了面，像傻子一樣以爲他是凱文（Kevin）的助理，這才認出他是演過《愛，上了癮》（Chasing Amy）的人。還眞是一腳深深踩進去了。琳達覺得這搞笑至極。她完全就是看上去與聽上去的那個樣子——微微沙啞的嗓音、深色調、感覺很性感。中途班・艾佛列克（Ben Affleck）跌跌撞撞地進來，後來是傑森・李（Jason Lee），再後來是麥特・戴蒙。房裡突然滿滿都是棒球帽、「啵」一聲拉開的水/冰茶/之類的飲料罐、剝到一半的柳橙、洋芋片、菸煙。我們一路高空彈跳般地讀完劇本。混亂、自由落體，琳達堅決什麼都不付出……這部分我們事後在鋼鐵廠的餐廳稍微討論了下。在這裡，什麼事物都會慢下來或開啓，我們開誠布公地聊了一番，十分有趣。他們都是聰明、好笑又熱情的人，也願意坦誠內心。我開心地發現，有些人的眼神變得柔和了。

3月19日

9點：凱文・史密斯（Kevin Smith）帶排演的方式當眞奇特。麥特和班似乎都沒意見，那我也就入境隨俗了……我們花了一小時讀報紙、閒聊、坐著、等待……等待早餐。沒有任何解說，沒有試圖讓我們合作。我們接著做了某種報

288　編註：Versace，義大利時裝品牌。

289　艾碧姬・莫瑞（Abigail Murray），電影服裝設計師。

290　美國演員，1974 —。

告形式的演練，起身到中間演你的場景，凱文就只在旁邊觀看，在場景結束後說聲「很好」，然後用他的數位相機拍照。傑森·李全然投入，琳達則悠閒無比。

下午 3 點：我和琳達。凱文幫我們讀臺詞，在一些奇怪的位置要我們多一點、少一點。這有它獨到的**真誠魅力**。是他寫的，他聽得到自己要的旋律。

在房裡吃晚餐。古怪、脫節又困惑的心理狀態。有時你感覺自己是一瓶牛奶，少了你，火箭就無法起飛。但這種想法太負面了，所以呋呋呋！

3 月 20 日

6 點 45 分：開去匹茲堡機場，搭 8 點 05 分的班機→紐約。

在 10 點左右抵達工作室，做假肢。

去倫巴第飯店。

3 月 21 日

2 點 30 分：《謀殺綠腳趾》（*The Big Lebowski*）。

如同片名——毫無規則可言。巧克力盒之中還有幾顆珠寶，以及其他混為一談的譬喻。

3 月 26 日

10 點 15 分：坐車去紐華克機場搭 12 點 14 分的班機去匹茲堡。

下午 3 點：去服裝部門試穿服裝。真想一夕間減掉 10 英磅。在星期三以前得節食了。

3 月 31 日

去片場：教堂。

喬治·卡林（George Carlin）與耶穌好伙伴（Buddy Christ）[291] 雕像看起來都非常棒。卡林和臨演們的即興演出十分精妙，應該將他錄下來的。令人聯想到戈爾·維達爾在匹茲堡加入我們，一起演《天生贏家》（*Bob Roberts*）的那一日。

4 月 1 日

上午 7 點 30 分：車子來接我去片場，一整天都在墨西哥餐廳裡度過。

電影開頭就是一場六頁的場景，我回想起《豪情本色》第一天。再度面臨懸崖峭壁了，只不過這次是在回憶與任何形式的自由之間劍拔弩張的戰鬥。過程中，隔著肩頭與特寫的那兩個畫面有幾次成功了，但總是微帶懊惱，無法真正

291　《怒犯天條》當中一個場景，一位紅衣主教試圖重塑耶穌基督的形象。

讓它成為兩人之間的鏡頭。有好多劇情得拍，還得迅速拍完。

這天結束時，凱文似乎喜不自禁，在這種情況下，好幾個鐘頭就這麼悄悄溜走了。上午 7 點 30 分坐車過來，下午 6 點收工。

琳達有種火山般的才華，悄悄在她帶入每一句臺詞的角色人格之下隆隆湧動。性感、黑暗、沙啞、揚起眉毛、轉著眼珠。全都令人深感興趣，卻也全然不適合這個角色。但還輪不到我說什麼。我似乎正在學習中。

4 月 3 日

和麥克・尼可斯（Mike Nichols）談話，他寄了去瑪莎葡萄園島的邀請過來。當然要去。樂意之至。

2 點 30 分：車子來接我去甘迺迪機場，接著在下午 5 點→希斯洛機場。

4 月 6 日

8 點：《偷情》（Closer）。

受導演[292]所困的演員團隊。導演同時是作者，又是那個老問題了。法蘭西絲・巴伯說自己受限於派崔克的指示。是真的——你完全能看見紙上一句句臺詞。去常春藤餐廳與劇院酒吧。怎麼都沒有人研究法蘭西絲呢——應該測試笑聲對身體健康的益處，我看她喝這麼多葡萄酒，總得用某種方式將健康的平衡拉回來。《每日郵報》隨卡洛琳・亞恩（Caroline Aherne）溜到座位上時，我匆忙逃離劇院酒吧。

4 月 11 日

發現自己演電影《猶大之吻》（Judas Kiss）賺了多少錢，大吃一驚。

4 月 13 日

《送冰人來了》（The Iceman Cometh）。

凱文・史貝西可說是演藝方面的衝浪冠軍，讓其餘人顯得太過吃力。即使他同時帶有微微自傲的氛圍也一樣。

4 月 19 日

看英國影藝學院電影獎。彷彿在火星遠觀這一切，而且我還只會說火星語。至少《鐵達尼號》（Titanic）空手而歸了。

但除了雪歌妮・薇佛（Sigourney Weaver）以外，《冰風暴》也沒有獲獎，可見

---

292 派崔克・馬柏（Patrick Marber）。

這些儀式有多麼不公。《冬天的訪客》沒有同流合污，避開了有時令在場所有人蒙羞的庸俗典禮。

4 月 25 日
12 點 25 分→匹茲堡。

4 月 27 日
下午 1 點：試穿服裝。三宅一生寄了兩套外太空服裝過來——對這部片而言有點太天馬行空了。

4 點 15 分：去看醫生，處理流鼻血的問題。他做了燒灼處理（也就是劇痛的同義詞）。

8 點 15 分：傑夫（Jeff）[293] 來幫我重新染髮。

4 月 30 日
排演。琳達只有五句臺詞卻忘了兩句，該不會只有在坐車來的路上，草草瞄過這個場景吧？我被拋入黑暗、蹙眉的心境——不得不獨自工作的情況下，我心懷不滿、不願說話。又變成這樣了。於是——臺詞堆積成漫長的一天，還有[個]場景的重點完全放在假肢與 80 英磅重的翅膀上。後者著實是獨特的體驗，放下翅膀時你彷彿被磁鐵往牆壁拉去，隨著分鐘化為半小時，重量與帶子會開始玩弄你的記憶。痛楚與專注力相抗。結果呢，琳達**仍然**記不住臺詞。凱文注意到了，問我是不是有什麼狀況。這時候你還能說什麼？

5 月 1 日
樊斯（Vince）[294] 的團隊幫我貼上假胳下，我們就這麼開創了電影業的先鋒：正面全露，卻不露點。所有人都不停拍照，照片無疑會流傳到網路上去。
這天有人提起琳達去看過某個優秀的皮膚科醫師，於是我下午 3 點也去看醫生了。醫師南希・尼蘭［－費雪（Dr Nancy Nieland-Fisher）］劈頭就告訴我，我有酒糟鼻、牛皮癬與粉刺，我開了這些藥來治療你這些不治之症。棒喔。

5 月 5 日
和艾拉妮絲・莫莉塞特（Alanis Morissette）見面。她在化妝車裡，人們忙著用

293　傑佛瑞・A・魯比斯（Jeffrey A. Rubis），化妝師。
294　樊尚・J・瓜斯蒂尼（Vincent J. Guastini），特效化妝師。

花朵裝飾她的頭髮。真是怪了。我和世上其他人同樣買了那張 CD[295]，聽過歌曲中的憂慮與搖滾。結果她卻是這位安靜、討喜又溫和的女孩／女人。我們等待許久，拍了點東西，搭同一輛小貨車回飯店。聊到了工作；現在的工作，未來的打算。和鄰家女孩產生了共鳴。

5 月 6 日

我和艾拉妮絲成了搞笑二人組。誰想得到呢？現場版的勞萊與哈台（Laurel and Hardy）[296]……

5 月 7 日

氣氛絕對變了──班・A 走之後，克里斯・洛克（Chris Rock）終於願意開啟心扉。這是和魔鬼的交易──對冥頑不靈的確定事項犧牲自身怪異之處；盡可能讓人看見你拿著手機──直到「開拍」的聲音傳來為止。

釋放了各式各樣的想法──在回飯店的巴士上，莎瑪・海耶克（Salma Hayek）說起自己曾在印度當德蕾莎修女（Mother Teresa）的志工──這位絕美的女人竟說到，她過去為瀕死的女人擦去屎與蛆，還驅趕飛到她臉邊的蠅蟲。

記得艾拉妮絲昨天說過，她也去過印度。

5 月 8 日

以後想到匹茲堡，必然會想起我在威廉・佩恩飯店裡的房間。沒有車，沒有計程車，還是在拍一部關於創建多樣家庭的電影。感覺團隊全員都有這種需求，不過最上層是一種羞赧，害臊與傲慢凝結成形，使得人們無法表現出內心的脆弱。我出現的時刻不多，無法造就太大的變化。

5 月 9 日

回飯店路上，我感覺到下背一陣熟悉的刺痛，彷彿被刀子捅了。我知道這是什麼意思，接下來五天都將免不了疼痛。翅膀的報應來了。

5 月 10 日

試圖讓身體下床，這就和解數學方程式同樣困難。緩慢移動至直立狀態，然後上午 8 點由電影美術指導拉茲（Ratz）來接我去跳蚤市場。

295　《小碎藥丸》（*Jagged Little Pill*）。

296　編註：好萊塢早期非常知名的喜劇雙人組合。

5月11日

才睡四個多鐘頭就在8點醒了，下背痛到請了脊椎手療師。這可能不是很明智。一條神經被擠壓到，周圍肌肉全都握緊了拳頭守著它奮戰。

7點50分：搭車五分鐘去車站餐廳。每一個念頭與動作都受痛楚左右……要我凌晨3點30分拍特寫實在是錯誤之舉，那時我的大腦已然停止運轉。我此生第一次請他們給我提示板。糟糕至極的體驗。但若不這麼做就拍不成場景，而且只會引致排山倒海的絕望。疼痛越來越嚴重，光是從椅子上站起來就痛不欲生。

5月12日

痛得要命，今晚沒法拍片了。他們調動場景的拍攝順序……醫師過來，給了我治療抽搐與止痛的藥丸。請人幫我按摩。站著看電視。

5月13日

去醫院照 X 光。幸好椎間盤沒出問題，穿上支撐架之後肌肉抽搐的問題也有所改善（當初穿戴翅膀時就該用支撐架了）。

5月15日

疼痛逐漸減緩的一天，然後就在你產生信心之時，它又猛地一刀刺來。

清掃。打包。再次離去。

整天聽著電視上辛納屈的歌曲，就連平時不愛聽的〈我的路〉用那美妙聲音唱出來也變得動聽了，不過他完全無可預測的分節法在〈一路到底〉(All The Way) 或蛛網般的〈你在我的肌膚之下〉(I've Got You Under My Skin) 中較爲卓著。一個人一旦去世，你談論到他時，不會再將他視爲理所當然的存在。[297]

5月16日

11點50分：去紐約。

5月20日

上午9點：飛往洛杉磯，接著前往蒙德里安飯店。

5月21日

上午9點：萊斯・霍斯壯（Lasse Hallström）。溫和的男人，《心塵往事》(The Cider House Rules) 的劇本十分有趣，我不必演戲——只要在鏡頭前照常表現即可。

297　編註：人稱「瘦皮猴」的美國傳奇歌手法蘭克・辛納屈，在該年5月14日過世。

2 點 15 分：搭車去看《猶大之吻》錄像。塞巴斯蒂安［・古提雷茲（Sebastian Gutierrez），導演］說你想聽好消息還是壞消息，其實就只有壞消息而已。德國人與史特凡［・西姆丘維茲（Stefan Simchowitz），製作人］把電影剪得和動作片差不多，這表示我和艾瑪也只剩骨架子了（至少我看是如此）。改得越多，事情也不會改變……

5 月 26 日

5 點 40 分是噩夢般的接送時間，讓你一整天都不得安寧。再加上隱隱存在、揮之不去的頭疼，以及不時出現的噴嚏。我最不需要的就是這些。

這個場景包含無數形形色色的鏡位，到了傍晚，我們淹沒在上空天天飛過的飛機聲中，開始攝影時，滿耳都是震耳欲聾的手提收錄機聲。

瘋狂與深情

5 月 30 日

［下午］6 點 45 分：車子來接，去星湖集會堂水上行走。一切都順利，除了現在已是預料之中的狀況：凌晨 3 點攝影機轉向我時，我的大腦已經出現運作障礙了。但空氣中飄著些許慶祝氛圍，在湖上打光美不勝收，破曉時我們在化妝車喝了些香檳，互相道別。

上午 7 點上床就寢。

6 月 1 日

［下午］5 點 50 分→紐約。

6 月 4 日

8 點 30 分：艾迪・以札德的演出。

我還是頭一次見他如此公然地提及政治議題，只見他精采地從波布（Pol Pot）[298] 說到登陸月球再說到青春期。

晚些：去巴爾札餐廳。艾迪身穿牛仔褲、T 恤與 4 英寸細跟鞋。美好的一晚。

6 月 5 日

如今早講電話時凱瑟琳所說，艾迪是能改變世界的人物之一。事後的這個上午，我為他清楚的立場、圓滑的說法心生仰慕。他在挑戰現狀的同時安慰人心，你能聽見觀眾席一顆顆生鏽的腦子開始喀喀轉動。

298　編註：柬埔寨前中央委員會總書記，曾是「紅色高棉」的最高領導人。該年 4 月 15 日去世。

6月6日

7點30分：喬到了登上協和號客機的機會。太好了。伊凡娜・川普（Ivana Trump）[299] 坐在我前面，增添了些時髦氛圍。我看著她讀關於自己的剪報、撕下一些部分、檢視時程安排，然後相當感人地細看了家人的照片許久，這才將照片收回皮包。

7月20日

7點30分：BBC廣播大樓。晚餐……該怎麼說呢，我們莫非是舞臺布景？這些有任何用處嗎？麥可・弗萊恩（Michael Frayn）是在場唯一一個真正有才智的人。李察・艾爾非常好，強納森（Jonathan）[300] 也是。哈維［・哥德史密斯（Harvey Goldsmith）］——很多意見。我和西蒙・羅素・畢爾也懷有同樣的期望。西蒙・柯蒂斯 [Simon Curtis，電影導演] 對伊麗莎白（Elizabeth）[301] 說了 [洛杉磯] 地震時我穿著絲綢睡衣出門的故事，以為這件事很好笑。

7月21日

皇家藝術學院申訴委員會。

艾登堡說了些恐怖故事：藝術協會抽籤的經費減少、口是心非等等等。他也頻頻將手插入口袋，表示對這整件事的支持。

7月30日

8點：和凱瑟琳與大衛・貝利吃晚餐。

夢幻的閣樓空間，在國王十字車站上方高處，欄杆的弧線導入拱形入口。能在這個寬敞的大房間裡花好幾個鐘頭觀賞人群，拐過轉角則有個電視間。他們是很棒的一對夫妻，除了最具標誌性的那些部分以外，兩人都十分脆弱、十分直率。

8月3日

放假！

和海倫・米蘭聊天，她一如往常地溫暖、幽默、誠實、有說服力、善解人意、有說服力……

12點：搭車去懷特利 [購物中心]（美國運通與A&C），接著去希斯洛機場搭據說是2點10分→羅馬的班機，結果等到4點才起飛。莉維亞（Livia）和我們

299　編註：美國前總統川普的已逝前妻，1949 － 2022。

300　強納森・肯特（Jonathan Kent），英格蘭戲劇導演，1949 －。

301　伊麗莎白・麥高文（Elizabeth McGovern），美國演員，1961 －，西蒙・柯蒂斯之妻。

會合，（沒想到）這是她十年來第一次「長途」開車。她從不上高速公路，所以開得很慢，直到完全停車為止。和我們相距六輛車的前方發生了恐怖車禍，一台被撞爛的貨櫃車橫擋在路上，如某種粉身碎骨的巨大未知生物。後來得知司機被拉出來了，似乎沒事……兩小時後，起重機將整台車吊到空中——深具詩意的畫面，數不盡的冰凍肉畜屍體溢散到路面上。安東尼奧尼（Antonioni）[302]。凌晨 2 點：坐下來吃義大利麵與大蝦，聽著蟋蟀賣力鳴叫。

8月4日

5 點：開車進入卡帕爾比奧。伊特拉斯坎石牆、狹窄的街道，等著成為電影場景。或者等著觀光客滾開。

下午 7 點 30 分：就這樣吧。我會接下。《安東尼與克麗奧佩托拉》。國家劇院。海倫・M 和西恩［・馬提亞斯］都鬆了口氣。

8月6日

在海灘度過愉快的一天……我在讀阿諾・維斯克（Arnold Wesker）的《夏洛克的誕生與澤羅・莫斯泰之死》（*The Birth of Shylock and the Death of Zero Mostel*）。我知道這是在 76 － 77 年寫的（它是本日記），不過整體語調仍令我吃驚。對於約翰・戴克斯特（John Dexter）[303] 的神化，維斯克對自身所有思想與舉動全然地痴迷，特別是在他人未遵循他建議的次數這方面，他如數家珍。他多次提出意見被採納——幾乎成了第二個導演——但主要是對演員輕蔑的態度——時時以角色的名字稱呼他們。時時提到他和戴克斯特在排演時嘶聲評論。演員是會表演的狗——可以任意塑形、可笑、沒有理性思考的能力，就只有盲目的本能，且無法聽見作家的「音樂」，惹人厭煩。發現演員也有私生活時，他似乎十分驚訝。儘管如此，他引用了一句約翰・懷廷（John Whiting）[304] 的話，令人印象深刻——「舞臺劇中一句臺詞的意義就這麼多了，情緒也就這麼多了……真正傑出的演員能行使自己的控制力，賦予臺詞一種本質上的正確意義，那句臺詞似乎無法再做其他的詮釋。他們還能使情緒化作一種氣氛，一種意義能夠自由存在的氣氛。**較無才華的演員常試圖過度人性化。**」（p. 108）

8 點 30 分：和保羅・萊昂－瑪利斯談過了，和國家劇院的合約有關。可以演《安東尼與克麗奧佩托拉》，每場演出約 100 英鎊。去告訴那些歌劇歌手吧。由派

302　米開朗基羅・安東尼奧尼（Michelangelo Antonioni），義大利電影導演，1912 － 2007，以《春光乍現》（*Blow-up*）等電影聞名。

303　英格蘭戲劇導演，1925 － 1990。

304　英格蘭演員、劇作家與作家，1917 － 1963。

崔克・普羅克托爾（Patrick Procktor）[305] 繪製海報。

8月9日
11點左右：去海灘。讀完維斯克的日記。矛盾、不理性、尖銳、確切、自我欺瞞、誠實、妄自尊大、三心二意——各種形容詞都能用以描述它。整體而言，對演員極不尊重。我們**所有人**都該投入「透露」的行為，而這裡卻有太多是「表面工夫」了。

8月11日
8點左右：在蒙特波鎮吃晚餐。這宛若伊夫林・沃（Evelyn Waugh）書中的一章。葛林（Greene）家。葛拉罕（Graham）[306] 與莎莉（Sally）及他們的孩子麥特（Matt，劇作家，洛杉磯）、夏洛特（Charlotte，家庭主婦）與亞歷山大（Alexander）。令人屏息的房子，每個角落都充滿了泰然自若的品味與各式各樣的奇特物品。滿是蠟燭的桌子、樓上的亮片球，以及在打燈的布後方跳舞的孩子們，影子落到了布幕上。廚師在下午5點走人了，帽子、包包、公事包，全部東西都帶走了。

8月17日
排練《安東尼與克麗奧佩托拉》的第一天。
1號排演室，以及數張土耳其地毯上排成了一圈軟墊組成的時空暫停畫面。不過腦子裡想著彼得・布魯克與1978年也好，尤其因為我和海倫永遠不可能墜入艾倫・霍華德（Alan Howard）與格蘭黛・傑克森（Glenda Jackson）兩人曾經存在、如今卻冰冷得驚人的空間。
總之，那裡有幾張熟面孔……還有許多面孔好看的陌生人。崔佛・農恩用大大的擁抱與歡迎演說迎接我們，周圍盡是國家劇院職員，然後派琪・R（Patsy R.）[307] 要我們在西恩開始前先練習呼吸。這天剩下的時間都用來拈起文字，細細審視。提姆・哈特利（Tim Hatley）帶我們參觀舞臺布景，大衛・貝魯格（David Belugou）帶我們去看他的戲服。第一聲警鐘。希望這只是我大驚小怪——但有了那面金牆、那些服裝，我們要如何讓這齣戲貼近個人，而非恢弘壯闊呢？

305　英格蘭畫家，1936－2003。

306　葛拉罕・葛林（Graham Greene），1936－2016，英國出版業者。

307　派琪・羅登堡（Patsy Rodenburg），英國聲樂指導，1953－。

8 月 19 日

5 點 30 分：第一次順過第 1 幕（文字）。我演得太多了……

8 月 20 日

西恩指導排演的方式十分出色。真誠、歡樂，其實就是否定了自身角色的力量。「你們不表現給我看的話，我也沒法**導演**。」──之類的話。

8 月 21 日

11 點 30 分：曼徹斯特街 26 號，派崔克‧普羅克托爾。（突然有了寫日記的理由。）打扮得無可挑剔（他的口袋裡是不是還放了紙手帕？）。而且他無論喝得多醉──真的很醉──還是知道自己繫著凡賽斯領帶。繪圖時間差不多是接下來一個鐘頭內的十五分鐘，中間喝了幾大杯威士忌，不過每當他坐上凳子、視線惡狠狠地聚焦在我身上時，線條總能從他手上迸發到畫布上……畫得精妙絕倫。他堅持要以無比高貴的形式用午餐，去奧丁餐廳──滿是彼得‧蘭甘（Peter Langan）的圖畫。美麗的勞拉‧奈特（Laura Knight）、霍克尼作品──走道對面則是普羅克托爾的畫。

8 月 24 日

接受派琪的指導，她花了約二十分鐘解決「霧濛濛」的語音問題。毫不意外──（1）我呼吸的方式不對，（2）水喝得不夠。

8 點：去珊德拉與麥克‧凱曼家，為珊德拉慶生。她不久前才剛因為動脈瘤爆裂而去動手術，現在看她切蛋糕、應門、做**任何事情**我都感到開心。喬治‧哈里森想方設法躲進角落、走廊，彷彿站到派對會場中央就要了他的命。我也懂他的心思，他感覺是十分真誠、開朗的人。

8 月 25 日

順過第 2 幕。某種輕鬆、大方的情緒扎了根，西恩過去十天所有的努力與方法都奏效了。如他事後所說，這簡單、直接且**現代**。

8 月 26 日

說來奇怪，劇團關係越來越密切了，不知為何我和海倫卻仍是局外人。芬巴（Finbar）[308] 也是如此。參與其中、投入了身心，卻仍是局外人。這又是什麼意思呢。

---

308 愛爾蘭演員芬巴‧林奇（Finbar Lynch），1959 ─。

8月27日

9點45分：「計程車在哪？」這個問題無解，只能妄想國家劇院派車過來。哈。結果呢──又遲到了。

下午：深入探索《安東尼與克麗奧佩托拉》。晚間時圍成一圈，語調平板地讀劇本，目瞪口呆。

在家吃晚餐。打包。

8月28日

去阿拉斯加！

阿拉斯加時間12點，抵達朱諾機場。

1點30分：將年度最大驚喜帶到片場給瑪麗·伊莉莎白[·馬斯特蘭東尼奧]……

3點30分：河川泛舟。風、大雨，說到「如何不摔進河裡」──我們險些退出，但還好沒有，結果還是很愉快。

8月30日

7點30分：在紅酒館喝酒，然後8點30分去完全從零設計與建造的頂樓吃晚餐，觀看阿拉斯加圖騰柱儀式，俯瞰下方的泳池……時時注意其他人分別坐在哪幾個位子，消耗了大量精力。羅賓·威廉斯來了──他一如往常地令人卸下心防，靦腆而不強硬，成了所有人的楷模。跳舞到深夜，瑞瑪則在酒吧玩拼字遊戲。

8月31日

8點30分：起床。打包行李。

接著是漫長的道別。

這過程中投注了太多的努力、注意與對細節的注重，以致現在很難放手、很難單純享受它。這是其他人才擁有的幸事。今年[保羅·艾倫的派對]賓客名單包含──法蘭西斯·福特·柯波拉（Francis Ford Coppola）、喬治·盧卡斯、詹姆斯·卡麥隆（James Cameron）、尼爾·喬登、吉姆·謝利登（Jim Sheridan）[309]、泰瑞·喬治、傑夫·高布倫（Jeff Goldblum）、甘蒂絲·柏根（Candice Bergen）、安娜貝絲·基許（Annabeth Gish）[310]、埃德·貝格利（Ed Begley）、大衛·史都華、狄帕克·喬布拉（Deepak Chopra）、約翰·里奇蒙德（John Richmond）[311]、諾埃爾·瑞丁、丹·艾克洛德（Dan Aykroyd）、羅賓·

309　愛爾蘭劇作家，1949─。

310　美國演員，1971─。

311　英格蘭時尚設計師，1960─。

威廉斯、佩蒂・史密斯、珍妮佛・珊德絲、亞德・埃德蒙森、克萊兒・佩普羅
（Clare Peploe）[312]、道格拉斯・亞當斯、昆西・瓊斯（Quincy Jones）、嘉莉・
費雪，等等等。科學家、建築師與貝爾法斯特的家族全都混在了一起。

9月1日
從阿拉斯加回國。
11 點 30 分：（勉強睡了一會兒）……搭車回家。更衣。接著去國家劇院，下
午 3 點抵達。直接開始讀第 3 幕劇本。我心想：利用它；精神相當精確，視界
卻嫌不足。

9月2日
順過了第 4 幕。時差還未調回來，偶爾會閃過奇異的形狀、結合、絲線。有時
我會說話，有時我沉默良久，以致海倫和平時一樣不帶批判、意外地問我能否
接受這種排練方式，還是覺得無聊？事實上我一點也不感到無聊，而是在這部
絕美舞臺劇的種種可能性當中迷失了自我。就像是「口中發出的聲音變成肉體
破裂的噴湧」[313]。

9月3日
午餐時間——看派崔克・普羅克托爾的完成品。看上去像是兩個 14 歲孩子的
畫像。也差不多了。

9月7日
實際演練舞臺劇的第一天。到了接近傍晚——警鈴大作。這幾週詳盡地順過了
文字部分，今天則有一些非常好的表現，但沒有真正區分良莠的感覺。這之中
有些表現極差的部分，還有幾段臺詞唸得不好。布景果然實現了我當初的擔
憂，在創造出入口的動態感這方面相當彆扭。

9月8日
好些了。我上午如同緊咬著拖鞋不放的狗，還能感覺到每一股新能量各自亂
飛。在無人提供第二選項時，海倫會自動進行獨角演出，只要稍稍提出建議，
她便會發生令人驚豔的變化。憑直覺演戲的天才。

312　英國編劇，1942 － 2021。

313　出自〈德意志號沉沒記〉（The Wreck of the Deutschland），傑拉爾德・曼利・霍普金斯
　　（Gerard Manley Hopkins）著。（編註：這句話形容船難事件中受難者們極端的肉體和
　　心理痛楚。）

9 月 17 日

上午排練第 4 幕……西恩為舞臺劇這段難以駕馭的抒情橋段感到憂慮,我不得不評估自己的目標——特定的感情、舉動。接下來演練時,事情變得清晰、直接許多。西恩像是一大堆情感的捲筒衛生紙——而且照常誠實面對自己,告訴我們他深受感動。某方面而言,這也是一種警告。別太鬆懈了。

9 月 23 日

這段日子很不容易,只能設法理解文字、排演每一幕。所以——缺乏內部動力。也聽著文句被人用各種方式切割,所以也缺乏外部動力。

唯一的解決方法就是**停下來**與**指導**。我聽起來、感覺起來像一直在對他人做反應,但看別人改寫莎劇或**驅使**它往錯誤方向前進,我感覺就像被一刀捅進腹部般難受。如果你仔細**推敲**臺詞,莎士比亞就會讓你輕鬆許多(或者說較為輕鬆)。

6 點 30 分:試穿戲服。那件芥末色絨面革要淘汰掉了。哈雷路亞。要是穿上那件,我就只剩沒有身軀的一張臉了。

9 月 28 日

順過第 3 幕。老天啊。

9 月 29 日

開始排練第 4 幕。稍微預習了下臺詞。讓自己恐慌的良方。

9 月 30 日

天啊,拜託讓我把劇本弄丟。

10 月 1 日

睡了三小時,還去跑步。感謝上帝給我這(特殊的)體驗,否則我只能用一把手槍自行解決了。

10 月 5 日

下午 7 點:第一次從頭到尾的排演——第 1 幕。

西恩很滿意。在我看來根本亂七八糟,只有放飛自我、自由發揮創意的海倫除外。整個下午都看著凱蒂亞・C(Katia C.)[314] 完全抓錯重點,使我疲憊不堪。

---

314 凱蒂亞・卡巴萊羅(Katia Caballero),飾演奧泰華(Octavia)。

10 月 6 日

這段時期不好過。我感覺自己雖不至於完全封閉自我，但實在太過專注，以致和其他團員的談笑聲消失無蹤。

「西底亞斯（Thidias）」那一場是第一次大規模的滑鐵盧，你只得一再重複這些話語，讓這份認知深深滲透進去。

10 月 7 日

2 點 30 分：第一次排演整齣戲，彷彿靈魂出竅。充滿了英勇事蹟、愚蠢、團隊的事情、個人的事情、有了結論又沒有結論。但整體而言算是奠定了明天的基礎，事後也有藉口在酒吧大醉一場。

10 月 8 日

嚴重宿醉了。

下午 3 點：技術彩排開始。在舞臺一側時，海倫的一句話令我印象深刻：「我好開心……我從小就夢想在大劇院裡演女王……」

10 月 9 日

再次嚴重宿醉。

這天的漩渦轉了下去，戲服逐漸成形，角色逐漸消失；試戴假髮。其他演員都莫名激動，我則滿頭問號。

10 月 10 日

我們以車禍般的勢頭衝過中場休息，接著進入後半。我心中的問題越來越大、越來越急切。音樂在哪？故事在哪？一再萌生疑問，所以精確度在哪？

11 點 30 分：在酒吧裡。所有人都心情愉悅。我和海倫都默默希望能來一場正式彩排。

10 月 11 日

上午 11 點－下午 7 點：時間到時我們還在第 4 幕中間。想到明晚的公開演出，一種寧靜的恐懼籠罩下來。今天才首次看見盔甲……為什麼？難道不能第三或第四週時就把它做出來嗎？不就是件道具嗎。這下他們明天一整天都得戰戰兢兢，我們所有人都面臨著在觀眾面前即興演出將近四小時的恐怖念頭。音樂出現得反覆無常，燈光則會是一瞬間的驚喜。

10 月 12 日

7 點 15 分：就這麼開演了……

1,200 人來看我們的總彩排，同時也是第二次演完整齣戲。膽戰心驚。在我心目中，這永遠都會是——一場大破壞。但我們當然得將之作為己用。

10 月 13 日

第二場演出。

它成長，又縮水，但開始找到屬於自己的空間了。

10 月 14 日

仍然緊張得要命。這齣劇是如此盛大，劇院也同樣恢弘。

事後在門前臺階和海倫與西恩談話。他大量展現出內心的脆弱，但這又如何？我認為導演沒有這種自由，他們只該鼓勵、挑戰、安慰，**絕**不該尋求認可。

10 月 15 日

麻煩的小精靈來了。

在水上打滑。

碎浪上的公路旅行。

劍從鞘裡掉出來，被旋轉舞臺帶走了。

今晚安東尼是用厄洛斯的劍自盡……

在奧利維酒吧和企業的人應酬，接著是深夜和海倫與幾個LX的傢伙又喝了一輪。

10 月 17 日

1 點 30 分：第一次日場演出。

在 6 點 25 分左右……西恩走了進來，看似神經緊繃。他不喝酒，但我不禁看著他那瓶柳橙汁，開始思索碳酸水的作用。不知為何，他氣勢洶洶。「你他媽就不能表現出一點魅力嗎？」我愣住了，請他別這樣對我說話，他差點奪門而出。我說你把建議給我就是了，你還是第一次提起這個問題，我也還在探索這個角色等等等。晚場演出算是前進了一步，但即使在寫下這段文字時我仍不知所措。他是被人說得不耐煩了嗎？被說了什麼？伊恩‧麥K與夏洛特‧康威爾（Charlotte Cornwell）來訪，說他們非常愛我們的演出。莫非他們也是被人派來說這些的？

10 月 18 日

相對靜止的一天。睡眠。報紙。有機星球超市。卡布奇諾。挑了幾件襯衫燙平。

回信。做晚餐。思考。思考。幸好有瑞瑪陪伴著我，且不感情用事。

10 月 20 日
下午 7 點：媒體之夜。
不出所料，一切都有所提升，因此——能量高、專注度高，卻不見應有的自由。
事後去蘇活屋俱樂部。

10 月 21 日
然後是安靜的早晨，這表示新聞報導不好看。我最終聽見小心翼翼的留言，了解了狀況。
下午 7 點：第二場演出。不容易。什麼都沒事先討論過。這會是好主意嗎？我可不這麼認為。演出當中被割了道大傷口，我只能汩汩流血，直到貼上 OK 繃為止。

10 月 22 日
又來了。大範圍逃避。大範圍沉默。真是可怕，一句「好／壞」就能影響所有人的反應——彷彿一間俱樂部，只有能進、不能進兩種狀態。
下午 7 點：沒想到這場演出算有滿滿的好東西，還有不少教訓。別從頭到尾出這麼多力氣，去找些東西，放開手。讓海倫去引導——最為自由的靈魂。

10 月 23 日
下午 7 點：硬幣的反面。年輕演員們演著各自與世隔絕的想法——沒有任何（角色）的身分感。在西底亞斯那一場，我打了愛德（Ed）[315] 兩次。錯了，錯了。但當安東尼怒不可遏時，又面對如此傲慢無禮的人？幾乎無法避免這種情形。

10 月 25 日
又一片沉重的死寂，籠罩在這陰沉的一天……時至今日，這也只可能是更多負面評價的意思……好吧——只能熬過接下來六週了。

10 月 26 日
下午 7 點：這幾場演出都不容易。所有人都對評論心知肚明，但無人提及那些。除了在中場休息時（在相當不穩的上半場過後），劇團有人送了張非常感人的匿名字條來，向我們表達愛與忠誠。

315　愛德華·羅利（Edward Laurie），飾演西底亞斯。

演出結束後，西恩敲敲門。他不明白演員今晚是何種心情，在我指出這件事時，他說：「那我呢？」唉，西恩……

10月29日

2點45分：劇團被召集。

西恩告訴我們，這對**他**而言是多麼重要的一段時期。

10月30日

也許是時候試著放手了。若是安東尼想必會放手吧。別再緊抓著問題不放了。

11月4日

感覺實在是不可能，卻還是發生了。貝琳達與休來了，他們說不敢相信別人的評論。

在緊箍著腦袋、令我頭暈目眩的疲倦當中繼續工作，釋放出一些東西，但還有一些東西困住了。迅速搭計程車回家——打電話給寶拉‧戴安尼索提後，怒火在心中悶燒（不是她的錯——就只是**再次**說明了朋友對我缺乏信心而已）。

11月6日

這場很辛苦。感冒／流感／之類的東西即將到來。更慘的是——徹骨的疲倦，也意識到晚上在外飲酒作樂，之後必然得付出代價。

10點45分：我要是膽子大一點，就該和派崔克‧普羅克托爾與朋友……去蘭根餐廳。他**愛死**那地方了。真是可愛。

11月10日

誤買了《Time Out》雜誌……忘記裡頭肯定有刊登戲劇評論。一個人究竟能被罵得多不堪呢？

11月13日

7點：……愛德揍我一拳，於是我踢他一腳，他又踢我，我又踢他……戲劇的核心啊……

11月14日

上午6點：我體內這股破壞力到底是什麼，怎會讓我在有兩場演出的日子裡5點30分醒來？飽含惡意且不公平。

下午1點30分與7點，中間是兩小時休息。頭暈目眩、哈欠連連，後來在9

點 30 分左右突然迴光返照。何來的能量呢？芬巴認為我那句「你不過是個軍人……」是在貶低他。這些人的靈魂還真是敏感，我和海倫宛如頭尾兩個書夾。

11 月 18 日

海倫說她很緊張。我擔心她越來越傾向從頭到尾大喊了。

11 月 19 日

天賜的一個半小時睡眠，大約在 9 點與 10 點 30 分之間。
今晚的特別之處，在於那個相機開了閃光燈的女人——前半個鐘頭就閃了三次。→回到丹尼、蕾拉、艾蜜莉、湯姆誇我「做得好」的世界。但阿琳沒有這麼說，她看的演出顯然和其他人不同……好喔……

11 月 20 日

伊恩・麥克連打來，聊了許久。激勵、提醒、給予力量、幫助我集中精神。他目前在「沒有導演」的情況下排演《樂在當下》（*Present Laughter*）。

11 月 21 日

花了些時間翻回去看這非比尋常的一年。搭了二十七趟飛機……《冬天的訪客》、日本、西班牙、南非、《怒犯天條》、匹茲堡、《安東尼與克麗奧佩托拉》……在托斯卡尼難得的半晌寧靜。彷彿住在分水嶺，片刻不得安寧。應該說，我相信這會在未來受到證實。
1 點 30 分：漫長的行軍開始了……日場有種感覺不錯的隨心所欲感。事後，薇薇安・H（Vivien H.）[316] 帶了一位來自夏威夷的戲劇教授過來，那人說我有幾個「有潛力的片刻」。

11 月 26 日

真的需要大睡一場，越久越好。
7 點：演出整體斷斷續續、加加減減。
11 點 30 分：去喜吉餐廳。理查・威爾森與安娜・梅西（Anna Massey）。他們的反應帶有令人抑鬱的寒涼，昨晚過後更是如此。一場導演工作不夠專業的演出是如此易爆，重擔落在了演員肩頭，他們只能盡可能用機靈反應與自身能量撐起場子。儘管如此，我仍試圖闡述正面的幾點，這段經歷到底有多負面呢？

316　蘇格蘭演員薇薇安・海爾布朗（Vivien Heilbron），1944 —。

11 月 28 日

……愉快的觀眾。越來越多人說：「他們那些評論是在說什麼啊？」

12 月 1 日

1 點 30 分：日場的詛咒。還真是難以復元。

7 點：這是在考驗我的耐力。一次一個場景，盡可能保留力氣。

12 月 3 日

然後是最後一場演出了。為了幫助表演順利進行——觀眾席一個噓聲連連的傢伙據說一度大喊：「垃圾！」然後在我和海倫接吻時說：「女士們，安靜！」在中場休息就被帶出去了。

12 月 4 日

清晨 7 點就寢。

12 點醒來。

去劇院清空更衣室，竟然花了兩個小時。

12 月 7 日

待在家的第一晚，單純地做晚餐、看電視。海倫說得沒錯——我想念安東尼了，或者只說是他這個存在。現實實在太過難捱，但也有一些片段浮上心頭，自我防衛之心逐漸升起。

12 月 10 日

和海倫聊聊。聽到《星期日電訊報》（*Sunday Telegraph*）要刊登惡劣的報導。傳真給多明尼克·羅森 [Dominic Lawson，編輯]。

12 月 11 日

處理《電訊報》與現在的《每日郵報》報導，應付國際創新管理公司、基斯·希林 [Keith Shilling，專精隱私法的律師]、國家劇院、塞爾瑪。一派胡言。天馬行空。惡毒的意圖。

12 月 13 日

下午 3 點：去理察與露絲·羅傑斯（Ruthie Rogers）[317] 家，慶祝他們結婚 25 週

1998

日記：1993─2015年

317　英國建築師理察·羅傑斯（Richard Rogers，1933 – 2021），與太太露絲·羅傑斯（Ruth Rogers，1949 –，英國廚師與餐廳老闆）。

年紀念日。

12月18日

康納・麥德莫托來訪，我們晃去大衛溫萊特[318]——露比之前送了一面金屬框鏡子，說「你不喜歡就拿去 DW 退貨吧」。DW 表示：「我們已經六個月沒進這一款了。」恍然大悟。這應該是從前就掛在她廚房壁爐上的那面鏡子吧。

12月20日

7 點 30 分：去找琳賽與希爾頓。

真能感覺出誰是來看《安東尼與克麗奧佩托拉》，而誰不是。說來有趣，這些事情對我而言竟如此重要。

12月22日

[凌晨]4 點：搭車去希斯洛機場。

6 點 20 分：飛往開普敦。

無法入眠。

看了《蒙面俠蘇洛》(*The Mask of Zorro*)——俠盜王子，滿滿都是刀劍與面具，麗塔－瓊絲 (Zeta-Jones) 女士倒彷彿要從螢幕裡走出來似的。

12月23日

上午 8 點 15 分左右抵達開普敦。

搭計程車到屋子。

房子很美，前院有水池——躺在吊床上可直接欣賞桌山的風光；每個房間都擺滿了有趣又討喜的陶瓷品——裝滿手杖的馬麥醬壺、巨大的巴沙米克醋瓶等等。我一進屋就立刻撞上咖啡桌，各種東西被我弄壞。我這是怎麼了？

318　David Wainwright，寢具店。

1999

1月11日

6點 30 分：米蘭達・李察遜來接我——前往坎伯韋爾美術館看朱利安・許納貝（Julian Schnabel）展。他本人也在，是個相當有魅力的人。展廳擠滿了身穿黑衣的年輕人——沒有人在看畫，反而是巨大的畫作直盯著我們。

8 點 45 分：去藥局酒吧喝一杯。

9 點 15 分：今晚有種終極的酷感，坎普登山廣場旁邊那間屋子裡展出幾幅許納貝、一幅培根（Bacon）、一幅沃荷（Warhol），以及幾幅巴斯奇亞（Basquiat）的作品。泰瑞・吉連（Terry Gilliam）帶著強尼・戴普（Johnny Depp）到來。我們離開派對時，戴普正和突然出現的凱特・摩絲（Kate Moss）密切交談。我感覺自己在雜誌照片裡走來走去。

3月15日

12 點 05 分→飛往洛杉磯。

《驚爆銀河系》。

3月16日

上午 9 點：車子來接。準備做我頭部的石膏模。專家們總是如此親切、謙虛，卻也對自己的手藝信心十足。這是我第二度整顆頭裹上了石膏或黏糊（第一次是《俄宮奸雄》），這種體驗十分詭異，你得說服自己別陷入恐慌或直接昏過去。看不見、聽不到，無法說話或動彈。這東西（就是牙醫用的那種）起初冰涼，然後在定型過程中會變得溫熱——隨著你的世界向內壓迫、縮小，溫度與質地也會逐漸改變。

3月19日

8 點：接著去艾德・利馬托（Ed Limato）[319] 的派對（後來我們 9 點 15 分到場）。絕對是 24K 金的好萊塢。費・唐娜薇（Faye Dunaway）、華倫・比提（Warren Beatty）、傑克・尼克遜（Jack Nicholson）、瑪丹娜、艾蜜莉・華森、荷莉・H（Holly H.）、凱薩琳・Z－J、麥克・道格拉斯（Michael Douglas）、尼可拉斯・凱吉（Nicolas Cage）、蜜妮・D、魯伯特・E（Rupert E.）、嘉莉・F 等等等。

3月21日

下午 4 點→去丹（Dan）與芭芭拉（Barbara）[兩位老朋友] 的家看 99 年奧斯卡頒獎典禮。除了漫長無比之外，這東西還充滿了刻意、憤世嫉俗且虛偽的氛

---

319 人才仲介。

圍。興許是我對 G・P[320] 知道得太多了，滿腦子《戰略高手》(*Out of Sight*)、《盧納莎之舞》(*Dancing at Lughnasa*) 等等回憶。真正的演技，而不是打了霓虹燈的做作模樣，但後者才能得獎。經常是如此。

3月24日

6點 15 分：搭車趕 7 點 55 分飛往紐約的班機。在路上開了三分鐘後，我才想起襯衫與西裝外套都還在四季飯店的衣櫃裡。

3月25日

6點 30 分：第一晚演出——《偷情》。這就是紐約和倫敦的差異，劇院外有攝影機、電視臺的人與閃光燈。劇院裡，茱蒂・丹契 (Judi Dench) 坐在我前頭——其他座位上還有哈里遜・福特 (Harrison Ford)、鄔瑪・舒曼 (Uma Thurman)、伊森・霍克 (Ethan Hawke)、凱特・摩絲等等等。這齣戲仍然無法起飛——是派崔克不讓它飛翔。娜塔莎與魯伯特・艾瑞特 (Rupert Everett) 表現極佳，初次在臺上表演的安娜・佛芮 (Anna Friel) 也令人驚豔。希朗 [・漢德 (Ciarán Hinds)] 聲音有點太大了。娜塔莎擺足明星架勢，列了更衣室清單，在派對上還特地安排名人桌。和上面提到的其中幾人去路普咖啡廳，凱特・M 非常可愛真誠——受害於娜塔莎渴望的那些鬼東西。真令人憂鬱。

3月29日

下午 3 點：找麥克・尼可斯討論《背叛》(*Betrayal*) /《真實之物》(*The Real Thing*)。琳賽仍然不情願，但幸好她一如往常地清楚道出了心中想法。安排在星期三讀劇本。

3月31日

今早和鮑伯談話時，我得知《背叛》/《真實之物》雙場預計在外百老匯 (off-Broadway) 演出。我仍十分嚮往百老匯的《私生活》(*Private Lives*)。
去格拉梅西劇院 (Gramercy Park Theatre) 讀《真實之物》劇本。我享受完全放手演這個角色，這齣劇也隱含痛苦的暗流。我早該在 1984 年參演的。現在呢？琳賽不怎麼積極，麥克・N **非常**積極。

───

320 葛妮絲・派特洛 (Gwyneth Paltrow)，在《莎翁情史》(*Shakespeare in Love*) 當中飾演女主角而獲得最佳女主角獎。

4月1日

6點15分：坐車去搭上午8點飛往洛杉磯國際機場的班機。

4點左右：瑞瑪從倫敦來了。我們一同掙扎著處理這棟屋子的種種問題——尤其是這荒謬的電視系統。

4月3日

等著處理泳池、衛星電視的人以及清潔工蘿倫（Lauren）各自到來，讓他們幫我打理生活。另外開去夕陽廣場路看房子，也許能租下來。非常乾淨、整潔、毫無生氣。

4月26日

《驚爆銀河系》。

5點45分：車子來接，以及「飯廳」場景。

這可不簡單——而且無論是導演或主角都無人開車。另外還得面對一整碗的水蛭與蜈蚣，牠們當然不樂意待在水裡，紛紛爬出來到處跑，毀了這個場景。

5月6日

3點15分：搭車→伯班克機場坐4點45分的飛機去猶他州大章克申，接著開到綠河市。這整座城鎮簡直是大型卡車休息站，數十家汽車旅館，很多地方都賣牛排、法蘭克福香腸、冰淇淋，還能在酒吧裡看衛星電視上的體育賽事。

5月8日

在哥布林谷 [321] 工作。

這地方還真不可思議，山谷被風與海水侵蝕，變成了類似中國軍人墓穴的模樣，只不過這些蘑菇／魔怪／陰莖形狀的東西讓整座山谷成了大迷宮——特別因為它比起真實的地球，看上去更像是片場裡的外星球。但這地方用「暴露在外」來形容不夠貼切。此處是風與烈日的天下。

5月9日

5－7點：在康福飯店排演。實際狀況和「排演」二字八竿子打不著，應該說是在指示下獨白。

321　編註：Goblin Valley，位於美國猶他州的州立公園。

5月10日

上午6點：車子來接我面對一整天的狂風、塵埃與紅土。以及事情的另一面。這天結束時，山姆［·洛克威爾（Sam Rockwell）］說：「抱歉。」我說：「為什麼？」「我怕你以為所有美國演員都很機車。」我當然不這麼認為，不過提姆［·艾倫（Tim Allen）］有種近乎變態的習慣，成天刺激、惹是生非、挑釁、讓人沮喪——他（大概是）想開個玩笑——但只達到拖慢進度、讓人完全無法專注的效果。我感覺自己成了反動份子。

風、塵、烈日讓我覺得自己是滿面通紅的殘疾人士。

5月11日

這是大自然大現風光的日子——藍天、山巒，而且**沒有**風。地貌彷彿被人精心裁剪出來的作品。

但儘管如此——提姆一有機會就貶低他人。最後，閒聊聲與噪音大到我沒聽見「開拍」，而且還走開了。「喔，艾倫出了小問題。」「我**並沒有**問題。」「喔——」

無疑種下了種子。

5月13日

9點左右：去雪歌妮的房間，和東尼［·沙霍柏（Tony Shalhoub）］與馬克［·強森（Mark Johnson），製作人］吃炸雞。聊了些「政治」話題，馬克因此一臉緊張。（他本就一臉緊張了，因為以綠河市而言，雪歌妮的房間堪稱宮殿。）

5月14日

下午：「我覺得剛剛那樣很棒。」（迪恩［Dean］）[322]「這個啊，是因為極度專心吧。」（我）話說得很大膽，但意外地立即見效了。還真是複雜的化學作用。年輕演員尋求表現機會與特寫，提姆時而像個拳擊手，時而像野生動物。

5月17日

9點：和狄恩、耶爾濟（Jerzy）[323] 去塔瑪利斯克餐廳看分鏡腳本。狄恩無比隨和——無論他內心藏了什麼恐懼、恐怖之類的東西，言行舉止都和悠哉的牛仔歌曲無異。我聽著他們談話，感覺不到決策的分量或力道。但似乎還是有了進展，也許這部電影不用我們照料，會自己成就自己。

322　狄恩·派瑞薩特（Dean Parisot），導演。

323　耶爾濟·齊林斯基（Jerzy Zielinski），電影攝影師。

5 月 18 日

去大章克申，搭機前往鹽湖城，接著去洛杉磯。臨行前對提姆說了聲再見——他說他會想念我們，還真感人。「我喜歡上你們了」——他近期發生了某種重大變化，注意到我們每個人所需的空間，也意識到我們該互相給對方的空間。我能真心誠意地說，我懂他的感受。我覺得，我們在一週時間內養成了對彼此的尊重，彌補了最初駭人的不足之處。

5 月 23 日

回家的漫漫長路。[324]10 點 30 分坐上開往尼斯機場的車，接著去倫敦機場，然後搭維珍航空去洛杉磯國際機場。

5 月 24 日

早上雪歌妮對我的清醒大感驚訝，我也是⋯⋯但當你亂調睡眠與時區，就有點像是和瘋狂打交道——至少今天約一半時間我還能正常說話。到了晚一點，我開始感覺雙腿離軀幹而去。

5 月 26 日

關於岩石怪（Rock Monster）[325] 的演說 [場景]，每次讓它飄過腦海我都覺得過分吃力，也完全不覺得好笑，唸出來時更是如此。儘管如此，我不知為何沒有強迫自己，而且還更加嚴格照著劇本去演，沒想到竟然成功了。看上去是成功了⋯⋯

5 月 28 日

哈雷路亞。放假一天。不必頂著雞腦袋 [326] 的一天。雞腦袋可以不用被我頂在頭上的一天。

6 月 4 日

今天在片場是夏威夷日。提姆得全力完成這部電影最核心的一個場景，他做得很完美。

6 月 6 日

東尼獎（Tony Awards）。這一切都有種混亂感——對亞瑟・米勒（Arthur Miller）的輕蔑感、被亂唸一通的姓名，以及一有機會就頒給美國人的感覺。

---

324 從坎城出發。
325 編註：《驚爆銀河系》裡的外星生物。
326 編註：艾倫在《驚爆銀河系》裡的外星人扮相。

6月8日

又是在太空船走廊上度過的一天。

6月9日

晚間 8 點：和梅爾·史密斯吃晚餐。不知是時差還是非法藥物的作用？看不太出來，不過見到他還是非常開心，舊情誼的慣用言語也立即上了軌道。

6月10日

8 點 30 分：車子來接。

在拖車裡等了不少時間。這樣也不錯——電視頻道轉了好幾臺，還把拼圖拼完了。

6月11日

上午 8 點：車子來接。

老天啊。這是在凌晨 1 點 10 分寫的。我們不經大腦地工作一整天，終於在半夜收工。這天從我的拖車裡開始，狄恩與提姆也在，提姆離題說得口若懸河，好不容易才被拉回正題，浪費了不少時間。我現在知道，要他配合可不容易。鉅額預算。沒耐性的製作人們。演員與導演最後一刻才在修改劇本。接下來，這天就如長達十二小時的球權爭奪，最後是雪歌妮毫不掩飾地試圖加入鏡頭或自己創一個鏡頭之類的。她的想法昭然若揭，乾脆用擴音器廣播給所有人聽算了。

6月14日

下午 7 點：《樂士浮生錄》（*Buena Vista Social Club*）。還真是歡樂的電影，合作無間。70、80、90 多歲的傑出音樂家被雷·庫德（Ry Cooder）再次發掘，由文·溫德斯（Wim Wenders）錄音。令人心跳暫停的音樂。令人心跳暫停的人們。

7月8日

唉。仍然在七手八腳寫作中。不知怎地來到攝影棚外，設法和狄恩與雪歌妮將一個場景縫補拼湊起來。提姆走了進來，彷彿釘子炸彈來襲。塵埃初步落定時，我們還得再將這一切批湊起來，直到雪歌妮不慎撞上鋼管，突然變成了可愛的 12 歲小孩。

9月20月

8 點左右：和伊恩·麥 K、艾德娜·歐 B、蘇珊·貝蒂許、尼爾·坦南特（Neil

Tennant）、馬汀・雪曼（Martin Sherman）[327]、潘妮・威爾頓（Penny Wilton）[328] 吃晚餐。溫馨、親切的一晚。伊恩做了荼，還送了一些書本與紀念品；他接下來會去紐西蘭住一年，現在正在打包行囊，這幢屋子則等著被拆毀。

11 月 30 日

7 點 30 分：《媽媽咪呀》（*Mamma Mia*）。

很歡樂好玩，但完全可以演得更加震撼。如果加上認真的編舞（而不是電視綜藝節目那種早已過氣的旋轉與打響指），應該會有所幫助。

常春藤餐廳——琳賽等著我。太偉大了，她明天還得工作呢。我有點擔心她的狀況——雖然她看上去一如既往地無所畏懼、明豔動人，但似乎心不在焉、情緒低落。

12 月 4 日

過去幾天上午，我偷閒讀了大衛・海爾的《演出任性》（*Acting Up*）。他說他決定不做事後諸葛的編修，但我不禁好奇，他知道自己寫得多麼毫無掩飾嗎？我認識的許多演員當中，沒有任何一個比他更自我中心，不過話說回來，假如我用日記記錄下自己寫一齣舞臺劇的決定，那或許會更有對照性。他將我形容為演藝界的 V・S・奈波爾（V. S. Naipaul）[329]——根本不可能。這當然和我決定不演《猶大的吻》（*The Judas Kiss*）[330] 一事脫不了關係。他是不是忘了，當初他若有寫完第 1 幕，我當然樂意參演。無論如何，我仍懷有和他合作的野心，他又酷又坦率的性格可謂一股清流。

12 月 5 日

上午 9 點→去希斯洛機場，然後 10 點 55 分→紐約。

12 月 7 日

和幾個朋友等電梯——沒想到約克公爵夫人莎拉（Sarah, Duchess of York）本人看著我大喊一聲：「艾瑞克！」以為我是愛都[331]……得抽空撥一通電話給他。

327　美國劇作家，1938 —。

328　潘妮洛普・威爾頓（Penelope Wilton），英格蘭演員，1946 —。

329　編註：印度裔英國作家，諾貝爾文學獎得主。

330　大衛・海爾筆下關於奧斯卡・王爾德（Oscar Wilde）的舞臺劇——不同於 1998 年艾倫・瑞克曼參演的電影《猶大之吻》（Judas Kiss）。

331　編註：英國演員艾瑞克・愛都。

12 月 10 日

晚間 8 點 30 分：露帕餐廳——湯普遜街 170 號。美味的食物、美酒與令人愉快的同伴。尼克·海特納來遲了，不過我今晚扮演「陪同艾德娜·歐 B」的角色，所以較早離開。她在計程車上抱怨道，尼克對其他人類毫無好奇心，周身罩著自得意滿。但這也是當今的流行病了。

12 月 17 日

洛杉磯

晚間 8 點：小門餐廳——瑪西亞、提姆、丹·歐康納（Dan O'Connor）與芭芭拉、瑪姬與史考特與戴克斯特·佛萊契。西默斯·麥［葛維］與史蒂芬·佛瑞爾斯（不出所料，他在晚餐結束時說：「你需要買單的錢嗎？不對——你有在演大片吧？」）……話雖如此，人們擅自認定我會買單一事開始讓我有點膩煩了。

12 月 18 日

9 — 6 點：媒體日。

令人喘不過氣的辛苦。不過記者都相當大方，他們似乎都非常愛這部電影。[332]謹記這件事。有時一個人乍看言談清晰，結果沒過十分鐘就開始胡言亂語了。

12 月 19 日

下午 2 點：放映會。不知為何，在音效很糟糕的情況下，搞笑元素較難傳達出去。觀眾在最後瘋狂歡呼，過程中卻一直沒跟上。當然，粗糙的剪輯也造成了負面效果。這次我注意到更多突兀的剪接。

下午 7 點：和雪歌妮、狄恩與傑德［·瑞斯（Jed Rees）］吃晚餐。他們分享了一些好評，卻沒能使我沉重的心情好轉。又來了。真是無聊。放下吧。別回頭了。別為自己無法改變的事物糾結了。太多部電影都有遇到相同的問題，發生同樣的掙扎。《驚爆銀河系》的核心是一種他們永遠不可能理解的純真。

12 月 20 日

上午 8 點→洛杉磯國際機場。

上午 10 點→紐約 AA［美國航空］。

逐漸意識到自己又中了暗箭。由我（亞歷山大 [Alexander]）掌控的幾乎所有橋段都被移除了，就為了幫提姆清出一條路。這不只是片長的問題，也不是「坐火箭船」的問題。

12 月 26 日

4 點左右：李安帶著兩個兒子——李涵（Haan）與李淳（Mason）——到來，後來他太太林惠嘉（Jane）也一起加入。李安維持了（我心目中）了不起的形象，能以不挑起事端的方式直接發言（你看起來很不錯——比之前演《理性與感性》時好多了），但整體而言這天還是心情愉悅，長島灣與鋪展開來的夕陽餘暉映照出美麗光芒。

12 月 28 日

9 點 10 分→倫敦……我們還不算太累，所以又做了拆信之類的瑣事，直到凌晨 2 點。

12 月 31 日

凌晨 4 點：醒轉……思考……這種活動真能說是「思考」嗎？我腦子裡（或者說是勉強稱得上腦子的「東西」裡）冒出一句曼德拉名言：「比改變世界更困難的是改變自己。」

8 點：伊恩・麥克連的派對。

朋友與陌生人。

大衛・福克斯（David Foxxe）、亞米斯德・莫平（Armistead Maupin）、丹娜・哈默斯坦（Dena Hammerstein）[333]、馬汀・雪曼。屋子照明與裝飾都很美——美味的食物與酒。這是建築工與裝潢師傅開工前的最後一次聚會了。隨著午夜臨近，我們紛紛拿起外套，爬上屋頂……

---

333 英國演員、作家與製作人，1940 —。（譯註：又名潔羅汀・謝爾曼〔Geraldine Sherman〕）

2000

哈洛德百貨公司

費歐娜・蕭

珍・拉波泰爾（Jane Lapotaire）

巴黎

奧斯卡提名

安娜・梅西

《俠盜王子羅賓漢》

哥本哈根

漢堡

繩索街

史汀

科莫湖

伊斯曼・墨詮（Ismail Merchant）

薩繆爾・貝克特

翁山蘇姬（Aung San Suu Kyi）

都柏林

《哈利波特》提案

《尋找約翰・吉辛》（*The Search for John Gissing*）

夏琳・史碧（Sharleen Spiteri）

托斯卡尼

布魯斯・威利

J・K・羅琳（J. K. Rowling）

《維多利亞・伍德聖誕秀》（*Victoria Wood Christmas Show*）

希拉蕊・柯林頓（Hillary Clinton）

1月1日

我們俯瞰河川，看著 2000 年到來。附近陽臺上有人吹著笛子，倫敦塔橋、格林威治與港區的天際線上方，煙火如海豚般跳躍出水。

清晨 6 點 30 分：回家……顯然有東西使街道上任何暴力因子靜了下來，放眼望去，各地都在歡慶與反思。回顧過往的想法延續到了今天，一整天，我們因此**什麼**都不想做。

在威斯本園巧遇 P・曼德爾森（P. Mandelson）與連拿度 [Reinaldo，他的伴侶]，他一邊吃巧克力冰，一邊試圖租借影片。《溫馨人生》（*Tea with Mussolini*）。

在家安安靜靜地吃晚餐。不過事後想想，再開一場派對似乎也不錯……

1月2日

接近中午……時差當然有，但其中還有大腦一片混亂的成分。近來，寫日記甚至不是考驗，而是幾乎成了一種逃避，頂多算是一份紀錄吧。如果要許下新年新希望，那應該不會和日記有關（不過它當然也會受影響），而會是推廣所有人際關係的界線，該說的話就盡量說出來，**想到的當下**就記錄下來、晚點告訴對方——也許就如伊恩・麥 K 所說，我該對筆記型電腦俯首稱臣，進而開始使用電子信箱。勇敢一些，少一些神祕，讓一切順其自然地**發生**。讓別人了解我的想法。切除負面事物。直言不諱。清晰且果斷地表達自我。

下午 2 點：哈莉特・W（她被授予 CBE 大英帝國司令勳章了……！）與彼得 [・布萊特（Peter Blythe）][334]。吃了些小羊肉烤鍋與聖誕布丁，大量葡萄酒與棗子。多次回憶起故友、簡單的喜悅，曼德拉皺紋滿布卻好奇又饒富興致的臉（BBC TV）[335]，畫下了這天的句點。

1月6日

上午 8 點 15 分：茉莉・凱特・奧利維（Julie-Kate Olivier）[336] 來接我，經海倫・M 家→環球劇場（Globe）。海倫真可憐，昨天演了兩場，今天一大早 8 點 45 分我們就來按門鈴。對講機傳出的聲音說「再五分鐘」……

下午 6 點：艾瑪、葛瑞格與嘉亞・羅蜜莉・懷斯（Gaia Romilly Wise）（1 個月大）。懷斯小姐是個漂亮的孩子，還是天生的喜劇演員。她住的家舒適又美觀。

334　英格蘭演員，1934－2004。（編註：哈莉特・華特的伴侶）

335　編註：前南非總統納爾遜・曼德拉結束了 1994－1999 年的任期，帶領南非廢除種族隔離制度和少數人統治。

336　英格蘭演員，1966－。

1月8日

幾乎整天在哈洛德百貨，趁特價期間買遲來的聖誕禮物。時而簡單，時而困難得令人頭疼——尤其是因為我提著六個手提袋、把其中一個弄丟了、去失物招領、回購物區試圖單手查看商品尺寸但尺寸完全被標價遮住。

10點：在河流咖啡廳吃晚餐，本以為米蘭達與大衛・楊〔David Young，劇作家〕會在10點15分來，沒想到他們後來到11點才終於抵達（災難），還帶上了賽門・麥克伯尼（開心）。我們之前不甚確定地幫他們點了食物，帳單送來時米蘭達在洗手間，我還沒找到信用卡，大衛就開始在道謝了。我首次為買單的事情感到惱火，這已經非常近乎失禮……

1月11日

下午6點：傑奇・庫基耶（Jacky Cukier）[337] 來電請我去一趟巴黎。我提議1月21日過去。

1月13日

去旺茲沃思橋路與燈飾店。老天，英國的這一區還真是落後，怎麼會買不到一盞好燈……

7點30分：國家劇院。費歐娜〔・蕭〕製作的《鰥夫的房產》（*Widowers' Houses*）。科特索演藝廳（Cottesloe）。這齣劇其實很糟糕，但費費使盡了渾身解數用杜斯妥也夫斯基（Dostoevsky）／梅耶荷德（Meyerhold）／莫斯科藝術劇院（Moscow Arts）的風格展演了出來。她做得很好。它的觀眾群是14－18歲青少年，守舊派看了自然會火冒三丈，據說到最後還真有人氣到結巴。瑪格麗特・德拉布爾（Margaret Drabble）偕同麥克・霍爾羅伊德（Michael Holroyd）來看戲，她親切地給予《安東尼與克麗奧佩托拉》好評。「它讓我聯想到從前認識的一個人……」

1月18日

睡。醒。閱讀。直到凌晨4點。西蒙〔・卡洛（Simon Callow）〕的書——《愛在它墜入之處》（*Love Is Where It Falls*）——誠實得令人屏息，在許多方面都冒險試了一試。他的記憶力著實驚人——我甚至連昨天做的事都不大記得了。佩吉・拉姆齊（Peggy Ramsay）[338] 倒真是不可多得的靈魂導師，她談到別讓自己的生命變得太平凡瑣碎——太多的人、餐廳，以及受克里希那穆提

---

337 法國導演與編劇。

338 澳洲出生的英國戲劇經紀人，1908－1991。

（Krishnamurti）[339] 啓發的「孤獨」。這樣心思得以飄遠……

1月19日

聽說珍・拉波泰爾[340]中風了。後來聽到更正後的消息，先前瑞瑪得知她突然倒下／送入加護病房等資訊時，就猜到她實際上是動脈瘤破裂。留言給她，然後打了電話給她的經紀人——她不能收鮮花，也不希望此事被太多人知悉。

1月23日

1點48分：搭歐洲之星去巴黎。搭計程車到拉斐爾飯店。

1月24日

1點15分：去隆恩（Ron）與凱倫・鮑溫（Karen Bowen）[兩位老朋友]的家。挑一幅畫。我想到羅伯特・格雷夫斯（Robert Graves）那首關於「花瓶、言詞與靜止」的詩。接著到絕讚的小吃店吃午餐，然後到博堡欣賞一場以時間為主題的展覽。那段牛→牛排等過程倒著播放的影片，實在難以忘懷。

7點：去找伊莎貝・H 與羅尼・Ch 喝一杯，並且初次和安傑羅（Angelo）——他們的 2 歲小孩——見面。

1月25日

10點00分：搭計程車去巴黎北站。10點15分：和伊莎貝爾[・杜巴]喝咖啡。11點43分：搭歐洲之星回倫敦。這真是令人不知所措卻又舒適的體驗，午餐、報紙、一份劇本過後你就回到了倫敦，彷彿剛才不過是去了趟里茲。這對島國居民而言非常奇怪。我們終其一生都只能搭船與飛機逃離島嶼，現在卻有了這個小奇蹟。

1月29日

去約翰路易斯百貨公司，買了**攪切機**……

8點30分：漢普斯特德。塔姆辛・奧格萊斯比（Tamsin Oglesby）的舞臺劇，《我的好朋友》（*My Best Friend*）。塔姆辛這齣劇明顯寫得很好，舞臺劇的製作方面卻令人深感惋惜，沒有換檔、沒展現出它的喜劇元素、從頭到尾演得浮誇至極……塔姆辛顯然對**這次的戲劇製作**不滿意，但已經開始規劃下一次了……

339　編註：20 世紀最具影響力和傳奇性的靈性導師。
340　英格蘭演員，1944 —。

2月9日

樓梯間的檔案櫃終於痛下殺手。第一個受害者是我，還有上頭放了好幾個盤子、瓶子與杯子的托盤（都是空的⋯⋯），猛地腳朝下摔下樓梯。稍晚感覺到右腳踝有種揮之不去的疼痛。

2月11日

11 點 53 分：**滑鐵盧→巴黎**→古勒梅街 26 號——安妮特與索爾・扎恩茲在聖日耳曼的公寓。

2月16日

讀奧斯卡獎提名列表。再次覺得摸不著頭緒——無法憑理性甚至是第六感去理解這件事。《綠色奇蹟》（*The Green Mile*）實在是**非常**漫長。但我心裡也很清楚，無論題材多麼沉重，投票人都需要電影結束後恢復好心情、繼續過生活的空間。

1 點 30 分→盧森堡宮博物館的卡爾波（Carpeaux）展。

逛著逛著，遇上了捲納萬物的風暴——雷電、冰雹、雪，以及最終的藍天與陽光。

2 點 30 分：在當地咖啡廳吃火腿起司三明治。

7 點 30 分：車子來接我們→隆恩＋凱倫然後→去香榭麗舍大道參加《天才雷普利》（*The Talented Mr Ripley*）首映會。這不是《綠色奇蹟》類型的電影，它打從一開始就將你的情緒拎起來到處拋擲，直到電影結束為止。因為沒能被提名奧斯卡獎（是我想像力失控了嗎？），參加首映會的人不多，安東與麥特等人似乎也悶悶不樂。

11 點 30 分：在香榭麗舍大道上的富凱酒館吃晚餐，食物據說很好吃，內部裝潢的主基調為紅色絨布。這之中存在某種共識：舞臺劇能以電影不能及的方式，改變你的人生。

2月17日

1 點 30 分：布里斯托［飯店］——和安東尼・M、麥特・戴蒙、敏儀、麥克思、蓋布瑞（Gabriel）[341]、索爾・扎恩茲吃午餐。

稍晚——和麥克思順過馬伏里奧[342] 一角的種種，為 NYT（National Youth Theatre，國家青少年劇團）的試演做準備，然後和敏儀逛街購物。

7 點 20 分：《美國心玫瑰情》（*American Beauty*）。隆恩說得沒錯——結局有太多

341　黎巴嫩與法國作曲家蓋布瑞・雅德（Gabriel Yared），1949 －，因《天才雷普利》被提名奧斯卡獎。

342　編註：莎劇《第十二夜》（*Twelfth Night*）裡的角色。

斧鑿痕，刻意寫得讓我們離開時感到有些不安卻又安心——因此才拿下了多項奧斯卡提名。無論如何——必須對山姆・曼德斯致敬，片中的確不乏好東西。

2月23日
11點：搭車去巴黎北站，接著搭 12 點 19 分的火車前往滑鐵盧。

7點30分：《都柏林卡羅》（*Dublin Carol*）——皇家宮廷劇院。劇院美不勝收，完美揉合了保存、修復與再創造，讓人忍不住想再回去演戲。斯隆廣場地下的酒吧修建得十分成功，如果此前封閉的斯隆廣場能再次開放，那就再完美不過了。這件事會成真的。舞臺劇我聽得不是很清楚，因爲布萊恩［・考克斯］硬要無緣無故喊一些字眼（還是這是因爲他近期和崔佛・農恩關係不睦？他事後有對我們說起了這件事）。

2月25日
7點45分：和安娜［・梅西］與尤里［・安德列斯（Uri Andres）］吃晚餐，外加大衛・海爾與妮可・法希。再次想起了我對安娜與尤里的喜愛，她的言談舉止都無可挑剔，卻添上了最有味道的幾句髒話，而尤里則是對我的啓發與教訓。禮貌、和善、眞誠、雙眼總是在專注時皺起、富有同情心、別人說話時他總是全心投入對話。他充滿了**好奇心**。

2月27日
4點45分：和艾瑪、葛瑞格與費莉達（簡短）吃了下午茶，將在巴黎買給嘉亞的洋裝送過去。嘉亞的性格已然璀璨奪目——好笑、古怪、滿腦子狂想的小生物。宛如一場托斯卡尼大冒險……

回家看BBC第1臺今晚播出的《俠盜王子》最後半小時。太多難收的覆水了……

3月6日
上午9點：搭車趕 10 點 50 分的班機→**哥本哈根**。

從下午大概 2 點－7 點都在鬧區的工作室，錄《救命呀！我是一隻魚》（*Help! I'm A Fish*）[343]。

晚間8點：在曾經的修道院吃晚餐。環境很棒，食物難以下嚥。

3月7日
上午（很早）到11點：思考、閱讀、擔憂。最終還是傾向拒絕《幕後人生》

---

343 動畫電影，艾倫・瑞克曼為名叫喬（Joe）的角色配音。

（*The Final Curtain*）[344]。主要的想法與人員都沒問題，但一個個場景都需要加以修改。這他們能理解嗎？我只能存疑。

下午→埃西諾（Elsinore）[345]。3 點 15 分就只有庭院開放進出而已，但在無觀光客的風雨之中仍然特別。

3 月 8 日

11 點 15 分：寶琳・道多（Pauline Dowd）。哈雷街。更多抗生素、更多乳液。總感覺重點不是將東西黏上去，而是放棄一些事物……

3 月 10 日

去布萊特威（Brightwell）[346]。浴室接近露面、亮相、復興之刻。午餐後去了趟自己來（Do It All）[347]，找地板瓷磚、滅火器、煙霧偵測器。

3 月 12 日

12 點：和大衛與克莉絲汀去墓園。本該盛開的花朵都去哪了？（難道球莖都被人偷挖走了？）

3 月 14 日

9 點 15 分：搭車去老康普頓街的藍色工作室（Blue Studios），開始錄 Discovery 頻道的《巴塔哥尼亞生態挑戰》（*Patagonia Eco-Challenge*）[348]。

3 月 17 日

6 點 30 分：約翰・沃克從蘇格蘭南下，參加他的第二場皇家藝術學院試演。如莎曼所說，他是「實實在在的演員」。真的。我並沒有感受到克里斯蒂安與阿琳的緊張，約翰很清楚自己行進的方向。

3 月 19 日

［為《驚爆銀河系》］

12 點：搭車前往希斯洛機場，2 點 15 分飛往漢堡。

---

344 2002 年上映的電影，由派崔克・哈金斯（Patrick Harkins）執導、彼得・奧圖（Peter O'Toole）主演。

345 《哈姆雷特》裡的故事地點。（譯註：此為英譯名，原始丹麥地名為赫爾辛格〔Helsingør〕）

346 布萊特威康薩特維（Brightwell-cum-Sotwell），牛津郡（Oxfordshire）的一座村莊。艾倫・瑞克曼與瑞瑪在那裡為瑞瑪的姊姊法蘭西絲卡（Francesca）買了一間房子。

347 譯註：DIY 材料工具店。

348 編註：艾倫・瑞克曼為該迷你影集錄製旁白。

抵達「Vier Jahreszeiten」[349]——四季——漂亮的套房，還有可眺望湖泊的陽臺，擺了兩大盆鐵鏽色／橘色玫瑰。還有幾瓶凱歌香檳。彷彿居住在偶爾一見的卡通之中。

3月20日

上午9點45分：化妝，然後上午10點開始受訪。問題大都比我預期的輕鬆歡快許多。鬆了口氣——**真正臨機應變**回答問題，比**裝模作樣**的臨機應變輕鬆很多。在飯店裡的燒烤餐廳吃午餐，然後和雪歌妮重逢。家中答錄機有一則約翰・沃克的語音留言，他被錄取皇家藝術學院了。這下〔《冬天的訪客》演員〕有三個人入行了……

稍晚去繩索街[350]與娃娃屋（Dollhouse）。都相當有品味且純潔。丁字褲下滑時，一隻手恰巧遮住了胯下。舞者以驚人的效率撐場，聰明的燈光效果、好身材、中產階級觀眾。

3月21日

上午10點：開始，持續到下午約1點15分。
午餐在飯店美味的泰式（算是泰式吧）餐廳用餐……
2點50分：回去幹活。結束時又是那些熟悉的感受。時時刻刻努力避開他人的胡言亂語，盡量不被貼標籤的言論惹惱，盡量將自己的心底話說出口等等等。最後我總會感到疲憊不堪、空洞不已。近乎羞恥。在這麼做時，我也總會忘記最終的報酬。
4點45分：搭車去漢堡機場，然後搭6點10分（左右）的班機去倫敦。漢莎航空……晚點回到家，讀了本舊日記。都是二十年前的事情了，好可怕。另外讀了幾段雪維亞・普拉絲（Sylvia Plath）的日記[351]。我的舊日記完全是開始接演電影以前的時期，那時的我還沒怎麼接受過訪談，也沒讀過那些較新的書。和現在相比赤裸許多。我只希望自己回顧1990年代那幾本日記時，還能回憶起用縮寫來記錄的細節，以及安全地隱藏在字裡行間的犀利思想。

3月24日

在熊餐館吃晚餐。很久沒看到油炸布里起司或蘑菇酸奶牛肉了。幾乎以為餐廳會播鋼眼史潘（Steeleye Span）的曲子。

349　譯註：義大利文的「四季」。

350　譯註：漢堡的紅燈區。

351　編註：美國天才詩人與作家，著有半自傳體小說《瓶中美人》（*The Bell Jar*）。她的丈夫在其死後出版了她的日記集《普拉絲日記》（*The Journals of Sylvia Plath*）。

3月28日

和凱倫·莫林（Karen Moline）[352] 在達科塔餐廳吃午餐。她這回對人生的憤怒似乎加劇了，而且和過去一樣輕率得無可救藥。我可千萬不能將不想詔告天下的消息告訴她……

晚間 8 點：在皇家阿爾伯特音樂廳聽史汀的演唱會。先是尼汀·索尼（Nitin Sawhney）上場。或者如 9 號門那傢伙對他的稱呼，是「棒針雪酪」（Knitting Sorbet）。那人真是說得一本正經。我和蘇珊·B 走到 25 號包廂，楚蒂已經幫我們備齊了食物與飲料，不愧是最完美的女主人。演唱會（上下半場）都非常棒，其實聽見史汀這些年來寫了如此多首人人傳唱的頌歌，我心裡十分感動。也保持清醒，傾聽尼汀·S 創新的歌曲。

3月29日

晚間 8 點：和蘇珊、尼基（Nicky）[353] 與艾德娜·歐 B 吃晚餐。艾德娜是今晚的焦點……說了一則又一則故事。「如果帕特·馬吉（Pat Magee）[354] 現在也在場——他已經死了——但要是他現在也在場……」；「我可以問一個關於茉麗葉還有費歐娜的小小問題嗎……？」但今晚過得很愉快。我希望能**在鄉下重現**這副光景……

3月30日

去皇家藝術學院看新建築……總感覺有太多東西硬擠進了太小的空間，不過目前為止都還是灰色水泥，沒有燈光，所以現在妄加推斷還不公平。若在理想的世界建造理想的校舍，排演室就會蓋得大一些、天花板高一些，凡布魯劇院的舞臺也會深一些，等等等。

4月1日

上午 11 點：去倫敦眼。第二次了。我很樂意養成習慣，能想像不久後的自己會獨自前來。

4月5日

11 點 45 分：寶琳·道多醫師。這回最深的印象，主要是在等候室找到了可以偷走的星盤，它甚至提到空間淨化這件事——這已經是本週的重要單字了。

2000

日記：1993—2015年

352　美國作家與記者。

353　編註：即劇場導演尼克·海特納。

354　愛爾蘭演員帕特里克·馬吉（Patrick Magee），1922－1982。

（終於在昨晚讀完凱倫・金斯頓 [Karen Kingston] 精妙的書 [355]。）

阿爾梅達劇院——[哈羅德・品特的兩部劇作]《慶祝》（*Celebration*）／《房間》（*The Room*）。各方面而言都是非常愉快的一晚。先是看見琳賽、蘇西（Susi）[356]、安迪 [・德・拉・圖爾（Andy de la Tour）] 與達尼・代爾（Danny Dyer）同臺演出的喜悅，他們都非常搞笑，尤其在演《慶祝》時；而琳賽雖然憂心忡忡，卻**還是**把《房間》演得很成功。哈羅德與安東妮亞（Antonia）[357] 也來了——他覺得我們有些安靜。當你擔心惹作者不快時，實在很難放聲大笑。仍想著那兩齣戲與它們的深度，不過事後在法蘭克農莊餐廳聊天時，安迪與蘇西說哈羅德都只導演當下在說話的演員⋯⋯這完全印證了我的想法：作家不該在劇場裡導演自己的作品。

4 月 11 日

7 點：和安娜・M 與尤里・A、伊芙・布拉克（Eve Black）與大衛・薩繆爾（David Samuel）先喝了幾杯，然後在阿薩吉餐廳吃晚餐。應該更常這樣的，找一群**眞的**有話可說的人，然後靜靜傾聽、欣賞他們互相交談的模樣。大腦化學家大衛、物理學家尤里、藝術行政兼海洋建築師伊芙，瑞瑪與安娜則全都略懂。我很享受今晚的喧鬧。

4 月 12 日

→科莫湖。

9 點 30 分：搭車去希斯洛機場，搭機飛往米蘭，接著去科莫湖的艾斯特別墅。來此參加天聯廣告公司聚會，算是用來交朋友的活動。伊薩克・米茲拉希（Isaac Mizrahi）[358] 與伊斯曼・墨詮都致詞了。我已經擔驚受怕一週，但終於完成了第一段，後來在飛機上與傍晚時分瘋狂地寫稿，現在有了十七頁講稿。

下午 5 點：在酒吧和伊斯曼・墨詮與他的助理理查（Richard）喝一杯。我怎麼未曾和這位（極爲和善的）男人合作過呢？這下我們**所有人**都萌生了這個疑問。在燒烤餐廳吃晚餐。食物不錯，不過我最厭惡的事物前十名就包括過分熱切的服務生——我喜歡看著酒杯逐漸空下來。滿腦子想拍開下一個在我只喝一口後就來幫我添酒的服務生。

355　《空間淨化風水術》（*Clean Your Clutter with Feng Shui*）。

356　蘇姍・伍爾德里奇（Susan Wooldridge），英國演員，1950 —。

357　英國作家安東妮亞・弗雷瑟（Antonia Fraser），1932 —，哈羅德・品特的太太。

358　美國時尚設計師。

4月13日

去蕾吉娜房（Regina Room），躍入狼群。原本擔心演說只能撐十分鐘，最後卻說了四十五分鐘。你絕對聽得出優秀之處與不佳之處，（現在）回顧當初，我也知道哪些部分該重寫了。其中一個公司主管曾參加雷根的連任競選團隊，我演講中關於柴契爾的段落，在那人聽來想必十分不順耳。彼得・蘇特（Peter Souter）——英國分公司的主管——讓人印象深刻，他說：「有沒有可能請你來為我們做點什麼呢？」這個啊……

4月21日

空間淨化……

具體而言，初步整理了《冬天的訪客》相關文件。這時你會心想——這都是怎麼發生的？是怎麼開始的？看看這些人，後來都參與進來了。然後它也消失在往昔洪流之中。

下午 6 點：在懷特利看《永不妥協》（*Erin Brockovich*）。

以索德柏（Soderbergh）而言拍得不錯，集結了廣大觀眾群，且從一開始就讓人移不開目光。滿是精采的演技（茱莉亞・羅勃茲總是被人看低，在此終於得以展現活在當下的自己）。亞伯特・芬尼（Albert Finney）與所有人——較小的配角也演得非常棒——明顯樂意和如此一絲不苟、觀察入微又含蓄的導演合作。而且這部電影有內容。

5月7日

看第 4 臺播的《閉上我的眼睛》（*Close My Eyes*）[359]。喚起那年夏天許許多多的回憶，以及當時減重至少 1 英石[360] 的誓言。儘管過程中困難重重，電影最後還是看起來不錯，也使當前這批英國電影顯得荒謬非常。

5月10日

米蘭達・李察遜在午餐時間稍晚帶著瘋狗兒莉芙（Liv）來訪，莉芙幾乎無法壓抑激動之情，於是完全放棄了壓抑。二十分鐘過後，屋子與花園變得和橄欖球場差不多……花了一個鐘頭才找到門擋……

3點：去吉姆・韓森（Jim Henson）處做面具。第三次經歷這種詭異的感官剝奪。我還逐漸感覺到一種驚慌的責任感，必須在時間到前記住臺詞。

359　1991 年由史蒂芬・波利亞科夫導演的電影，其中艾倫・瑞克曼和克里夫・歐文（Clive Owen）、薩絲琪亞・里夫斯共同主演。

360　編註：約 6.3 公斤。

7點：《威尼斯商人》(*The Merchant of Venice*)，國家劇院。亨利·古德曼（Henry Goodman）人在另一顆星球上（和大部分演員不是同個等級，且絕對和今晚在臺上的所有人相隔千里）。每一句臺詞都是裝在了身軀裡的想法，擁有屬於自己的生命。每一句臺詞都彷彿被發掘出來。上了一堂表演課。

5 月 18 日

在 106 餐廳吃早餐。莎拉·舒格曼（Sara Sugarman）[361] 坐在那兒，稍晚和她小聊一會兒。她的電影〔《非常安妮·瑪莉》(*Very Annie Mary*)〕將在 8 月上映——她在考慮是否要搬去洛杉磯。她可是少數能憑藉自己的野心與無法無天，恣意**形塑**洛杉磯的人。

5 月 22 日

上午 10 點 10 分：坐車去松林製片廠（Pinewood）。
《玩樂》(*Play*)，薩繆爾·貝克特，和克莉絲汀·史考特·湯瑪斯與茱麗葉·史蒂芬森。安東尼·明格拉導演著蹲在大盆子裡的我們。

5 月 24 日

上午 6 點 10 分：車子來接。
在花了不少時間上妝以後，8 點 30 分左右去到片場。我們所有人都驚恐萬分，但由於安東尼（1）做了功課，且（2）時時注意身邊發生的事情——一切都變得相當自然，彷彿「發現」了這些。
大約下午 7 點 45 分回到家。

5 月 25 日

上午 6 點 15 分：車子來接。
遠遠不及昨日緊張。我們在短短二十四小時內就產生了團隊意識。DP 班奈（Benoît）[362] 粲然笑著，錄音師則說：「我當初讀劇本時根本不曉得這是怎麼回事，但現在我覺得它太了不起了。」茱麗葉十分優秀，她近期在晚間演舞臺劇，白天竟還能在拍片時表現得如此出色。深感佩服。

5 月 26 日

[上午]6 點 15 分：車子來接。

361　威爾斯演員，1962 —。
362　班奈·德洪（Benoît Delhomme），法國電影攝影師。

大約晚上 8 點完工。這段時光非常特別，我們挑戰了界線；測試了用有限資源完成大作品的能耐；知道穩定的友情就等同輕鬆的眞誠；注意到 K・S・T 的「距離感」在三天內從不安轉變成了無聲的自信；茱麗葉的力量。

6 月 2 日
上午 11 點：去漢默史密斯利里克劇院（Lyric, Hammersmith），把露比最新的表演順一遍。

6 月 4 日
12 點 13 分：搭火車回倫敦 [363]。
下午 4 點：在皇家歌劇院（Royal Opera House）順一遍和平花園（Peace Garden）音樂會，整場演出都非比尋常。楚蒂・史代勒（Trudie Styler）集結了一個了不起的大家族。我到場時瑪丹娜和來自埃及的樂團正在臺上。楚蒂盡量照著排程行事，但時間迅速消失了。凡妮莎［・蕾格烈芙］、艾倫・貝茨（Alan Bates）、安格海拉・瑞絲（Angharad Rees）、西蒙・卡洛、露露（Lulu）、吉米・奈爾（Jimmy Nail）、布萊恩・亞當斯、米蘭達・李察遜、舞者、歌手、修道士、康康舞者（西蒙最愛的畫面──觀看康康舞的修道士們）。不知爲何，這些元素竟然結合在了一起，我們比預計時間晚四十五分鐘開始。但今晚的演出（尤其是下半場，尤其是歌手與凡妮莎）有一些精采時刻，也幸好觀眾十分熱情捧場──保守黨員群聚一處，並沒有我想像中那般正經八百。
瞥見 T・S［楚蒂・史代勒］與她的化妝髮型師、非常昂貴的禮服，事後的食物與飲料都使我稍微停下腳步、思索片刻⋯⋯

6 月 5 日
上午 11 點：去艾瑪與葛瑞格家找凱瑟琳・歐林與費莉達，在漢普斯特德與漢普斯特德荒野愉快地散步。在小巷裡吃個三明治，往房屋仲介的櫥窗裡瞥一眼（或者說是暫停下來，艾瑪還眞的走進去問起了幾間房產的細節──喔，你一定得來漢普斯特德住住──這裡綠意盎然，優雅地融合了各種風格，果眞誘人⋯⋯）。另外去了趟整修完畢的每人電影院（Everyman Cinema）。經營者都很優秀，排成環狀的座位設計得非常棒。必去。

6 月 12 日
在家度過的一晚。

---

363 從布萊特威康薩特維村。（編註：艾倫和瑞瑪在當地買了房子給瑞瑪的姊姊。）

6 月 13 日

下午 5 點：到蘭斯伯瑞飯店和麥克・賓德爾 [Mike Binder，電影導演] 見面。大部分時候我都在揣測他是否有染髮。總而言之，我認識了一位溫和、堅毅、高尚的男人。

6 月 18 日

下午 6 點：去皇家宮廷劇院彩排（算是吧）——翁山蘇姬的慈善活動。

7 點 45 分：演出。多虧菲利普・赫德利（Philip Hedley）[364] 調度有方、抓住了平衡感，整體演出還真的很愉快。馬克・湯瑪斯（Mark Thomas）（很棒）、理查・W、大衛・海爾、格蘭黛・傑克森、米麗安 [・卡琳（Miriam Karlin）]、提姆 [・威斯特（Tim West）] 與普妮拉 [・斯凱爾斯]、凱特・威廉斯（Kate Williams）[365]、迷人 A（Fascinating A.）[366]；搖擺林迪舞團（Jiving Lindy Hoppers），葛蕾妮絲與尼爾・K 在今晚活動剛開始時一同跳搖擺舞，接著是葛蕾妮絲精采的演說。一個偉大的女人站出來支持另一個偉大的女人。

6 月 23 日

10 點 30 分：坐車去威克洛鎮與安奈特・卡杜奇（Annette Carducci）[367] 的片場。

6 月 26 日

上午 9 點：車子來接我去卡羅曼奇 [Carlo Manzi，電影服裝供應商]，第二次試穿服裝。

6 月 27 日

下午 1 點：排演。

6 月 30 日

9 點 45 分：錄製車臣共和國紀錄片的旁白。安德烈・巴比茨基（Andrei Babitsky）。非凡的記者。

364　英國電影導演，1938 —。
365　英國演員，1941 —。
366　迷人艾達（Fascinating Aïda），英國搞笑歌唱團體。
367　法國電影導演，1942 —。

7月2日

上午 7 點：車子來接。第一天。《吉辛》[368]。

梅菲爾南街一幢房屋。在柏克萊廣場吃午餐。進出一道前門，汶萊蘇丹王（Sultan of Brunei）的廚師大力摔上窗戶，大聲抱怨我們打擾了她的星期日。大概也不能怪她。但就如麥克所說，倫敦滿滿都是怪人。（你等著瞧……）松雅（Sonya）[369] 雖是週五才選定的演員，卻很快就進入狀況了。

7月11日

上午 9 點：車子來接。整天都在跳踢踏舞。上午拍松雅的脫衣場景時，某種層面上也是在跳踢踏舞。

下午就真的在跳舞了，滿室的踢踏舞者和我們其餘的人，都穿西裝打領帶還戴了袖釦，到處撞來撞去。

7月13日

今天怎會突然變得苦不堪言？我迅速失去了鎮定，專注化為沉默。今晚結束時，我站在走廊上，對著腹背受敵的導演為我那所謂的「完美主義」辯駁。

7月26日

上午 7 點：車子來接。

今天是馬修 [Matthew，麥克·賓德爾飾] 與吉辛在辦公室大打出手的日子——卻沒有認真的排演；拍片團隊在一旁看著；沒有替身演員——所以我回到家發現膝蓋說什麼也不肯彎曲時，才察覺自己受傷了。

注意：收到了《哈利波特》的提案……

8月6日

7 點 45 分：搭車去拍第 86 場。整整五頁的恐怖場景，無數個角度，同樣一段話重複說了無數次。到了晚上 9 點還沒結束。明天再回來繼續。但在這天的濕悶與疲勞當中，也混雜了和卡洛琳 [·霍達維]、茱麗葉 [·史蒂芬森]、歐文 [·蒂爾（Owen Teale）]、艾倫 [·科杜納] 的些許歡笑。

8月8日

1 點 30 分：搭火車去史特拉福看瑪麗·麥高恩與珊德拉·沃演出《亨利四世

368　《尋找約翰·吉辛》，麥克·賓德爾導演。

369　松雅·瓦格爾（Sonya Walger），英國與美國演員，1974 —。

第二部》（*Henry IV Part 2*）。

下午4點：去瑪麗家。她爲自己身體狀況突然衰退而怒不可遏，現在行走時得完全依賴助行架了，但她當然仍是從前那個女人，還記得她三更半夜撞見某個醉鬼闖進她家時（「我當時睡不著，在廚房裡讀謝默斯·希尼 [Seamus Heaney] 的書」），對那人說——「要不要吃巧克力？！」

7點30分：天鵝劇院（Swan Theatre）。《亨利四世第二部》。整體製作中庸得無可救藥。高潮沒有演得淋漓盡致→哈爾（Hal）拒絕法斯塔夫（Falstaff）的橋段冷場了……W·休斯頓（W. Houston）[370] 是個很有魅力的年輕演員，幸好他沒陷入虛榮的惡水之中。

10點43分：在鴨子餐廳吃晚餐。成功讓輪椅就定位，瑪麗得以在她「以爲我再也沒機會看到」的地方用晚餐。

8月11日

12點30分：搭車去N1舞蹈工作室（N1 Dance Studios），爲夏琳[371]的影片練舞。《吉辛》的殺青派對。中國懷特夜總會。這種活動**非得**用舞臺監督的方式安排妥當，否則就會有人坐在那裡抱怨不好玩。眞是可悲，他們竟然連**創造**樂趣都需要他人的指導。他們被驅趕出我們那間小氣的房間以後，眾人終於放鬆下心情。然而，這部電影雖充滿了也許能存活下來的瘋狂想像力，卻打從一開始就稱不上井井有條……

8月12日

上午8點：瑞瑪前去希斯洛機場與托斯卡尼了。我他媽在幹什麼，爲什麼要留在英國？

8月15日

上午和寶拉聊天，聽到茱麗葉哥哥的噩耗。[372] 我想起之前聽費德莉絲（Fidelis）[373]說過的故事，故事裡有發狂的毒蟲與血腥的入侵。

下午1點：尼克·肯特（Nick Kent）來訪，我們在他開在附近的酒吧／餐廳／花園吃午餐，接著去參觀他美麗的公寓。比起肯薩綠地，更像是普羅旺斯與牙買加風格的融合。然後一通電話打來，他的教子搶奪別人的包包被逮捕了……

370　英格蘭演員威廉·休斯頓（William Houston），1968 —。

371　夏琳·史碧，1967 —，蘇格蘭德州樂團（Texas）的主唱。

372　茱麗葉·史蒂芬森的哥哥強尼（Johnny）在車禍中喪生。

373　英格蘭演員費德莉絲·摩根（Fidelis Morgan），1962 —。

5 點 30 分：搭車到南華克橋附近的停車場，拍德州樂團影片的開頭。飛車過橋，接著經過二十個重機騎士駛下公路，最終來到布萊頓其中一條晨光海濱步道。然後上午 8 點前往可怕的希思爾飯店。

P.S. 抽空和茱蒂・霍夫蘭聊了聊《哈利波特》，以及平時那些談判伎倆。

8 月 16 日

夏琳還在為這間飯店火大（昨晚看見地毯上有保險套……）。我指出，這樣一來她就做好了心理準備，星期五去波蘭時不怕被嚇著了。黃昏時分，我們前往比奇角。

8 月 17 日

夜裡又在高速公路開車，最後停在博登的加油站（之前都沒注意到這地方）。打了電話給 [艾倫・瑞克曼的姪女和外甥女] 克萊兒（Claire）與艾米，說我們要來了，但最快也是午夜才到。

實際抵達時間是凌晨 1 點 30 分。德州樂團其他成員也齊聚一堂，他們真是一群好朋友，都相識且合作十四年了，還是很享受相處的時光，也還會互相支持。莎林明顯精力充沛，卻還是時時注意強尼（Johnny）[374] 有些諷刺卻也真誠的眼光。我們凌晨 4 點 30 分 — 5 點 30 分跳了探戈舞。好難連結大腦與雙腿。

回倫敦將物品放入行李袋，總之準備前往希斯洛機場。

10 點 50 分→羅馬→克拉多（Corrado）開車載我去阿爾吉亞諾。茱蒂・戴許解決了他回羅馬的問題，提議讓他把她租來的車開回去。完美解決。沒心神應付華納兄弟（Warner Bros）那些把戲，**何況**還有一個為科西默（Cosimo）與帕羅瑪（Paloma）[375] 舉辦的 Sesti 紅酒盛會──小彩燈、五十人份的晚餐、托斯卡尼當地的合唱團、基斯（Keith）唱了歌，我在莎拉（Sarah）的慫恿下朗誦了幾段貝羅尼（Berowne）[376]（幾乎是要開始朗誦時才翻開那一頁……）──美好的一晚，大方的靈魂一同高歌。

8 月 23 日

6 點 30 分：擠上車開往錫耶納，希望能在天黑前抵達伊坎波。去露臺酒吧，差不多晚間 8 點打電話到洛杉磯，**接下**了《哈利波特》。

---

374 強尼・麥克洪（Johnny McElhone），1963 —，貝斯手。

375 科西默・西斯提（Cosimo Sesti）與帕羅瑪・巴塞拉（Paloma Barcella），都為建築設計師，艾倫・瑞克曼與瑞瑪買下坎帕尼亞蒂科那幢房屋後，就是請他們將房子裝修得適宜人居。

376 出自《愛的徒勞》（Love's Labour's Lost）。

9 點左右：在羅格餐廳吃晚餐。

凌晨 3 點回家。

8 月 24 日

在泳池邊，對《哈利波特》沒什麼感覺，我因此有些不安——也可能是因為我在讀馬丁‧艾米斯的《經歷》（*Experience*），閱讀一個人生命的起伏……

8 月 28 日

去布翁孔文托車站接康納。

在蒙塔爾奇諾吃午餐。開去蒙特普爾恰諾找安東‧M、敏儀、麥克思，外加薛尼‧波拉克與比爾‧赫伯格 [Bill Horberg，電影製作人][377]。

瘋
狂
與
深
情

9 月 5 日

去聖帕姆奇當地酒莊。高高俯瞰聖安東尼奧修道院——最壯觀的觀點。（幾乎同樣壯觀的，是不遠處一間開發在 11 世紀城堡裡的五星級飯店……）葡萄酒也同樣令人印象深刻——光是他對採摘者的指點就讓我受益良多。

晚間 8 點：在屋裡吃晚餐。從麵包店買來了昨天剛做好的新鮮玉棋（gnocchi），美味無比。

9 月 6 日

在泳池畔度過一天。

和茱蒂談話——仍在討價還價……（《哈利波特》）。

遠望山間的閃電。

9 月 10 日

完美的一天。寧靜而豔陽高照。去泳池邊。讀完《HP 1》[378]，接著開始第二集。無可否認……

9 月 11 日

下午 2 點：羅曼諾（Romano）來了，我盡可能迅速又輕鬆地道別，卻還是不夠迅速、不夠輕鬆。這**真的**是另一種生活方式，Sesti 酒商他們也真懂得以最熱情、火熱又慷慨的方式結合工作與娛樂。他們過生活、為生活工作與歡慶，也

377　譯註：即威廉‧赫伯格（William Horberg）。

378　編註：小說《哈利波特 (1)：神祕的魔法石》（*Harry Potter and the Philosopher's Stone*）。

在大自然的引導下天天創造屬於自己的生活。

9月21日
《哈利波特》啓程。

10點30分：搭車去 MBA 試穿服裝／討論。在義大利待一個月後，量出來的尺寸著實恐怖。繞著彼此跳華爾滋——領子高一些嗎？藍色布料？袖子再窄一些？接著去利維斯登工作室（Leavesden Studios）。克里斯・哥倫布 [Chris Columbus，導演]、大衛・海曼 [David Heyman，製作人]、化妝部門在那裡等著。假髮？鼻子？討論過後，參觀了一些場景與特效。

3點05分：希斯洛機場到洛杉磯國際機場。在威尼斯莉莉餐廳吃晚餐，然後回比佛利半島酒店。

9月23日

布魯斯・威利致敬會，美國電影院（American Cinematheque）。12點45分：在比佛利希爾頓飯店吃午餐並排練入場的部分。下午極盡瘋狂，試圖找雙鞋來穿。

6點30分：車子來接我前往比佛利希爾頓飯店。紅毯挑戰然後進入演員化妝室。布魯斯來打招呼。表演相當順利，觀眾歡笑連連。

和路易絲・克拉科瓦、凱特・布蘭琪（Cate Blanchett）、她的髮型師曼尼（Manny）在半島喝酒，立刻和 B 小姐相談甚歡。未來會帶來什麼呢？

9月27日

2點45分：抵達希斯洛機場。

6點30分：車→貝琳達，接著去萊斯特廣場帝國電影院（Empire Leicester Square）參加《舞動人生》（Billy Elliot）首映會。這就是電影有了發行人與媒體支持的結果……傑米・貝爾（Jamie Bell）十分出色——演技之中不見任何一絲感情用事。這部片是史蒂芬・戴爾卓（Stephen Daldry）精打細算的成果→他彷彿將種種要求輸進了電腦，得出這部電影。它本可以拍得很美，卻以憤世嫉俗的方式運用了礦工罷工事件，另外還有一長串偏離現實之處（身穿洋裝的男孩、雪人、哥哥改變心意），以致報紙上那句頭條——「史上最佳英國片」——成了對羅西（Losey）、史勒辛格（Schlesinger）、安德森、迪恩、鮑威爾與普萊斯柏格（Pressburger）、紐威爾、明格拉、麥金農（McKinnon）等所有人的折辱。

10月6日

初次和喬安娜・羅琳（Joanne Rowling）對話。她妹妹接了電話——「她不在——我幫你留言給她吧？」背景是大笑聲……「真是不好意思！……」「有些事情

是只有石內卜和妳才知道的——我必須知道……」「你說的沒錯——明天再打給我吧；這些事情沒有第二個人知情……」

10 月 7 日

再次和喬安娜·羅琳談話，她有些緊張地讓我一窺石內卜的人生背景。和她說話時，感覺她不是發明故事的人，而是**生活**在故事之中的人。她不過是渠道——滿溢著「這個啊，其實他小時候發生了這個那個」——一次也沒說「我想讓他如何如何……」

10 月 8 日

下午 2 點：露比、艾德與孩子們→港口俱樂部。麥克斯的其中一個朋友預示了未來。「你是石內卜嗎？」

10 月 10 日

《哈利波特》開拍。

8 點 30 分：坐車去 MBA，上午 9 點試穿服裝。

上午 11 點：從國王 X[379] 搭火車去紐卡索，然後搭車去阿尼克城堡，上妝做攝影測試（花了三小時……）。交錯複雜的加加減減——蒼白的臉＝非常顯老；裝上假鼻子之後需要塗上大量的妝，等等等。整體氣氛友善，也有那麼一點混亂。

7 點 45 分：和肖恩［·比格斯塔夫］與羅比·寇特蘭（Robbie Coltrane）去西班牙餐酒館，放縱地吃了不少盤油炸食物之後回飯店，從迷你吧拿了紅酒與一包巧克力吃吃喝喝。

沒救了……

結果還是醒著。開著電視，凌晨 3 點在寫日記。時差緊追著我，已經踩上我的後腳跟了。

看完康納·麥克弗森（Conor McPherson）的《男演員》（*Actors*）劇本了。非常高人一等的喜劇，非常不政治正確。演員都是傻子，劇本裡滿滿都是「屁」。

10 月 12 日

上午：茱蒂從洛杉磯打來，事情的迂迴暫停了下來。此刻的需求、其他人的要求、宿命，都是這類的東西……

12 點 30 分：坐車到片場，開始組裝石內卜。最終結果——袖子、褲管、腰部都收緊了，頭髮藍一些，沒戴隱形眼鏡。但石內卜似乎活起來了。

379　編註：國王十字車站。

10 月 13 日

10 點 30 分：車子來接。化妝──我可能需要鎮定劑……服裝。

10 月 27 日

11 點：安潔（Angel）那邊──試穿《維多利亞·伍德秀》的服裝。

11 月 20 日

7 點 30 分：車子來接。《維多利亞·伍德聖誕秀》。

11 月 28 日

下午 7 點：蕾拉·貝特朗與車子，然後→和夏琳·史碧與理查·阿什沃斯（Richard Ashworth）看瑪丹娜演唱會。

回家接到吉姆·甘迺迪（Jim Kennedy）的電話，結果──**我們成功交換了！** [380]

11 月 30 日

12 點 30 分：去英國文化協會參加海倫娜·K 為愛爾蘭總統瑪麗·麥卡利斯（Mary McAleese）辦的午餐會。其他賓客──格雷格·戴克（Greg Dyke）、雪麗·布斯（Cherie Booth）[381]。

12 月 5 日

去哈洛德百貨的 10% 特賣會逛逛，這次買了台冰箱。

12 月 6 日

8 點：《梅維爾夫人》（*Madame Melville*）──歌舞綜藝。著實討喜。難得看到如此精巧又隱晦的喜劇，作者理查·納爾遜（Richard Nelson）導演得很好。伊蓮 [·雅各] 演得很棒，而如他們所說，麥考利·克金（Macaulay Culkin）實是選角方面的大成功。

稍晚去歐索餐廳。克金先生十分聰明，對於自己與自身處境的理解勇敢得令人感動。「我本來以為自己會被罵得狗血淋頭，所以乾脆放手一搏……」

12 月 7 日

12 點：和卡洛琳 [·霍達維] 去 38WT [威斯本露臺街 38 號]，結果今天突然

380　指買下威斯本露臺街（Westbourne Terrace）地產一事。

381　譯註：雪麗·布萊爾。

急轉直下，成了創傷的一日。卡洛琳的眼光絕對比我銳利，等到她離開時我已經被她搞得鬱鬱寡歡。

卡洛琳說得沒錯——搬進去前先搞定基本事項。問題是，她所謂的基本事項得花鉅額搞定，所以只能走著瞧了……

12月8日

10點左右：常春藤餐廳。越來越吵雜，幾道菜是冷的，這家餐廳或許來日不多了……潔芮·霍爾與米克·傑格也在，我們在他們離去前聊了一陣子（在如此吵鬧的環境下實在困難）。

12月11日

上午7點：車子來接。回去拍《哈利波特》。和瑪姬·史密斯（Maggie Smith）、柔伊·瓦娜梅克、伊恩·哈特（Ian Hart）、李察·哈里斯（Richard Harris）在大廳裡——他們各有各的特色，卻也都溫柔又搞笑。但這是「清空清單式」的拍攝——沒有在開拍前花時間介紹該場景，以及所有人的內心狀態。也許是時間不夠吧……也許……參與決策的人太多了。他們爲石內卜做了一頂帽子。帽子？石內卜要戴帽子？幸好克里斯·哥倫布同樣溫柔搞笑，你大概猜得出他在想什麼、要什麼，你若是出格他會果斷告訴你。於是工作還是完成了。**看起來還不錯。**

12月12日

只希望這些種種的構思能成功呈現到影片上……

12月14日

10點30分：車子來接。霍格華茲（Hogwarts）[382] 大合唱。

12月15日

更多大廳鏡頭。更多火雞。更多霍格華茲校歌。

12月18日

山怪跑進廁所日。

---

382 編註：《哈利波特》裡的巫師魔法學校，電影主場景之一。

12 月 20 日
收到威斯本露臺街工程初步估價的傳真……

12 月 22 日
在家中度過一晚。該不會快得流感了吧？
和茱蒂討論《哈利波特》合約的備忘錄，這東西誰簽得下去。

12 月 24 日
4－7 點：海倫娜·K 與伊安·H。雷吉［·納德森（Reggie Nadelson），美國作家］說起之前在波多貝羅路遇到柯林頓的故事，他還建議希拉蕊買價格極低的喀什米爾羊毛製品。「你說到我心坎裡了。」希拉蕊說。雷吉「像林福德·克里斯蒂（Linford Christie）³⁸³」一樣移往那間店和他們會合。
12 點：參加諸聖教堂的午夜彌撒。

12 月 25 日
3 點：瑪麗·伊莉莎白與帕特。和歐康納家共度美好的一天。食物、音樂、小孩……深夜，腦中充滿了戒酒一個月的想法……

12 月 29 日
7 點 45 分：艾德娜·歐伯蓮。艾德娜花了四小時左右對我們說了一則又一則貝克特、品特的故事──「等我禮拜一見到他，他一定會立刻說：『妳應該看了《看門人》（The Caretaker）吧。』──『還沒，我前幾天不在。』──『喔，那妳想必看了《背叛》。』問題是啊，作家寫作的靈感是痛苦，而哈羅德的傷口都已經癒合了，所以他現在只能寫這些小東西了。」

12 月 31 日
大衛＋克莉絲汀加家人減麥克。好戲開演，馬兒都關進馬廄了。
8 點 30 分：潘與梅爾·史密斯。用這美好的方式為今年畫下句點。朋友、煙火，圍著鋼琴齊唱披頭四（The Beatles）、艾爾頓·強、比利·喬的歌。

383　譯註：英國前男子短跑運動員。

2001

新家

《哈利波特》

約翰・戴蒙德（John Diamond）

紐約

湯姆・史塔佩

都柏林

德溫華特小學（Derwentwater Primary School）

塞巴斯蒂安・巴里（Sebastian Barry）

湯姆・瓊斯（Tom Jones）

梅爾・史密斯

托斯卡尼

錫耶納賽馬節（Palio）

911 事件

瑪麗・麥高恩

《私生活》

琳賽・鄧肯

《哈利波特》首映

比爾・柯林頓

里克・梅耶爾

1月1日

總結 2000 年的日記，發現它比起日記更像是筆記本，中間甚至還有幾頁空白……這是好事嗎？還是壞事？是我變得更有自覺了嗎？更封閉了？

1月4日

新家——第一天。我們完成簽約了。
下午 6 點：去威斯本露臺街 38 號取鑰匙。

1月5日

去 38WT 見卡洛琳。我感覺到一張張支票從支票簿裡飛了出去。它仍舊是極美的空間，但需要一些照顧。

1月9日

《哈利波特》。10 點 30 分：車子來接。1 月學期開始了，回學校去。

2月2日

7 點 30 分：去看潔芮·霍爾的《畢業生》（*The Graduate*）。
她真是了不起的女人，即使她身在臺上，你也感覺得到她在臺下的溫暖。

2月7日

第一張恐怖的支票給了卡洛琳。讓人回想起 12UA。

2月13日

從上午 11 點開始待命。
斷斷續續，來來去去。結果我今天沒有要拍片，於是改成在巴斯觀光。
4 點 45 分：車子來接我去排演「教室」場景。多虧了昨天稍微一點排練，這場景算是成形了。

2月14日

上午 8 點：車子來接。
這個場景讓我進入專注／排外模式，我認得這狀態，也絲毫不喜歡它。它將無辜的人們（化妝師、孩子們）阻隔在外，沒有人敢不隔著牆和我說話。但這時，我決定再次為預告片發脾氣了。怎麼**方方面面**都能看見英國階級體系的影子，誰會想去想這種事情？
這個場景拍得還行嗎？還是說，我不過是有做到幾個熟悉的重點罷了？

2月19日

《哈利波特》的最後一天。

這天的最後，貓頭鷹嘿美（Hedwig）提著光輪 2000（Nimbus 2000）從大廳一頭飛到另一頭，讓它落到哈利腿上。訓練師大衛（Dave）為此憂心了一夜，完全沒睡。簡單卻又給人驚喜的小東西。

3月4日

去肯薩綠地參加約翰·戴蒙德[384]的喪禮。

海倫娜·甘迺迪建議我們來的，但到場後我心中萌生了疑慮。雖然有不少朋友來追悼他，不過我們似乎不在朋友圈內。儀式鎮定、有秩序而不感性，但不可謂不感人。多明尼克·羅森[385]朗讀了約翰寫下的最後幾段文字，其中不乏笑點，不過他說自己與奈潔拉「成就了今天的彼此」那段令我印象深刻。她今天美得驚人，眾人魚貫走過時她微笑著一一點頭致意。約翰的朋友查爾斯·埃爾頓（Charles Elton）說起了約翰在世最後幾個鐘頭，房裡那悲傷卻又歡鬧的氣氛。外頭有個女人在唱「需要他人的人們」與「天堂，我在天堂」，彷彿要他提筆寫作的暗號。

3月5日

我今天和露比翻遍了報紙（昨天的），《智者為王》（The Weakest Link）某一題和我有關，有人說我的聲音最助眠，商業版有人引用了我關於李安的發言。總覺得哪裡不對勁⋯⋯

3月28日

紐約

1 點 30 分：拉·古留（La Goulue）——娜塔莎[386]。她的心思宛若小貓到毒蛇等形形色色、活蹦亂跳的動物。如果她能消去憤怒的部分就好了，但誰能怪她呢？她說起和雷夫·范恩斯演《私生活》的事。回飯店收到來自倫敦的訊息，說的就是——《私生活》。和琳賽·鄧肯啊⋯⋯

3月29日

6 點 45 分：《愛的發明》（Invention of Love）。湯姆·史塔佩就坐在走道另一側，

384　英格蘭記者，1953 － 2001，奈潔拉·羅森（Nigella Lawson）的丈夫。

385　約翰·戴蒙德的妻舅。

386　編註：拉·古留是法國著名的康康舞女舞者，紅磨坊第一代主演；娜塔莎·李察遜。

令我有些擔憂，畢竟我有時差又坐在黑暗中。雖然我只看懂這齣劇的三分之一，仍是深受感動，鮑伯［·克勞利（Bob Crowley），布景設計師］也做得非常用心。

在哈德遜劇院（Hudson Theatre）開派對。派特洛女士踩著腳輪走了進來……

4 月 2 日
上午 6 點：搭車趕 8 點 25 分的班機→倫敦。
大約晚上 9 點到家。

4 月 5 日
第一張大面額的溢價債券！

4 月 26 日
10 點 40 分→都柏林。
克拉倫斯飯店的套房非常舒適，可從陽臺將利菲河全景收入眼底。
下午：和艾利森·迪安（Alison Deegan）[387] 合作［寫《美人情園》（*A Little Chaos*）］。
時而輕鬆自在，時而如拔牙般痛苦。但她如此固執也是情有可原——在真正理解之前，你有什麼理由妥協？我們偶爾會闖入未知的境地。

2001

日記：1993─2015年

5 月 2 日
下午 4 點：德溫華特小學 [388]——好懷念啊。真的是我從前的小學……好多回憶都仍歷歷在目。說來奇怪，我現在回來，它也沒顯得比從前小。深刻記得肯達老師（Miss Kendall）與她的教室，她的存在感、她的眼鏡、她的頭髮——她午餐後塗護手霜的習慣。她白得不可思議的雙手。

5 月 3 日
皇家宮廷劇院。排演了一天的《橡皮泥》（*Plasticine*）。
只有一天半時間練這齣共 33 幕、33 個角色的戲。或著說是劇本，介於《猜火車》與《瞎拚，幹》（*Shopping and Fucking*）之間，但擁有屬於自己的心與腦。
瓦席里（Vassily）[389] 出身於愛滋肆虐、工業化的烏拉山脈，這齣劇是在講述他

387　愛爾蘭演員、作家與版畫複製家，小說家塞巴斯蒂安·巴里的太太。

388　艾倫·瑞克曼從前就讀的小學。

389　瓦席里·席加列夫（Vassily Sigarev），1977 －，俄國劇作家。

的人生、他的城鎮、他的國家——在那裡，簡單的善意行為往往遭曲解，他人也往往以傷害回應你。

5月4日

下午4點：讀劇本。
演員團隊在滿堂觀眾面前表現英勇。

5月8日

保羅・萊昂－瑪利斯告訴我，修道院／混亂／塞巴斯蒂安・巴里加總起來的問題是，這些的重要性都不及《私生活》！修道院想保留原訂的日期，但這會和《哈利波特2》衝突，而後者說什麼也不肯講明自己的立場……麻煩來了……
下午：和塞巴斯蒂安・巴里談話，他比我想像中稍微冷靜一些，不過我當然也明白，他終究需要這筆錢。

5月14日

避開了令人畏懼的坎城之旅。

5月26日

12點→海伊鎮。
下午6點左右：接待會。和吉曼・基爾（Germaine Greer）見面。每一個問題、每一句話都是對我的挑戰嗎？僅僅五分鐘過後便精疲力竭。
8點30分：柯林頓演講。全球時事成了國內的事，某方面而言成了契可夫式的事件。「阿拉法特（Arafat）本想帶槍參加會議的。」（「哪有這回事。」我身後的克里斯・希鈞斯[Chris Hitchens]嘀咕）然後當和他對談的伊恩令他不快時，變成「問了無聊的問題，得到無聊的回答」。但後來就不是如此了……尤其在說到中東之時。總之，C・H提早離場，還大聲嚷著：「再晚就沒酒喝了……」

6月1日

同意加入星期天的國際特赦組織音樂會，和艾迪・以札德同臺演出。

6月3日

下午4點：溫布利球場。去艾迪的更衣室，然後和維奇・里維斯（Vic Reeves）與哈里・恩菲爾德（Harry Enfield）進行排演（蒙提・派森[Monty Python]的短劇〈四個約克夏人〉）。接著到臺上順一遍，初次將整個場地收入眼底……
7點30分：演出開始。表演十分順利。我們得等到將近11點。我彷彿一步步

走上斷頭臺，劇本穩穩貼在一本《星期日泰晤士報》雜誌裡頭。其他人都很棒也非常好笑。我緊張過頭了，無法演好屍體，只能呆呆盯著他們。事後在酒吧裡和湯姆·瓊斯談天，他引用達斯汀·霍夫曼（Dustin Hoffman）對他說過的話：「就像是你張開嘴巴，結果脫口而出的是一隻野生動物。」

6月7日
選舉日。

10 點 45 分：去榮·斯諾家，遇到麥克·福特（Michael Foot）。孤獨的身影，受帕金森氏症所苦，卻仍全身投入這一切。

6月8日
凌晨 4 點就寢。

下午 1 點：伊恩·麥克連——在完全翻新的窄街 82 號吃午餐……伊恩說到國家劇院在挑選新藝術總監時驚人的狹隘目光，以及對茱蒂·凱莉（Jude Kelly）[390] 的偏見。

6月13日
6 點 30 分：在喬·羅琳（Jo Rowling）[391] 家的單親家庭組織（One Parent Family）創始會。

羅比·C、尼爾·皮爾森都去了，外加梅拉·沙爾（Meera Syal）、凱西·雷特。還有喬·羅琳。她的致詞幽默風趣（不意外），實際見面時親切又真摯。這棟房子需要卡洛琳·霍達維的改造與修繕。

6月16日
梅爾·史密斯的 50 歲生日。大錯特錯。我們到場時才發現搞錯了，立刻迅速藏起禮物。是潘的 53 歲生日。

之後就是一如往常的狂亂活動。煙火，以及梅爾對著理查·歐布萊恩表演佩圖拉·克拉克（Petula Clark）的歌，而與此同時休·葛蘭與派西·肯塞特（Patsy Kensit）還無預警來訪。潘真可愛，她對這一切都無動於衷，我們才剛來兩秒鐘她就說：「我做了臉部拉皮——要不要看照片？」

390　英國戲劇導演，1954 —。

391　編註：即 J·K·羅琳。

7月12日

2 點 30 分：皇家藝術學院理事會。

也許是我疑神疑鬼，但我開始感覺到寫鉅額支票的壓力了。沒法對他們解釋爲何辦不到，也沒法解釋我正在整修房子的事。

7月17日

瓦靈福德 10 號——農貿市場。

下了計程車就是鎮中心廣場，只見全豬正在火烤中，培根煎得滋滋作響，火腿被切片，英格蘭葡萄酒倒進了酒杯——全都在保守黨黨魁第二次投票當日，而當你知道他們這是走上了 IDS[392] 那條路，就不由得感到不快。

8月1日

2 點 05 分：英國航空→羅馬。

8月4日

今天的特徵是沉默的磚牆與僵局，也完全受制於它們。儘管這已是耳熟能詳的故事了，卻還是有造成實際傷害的危險。

讀《私生活》劇本也毫無幫助——它們眞是放縱、半瘋狂的生物。

泳池。午餐。

8月10日

去蒙塔爾奇諾市場。

停下來買卡布奇諾時，被《衛報》惡狠狠地伏擊了。爲什麼英國記者寫出來的文章不是大成功就是大悲劇？實驗和——這能說出口嗎——實驗失敗，哪裡不對了？這已經不是幸災樂禍的問題了，感覺我們全國都只有在面對負面事件時才開心得起來，一種國家級的自我耽溺。不然你以爲呢？我不是早就告訴你了嗎？好了好了；你不會感覺到有益處的；你已經盡力了；別難過；你好好保重喔。

8月16日

賽馬節。

在泳池邊待了一小時，然後——

中午 12 點→**錫耶納**，在羅格餐廳吃午餐……接著去找哥倫比娜（Colombina，

392　伊恩・鄧肯・史密斯（Iain Duncan Smith），1954 －，2001 － 2003 年擔任保守黨黨魁。

即法蘭西絲卡）參觀她美麗的公寓，可從窗戶眺望伊坎波，而且剛好在起跑線正上方。從 4 點 30 分到 7 點 15 分欣賞美景，然後賽馬開始。樂隊、旗子、馬匹、不停湧入伊坎波的群眾，直到化爲貨眞價實的「人海」……我不愧是我，拿望遠鏡看著看著就錯過了比賽開始那一刻，不過比賽本身十分壯觀。這一整天都十分壯觀……晚餐過後，我們成群去伊坎波喝酒、觀賞人潮，然後穿過賽馬得勝的德拉戈區去拿車，輪到我開車回家了。

8 月 21 日
2 點 30 分：開車去羅馬。
6 點 45 分→倫敦。

8 月 22 日
12 點：收到約翰·麥高恩的訊息，瑪麗去世了。套句她愛用的詞，她眞的是**偉大**的女人。失去她對我們而言是一大損失，因爲她一向鎮定、專注而滿溢著靈感。去哪都帶著香菸與酒杯，總是同時開著好幾本書，總是**充滿**了生命力，爲自己**變成**「殘疾老人」而惱火不已。當然，在我們眼裡她永遠青春如昔。

9 月 7 日
7 點 45 分：搭計程車去尤斯頓車站，8 點 40 分搭火車去科芬特里市，搭計程車去斯特拉福德，（最終）抵達聖桂葛瑞教堂，參加瑪麗·麥高恩的喪禮。我們到場時遇到茱麗葉與休，費費則是已經入內了。牧師的致詞糟糕至極，彌撒也和平時同樣冗長，不過約翰（John）——瑪麗的兒子——發自內心的悼詞十分感人、十分清晰。
12 點 15 分：和費費開車回去。
2 點 30 分：排演。

9 月 9 日
8 點：麥克與珊德拉·凱曼，外加格雷格（Greg）——編舞者。不知爲何（好吧，其實是因爲瑞瑪直截了當地發問了），麥克罹患 MS（multiple sclerosis，多發性硬化症）成了公開的事實。

9 月 10 日
下午感覺很怪。先是接到珍·L 的電話，她頻頻問我：「我不會太兇吧？如果太兇了，我得去告訴醫院。」她基本上自言自語了一番，說自己經歷過／正在經歷什麼困難，我們作爲朋友都太失敗了，最後她沒說再見就直接掛了電話。

我寫了封信給她，說她沒有錯。她的確沒有錯，不過她這高傲的態度只會帶來自我孤立的危險。

然後天花板開始滴水，是吉莉［樓上鄰居］的淋浴間漏水了。吉米（Jimmy）拿著拖把出現。

9月11日

紐約世貿中心恐怖攻擊 [393]。

11點30分：排演。第1幕順了一遍。

在準備開始練［《私生活》］的舞時，第一波來自紐約的消息傳進了排演室。全場震驚。今天的排練變得索然無味、絲毫不重要了，但即使大腦仍處於渾沌狀態，我們還是繼續練舞。

後來在7點30分回到家，愣愣地看著電視上的影像，看了一次又一次，彷彿想將它烙印在腦中、心中、生命中……那架飛機宛若切入奶油的一把刀。

9月14日

上午11點：我們和隔壁排演室的《吻我，凱特》（*Kiss Me Kate*）演員團隊一同默哀三分鐘。

在家吃晚餐，看了更多新聞報導。到現在仍在試圖理解些什麼。這無法消除阿富汗有四百萬人挨餓、伊拉克有無數無辜人民的**現實**。美國在政治上過分天真，僅僅是五個巴勒斯坦人在街頭跳舞的畫面，就足以摧毀他們對大局的認知。

9月21日

晚間8點：第一場試演。

「感覺就像在戲劇學校一樣。」這漫長的一天當中，琳賽如此說道。不知怎地，動用了內心某處的……儲備能量，我們在熱烈的笑聲與掌聲中結束演出。霍華德［‧戴維斯］容光煥發，為演員們的勇敢驕傲不已。他熱愛演員，看演員展現演技與想像力時總是無比喜悅——看見導演這般展露自己的真心，我非常感動。

9月25日

今晚的觀眾感覺很野，幾乎可說是不守規矩，每聽我們說一句臺詞就想笑。

到了喜吉餐廳，我們送了香檳給尼克‧海特納——正式決策下來了——他就是國家劇院新的大主管。

393　編註：俗稱「911事件」，美國發生來自空中的自殺式恐怖攻擊，世貿中心雙塔最後倒塌全毀，造成的大火持續了三個月。

9月28日

今天的演出滿是好東西——主要是因爲琳賽演得輕鬆許多，且多強調了調情的部分。

10月2日

今天的演出可謂週二怪奇秀。琳賽在第 1 幕將亞曼達（Amanda）[394] 帶到了庸俗得可怕的境地，我不該說什麼的，但還是說了……第 2 幕回歸正軌。重點是——如果我們無法對話，這齣劇就演不下去了。只要其中一人出問題，我們就會陷入各種麻煩。

10月3日

9 點 15 分：爲了 BUPA[395] 去看雷德醫師（Dr Reid），動用了 MRI 掃描。說要移除粉瘤並做心臟檢查。

10 點 30 分：瑞瑪在里斯特醫院用 MRI 掃描膝蓋。在機器裡待了二十分鐘，聽著我從他們提供的音樂選單中挑出的音樂——《早餐巴洛克》（*Breakfast Baroque*）。

採買第一晚演出的禮物。

3 點 30 分：排演。

晚間 8 點：觀眾席人滿爲患，才剛開始他們就如脫韁的野馬。才剛開始，就感覺到一點控制欲。

10月4日

媒體之夜。老實說，結果和預期的狀況差不多好。霍華德之前就警告過我們了，要我們當心第一晚的冷漠——觀眾會吹毛求疵，或者太過緊張、無法大聲表示支持——於是我們整個團隊團結一氣，**把這齣劇演完了**。這其實就是我一直想要的演戲，僅此而已。

10月5日

爲了躲避電話，恍恍惚惚地（又沒睡飽了）拿著咖啡與馬芬走去 38WT。

回到家，現在有了足夠的情報，看得出有兩篇好評、一篇負評。老天，我真的很厭惡他們鬼鬼祟祟的行徑，有三分之二的評論都是在進劇院之前就寫好了。

394　琳賽·鄧肯飾演的角色。

395　譯註：保柏健康保險公司（British United Provident Association）。

10 月 7 日

保羅・萊昂－瑪利斯來了電話，說評價都非常好。於是跑了這條古怪的故事線，我們蓋上正式的許可章，可以繼續進行下去了。

10 月 10 日

這場演出之所以令我印象深刻，是因為第一排有人頻頻怪笑……毫無感覺、毫不歡欣的笑聲使餘下觀眾靜了下來，或者稀釋了其他觀眾的笑聲，相當危險。

10 月 21 日

和安娜與尤里在喜吉餐廳吃晚餐，他們毫不吝嗇地表達對演出的好評。先前安娜說過，她討厭這齣劇、劇中角色與他們所象徵的意義等等——如此看來，這還真是對我們的一大讚賞。而且在排演時我們一直深深記得這件事，將「讓安娜在乎這齣劇」當作目標……

瘋狂與深情

10 月 23 日

大衛・海曼來了電話，稱讚我在《哈利波特》中的表現……回家收到媒體活動的傳真，活動太過盛大了，不可行。Ｄ・Ｈ 那通電話當然是巧合囉……

11 月 4 日

6 點 30 分：《哈利波特》首映會。
這部片應該僅限大銀幕放映，這樣才能表現出足夠的規模與深度，搭得上約翰・威廉斯（John Williams）寫的恐怖配樂。事後在薩伏依飯店的燒烤派對好玩多了。

11 月 6 日

去哈雷街 66 號，開始做心臟檢查……我挺喜歡這個醫生的。
下午：進劇院路上，看見《旗幟晚報》提名霍華德、琳賽與我。

11 月 23 日

晚間 8 點：演出。大體上沒什麼問題，只有前排幾個比較粗野的觀眾除外。事後，更衣室宛若酒吧→凱文・史貝西和朋友來訪。前者反戴著棒球帽。

11 月 26 日

11 點 15 分：溫坡街 55 號——抽血檢查。
11 點 30 分：哈雷街 66 號——心臟監測器（二十四小時）。
12 點 45 分：薩伏依飯店，《旗幟晚報》頒獎典禮。

11 月 27 日

下午 2 點：哈雷街 66 號。跑步機與超音波。

12 月 4 日

下午 2 點：哈雷街 66 號。看羅德尼·弗勒（Rodney Foale）[396]（我很喜歡他），看所有心臟檢查的結果。一切都好，只有一張表單顯示血壓高，表示我得少在深夜喝紅酒。

12 月 5 日

晚間 8 點：演出。查爾斯與卡蜜拉（Camilla）來看戲。那條蛇名叫查爾斯，第一場的重點則完全是黛安娜。不意外……

12 月 15 日

喜吉餐廳。這天有許多印象深刻的時刻……而在最驚人的一瞬間，比爾·柯林頓竟走來我們這桌打招呼。我說了「總統先生」，好提醒自己他**真的**是總統，而不是演員同行或侍者總管……

12 月 19 日

演出。里克·梅耶爾從一開始就表現得很突出，他毫不受控的歡樂笑聲很可愛，在領著觀眾同樂的同時也令我們驚駭不已。但我們最後還是將今晚的演出搶救了回來。

2002

《哈利波特》

開普敦

米瑞安・瑪格萊斯

威斯本露臺街

《私生活》，紐約

東尼獎提名

連恩・尼遜、娜塔莎・李察遜、梅莉・史翠普

查理・羅斯（Charlie Rose）

雪兒（Cher）

保羅・紐曼（Paul Newman）、瓊安・伍華德（Joanne Woodward）

休・克魯特維爾（Hugh Cruttwell）

《愛是您・愛是我》（*Love Actually*）

酷玩樂團（Coldplay）

卡琳・卡特莉吉（Katrin Cartlidge）

不演《哈利波特》？

羅馬

約翰尼・阿利代（Johnny Hallyday）

唐・麥庫林（Don McCullin）

楚蒂・史代勒與史汀

1月2日

1點30分：牙醫。奇蹟發生了，儘管已經四年沒看牙醫，還是沒什麼大問題。

1月8日

2點：到羅翰普頓的瑪麗皇后醫院，看休·克魯特維爾[397]，他總能讓我為自己的怨言感到羞愧。他現在半邊身體癱瘓、視力受損，頭腦卻犀利如常，心也絲毫不受影響。上帝保佑他。

1月9日

2點：牙醫。美白。痛。

4點：重新試穿《哈利波特》服裝。他們得稍微幫我把衣服改小。

1月10日

和優秀的托尼·本恩吃晚餐，外加他女兒梅莉莎（Melissa）、莎佛朗·布洛斯與麥可·費吉斯（Mike Figgis）。麥可沒看過我們的劇（不知怎地，硬要想像我演諾爾·寇威爾 [Noël Coward] 的劇）。

1月11日

8點：演出。觀眾席一陣騷動——吵鬧噪音、窸窣聲等等到了第2幕開頭已經到駭人的程度。我們兩個都認為是瘋子或醉鬼，但後來平息了下來……我們後來慚愧地得知，是某個糖尿病患病發了，親戚趕忙將洋芋片塞進她嘴裡。

1月14日

《哈利波特2》。

上午6點50分：車子來接（石內卜的辦公室）。

（只不過我現在寫這些，當然是帶著星期日凌晨2點仍無比清醒的後遺症。）和他們重聚當然很開心，但感覺像在作夢，彷彿事情從沒有停過。某方面而言的確沒有——未來也不會停……

理查·哈里斯受流感圍困——瑪姬·史密斯立刻用圍巾包起整張臉。一天下來和人小聊了《私生活》，感覺卻像是擅闖了私領域。「那是鮑伯（Bob）[398] 最瘋狂的時刻。」「但真的很棒。」

2002

日記：1993—2015年

397　1965 － 1983 年的皇家藝術學院校長。

398　英格蘭演員羅伯特·斯蒂芬斯（Robert Stephens），1931 － 1995。瑪姬·史密斯的丈夫，曾在 1972 年和艾倫·瑞克曼共演《私生活》。

這天結束時精疲力竭，原來一小時睡眠真的不夠用啊。

回飯店吃總匯三明治、薯條、紅酒。看了《地面部隊》（*Ground Force*）[399] 之後上床睡覺。

1 月 18 日

6 點 50 分：車子來接。

《衛報》刊出了奧利佛獎提名名單。琳賽（兩個獎項）、亞當 [·高德利（Adam Godley）]、艾瑪 [·菲爾汀（Emma Fielding）] 和我都上榜了（霍華德也是），不過這種事情（半經驗、半常識）其實令人相當沮喪。這麼多隱藏的目的，這麼多包袱。勒帕吉（Lepage）、黛博拉 [·華納]、費歐娜怎麼沒被提名？這是別冒犯、挑戰、惹惱別人的意思嗎？《記憶術》（*Mnemonic*）似乎也名落孫山……

1 月 21 日

9 點 15 分：車子來接→《哈利波特》。

上了妝，準備工作——結果一整天都沒拍我。

其實在看到果瑪的火山爆發[400]照片後，其他什麼都不重要了。人們小心繞過可能危及生命的岩漿，就只為了回到已然不存在的家園。

1 月 23 日

夏琳的「伯恩斯之夜」。人們吹著風笛、穿著蘇格蘭短裙與彩格服裝跳舞——我和艾瑪進去那一刻，看見夏琳、派特、道爾、比爾·佛塞茲（Bill Forsyth）、伊旺·麥奎格、肉餡羊肚與覆盆莓黃金燕麥。

1 月 25 日

8 點：演出——來自地獄的咳嗽者。

1 月 28 日

上午 8 點：車子來接→柏靈頓。

8 點 57 分：格洛斯特。

我們在片場（格洛斯特大教堂）分段拍了幾個場景，然後吃完午餐回飯店（帳棚感覺隨時會被風吹走）。艾瑪·華森（Emma Watson）身體不適，所以我們什麼也拍不了。7 點：去酒吧就見瑪姬·S 在看書。肯·布萊納（Ken

---

399　改造家園的電視影集。

400　編註：位於剛果東部的活火山「尼拉貢戈火山」噴發，當時造成 250 人死亡，12 萬人流離失所。

Branagh）[401] 晚點也加入我們，我們聽了瑪姬對雪兒的看法後，聽她說起狄尼洛（de Niro）當導演——或者說是其他人先幫他選角——的故事，笑得前仰後合。[402]

1月31日
瑞瑪的生日。我們已經好久沒共度 1 月 31 日了。

2月2日
晚間 8 點：琳賽今天吐了幾次，看上去面色慘白。延後開演時間，觀眾彷彿被下了藥。
事後：凱特・溫斯蕾與朋友普萊希（Plaxie）……接著去喜吉餐廳……我似乎針對好奇心發表了一段冠冕堂皇的演講、言之鑿鑿，不過這也是因為凱特整晚都在評判前夫、喬治・布希（George Bush）等所有人事物。

2月17日
12 點：大衛、克莉絲汀、席拉與約翰——在他們去墓園一趟過後。S 與 J 至今仍以為他們的女兒還 10 歲左右，我對此難掩煩躁，但還是盡量忍耐了……
下午 4 點：演出。
前排一個女人**非常**忙碌，拿著一包糖吃個不停。

2月20日
預訂了開普敦之旅。

2月21日
然後我的 56 歲生日就來了——這是怎麼發生的？

3月2日
下午 3 點：演出。茱麗葉[403] 只說這一切很怪，似乎找不到別的話可說了。雖然可以理解，但見她無法對琳賽更大方一些，還是有些難過。這有什麼意義呢？

3月3日
下午 4 點：演出。這是倫敦最後一場演出了，休［・克魯特維爾］能來真是太好了，不過這場演出相當勉強。也許是頭或身體度假去了，不然就是徒步旅行

401　編註：肯尼斯・布萊納（Kenneth Branagh），英國演員、製片及導演，艾瑪・湯普遜前夫。
402　此指《科學怪人》（*Frankenstein*）。
403　茱麗葉・史蒂芬森。

去了。總之不在這裡。

8點：喜吉餐廳。喜吉招待了香檳與晚餐。

3月5日

上午7點：去克倫威爾醫院照膝關節鏡。現在寫日記時，仍能感覺到麻醉的作用。麻醉師埃佛・斯利（Ivor Slee）（還是外科醫師彼得・布雷德 [Peter Braid] ？）說你完全不會記得中間過程。還真的沒有任何記憶，整件事情似乎短短三十秒就結束了。

康納與瑞瑪先後來探望我這個殘疾人士。

3月6日

上午6點醒來，好難得。過去這二十四小時對我讀劇本相當有幫助。膝蓋頗痛，但相信會逐漸好起來。

大約上午11點檢查過後出院，瘸著腿、腳步蹣跚地找到一輛車。他們給我的指示有點矛盾──練習走路、別用撐拐或拐杖、讓它休息、冰敷。

3月8日

看了《謎霧莊園》（*Gosford Park*）。就是這個──完美呈現在銀幕上的劇本。我卻感覺到嚴重的距離感。也許是因為我並不**真心**關心任何一個角色吧。儘管付出了不少努力，勞勃・阿特曼還是**無法**讓我們從僕人的視角看這則故事，在這方面上流階級總是會造成阻礙。這就是重點所在。

3月15日

下午5點→開普敦。

3月16日

以各種全身乏力的姿勢度過了一天──部分原因是睡眠不足，一部分是神經症狀，還有一部分是過往的反責⋯⋯但身體明白這是休息時間，於是它開開心心地癱倒了。

3月24日

一覺醒來，又萌生了在這裡購屋的方法、時間與地點等想法。而且今天沒風了，早晨陽光明媚，大海也十分誘人。

也許不太明智。我們會多常過來？當然可以讓其他人使用房子，但要由誰來維護它？

安娜・瑪莉（Anna Marie）帶我們看的其中一棟房子是克里斯蒂安・巴納德（Christiaan Barnard）的，我都沒聽到他去世的消息。走在他家中感覺好怪——兒子與家人的照片仍在那裡。我們開車離去時，A・M 說起他離婚與獨居的悲傷故事。

3 月 26 日
去普林格爾灣烘焙坊買牛奶與報紙，以及看看奧斯卡獎鹿死誰手——在我看來，這似乎有點太政治正確了。丹佐・華盛頓（Denzel Washington）竟然提及了自己以外的人，真是奇蹟啊——然後就這樣了。頒獎典禮。給演員的獎項。好幾個鐘頭的電視節目，設計師們忙著推銷各自的時裝。

3 月 30 日
上午 8 點去海灘散步，享受美麗的晨光，前一個鐘頭就已經有幾個瘋狂的人在衝浪了。幾個行人，幾隻狗。回屋子打包行李、清潔、做早餐。在陽臺吃早餐，培根、雞蛋、番茄、柳橙汁一個週末就吃光了。

我在清掃陽臺時突然聽見「呼」一聲，只見一隻狒狒爬上欄杆與屋頂，牠的家人也跟著爬上去。快速關門，數分鐘後狒狒一家就去了隔壁。浪漫的說法是牠們來向我道別，不過我懷疑真凶是培根的香味。

下午 5 點→約翰尼斯堡。

8 點 45 分→倫敦。

4 月 2 日
7 點 15 分：車子來接——《哈利波特》。

和米瑞安・瑪格萊斯在魁地奇塔上（用她那親密的語氣告訴我——她即將拿到大英帝國官佐勳章 [OBE]，而且還剛減重 20 英磅），傑森・艾塞克（Jason Isaacs）也在——他剛成為父親。一如往常的「對著數字點頭」場景，不過這次拍得快了些，我們午餐時間就收工了，這表示我能去一趟 38WT。

回家吃晚餐，**繼續整理與將事情合理化。發覺自己被好多雜物包圍……**

4 月 5 日
打包日。

GB 搬運[404]的奈傑（Nigel）、史考特（Scott）與保羅（Paul）上午 8 點 30 分抵達，馬上開始行動。整天看著紙張紛飛、紙箱被組裝起來，我的人生被打包了起來，

2002

日記：1993─2015年

404　GB Liners，搬運公司。

準備明天開車五分鐘搬往新家。

保羅工作約十分鐘後說：「對不起，我忍不住一直盯著你——我有點太驚喜了。」我片刻過後才明白過來，然後他也在片刻過後意識到自己正盯著一個焦頭爛額、滿身灰塵的平凡人。

4月6日

搬家日。

怎麼會有人收集這麼多**東西**？或想要留著這許多東西？

無可避免的最後一遭——十三年來溫馨的畫面湧上心頭，一間充滿了愛、也深受喜愛的公寓。

首次睡在 38WT。過去幾天，44 號用鎖孔扭曲等問題懲罰我們，現在當然輪到 38 號考驗我們了——沒有暖氣，還有個每三十秒發出輕微「嗶」聲的警報。

4月7日

下午 1 點：全家。

他們真可愛，沒有任何一絲不滿——就只微笑著到處走走看看。

4月8日

牛津基督堂學院。

《哈利波特2》的最後一天。

大衛・海曼說「你還在演那出舞臺劇嗎？」，和平時一樣沒能掌握小細節，但這也是他的魅力所在。談到《哈利波特3》的導演要找誰，得知大衛心目中的人選是艾方索（Alfonso）[405]，克里斯則偏好肯・B[406]。我只能呆呆坐在那裡盯著他們。

4月9日

在這間公寓醒過來的感覺真好——尤其當警報不再每三十秒響一次的時候。

6 點左右：洗衣間可能要淹水了。

7 點 30 分：38WT——喝酒為新公寓接風洗塵。

4月11日

1 點 25 分→紐約。

405　艾方索・柯朗（Alfonso Cuarón），墨西哥電影導演，1961 —。

406　編註：肯尼斯・布萊納。

在飛機上看《暗夜搖籃曲》（*The Deep End*）。《惡夜謀殺》就該長這個樣子。蒂妲［·史雲頓（Tilda Swinton）］極度專注，以更上一層樓的方式演戲，把讀起來應該不怎麼好看的劇本演得很精采（至今仍無法解開劇本到電影的這道謎……）。用特殊風格當作噱頭，稍嫌內容單薄，卻奇蹟似地超越了僅止於風格的層級。

4 月 12 日

紐約

發現我把一堆衣服忘在了倫敦……

4 月 18 日

12 點 30 分：去劇院。

7 點 30 分：彩排。[407]

4 月 19 日

下午 1 點：去劇院路上經過萬能衛浴公司[408]，幫琳賽添購更多窗簾與柳條編織箱。和平時一樣——完全搞錯了輕重緩急。

晚間 8 點：第一場試演。彷彿被丟進羅馬競技場——或者被丟去餵獅子。

4 月 24 日

8 點：演出。未來的雛形。**拜託不要**……希望不會是如此。音效提示很糟，觀眾昏昏欲睡（大概有半數人吧）。

4 月 27 日

感覺不太舒服。腸胃炎？膝蓋的問題就別提了。

4 月 28 日

下午 6 點：**首夜公演**——有挑戰性，不過第 1 幕似乎還行。第 2 幕開始他們就逐漸消失了。第 3 幕時他們已然回到各自家中，然後才歡呼鼓掌……

---

407 在倫敦的一系列演出大受好評後，《私生活》原班人馬轉至百老匯演出，4 月 28 日在理查·羅傑斯劇院（Richard Rodgers Theatre）開演，在 127 場演出過後，於 9 月 1 日畫下句點。人們對於《私生活》的態度相當正面，其中一位評論家大肆誇讚「同樣傑出的艾倫·瑞克曼與琳賽·鄧肯」。後者贏得了東尼獎最佳女演員，劇組則獲得最佳新編劇目獎。

408 Bed Bath & Beyond，美國家居用品大型連鎖零售店。

在更衣室裡——麥克·尼可斯、洛琳·白考兒、艾瑪·T、湯姆·漢克斯、麗塔·威爾遜（Rita Wilson）。

4 月 29 日
評價顯然都非常好，這下我們可以繼續演了。

5 月 4 日
日子形成了規律，每天都是如此漫長。

5 月 5 日
6 點 15 分：在溫德姆飯店和艾德娜·歐 B 喝了點香檳，琳賽叫她「狐狸精」，因為她試圖阻撓我們去看電影，最後徒勞無功。我堅決上車前往 12 街看《鋼琴教師》（The Piano Teacher）。一部毫不妥協的電影，伊莎貝·雨蓓一如既往地英勇無畏。

5 月 6 日
上午：東尼獎提名名單出爐，我們一共有六項提名。我痛恨這一切，尤其因為亞當與艾瑪沒有上榜，而海倫上了，伊恩卻沒有，等等等。引起分歧、令人不安、毫無助益。

5 月 7 日
上午 6 點就醒了——悶悶不樂地寫著今天和前面一頁。找到去年夏天克莉絲汀娜的紙條——
信念、前進、蛻變、上天的保祐、力量、能量、消除對於新事物的恐懼、消除對於愛的恐懼、關係、智慧、直覺、靈魂創意與身體創意的重聚〔？〕。

5 月 18 日
晚間 8 點：演出。
結束後，我們得知妮可·基嫚（Nicole Kidman）與陶比·麥奎爾（Tobey Maguire）遲了半小時才來。那何必進場呢？

5 月 19 日
6 點 00 分：比爾·艾文斯 [Bill Evans，媒體／公關負責人] 來電宣布贏家與輸家。
下午 7 點：和琳賽去藝術家咖啡廳，比爾·伊凡斯同行。
晚間 9 點：戲劇桌獎（Drama Desk Awards）。我們的製作人照常拍馬屁。琳

賽 [409] 保住了尊嚴。

事後去盧斯咖啡廳。娜塔莎與連恩在另一頭，招呼我去輸家那一桌。

5月20日

6 點 30 分：《非關男孩》(*About a Boy*)。令人憂鬱的英國片，其中單親媽媽與特赦組織工作者都是身穿特大號毛衣的醜人。

5月26日

6 點 30 分→連恩與娜塔莎。

開車兩小時到他們在紐約上州的美麗房子，和演《激情年代》(*The Crucible*)的約翰[·班傑明]·西基(John Benjamin Hickey)與珍妮佛[·卡本特(Jennifer Carpenter)]吃晚餐，外加——喔，梅莉也來了……就是那個梅莉·史翠普。沒想到她是如此歡樂又愛講八卦的人。但真的不容易——還有誰長得像梅莉·史翠普呢？於是忍不住一直盯著她看……

5月27日

我們和男孩子們在陽臺吃午餐。塔莎(Tash)[410] 還真是天賜的女主人，沒有**任何疏忽**。

下午 4 點：丹尼爾·戴－路易斯來打網球。

6月1日

下午 2 點：演出。

我們下臺時，梅莉·史翠普就在後臺門口等著。她非常愛我們的演出。還有她女兒格蕾絲(Grace)。在後臺門口幫人簽名過後，她還在我的更衣室等著我回來……

6月5日

上午 10 點：車子來接→《查理·羅斯秀》(*Charlie Rose show*)。結果他和我想像中一模一樣——是個擅長即興的傾聽者。這原本**可能**會走上奇怪方向的。

6月6日

晚間 8 點：演出。

所謂「活潑」的觀眾。

---

409 最佳女主角獎得獎人。

410 編註：即娜塔莎·李察遜。

6月25日

據說雪兒來看戲了。難怪延後開幕。

7月16日

晚間 8 點：演出——糟糕至極的觀眾，結果保羅・紐曼和瓊安・伍華德當然選在這天來了……

7月27日

晚間 8 點：演出。事前、過程中與事後都疲憊不堪。可惜了，今晚的觀眾目光犀利。霍華德看完第 1 幕覺得很不錯，琳賽的在第 3 幕恢復了聲音。但結合每人的私人理由、抗生素與表演接近尾聲等因素，我們逐漸感受到了負擔。

8月20日

晚間 8 點：演出。

10 點 30 分：保羅・紐曼、瓊安・伍華德。塔莉亞酒吧。

恨不得一直盯著這對奇妙、大方、不自傲、開朗、孩子氣、高明至極的佳偶。

8月24日

和伊恩・霍姆吃晚餐……伊恩用酒醉的牛仔語氣說——「好啦，你們這群笨蛋，事情搞砸了」……

8月25日

休・克魯特維爾去世了……這對我們所有人而言都是大事件。欣喜 / 悲傷 / 恢弘 / 適得其所。

8月26日

9 點 30 分：牙醫。直到下午 2 點。但傑夫（Jeff）[411] 做得非常好——至少上排牙齒很好。下排和那顆孤苦伶仃的牙齒——永遠離我而去了。

9月1日

下午 3 點：《私生活》——最終場演出。

有幾個驚險的瞬間，不過觀眾瘋狂歡呼，吉米（Jimmy）[412] 還舉起寫著「我好

411　傑弗瑞・戈羅－伊凡斯（Jeffrey Golub-Evans），紐約牙醫師。
412　美國戲劇製作人詹姆斯・納德蘭德（James Nederlander），1922 － 2016。

愛你們」的板子……

10 點 30 分：路普咖啡廳……我們坐在鋼琴旁的八人桌，鋼琴上擺著諾爾·寇威爾的歌本。艾瑪·菲爾汀點歌，我們在紅酒迷霧之中齊唱〈我有天會找到你〉（Someday I'll Find You）。**結束了！**

9 月 11 日

決定等明天再飛回家。一切都太趕，這般匆匆忙忙感覺有失尊重。幸好電視播報還算收斂，在論及個人時令人極為感動——母親、父親與孩子們舉著一張張照片，坐在滿是鮮花的世貿大廈遺址。聽著他們唸出那 2,800 人的姓名，心中萌生了無可改變之感，只覺他們都是世界公民——這許多南美人、日本人、亞洲人、歐洲人的名字……一年過去了，至今仍沒有人好好談論這一切。

9 月 16 日

《愛是您·愛是我》——第一天。

9 月 21 日

11 點：泰特不列顛美術館——盧西安·弗洛伊德（Lucian Freud）。
看著這許多幅偉大畫作，彷彿聽見大聲演奏的華格納（Wagner）、馬勒（Mahler）與艾爾加（Elgar）曲子。畫中的人們英勇、孤獨、弱點暴露在外。

9 月 25 日

9 點 45 分：車子來接。
我和艾瑪，音樂會結束後。難懂、隱晦、濃縮的音樂。又是那個老問題了，當你的頭塞滿了**雜物**，你又該如何保持單純呢？
回家時路過彼得瓊斯[413]（買馬桶刷）與雜貨貿易公司（幸運地找到浴室垃圾桶）。這就是脫節的人生。

9 月 28 日

8 點 30 分：丹尼與蕾拉。
就如瑞瑪說，丹尼說話越來越像是《每日郵報》發言人了。

413　編註：Peter Jones & Partners，位於倫敦市中心的大型百貨商店。

10 月 4 日

葛瑞格‧懷斯來到片場，但沒機會說上話。

10 月 13 日

下午 2 點：《甜蜜的十六歲》（*Sweet Sixteen*）。

肯‧洛區最新的作品，看樣子他又想朝民粹主義邁進了，不過馬丁‧康普斯頓（Martin Compston）還真是優秀且令人印象深刻的年輕演員。

10 月 21 日

晚間 8 點：鄧肯的車來接我、貝蒂‧艾德尼與亞當的女友露西，去溫布利球場聽酷玩樂團演唱會。他們真的很棒——每一首歌都已經逼近頌歌的地位了，且看到這麼多人記得歌詞，我心裡著實感動。在後臺的酒吧，葛妮絲‧派特洛 [酷玩樂團成員克里斯‧馬汀（Chris Martin）之妻] 向我自我介紹（比銀幕上的樣子更美），然後 [我們] 和理察‧柯提斯（Richard Curtis）在外人不得入內的區域和樂團見了面。

10 月 25 日

布賴德斯廣場 2 號。開心又哀傷地聊天，露比表示自己很羨慕能和朋友共演舞臺劇、巡迴演出的我。

然後偷偷去喜吉餐廳找計程車，他們邀我們坐下並送上一瓶香檳……我和露比都感覺到輪子轉動，人們對於「演藝圈」的興趣越來越淡薄。必須培養**真正**的工作機會。

10 月 26 日

凌晨 2 點 30 分：睡前。

這個美麗的家必須成為繁殖地、會面點（不過它目前可能還不夠野蠻），所以必須住下來，將它填滿正能量、好心情、混亂。

去康蘭家具店試圖找一張沙發。徒勞無功。

11 月 1 日

這天以愚蠢的吵架告終，因整個家再次覆上薄薄一層白粉塵而爭吵。凌晨 1 點拿著拖把與水桶清掃。

11 月 10 日

下午 7 點：皇家宮廷劇院。

瘋狂與深情

卡琳・卡特莉吉 [414] 追悼會。令人感動得肝腸寸斷且極富挑戰性（那**我**又是在做什麼？），但感覺那個人仍然存在。K・C 勇敢又大方的丈夫彼得［・吉維瑟（Peter Gevisser）］獻唱；她寫給《Time Out》的一封信，爲凡妮莎・蕾格烈芙的訪談責難記者。

11 月 17 日

9 點 10 分：《科倫拜校園事件》（*Bowling for Columbine*）。

這部電影令你發麻到不可置信，全身上下都開始顫抖。一切都太過眞實，辯證也無懈可擊。一個國家至今仍保持無知、害怕，自然會以自由的名義拿起槍械。

11 月 25 日

8 點 30 分：和露絲與理察・羅傑斯吃晚餐──外加愛德華（Edward）與瑪麗安・薩依德（Marianne Said）、丹尼爾・巴倫波因（Daniel Barenboim）與伊蓮娜（Elena）、艾倫（Alan）與琳賽・羅斯布里奇（Lindsay Rusbridger）……硬要形容的話，也許能用「令人卻步」一詞。薩依德魅力十足，巴倫波因令人驚異，羅斯布里奇似乎和平時一樣沒有任何問題、好奇心或生命力。他太太宛如鼴鼠太太 [415]，臉上堆滿了緊張兮兮的笑容。

12 月 3 日

麗城餐廳。

梅爾・史密斯的 50 歲生日派對。潘沒有來，以致整場派對蒙上了詭異的陰影。

12 月 4 日

和保羅・萊昂－瑪利斯討論退出《哈利波特》之事，他認爲最後會退出。但我們**再次**來到計畫衝突的區域了。

不再提《哈利波特》。他們眞的不想聽。

12 月 7 日

羅馬

下午 3 點 30 分：去歌劇院和約翰尼・阿利代 [416] 排演──還有終於從他的片場過來的梅爾・史密斯。阿利代先生（還記得年輕時在巴黎的模樣）十分迷人、

414　英格蘭演員，1961 － 2002。

415　編註：Mrs. Mole，英國兒童繪本的角色。

416　法國歌手，1943 － 2017。

臉部做過不少整形，但這和接下來會發生的事情相比，完全是小巫見大巫。

6 點 30 分：車子接我前往歌劇院參加歐洲電影獎（European Film Awards）頒獎典禮。波蘭斯基、阿莫多瓦（Almodóvar）、溫德斯、珍妮・摩露（Jeanne Moreau）、肯・洛區、麥克・李（Mike Leigh）（他和我們共乘一輛車），以及數十個異常美麗的義大利女演員。

事後在展覽宮吃晚餐。梅爾與潘成了其中一桌的東道主。梅爾因自己沒有得獎而有些困惑。為什麼呢？他大大錯估了情勢。但你還能說什麼？他的劇本真的是一場災難。

12 月 8 日

[下午]7 點 35 分→去倫敦。在休息室遇到傑瑞米・艾朗，和他見面很開心，聊到愛爾蘭與昨晚。

12 月 11 日

8 點 45 分：莎賓娜 [・吉尼斯（Sabrina Guinness）] 以及接送車→卡文迪許廣場 5 號，參加米克・傑格的晚餐會。

12 月 16 日

艾德娜・歐伯蓮來了電話──「妳看過《生命的氣息》（Breath of Life）[417] 嗎？」不過是個問題而已，她已經無比驚駭了。「我沒看過。」「它真的很糟糕，我還以為自己會（停頓、遲疑、搜尋字眼）⋯⋯爆炸。」

12 月 19 日

12 點：唐・麥庫林（Don McCullin）[418]──現在改拍肖像照了。說來奇怪，他這個男人極其害羞、極其緊張──他以非常討人憐愛的方式，說到自己即將有個新的孩子──「我在做什麼呢，都已經 67 歲了」──或是他的前妻──「她把東西全都拿走──我得從頭來過了──下週要去拍庫德族（Kurds）⋯⋯這個燈光非常棒⋯⋯再一捲底片我就收工⋯⋯抱歉花了這麼久⋯⋯下週要拍茱蒂・丹契⋯⋯我實在不會和女人相處⋯⋯」

12 月 21 日

楚蒂與史汀的聖誕派對。拜占庭與仙境的結合體。他們建了一座紅色褶邊的劇

417　大衛・海爾寫的舞臺劇。
418　英國戰爭攝影師，1935 —。

院，理查・E・格蘭特（Richard E. Grant）朗讀〈那是聖誕節前夕〉（'Twas the Night Before Christmas），澤娜達・亞諾夫斯基（Zenaida Yanowsky）[419] 與安德魯・繆爾（Andrew Muir）跳了《胡桃鉗》（*The Nutcracker*），拉茲莫夫斯基合奏團（Razumovsky Ensemble）演奏《布蘭登堡協奏曲》（*Brandenburg Concerto*），法斯科・瓦西列夫（Vasko Vassilev）[420] 精采演奏《卡門幻想曲》（*Carmen Fantasie*）。這之中盡是美食與美酒，還有庫克香檳。最棒的也許是和艾爾頓・強與大衛［・弗尼什（David Furnish）］談論 S.A.F.E.［肯亞慈善團體「為教育贊助藝術」[421]］，邀請他們支持慈善行動的機會。

12 月 24 日

11 點 45 分：終於抵達聖彼得堡廣場的教堂——彷彿出自法蘭西斯・培根（Francis Bacon）之手的費里尼（Fellini）作品，又透過肯・洛區演繹出來的教眾，不過管風琴手相當優秀，合唱團也非常厲害，唱〈齊來崇拜歌〉（O Come All Ye Faithful）時大放異彩。

12 月 30 日

［中午］12 點 30 分：在第 4 臺看了一小時的《冬天的訪客》。該回剪輯室了。說來神奇，距離並沒有令我失望，但也許是我內在的節奏也**變**了吧，（有時）太少的勇氣、糟糕的音效——演技**非常出色**。

12 月 31 日

去塞爾福里奇百貨公司買剩下的禮物。微感恐慌。

419　法國芭蕾舞者，1975 －。
420　保加利亞小提琴手與指揮家，1970 －。
421　編註：Sponsored Arts for Education。

2003

馬丁‧巴希爾（Martin Bashir），麥可‧傑克森（Michael Jackson）

《哈利波特 3》

丹尼爾‧雷德克里夫（Daniel Radcliffe）

東尼‧布萊爾

傑米‧卡倫（Jamie Cullum）

皇室家族

安妮‧藍妮克絲（Annie Lennox）

約翰‧馬克安諾

戒葡萄酒月

保羅‧麥卡尼（Paul McCartney）

艾瑪‧湯普遜

洛杉磯

摩斯‧戴夫（Mos Def）

《天賜良醫》（*Something the Lord Made*）

安地卡島

哈維‧溫斯坦（Harvey Weinstein）

2月6日

瑟琳娜（Selina）立下大功，買到了滾石樂團（Rolling Stones）在洛杉磯的演唱會入場票，並再次提醒我們北京活動的事……唔。

下午1點：如今19歲的弗雷迪‧芬德利來吃午餐，我們很快就說到了重點。他之前進戒藥中心，現在已經九十三天未用藥，而經紀人都摒棄了他。我仍能在他眼底看見當初那前途無量的12歲孩子，但在他此時此刻的生活中，必須面對酗酒的父親與罹患躁鬱症 [422] 的女友。

2月8日

上午11點：費莉達。遲到了，因為她去了錯誤的地址，結果在威斯本露臺街來回走了幾趟，往一戶戶人家的門窗裡望去，直到找到正確的屋子。至今仍是全球最美的女人之一。

看著馬丁‧巴希爾的麥可‧傑克森紀錄片。丟人現眼、自私自利的新聞寫作。這東西花了多少錢？將M‧J的行為和數百萬個雞姦者與戀童癖者一天的行徑相提並論，或拿來和南非每天死於愛滋病的數千名孩童做比較。你既然一臉憂心忡忡，那就拿那些題材拍紀錄片啊。

2月9日

1點30分：河流咖啡廳。露絲與理察‧羅傑斯、安德魯‧瑪爾（Andrew Marr）與太太賈姬（Jackie）與孩子們（年紀最大的是拉蒂莫 [Latymer]）。歡快的週日下午閒聊（但不是和這些人聊）。

2月14日

上午8點電話就響了。茱蒂‧戴許。奧蘭多‧西斯提（Orlando Sesti）在西班牙發生車禍，22歲就去世了。某方面而言，我們彷彿和他失去了一樣多。他是你遠遠看著的人物之一——過著你希望自己能擁有的生活。

下午。瘋狂持續了下去。瑞瑪父親去世了。這當然不意外——他已經97歲——但他是他們的父親，也是塑造了赫頓家性格的人。

2月15日

12點：約克公爵劇院（Duke of York Theatre）。

為了遊行。[423] 不過我們沒能到達約克公爵那裡——到處都招不到計程車。我們

422　編註：為「雙向情緒障礙症」的舊稱。

423　抗議伊拉克戰爭。

走至皮卡迪利……在那裡加入遊行。到海德公園（看到了我們後方一百萬人），只見布魯斯・肯特（Bruce Kent）與塔里克・阿里（Tariq Ali）拿著麥克風在說話，不過蜜妮・卓芙與提姆・羅賓斯也在那裡，提醒我們名人才是老大。

2月27日

→伯恩茅斯，參加瑞瑪爸爸的喪禮。

3月9日

下午 4 點：舊維克劇場（Old Vic）／休・克魯特維爾的追悼式。

重點是事情已經發生了，內容並不重要，不過格雷格（Greg）和潔拉爾汀[424]的致詞都十分感人。而眾人合唱〈朋友的幫忙〉（A Little Help From My Friends）的歌聲餘音繞梁。

3月13日

6 點 30 分：車子來接──《哈利波特 3》。第一天。

4月3日

這些日子裡，日記完全沒寫到戰爭，但他們現在距離巴格達只剩 15 英里，未來可能發生生化戰爭，這感覺是標誌性的一刻。倫斯斐（Rumsfeld）[425]成了眾矢之的（布希現在似乎和此事毫不相關了）。

4月7日

我很少寫關於戰爭的事，主要是因為我幾乎誰也不相信。布萊爾的確可信，但他的想法太過理想、太充滿希望了。布希就算了──你看看倫斯斐與錢尼（Cheney），你願意賣給他們什麼？向他們買什麼？

4月14日

上午 7 點：車子來接──《哈利波特》。

和大衛・休利斯（David Thewlis）、邁可・坎邦、瑪姬・史密斯、瓦威克・戴維斯（Warwick Davis）拍了一些主桌的鏡頭。

大部分都和過往差不多，但你除了拍攝鏡頭以外還能做什麼呢──合唱團、300 個孩童、一場演講。背景有些人在看書閱讀。

424　潔拉爾汀・麥克伊旺，1932 － 2015，休・克魯特維爾之妻。

425　編註：唐納德・倫斯斐（Donald Rumsfeld），美國前國防部長。

5月2日

8點40分：車子來接。和丹・雷德克里夫在走廊拍攝。

他現在變得十分專注，認真而專心致志——卻仍不忘樂趣。我仍不認為他是真正的演員，但他未來無疑會成為導演／製作人。而且他還有一對慎重地默默支持他的父母，絲毫沒有勉強他。

5月12日

下午1點：馬克・梅蘭〔Mark Meylan，聲樂指導〕。

音域絕對多了幾個音，我聽見它說話、喊叫、歌唱，克莉絲汀・林克雷特（Kristin Linklater）那本書的書名真是太貼切了——《林克雷特聲音系統：釋放人聲自由的訓練》（*Freeing the Natural Voice*）。我感覺自己未曾使用過任何自然的嗓音，感覺人們愛模仿的這個聲音、總是令我憂鬱的這個聲音，實際上和我毫無瓜葛。堅持下去。

5月17日

下午6點：搭車去契克斯閣（Chequers）[426]……認真感受到歷史穿門而入，全身不寒而慄。

7點30分去參加8點的活動。到場時，遇到班・金斯利（Ben Kingsley）與其太太、彼得・海恩（Peter Hain）、普琳西佩莎・斯特羅茲（Principessa Strozzi）等其他人……然後理查與茱蒂也來了，接著是東尼與雪麗，東尼懷裡抱著身穿睡衣、年僅3歲的萊奧（Leo）。

二十五人的晚餐會。東尼在門邊逗留，和我談話。（莫非只有我公開批評過？）我提及S.A.F.E.、在上議院的瑞瑪，以及美國的黑名單——以僅僅四分鐘的對話而言，已經很不錯了。

即將離開時，我說：「還好有你和那些瘋子[427]在同一間房裡。」他揚起了一邊或兩邊眉毛，說：「是啊……這真的……不容易。」然後我們開車離開，只見T・B的輪廓映在豪華大門前，灰白色斜紋褲與藍色開領上衣逐漸離我們遠去。

5月21日

今晚時間完全被愚蠢的行為佔據，我伸手握住在瓦斯爐火上燒了約十五分鐘的平底鍋把手。雖然已經盡快鬆手，但仍得整晚將手泡在冷水裡，即使上了床還是得握著冰敷袋。

2003

日記：1993—2015年

---

426 編註：英國首相位於鄉間的官方莊園別墅。

427 此指布希政府班底。

6月2日

3點30分：搭車去聖詹姆士宮，和傑米‧卡倫等所有人排演今晚的歌舞表演／飯後餘興。

9點35分：上臺，在整個皇室家族——四十或五十人——面前表演。演出很順利，羅尼‧巴克（Ronnie Barker）與瓊恩‧維特菲爾德（June Whitfield）出盡了風頭，不過那首詩再加上傑米動聽的歌聲與演技形成了歡樂對比。事後他們全都走進來——數百萬份報紙上出現過無數次的人們。女王、菲利普（Philip）、查爾斯、卡蜜拉（兩邊臉頰各親了一口……）、安德魯（Andrew）、安妮（Anne）、愛德華（Edward）、蘇菲（Sophie）、威廉、扎拉（Zara）、彼得（Peter）等等等……再也不必靠想像了……接著去麗思飯店牛飲香檳。

6月3日

8點：泰特現代攝影展。和馬汀‧帕爾見面——我的偶像。

6月6日

晚間8點：安妮‧藍妮克絲演唱會。沙德勒之井劇院（Sadler's Wells）。了不起的嗓音與了不起的演唱會。〈為什麼〉（Why）已然成為20世紀的頌歌。事後，安妮安靜、好奇、溫柔、羞赧……

6月26日

8點30分：柴卡餐廳——為約翰‧馬克安諾與派蒂〔‧史麥絲（Patty Smyth），他太太〕辦的晚餐會，露比、艾德、蘇珊、尼基也來了。

馬克安諾和派蒂相處時非常甜蜜、充滿了關愛，其他方面則禮貌而毫不自我中心，十分討人喜歡。我相信他是個好爸爸，也會是個絕對忠誠的朋友。毫不意外呢。另外——他不介意八卦——**沒有人喜歡魯塞德斯基**（Rusedski）[428]。

6月28日

在沙發上待了一整天，不然就是在廁所裡。我猜這得感謝準則酒館了。更別提他們那些讓我背痛復發的座位。晚點除了麥片粥我什麼都不吃。

6月29日

我竟然感覺好些了，真是不可思議。

瘋狂與深情

428　編註：格雷格‧魯塞德斯基（Greg Rusedski），英國前職業網球運動員，1973 —。

7 月 21 日

7 點 15 分：車子來接。

從洞裡出來，和幻想的狼人戰鬥等等。艾方索看上去壓力很大，謝謝你們啊華納兄弟。

7 月 27 日

1 點 30 分：理察·羅傑斯的 70 歲生日派對辦在河流咖啡廳，數百名摯友共襄盛舉⋯⋯

7 月 30 日

上午 7 點：車子來接。石內卜／路平（Lupin）的教室。

今天的開頭非常吉利，落到我頭上的投影幕宛如斷頭臺，突然停電，然後是持續了一整天的鬱悶。我即使（相當無辜地）對帶有生殖器的達文西狼人圖表示「華納兄弟不會接受那東西的」，依舊**沒有**幫助。艾方索靜靜對我發脾氣，但我太愛他了，不可能讓這種狀況持續太久，於是我出片場呼號了一陣，我們解開了心結。他承受著《哈利波特》慣常的壓力，連他也開始讓演員排演前先用攝影機演練幾次了，而這些孩子們需要導演的指導。他們不記得自己的臺詞，有時艾瑪[·華森]的發音近似阿爾巴尼亞腔。此外，我今天所謂的排演是和一個法國替身進行。

7 月 31 日

上午 7 點：車子來接。

疲倦、緊繃、封閉。石內卜樣。不可能在片場裡營造歡樂氣氛。

8 月 11 日

8 點：去瑪麗亞·艾特肯（Maria Aitken）[429] 家。

愛德華·希伯特（Edward Hibbert）[430]、派崔克·麥格拉斯（Patrick McGrath）、愛德華·聖·奧賓（Edward St Aubyn）[431]。我想表達的重點是，目前有兩份劇本——《零下的激情》（*Less Than Zero*）與《謎霧莊園》——可以結合兩者，但不能連續。他們似乎都聽進去了。接著寫第二份草稿。

2003

日記：1993—2015年

429　英格蘭導演與演員，小說家派崔克·麥格拉斯的配偶。

430　英國與美國演員，1955 –。

431　英格蘭小說家，《一些希望》（*Some Hope*）作者。

8月24日

坐車去特威克納姆區，以及滾石樂團演唱會。傑格表現出色，能量、專注力、聲音。與可能將他拖入退休生活的每一股力量相抗。

9月10日

終於設法開始**戒葡萄酒**月。在家吃晚餐。

9月11日

頭腦清醒地醒過來，感覺好有趣。

8點30分：丹尼與蕾拉來吃晚餐，餐點做起來輕鬆又美味，尤其是意外地容易準備的伏特加檸檬冰沙。

9月19日

5點50分：《日曆女郎》（*Calendar Girls*）——懷特利電影院。

我主要是討厭《一路到底：脫線舞男》（*The Full Monty*）／《舞動人生》／《我愛貝克漢》（*Bend It Like Beckham*）版本的英國，但至少這一部都是表現出色的朋友——海倫・米蘭、茱莉・華特絲（Julie Walters）、希爾絲 [Ceals，希莉亞・伊姆麗（Celia Imrie）]、羅絲 [・馬奇]、希朗 [・漢德]、潔拉汀 [・詹姆斯（Geraldine James）]——所參與的作品，故事也有某種形狀可言。而且是真的。於是它成了真心的慶祝，而且它 [在奈吉・柯爾（Nigel Cole）的導演下] 比上述幾部都好。清晰、機智、誠實。

10月2日

6點：去皇家宮廷劇院伊恩 [・瑞克森（Ian Rickson）] 的辦公室，和若雪的雙親——欣蒂（Cindy）與克雷格・柯利（Craig Corrie）——見面。他們是十分特別的兩個人，溫和、聰慧、善於傾聽，同時又無比優雅。

10月8日

7點出發，參加7點30分的活動。為喬治 [・哈里森] 舉辦的演唱會。音樂好聽且十分感人，我們用各種方式量測自己的生命，其中就包含披頭四歌曲此一量尺。他兒子 [達尼（Dhani）] 簡直是他的翻版。在男廁和保羅・麥卡尼擊掌。

10月9日

去哈利酒吧參加史汀 CBE 的午餐會……格爾多夫與史汀的致詞都非常棒……史汀（針對音樂）的致詞直擊了接受獎項的道德難題。

10月10日

9點45分：車子來接，開始《愛是您‧愛是我》媒體活動。

下午4點：黃金廣場──《愛是您‧愛是我》放映會。我、瑪婷〔‧麥吉俊（Martine McCutcheon）〕與她的兩位朋友。

她其實是這部電影最棒的部分之一。毫不做作，眞誠且直接。

10月11日

12點30分：車子來接→多爾切斯特鎭。

下午→下午6點：和艾瑪接受電視訪談。她打扮得很美，然後和平時一樣努力……一段時間過後，進入較類似雙重奏的狀態，不過要放下掌控欲並不容易。幸好她很擅長這事。

10月13日

9點30分→多爾切斯特鎭。

不知爲何，艾瑪馬力全開，感覺她是想彌補我的某種不足……之類的。隨著這天其他的恥辱一點一滴落到我身上，我感受到深切的憂鬱。但這當然更不適宜了──2點鐘的笑容極爲重要，或者說是最爲必要。

10月15日

下午5點：麥克‧凱曼。

他身陷大麻的迷陣之中……有何不可呢……[432]

音樂必須穿透濾網，出來時還得黏上正確的故事情節，不過他已經在努力了。

11月3日

上午8點：車子來接。

10點55分→紐約。洛厄爾飯店。

11月7日

11點55分→洛杉磯。四季飯店。

11月12日

《吉米夜現場》（*Jimmy Kimmel Live*）。[433]

432　麥克‧凱曼罹患多發性硬化症，後來在2003年11月18日死於心臟病。

433　《吉米夜現場》（*Jimmy Kimmel Live!*）是美國談話節目，以錄影過程難以預料聞名。

「所以這是女性電影囉?」

「不是,比較像是陰莖電影。」

我被嘘聲蓋過去,但我們已經開始了,再過數分鐘就得面對托比‧凱思(Toby Keith)唱〈美國軍人〉(American Soldier)的恐怖聲音。我坐在沙發上,身旁有一個單口相聲演員、一個少年喇叭手,還有嗆辣紅椒(Red Hot Chili Peppers)其中一員。有點可怕。

11 月 20 日

雨果‧楊的追悼式。

某方面而言,我為此感激不盡。在西敏主教座堂待了一個多鐘頭。一些感人的致詞,一些悠揚的音樂,一些思念麥克、吉莉(Gilly)和雨果的空間。

11 月 22 日

7 點 30 分:皇家音樂學院(Royal Academy of Music)。麥克‧凱曼的追悼會。安妮‧藍妮克絲唱了〈我的試煉〉(All My Trials Lord)。大衛‧吉爾摩(David Gilmour)與布萊恩‧亞當斯也唱了歌。他的兄弟們——萊尼(Lenny)、保羅(Paul)與強尼(Johnny)——致詞。我也致詞了。兩個女兒——佐伊(Zoë)與莎夏(Sasha)——跟著致詞。令人印象最深刻是麥克的父親——彷彿莎士比亞忘記寫下的文句。

11 月 28 日

過去一週,我一直讓自己處於某種中止狀態,把自己累得精疲力竭。接連在兩場追悼會上致詞導致的古怪壓力揮之不去。再加上和時差顛簸起伏的關係……

11 月 29 日

下午 2 點→巴爾的摩。

5 點 55 分:車子來接→海港角飯店。

下午:為了摩斯‧戴夫看《偷天換日》(The Italian Job)。他的演技相當優秀。

12 月 1 日

[《天賜良醫》的]服裝。全都太大了。

下午:看完劇本。

摩斯非常有天分且十分聰明,但還看不出他的專注力高低。

換房間!好耶!

12 月 2 日

7 點 30 分：車子來接。

上妝做攝影機測試，其中一些部分令我的心不停下沉。「再加一點遮光——他病了。」

稍微修改劇本。

12 月 4 日

晚間 8 點：回飯店就看見帕姆‧施賴弗（Pam Shriver）的字條，邀我今晚去她的「故鄉」出席羅迪克／布雷克（Roddick/Blake）[434] 慈善賽事。換作是其他時間都行——但我現在累得要命。

12 月 8 日

凌晨 4 點 15 分：車子來接。

第一天。

結果等我回到飯店，十八個鐘頭已經過去了。嚴重的軟骨痛令我輾轉難眠。

12 月 9 日

[上午]10 點 15 分：車子來接。

中間是一小段演說，說要讓演員排練。

[晚間]11 點 30 分回到飯店。

12 月 10 日

我又和製作人羅伯特 [‧科特（Robert Cort）][435]「小聊」一陣。他說了些話，我默默聽著，然後說「不」……

12 月 11 日

喬 [‧薩金特（Joe Sargent），導演] 就是無法讓我們完整演完一個場景，總要打岔說起動作、公事或什麼莫名其妙的想法，結果最後和他吵了一架。他當然覺得自己備受威脅，但我可是處於左右都不是的境地，摩斯則緊抓著握把。

434　編註：美國前網球球王安迪‧羅迪克（Andy Roddick）和前美國名將詹姆斯‧布雷克（James Blake）。

435　其代表中央選角公司（Central Casting）。

12 月 12 日

羅伯特來我的拖車發表獨白，他經常這般自說自話。這回他說我完全是個洛·史泰格（而且還非常陰晴不定），還說他可以幫助我。想法都很好，但如果他不堅持讓我用我的方法演戲──那又有何意義？

12 月 13 日

天寒地凍的一日。

走到海港的購物中心，去巴諾書店，腦中想著「可是書太重了」，於是走到CD 區。艾維斯·卡斯提洛（Elvis Costello）、凱斯·傑瑞特（Keith Jarrett）、尤蘇·恩多爾（Youssou N'Dour）、摩斯·戴夫。

12 月 15 日

零零碎碎的一天。

充滿了我嶄新的被動狀態。

結果呢，它當然產生出過分無味的東西，但還是讓其他人滿意了──算是滿意了吧。

不過工作團隊似乎很享受這份挑戰。

見似乎無人為薩達姆·海珊（Saddam Hussein）被捕[436]而感到開心，鮑伯·C（Bob C.）[437] 相當不悅（他是共和黨支持者）。

12 月 16 日

喬來電要我明天 4 點 45 分去攝影，只好取消原先安排的晚餐，結果變成看黛安·索耶（Diane Sawyer）對喬治與蘿拉·B（Laura B.）[438] 的訪談。他可是總統。黛安幾乎到了無禮的地步，表現不錯──不過他那雙小眼睛瞇成了細縫，小小的微笑看上去像是微乎其微的冷笑。真是小氣的人類。和鯊魚般的妻子相比，簡直就是條蝌蚪。

12 月 19 日

11 點 30 分：車子來接──本該是休息日的。

12 點：花了很長、很長的時間修剪假髮。另外──完全重寫了交給我的最後一個場景──沒有任何預告，也沒有任何討論。完全不可演的一場，寫這東西

436　編註：該年 12 月 13 日，前伊拉克總統海珊被美軍在其家鄉逮捕。

437　此指編劇羅伯特·卡斯威爾（Robert Caswell）。

438　譯註：此指蘿拉·布希，小布希的太太。

的委員會對我們的沉默毫無知覺，也絲毫不了解演員的工作方式。

怒火中燒，直到我和艾瑞克〔·黑澤爾（Eric Hetzel），執行製作人〕談過，我們才回歸到被他們丟棄的那個場景。真是可悲，竟然到我說「這些臺詞我不會說出口的」時才願意改回去。

12 月 22 日

整天豔陽高照，日程表上排了無數個外景場景，看起來難以置信。結果多虧了多方靈活的踢踏舞，我們竟然成功了。接下來就是聖誕佳節，團隊士氣高漲。

5 點左右：瑞瑪抵達。

12 月 24 日

更多陽光。哪裡來的？

11 點：坐車去華府。

雨水、霧氣。這才像樣。

無論如何，我坐在車上，感覺自己度過了某種難關。過去數日——重寫的那兩個場景——我更加確信未來想找機會將書本改編成電影，讓新事物進門。

2004 年，放馬來吧。

12 月 27 日

4 點 30 分→杜勒斯機場，搭上午 7 點→聖胡安的班機。

1 點 40 分→安地卡島。

4 點 30 分：終於來到防波堤——芭芭拉與肯〔·弗雷特〕等著帶我們去他們美麗的家。

12 月 28 日

瑞瑪與芭芭拉的拼字遊戲技藝不相上下，她還將《泰晤士報》雜誌填字遊戲剩下的線索都解開了。

7 點 30 分：去飯店的烤肉之夜。和哈維·溫斯坦[439] 打招呼，他似乎不樂意在此被人撞見——還是我多疑了？

12 月 30 日

6 點 30 分：又一場雞尾酒會——更多富有得出奇的人們齊聚一堂，這幢房屋則是用製藥業數百萬元從好萊塢山複製過來的。

439　編註：好萊塢製片大亨，在 2017 年被娛樂圈數十位女性公開指稱遭受其性騷擾或侵犯。

2004

《天賜良醫》

巴爾的摩

紐約

洛琳・白考兒

巴黎

史蒂芬・波利亞科夫

薩默塞特郡

瓊恩・貝克維爾（Joan Bakewell）

阿根廷

肯亞

開普敦

瑪麗・塞爾威

洛福斯・溫萊特（Rufus Wainwright）

紐約

《哈利波特 3》

麥克・尼可斯

多倫多

聖特羅佩

《哈利波特 4》

洛杉磯

艾倫・貝茨

《銀河便車指南》(*The Hitchhiker's Guide to the Galaxy*)

瑪姬・史密斯，邁可・坎邦

班・金斯利

《我的名字是若雪・柯利》

安縵璞樂

1月3日

[拍攝《天賜良醫》]

巴爾的摩。

整天閒晃。

1月4日

5點30分：車子來接，繼續那種先拍再演的瘋狂。其中一個場景的重點似乎完全是摩斯、拖把與水桶。就連攝影團隊的懇求也沒能撼動喬。每一次重拍，就等同一堆人跪在地上再次將地板擦乾。

1月8日

洛杉磯

一夜鮮明的夢。坐在某種禮堂裡——好玩——然後發現我和瑞瑪這一排觀眾還包括老布希一家人（說來奇怪，到處都沒看見 G・W）。老布希突然大聲開啟奇怪的話題。「好，那你對——**牛肉**——有什麼看法！？」我偷偷撞了撞 R 要她說些什麼，但現場一片死寂。

1月9日

洛杉磯

喔，我看洛杉磯的眼神與想法都變了。仍是一年四季都在度假的城市，不過它對名人的痴迷讓我越來越厭煩了。

1月10日

洛杉磯→巴爾的摩

洛杉磯有終年不變的這麼一層，某方面而言令人安心，但在那之下一層卻是輕鬆、狂野、即時、一雙雙眼睛埋伏著盯著你——你是某個名人嗎？你曾經是名人嗎？你是否散發「任何熱度」？你**有機會**發光發熱嗎？不過這就表示他們需要遠見、先見之明、某種智慧——而這終究不過是動物本能——但這種動物沒有任何尊嚴，也絲毫不了解自己在這世界上的定位。這隻動物眼神緊張、沒有歸屬感，只暫時停留，覓食後便速速離去了。

1月11日

巴爾的摩

摩斯與喬顯然談了不少。從窗戶往外望，頂著滿臉妝回飯店，等到下午6點回去拍演講劇場的場景。結果到晚上11點才結束。所以又度過了十七小時的工

作天，而且最後拍的竟然是特寫。

回到飯店，看了部有白蘭度、狄尼洛與 [艾德華·] 諾頓（Edward Norton）的電影 [《鬼計神偷》(*The Score*)]。看到狄尼洛完全克制住諾頓，卻完全受白蘭度左右，真是有趣（但白蘭度當真人在那裡嗎？）。

然後是賴瑞·金（Larry King）關於詹姆斯·狄恩（James Dean）的節目。實實在在的一個人。真實、永恆、陽剛、陰柔。受萬人景仰。

1 月 17 日

巴爾的摩

休息日。

去巴諾書店找更多禮品，還有幾張吉米·史考特（Jimmy Scott）的 CD。

1 月 19 日

下午 6 點 15 分去片場。巴爾的摩一處治安較差的區域，蓋柏莉（Gabrielle）[440] 放在拖車裡的長褲被偷了。有人敲敲我拖車的門，一個 10 歲小孩站在外頭，號稱要找我簽名。

1 月 29 日

巴爾的摩

最後一天。

3 點 30 分：車子來接。

然後意外地迅速拍完最後四個場景。

1 月 30 日

巴爾的摩

下午 7 點：殺青派對。

糟糕至極──太吵了（無法聽見任何人說的話，也沒有任何人在跳舞，那音樂那麼吵他媽的有什麼意義？）。幸好我很早到，所以還有些食物。

2 月 2 日

紐約

8 點：《詩歌擂臺》(*Def Poetry*)。晚餐俱樂部。

錄製摩斯的 HBO 節目。包括我和瑪西亞·費雷斯登在內，觀眾席大概只有六

440　美國演員蓋柏莉·尤恩（Gabrielle Union），1972 －。

個白人。感覺像是搖滾演唱會，只不過是表演詩歌……

2月5日
下午1點：妮娜·丹屯。

老天，她就不能放鬆心情、對可能發生的未來感到好奇嗎？一定要時時安排眼前的一切？還得制定不同選項，以免發生災難。

第二版，只不過加入了更多算計成分。但我愛她這份勇敢，如果沒混入使喚人的元素就好了。

2月5日
11點：歐索餐廳。

從紳士團回來路上，險些和洛琳·白考兒擦身而過而不自知。她那獨一無二的聲線令我愕然停步，坐下來聽她說些英國／隔離／狗相關的故事。

2月8日
9點左右回到家。

瑞瑪病了，吃了些處方藥，說話沒頭沒腦的。

在家中晃來晃去，改變物品擺放的位置，思考自己為何沒留在紐約。

2月17日
麥可·艾登堡［Michael Attenborough，戲劇導演］絕對是我見過最口無遮攔的人──他應該將中間名改為「如果X是誰的好朋友，那我先說聲抱歉，不過──」。和演員共處一室時，還是別正大光明地對演員懷有偏見比較好……

2月20日

巴黎

6點30分：坐車去滑鐵盧歐洲之星，搭7點30分→巴黎的班次。

2月21日
散步，在三宅一生購物。

《夜之幽靈》（*Gaspard de la nuit*）／生日晚餐。

非常美味的食物。非常家庭式的餐廳，他們得向露臺餐廳的艾娃（Eva）學學如何在你的領域來回走動、散播歡樂，而不是散播無聲的警戒氛圍。但話說回來，「froideur」（距離感）這個字就是法國人發明的。

2月25日

史蒂芬‧波利亞科夫。去烏鴉餐廳吃晚餐。他想為《閉上我的眼睛》DVD錄製訪談，除此之外他的心思一如往常地天馬行空且犀利聰慧。在聊天時必須說得無比具體，倘若懶惰地道出半句話，他就會像撲向毛線球的貓一樣出擊。

2月26日

4點30分：蔡醫師（Dr Choy）。

他說（得很正確），為什麼男人必須半夜起床尿尿，為什麼只有男孩子會尿床？他認為我們能訓練自己、戒除這種衝動，卻只說了幾個含糊的想法。

2月27日

2點30分：布里斯頓路，橢圓屋劇院（Oval House）。

討論維多利亞‧伍德的《橡子古董》（Acorn Antiques）音樂劇演出。[導演]崔佛‧農恩事前去了趟街口的小店，見我要來時露出驚恐萬分的表情。他離開後，理查‧E‧格蘭特來了。結果呢，我們去那邊做的事就只有大笑、鼓掌與大力支持他們而已。精妙的安排、令人捧腹絕倒的表演、動聽的歌、優秀的演技。

2月29日

薩默塞特郡

陽光明媚的早晨。穿行原野、走下小橡，走到瑪格麗‧菲什（Margery Fish）花園，走去酒吧喝一杯。事後，米蘭達［‧李察遜］帶我參觀未來的工作室與預計要造湖的位址。等到來選小狗的那家人離開後，吃了頓較晚的午餐。有些焦慮，彷彿在試鏡。

行經貝辛斯托克鎮去倫敦——一趟感覺永無止境的週日旅程。但約維爾車站自助餐廳的回憶仍留存在心中，宛如40年代電影的場景。現代化的長形櫃檯，壁爐裡燃燒著（假）火焰。

3月1日

8點30分：和露比與艾德去阿芙蘿黛蒂餐廳。

我還真不曉得——露比也不先檢查一下，就買了整個購物車。艾德心不在焉——瑪蒂［Maddy，他們女兒］今天待在家，她剛開始戴牙套，痛得不想出門。以露比的標準而言，她今天喝了不少，最後哭了起來。我只能愣愣盯著自己不想攪和進去的處境。

瘋狂與深情

3 月 4 日

下午 3 點：史蒂芬·波利亞科夫——《閉上我的眼睛》DVD 訪談。史蒂芬就在我面前，我卻得說「史蒂芬說……」，感覺非常奇怪。另外，套句他的話，他竟以令人微感驚訝的方式轉移話題，聊起了《終極警探》的八卦。「你有把這些故事說給別人聽過嗎？」行銷總監顫抖著說。

搭車去奧林匹亞［古董市集］。買了四張椅子，還有一盞馮塔納藝品的檯燈。

6 點 45 分：去林肯律師學院參加海倫娜·K 的新書發表會：《公正法律》（*Just Law*）。假若在場眾人都是平時那些人——匯集到了一處，那在這個瘋狂的英國裡，我很樂意當他們一員。

3 月 6 日

［皇家藝術學院週末會議］

上午議程從 9 點開始。

整體而言，這週末仍感覺像是教職員在為他們已然決定的事項尋求認可。人們不願意自我批評，怪罪他人容易多了。

3 月 7 日

下午 1 點：瓊恩·貝克維爾在前往巴斯音樂節（Bath Festival）路上加入我。她完美地抓到了好奇與說故事、謹慎與輕率之間的平衡。這大概就是她得以身為瓊恩·貝克維爾的原因吧。

3 月 9 日

去安養院探望 D 阿姨與 V 姨丈。看見他們的第一眼，我彷彿歷經了人生大事——兩人面黃肌瘦地在房裡的扶手椅上睡著（我剛走下飄著尿騷味的走廊來到房間）。清醒時，D 阿姨照常負責說話——他們有多麼喜歡這裡、工作人員多麼棒，但他們也很擔心，因為以前他們總是會自己付帳……我們偶爾交換幾段回憶，V 姨丈聽我們提起已然消逝的人物與地點，默默垂淚。

3 月 10 日

去阿根廷。

7 點 15 分→馬德里→11 點 40 分→布宜諾斯艾利斯。

3 月 12 日

上午 9 點:《攀越冰峰》(*Touching the Void*)[441]。他們得拍得特別戲劇化,因為那兩個傢伙本尊皆毫無魅力可言。但畫面都美得驚人,持續不斷的種種困難也令人瞠目。

3 月 14 日

10 點 30 分:去健身房甩脫阿根廷牛肉的熱量。

3 月 17 日

在雨中匆忙前進,試圖趕在巴西電影開播前進入影廳,但水深到下不了計程車——只好回飯店打包行李。

3 月 18 日

阿根廷

去維多利亞島,納韋爾瓦皮湖。

在前往巴里洛切市的飛機上——萵苣三明治、包了肉與莫札瑞拉起司加水煮蛋的麵包、一盤熱騰騰的豬肉與梅乾烤肉加雞肉配吐司,全都浸在菠菜、起司與奶油醬裡;再來兩份麵包、一包脆玉米餅,還有羊角酥佐太妃醬……

3 月 19 日

上午 11 點:和導遊馬克斯(Marcus)與飯店除我之外唯二的客人瑪麗安娜(Marianna)及保羅(Paulo)去騎馬。瑪麗安娜是旅行社職員(好方便),保羅是工程師／農人,兩人來自布宜諾斯艾利斯。還好瑞瑪沒來——她應該會覺得這裡太野了。下坡、小跑步、穿過茂密枝葉等等。但實現了在巴塔哥尼亞騎馬的夢想。

3 月 20 日

下午 1 點:搭船回大陸,接著去湖中石飯店。瑞可兒(Raquel)前來迎接我,說道:「準備去觀光了嗎?」這下,我終於明白「在巴里洛切市到處看看」的意思了。果然全都看了一遍。

下午:瑞瑪在房間外的花園裡充分享受賞鳥之趣。朱鷺與鴴鳥似乎都一次十多隻成群行動。

441　2003 年的電影,故事中兩名年輕登山者——喬·辛普森 [Joe Simpson,布蘭登·麥基(Brendan Mackey)飾] 與西蒙·耶茨 [Simon Yates,尼古拉斯·亞倫(Nicholas Aaron)飾]——在安地斯山脈登山時受困與脫困。

3 月 21 日

2 點 30 分：坐車去巴里洛切機場。朝我指來、愕然止步與那句「是他！」增添了新的力度，這麼做的其中一人竟是卡洛琳·甘迺迪（Caroline Kennedy）[442]……

注意：我們討論過別將一天當中太多時間交給其他人、其他事務。這趟旅行、這次的孤獨算是對我自己的提醒，我想起了發揮創意所需的時間與空間。別太遷就他人的想法。我必須認真清空雜念，並堅定自己的意志力。

3 月 22 日

注意：承上。現在電話鈴聲太常響起，我每次都會接起來。塞滿的工作預約與安排。應該用更清楚的方式使用一天，排一些維持健康的時間、一些思索的時間。

3 月 31 日

注意：多這樣旅行——你才能較清楚看見自己的生活。少帶幾套衣服，笨重的行李箱只會令你痛苦。別陷入舊習。如果有了計畫——那就去過那樣的生活吧。

10 點 50 分：在豔陽下坐車去威斯本露臺街。

立刻感到心神不寧。取出行李，回覆（或打開）信件、電子郵件、語音留言。倫敦生活難以言喻地雜亂。人們立刻就想得到你的一部分……對你虎視眈眈……談論工作並不能得到解放，只會困住你而已——這是什麼意思？感覺都像是必要的困難——發現自己很厭惡 ADR[443] 與《哈利波特》的媒體請求（兩者都毫無創意，也難怪我不喜歡）。

4 月 12 日

待在家中的一天。我到底做了些什麼？就只看了好幾個鐘頭的無腦電視節目，不知為何在面對堆積如山的未讀文件與未受使用的大腦空間時，那些電視節目竟能讓我平靜下來。**不能**再這樣下去了。

公寓施工的同時，除了增加以外也須移除一些東西……如果成為無差別的舒適圈，就會陷入遲緩狀態。必須添加一些嚴格規則。

8 點 45 分：和露比與艾德去前線餐廳。

這是意料之外的舒適圈，算是好事，但也是壞事。和老朋友相處時，如果就只是輪流宣布自己的近況，空間可能會進入缺乏挑戰的危險狀態。我們如此熟悉，卻也有好多東西被隱藏了起來。

2004

日記：1993—2015年

442　美國前總統約翰·F·甘迺迪（John F. Kennedy，JFK）的女兒。

443　補錄對白（additional dialogue recording）。

4 月 13 日

在新的健康俱樂部游泳。燈光不強，謝天謝地。去了泳池邊的蒸氣室，離開路上去了趟星巴克。

2 點：戴克斯特來訪，在陽臺上曬著太陽吃午餐。我說話暴躁了些，他一臉驚疑不定。

7 點 45 分：國家劇院，《永久之路》（*The Permanent Way*）。

大衛・海爾的舞臺劇（由麥克斯［・斯坦福－克拉克］執導），講述近年鐵路私營化與幾次大型火車對撞事故。快到尾聲時，一個角色道出了我的心聲——「我們英國不怎麼擅長公共建設」。是啊——我們懂得發號施令與搖尾乞憐，但要我們開開心心地為彼此努力——那比拔牙還痛苦。因此《每日郵報》必然會存在——充滿了恨意、嫉妒與懲罰，足以讓人收拾行囊離此而去。

稍晚讀了吉爾古德[444]的幾封信。不到三十年前的事，現在卻人心不古了。演藝圈亂七八糟，人們中飽私囊、爭搶事業。必須回到舞臺上，**享受它**。

4 月 16 日

研究班機／轉機。[445]

下午 2 點：四次注射的手術，以及瘧疾藥的處方。然後我買下了博姿藥妝的半數商品。

晚間 8 點：河流咖啡廳。艾倫與琳賽・羅斯布里奇。艾倫比我先前認識的他放鬆許多，也許是數字變小的緣故。露絲的賓客名單真的很嚇人，但她對細節十分講究，於是請我們幫忙看她最新的服務生清單——穿環？不行。捲袖子？不重要。以此類推。另外，她還有禁用語，例如「請享用」、「大家」之類雜七雜八的東西。我聯想到那位攀登過貝克特高峰的空姐：「您現在想喝飲料嗎？」

4 月 20 日

肯亞

昨晚因［選角導演］佩西・波洛克一通電話，浸溺在悲傷之中。她泣不成聲地留言告訴我們，瑪麗・塞爾威生了重病——剩不多時間了。我們最愛的瑪麗。

8 點 30 分→倫敦希斯洛機場，搭 10 點 25 分的班機→奈羅比。

寫了一些，讀了一些——《大海，大海》[*The Sea, The Sea*，艾瑞斯・梅鐸（Iris Murdoch）著]。其實很莫名其妙，時時有陷入可笑悲情的危險，加總起來令人印象深刻卻也惴惴不安。

444　編註：英國演員約翰・吉爾古德爵士，1904－2000。

445　肯亞之旅。

搭車去諾福克飯店。是時候吃點迷你吧的東西了，還是別考驗客房服務。於是，晚餐喝一瓶低卡可樂、一包烤肉醬口味洋芋片、一包腰果、一包夏威夷豆（扔了——裹滿了蜂蜜）。在電視上看波士頓馬拉松，贏家都是肯亞人。

希望這陣子的日記有捕捉到賽門·葛瑞的《抽菸日記》（*Smoking Diaries*）風格——他描述那些紅髮、佔別人位置的偷躺者時，簡直就是我的親身經歷。

4 月 21 日

11 點 15 分→飛往馬林迪市的飛機上，有個真的很擅長哭泣的 3 歲女孩。她先是劇烈啜泣，然後利用無盡的暫停時間吸氣、環顧四周、仔細想了想之後，這才**真的**放聲痛哭。

12 點 20 分：尼克·雷丁（Nick Reding）[446] 來接我，然後動身找我們的團與我的飯店。「一晚 50 英鎊，這樣可以嗎？」真是難得的一句話。午餐吃魚配米飯，接著去看似迪士尼所建的村莊表演。樂團、鼓、害怕攝影機的孩童，整團的人被約五百人圍繞，他們一齊聽著、齊聲歡笑。好多年輕女孩背著還是嬰兒的妹妹／弟弟。一群極度專注的演員完成了絕讚演出。事後，我們飛奔到馬路另一頭，在一間船廠咖啡廳喝杯冷啤酒，然後回飯店沖澡。

4 月 23 日

蒙巴薩→奈羅比。

7 點 45 分：去診所、去公寓、去詹姆斯（團員）的家——去自助式餐廳吃午餐——去汽車接送點——去機場——去奈羅比。

換作在其他時間，我會用清晰的雙眼將這一切收入眼底，實際上我當然也盡量表示了支持，然而捲簾已經罩下來，說什麼也拉不回去了。需要時間或毀滅之力才能撼動的心情。

閱讀《簡明指南》（*Rough Guide*）——裡頭將蒙巴薩描寫得很貼切。和（我對）奈羅比的印象相比友善許多，奈羅比則是最為混亂的一座城市。傑佛瑞（Geoffrey）對我說起夜間開車去奈羅比（很不明智）、放在路上用來刺破輪胎的釘子、乞丐抱著不是嬰兒的嬰兒、千萬別搖下駕駛座車窗和任何人說話。這是個幫派的天下。

4 月 24 日

奈羅比→約翰尼斯堡→開普敦。

在護照／入境／之類的那一桌，女工作人員抬頭一瞥，說道：「你看起來太嚴

446　英格蘭演員，1962 —。

肅了，不可能是演員吧。你都演嚴肅的角色嗎？」「不盡然。」「那一定是很
悲傷的角色了⋯⋯」

打電話回英國──瑪麗・塞爾威去世了。

4 月 28 日

和波莉・喬波特 [Pearlie Joubert，記者] 吃午餐──一如往常地犀利又好笑，尤
其在說起她先前去辛巴威時電訪英國保安部隊的時候。「如果有人拿槍指著
妳，妳會怎麼做？」「舉起雙手，說先生你好，要我幫你口交嗎，如果他拒絕
了──那就趕快逃命。」「小姐，別拿這種事情開玩笑。」

4 月 29 日

在飛機上繼續讀賽門・葛瑞的日記[447]。關於父親與哥哥的部分十分感人，貓狗
的部分非常好笑。字裡行間盈溢著他對太太的愛，因為他只草草帶過對她的敘
述──你能感受到她的美麗、優雅與歡笑。

1 點 30 分：在哈查茲書店殺時間，一個意外勇敢的女人走過來，簡單、清晰
又懇切地說了一句「謝謝你」，然後──去聖雅各伯堂參加瑪麗・塞爾威的喪
禮。和保羅・布魯克（Paul Brooke）[448] 坐在一塊，其他朋友也四散教堂各處。
簡單又優美的喪儀，教堂裡滿是粉紅色與白色牡丹，致敬這位偉大的女性。

5 月 1 日

⋯⋯收到雪歌妮・W 的訊息，她說到今年夏季將在紐約上演的一齣戲⋯⋯
另外和伊恩・麥 K 聊了一會兒，他昨晚看了《哈姆雷特》[449]，對整體的演技程度大
感震驚。但一個人終於入行、面對嗜血的媒體、而且又是初次亮相，這有多瘋狂？

5 月 3 日

9 點 15 分：和茱麗葉・史蒂芬森與馬克 [・夏瓦斯] 去沃斯利餐廳。盧西安・
弗洛伊德就坐在隔壁桌⋯⋯鮑伯・霍金斯（Bob Hoskins）也是⋯⋯但天啊是 L・
F──他的領帶打得極美。

447　編註：即《抽菸日記》。

448　英格蘭演員，1944 -。

449　麥克・博伊德（Michael Boyd）執導，托比・史蒂芬斯（Toby Stephens）飾演哈姆雷特。
　　（編註：托比・史蒂芬斯為瑪姬・史密斯的兒子）

5月6日

晚間9點：在丁沃爾舞廳看洛福斯·溫萊特的演出。只能用「轟鳴」一詞形容，他也非常喜歡發出這些聲音。不時出現的子音能使人心碎。事後和他交談時，震驚地發現他的笑聲音調很高。

5月7日

神奇的夢。（1）瓊·考琳斯。我代表雜誌採訪她，問起她在皇家藝術學院那段時期。她來到某種劇場休息室般的空間，拍拍我的肩——她沒有化妝，頭上也多了幾綹灰髮。（2）寶拉·戴安尼索提。我拿著一長條灰色棉花，在她的長褲／裙子上縫一小片三角形的假陰毛，她則在對我抱怨幫某個外國影星上方言課的困擾。〔李察·〕艾登堡走了進來，說我們錯過了一場重要的午餐會。一定是明蝦害的。

5月13日

7點45分：《歷史系男生》（*The History Boys*），國家劇院。

亞倫·班奈（Alan Bennett）最新的舞臺劇。優秀的開始，充滿了關於學生時代與教師的回憶，讚頌其中最古怪、最具天賦的幾個人。至於已故的老師就別管那麼多了。如果能和泰德·史泰（Ted Stead）一起看這齣劇就好了。葛瑞夫（Griffo）[450] 表現優異，法蘭琪〔·狄·拉·托爾〕搧風點火，克萊夫·M（Clive M.）[451] 把盤子舔得一乾二淨。

5月14日

紐約

時至今日，這已是我的慣例——離家將近三週卻什麼行李也沒帶——腦子一角下意識知道哪些東西得洗乾淨；絲毫不在乎燙衣服問題——可以交給飯店去做——這還是我嗎？？

1點45分：搭車去希斯洛機場。航廈外頭聚集了一群人，似乎發生某種嚇人的事件。在辦登機時遇到安東尼·M，我們搭同一班機，立刻安心了。

6點45分：紐約。

去洛厄爾飯店。

450　英格蘭演員理察·葛瑞夫斯（Richard Griffiths），1947 - 2013。

451　威爾斯演員克萊夫·梅里森（Clive Merrison），1945 - 。

5月15日

8點：《跳躍者》(*Jumpers*)。

史塔佩又讓我無聊到全身僵硬了。艾絲・戴維斯（Essie Davis）賦予了它明星氛圍。西蒙［・羅素・畢爾］……真希望誰能叫他別這麼討人憐愛。感覺他不需要導演，而是需要被人甩一巴掌。

5月18日

巴爾的摩

5月19日

巴爾的摩→洛杉磯。

嚴重宿醉。不能再這樣下去。總不能天天這樣跌跌撞撞地走來走去——頭（誰的頭？什麼頭？）和脖子分離，雙腿有了自主意識。別人說酒精是毒，就是這個意思嗎？

瘋狂與深情

5月21日

洛杉磯

令人大腦全攪在一起的一通電話，很難找到語句的架構，更不用說是插嘴發表意見了。有些人透過狹隘的鏡頭看世界，但你他媽把光圈放大，不就能看見周遭所有的解決方法了嗎。

葛洛夫購物中心。蘋果（Apple）商店。

我想買電腦嗎？其他所有人似乎都如此認為。我寫下這段文字的同時，對面有人正在鍵盤上敲敲打打。我覺得自己偏好紙筆，光是沒有電線這一點就遠勝電腦。和史蒂芬・波利亞科夫談話。《衛報》想為《閉上我的眼睛》DVD 來採訪我，但時間和《哈利波特》首映近得出奇……還是不要吧。

5月22日

洛杉磯→紐約。

11 點 10 分→紐約。

我開始像信鴿似地回到這本日記身邊，不知為何頻頻萌生寫日記的念頭。也許這就是使用文字處理器的理由吧。

5月23日

紐約

下午 4 點：《哈利波特 3》。全球首映。

抵達無線電城音樂廳（Radio City）時，感覺自己宛若披頭四成員，數千影迷在我們下車或出現在他們視野時放聲尖叫，主要是對丹尼爾·雷德克里夫，但對所有人都是如此。更別提走到臺上，面對 6,000 人的感受了。

艾方索這部電影拍得非常好，它十分成熟，大膽的程度讓我忍不住一再微笑。每一格畫面都是藝術家與說書人的傑作，驚人特效不知怎地成了電影生命力的一部分，而非炫技。事後和伊蓮妮（Eleni）與艾瑞爾·多爾夫曼（Ariel Dorfman）回飯店，後者妄自尊大到了可愛的地步，他真的**很愛**做自己。

5 月 25 日

5 點 30 分：麥克·尼可斯。他們搬到了樓上的豪華公寓——黛安 [·索耶，麥克·尼可斯的太太] 原本睡著了，然後凌晨 3 點被叫起來拍 GMA[452]。麥克倒了兩杯公牛彈丸調酒，我們走到環繞式露臺上——放眼望去，四面八方都是紐約市——和平時一樣滿懷包容、文明、風趣又充滿同情心的對話——布希、《安東尼與克麗奧佩托拉》、帕西諾（Pacino）、[麥克·尼可斯] 最新的音樂劇、凱特·內利根（Kate Nelligan）[453]——「我覺得她好像失去了希望」——紐西蘭……優雅的言語迴旋。在我離開時：「別忘了——你永遠都是第一。」心情不由自主地好起來。

5 月 26 日

11 點 10 分（11 點 30 分）→多倫多。

2 點 15 分：和大衛·柯能堡（David Cronenberg）去普格餐廳吃午餐。據說他的片場上一向氣氛絕佳，我完全相信這件事。他充滿了魅力與歡樂，看事情的眼光卻無比精確。我們談到《大海，大海》，似乎達到了共識。

7 點 30 分：大衛·楊來接我，我們去參觀他的新家。麥可·翁達傑（Michael Ondaatje）加入我們，喝了幾杯。

5 月 28 日

多倫多→倫敦。

上午 6 點 15 分：希斯洛機場。

7 點左右到家。信件、電話、衣服、電郵等等。

452　《早安美國》（*Good Morning America*）。

453　加拿大演員，1950 —。

昨天聽到了大衛·麥克唐納（David MacDonald）[454] 喪事的消息。

上午 10 點：肯薩綠地火葬場。

我感覺像旁觀者，甚至是外人——我一直覺得大衛有些令人擔憂，不過他們全都是如此——我那些 70 年代的天神，作品列表無比驚人，每個座位只賣 50 便士。他是英國戲劇界的傳說人物，我們**應該**來送他最後一程。美妙的音樂，簡單的儀式，接著搭乘蜜雪兒·圭許的車去雀爾喜藝術俱樂部。賈爾斯·H（Giles H.）[455] 看上去有些心神不寧⋯⋯還有又貼心又愛挖苦人的菲利普（Philip）[456]。

5 月 30 日

下午 5 點：開車去萊斯特廣場參加《哈利波特》倫敦首映會。

8 點：數以千計的人們大聲尖叫（據說有些人從凌晨 5 點就候在這裡了）。

9 點 30 分：到自然史博物館參加派對。說來奇怪，派對有個 VIP 區，**當然**所有人都想擠進去，但不是所有人都能進去。這不是在人與人之間製造了隔閡嗎⋯⋯

5 月 31 日

11 點左右：歐索餐廳。進去路上——就見賽門·葛瑞坐在其中一桌。他舉手打招呼。我說「尼可斯先生」——然後兩分鐘過後才意識到他是誰。上午的一封信⋯⋯

6 月 1 日

寄了封信給賽門·葛瑞。

8 點 30 分：布萊恩·考克斯的生日派對。

那地方被稱爲「布萊恩堡」，雖然西班牙莊園風格完全是出自好萊塢山，但放在坎登姆斯街區其實很不錯。露露又出現在那裡了。羅傑與蘇·格雷夫（Sue Graef）終於成功載我回家，但在那之前，伊恩·瑞克森說要幫我、法蘭西絲·B 與米蘭達寫一齣舞臺劇。多層次的夜晚。

6 月 2 日

上午：列出感覺可以是點子的清單：

曼徹斯特聯足球俱樂部毀了我的人生（Manchester United Ruined My Life）

454　羅伯特·大衛·麥克唐納（Robert David MacDonald），1929 － 2004，蘇格蘭劇作家與戲劇導演，格拉斯哥公民劇院（Glasgow Citizens Theatre）。

455　賈爾斯·哈維格（Giles Havergal），戲劇導演，1938 －，曾在公民劇院和羅伯特·大衛·麥克唐納共事。

456　菲利普·普勞斯（Philip Prowse），1937 －，公民劇院的戲劇導演與劇場設計師。

最後四首歌（Four Last Songs）

瘟疫屋（Plague House）

美人情園

三人舞（Pas De Trois）

法國電影

雪季過客（Snowcake）

法恩沃斯太太（Mrs Farnsworth）

皇家宮廷劇院的那齣戲？？？？

6月8日

11點30分：去倫敦市長官邸參加皇家藝術學院的午餐會——1點15分（女王
也來了）。

如果拍下照片，就會看到人們四處走動，突然顯得老了些，一些人戴著帽子、
喋喋不休，身穿紅制服的男人們舉著長矛（戴眼鏡的那幾個讓畫面不太合諧）。
感覺必須接受或不接受各自在體系中的定位。老天啊，薇薇安・魏斯伍德也來
了。一身黃衣的女王對著理查・威爾森在笑。迪奇・A總是恰到好處，提起了
週日的諾曼第登陸慶祝活動，竭盡全力邀唐納德・戈登（Donald Gordon）[457]
一同加入。但主要——抬頭看著上方樓座身穿 T 恤、俯瞰我們的學生——感覺
到了三十年的流逝。並且為自己曾經坐在那上頭而感到害羞與驕傲。

6月20日

回家收到琳賽的語音留言，說她準備去狄倫的演唱會，我要不要一起去？我要
嗎？外頭在下雨，當下我很暖和，但一想到泥濘與人群我就冷靜了下來。但我
也想去。我回了電話——她人已經在路上，所以——沒希望了。不過她提議事
後帶亞當・杜里茨（Adam Duritz）與數烏鴉合唱團（Counting Crows）的落單
團員回來時我欣然同意，後來也確實成真……度過突如其來的美好夜晚。

6月26日

法國

上午 5 點：鬧鐘。

繼續澆花。

上午 5 點 45 分：車子。

上午 6 點 30 分：機場。

457　南非商人與贊助人。

7 點 40 分（好吧，其實是 8 點 10 分）：飛往尼斯。

抵達尼斯後，司機明顯拿到了錯誤的地址。打給娜塔莎・李察遜問到正確的地址，接著坐車一個小時到公爵巢[458]……還真是神話般的地方，已經有好幾本書談到了此處，以及它在 70 年代的盛況。

8 點 30 分→聖特羅佩。走在面對一排咖啡廳的港口，經過密集停泊在水上的無數艘遊艇，每一艘都建得豪華無比。進小巷在當地餐廳吃晚餐。

回屋子享用檸檬酒、粉紅酒、巧克力與遊戲。我之前讀了一點湯尼・李察遜（Tony Richardson）的書[459]，感覺我們延續了霍克尼、史勒辛格、尼克遜（Nicholson）與蕾格烈芙家那個時代流傳下來的傳統。

6 月 27 日

在藤架下閱讀時接到史蒂芬・布克斯（Stephen Boxer）[460] 的電話，說彼得・布萊特去世了。他之前已經病了一段時間卻無人知曉。噢，可憐的哈莉特 [・華特，彼得・布萊特的伴侶]，她今年已經過得夠苦了。當真是糟糕透頂的一年。在屋裡吃晚餐，聊了不少親友去世的事情，然後到露臺上閒聊，聽著《鳳宮劫美錄》（Camelot）的李察・哈里斯唱歌，然後得到凌晨 3 點的獎勵——一頭撞上門框，感覺到鮮血流下額頭。

6 月 28 日

醒來。頭沒事。

在屋裡吃晚餐——小羊肉與普羅旺斯燉菜，仍舊美味。吃甜點時，N 提到她有幾片 E 碇，既然 L 與 R 拒絕了，我決定加入她探索未知領域。起初有點噁心，接著萌生了大量情緒，聊了聊（這時在和伊恩・麥 K 講電話），在花園裡散步，又喝了幾杯，又聊了一會兒，最終在凌晨 3 點就寢。完全清醒，感覺非常奇怪。今天大腦仍不停加速運轉。據說是常有的副作用。

6 月 30 日

回到家，心想那真的發生了嗎？我們真的去到了那個美麗之處嗎——近代歷史仍歷歷在目……霍克尼、普羅克托爾、凡妮莎。慵懶、歡笑、演戲度過了 70 與 80 年代，由東尼・李察遜主持戲劇。

458　Le Nid du Duc，大衛・霍克尼的許多幅畫作之取景地點。

459　《長跑者：回憶錄》（*The Long Distance Runner: A Memoir*）。

460　英格蘭演員，1950 —。

7月3日

我和大衛去接維克姨丈，帶他去醫院探望多莉阿姨。她現在頭腦沒那麼混亂了，而將兩張輪椅擺在一起讓他們吻別的畫面，深深烙印在我眼皮下。

7月11日

《抱歉我一無所知》（*I'm Sorry I Haven't a Clue*）[461] 當前系列最後一集。唉。
大衛來了電話，說多莉阿姨看上去病得很重。

7月12日

上午：接到電話，多莉阿姨去世了。又這麼滔滔不絕地說了下去，只有那些陳腔濫調才有用。她彌留之際沒有受苦……這樣比較好……不對，其實還有更好的走法，在家中、在家人圍繞下離去。但這些日子呢？願她安息。

7月20日

多莉阿姨的喪禮。
1點30分：坐車去布凱南廷安養院。
家族各派系齊聚在前庭、大廳，後來聚在了用餐廳裡。眾人身穿黑衣，緩慢共舞，沒有人會跳，也沒有人聽過這些歌曲。
下午3點：維克姨丈挽著美狄亞 [Medea，表姊艾琳（Eileen）] 的手走出來時，送葬隊伍出發了。他撐著助步車緩慢前行，然後停下腳步、哭著崩潰倒地。這是家族裡見怪不怪的事了，不久後他**必然**會開始哈哈大笑。到了教堂，[雅文的親戚] 崔佛獨自坐在其中一排，他那幾個一身黑、宛如希臘戲劇合唱團的外甥女盡量坐得離他遠遠的。儀式有種不錯的誠實。基本款酒吧。全家外出的一天。避開了最糟的部分。

7月26日

下午6點10分：《華氏911》（*Fahrenheit 9/11*）。
他們怎麼說我不管。M·摩爾（M. Moore）太優秀了，各方既得利益者再怎麼吹毛求疵，都無法減損這部重要電影裡令人反胃的真相。

7月31日

上午11點：車子來接→奇斯威克市政廳。《時尚》雜誌聖誕照。不太確定自己是如何答應、為何答應。

461　編註：BBC 廣播第 4 頻道節目。

8月26日

著手清空可謂「媒體／公關櫥櫃」的東西。其實頗令人憂鬱，但這也不意外，畢竟你會重讀過去的訪談、看見舊照片等等。最勇敢的做法就是將這些東西全扔了，我覺得自己正在往那個方向前進。找到某種本質。幾句隱隱合理的文字、幾張沒有自我意識過剩的照片。在近期各種清潔過後，周遭空氣的確輕盈許多。我會持續努力的。

8月29日

和大衛去探望維克姨丈。他用「你們好啊，陌生人」對我們打招呼，也算是合情合理，然後在浴室門前崩潰了。然後走了走，坐下來，露出笑容，崩潰。明顯將一切都收在了心裡。聊天、睡眠、看電視。去吃午餐。

我和大衛回家，看著阿米爾·汗（Amir Khan）[462] 錯失金牌。期望過高了，但這又算什麼新鮮事呢？

瘋狂與深情

9月2日

12點：莎拉·舒瑞提（Sarah Shurety），風水專家。她的姓氏「Shurety」應該列為新的名詞，她那信誓旦旦的態度（surety）讓我感到有些震驚。這塊空間出了嚴重的問題——我最近也產生這樣的強烈感受。她的分析——過於陽剛、缺乏休憩空間、太多金屬、水流的方式錯了。

9月14日

回去拍《哈利波特》。

7點40分：《哈利波特》。第94場。

應該開一間新的人力仲介公司，取名為「光鮮亮麗的臨演」，其中包括瑪姬·史密斯、邁可·坎邦、羅伯特·哈迪（Robert Hardy）、米蘭達·李察遜、羅比·寇特蘭、法蘭西斯·狄·拉·托爾，更別說是孩子們了。這場簡直是又冗又長——有狀況發生了——然後又繼續拍下去，接下來是大量的團隊合作與極少對話。

9月15日

《哈利波特》。

上午7點：車子來接。

今天我們要奔入競技場，施用某種莫名其妙的液體。

462　英國拳擊手，1986 —。

9 月 17 日

9 月 19 日

下午 3 點：茱蒂抵達。上了禮車，然後去聖殿劇院（Shrine Auditorium）參加 2004 年艾美獎頒獎典禮。[463]

9 月 26 日

下午 7 點：艾倫・貝茨的追悼式。美好的男人，美好的活動。令人驚艷的回憶接二連三被喚起——希拉・巴蘭坦（Sheila Ballantyne）、麥坎・邁道爾（Malcolm McDowell）、亞倫・班奈、基斯・巴克斯特（Keith Baxter）[464]、艾琳・阿特金斯（Eileen Atkins）[465]、法蘭琪・狄・拉・T、希莉亞［・伊姆麗］，等等等。他的才華時時加深，再次受到了提醒：演員擁有海納萬物的心。

9 月 28 日

《哈利波特》。

7 點 55 分：車子來接。

拍了丹尼爾［・雷德克里夫］與魯伯特［・葛林特（Rupert Grint）］的後腦杓——無疑會引發關於體罰的爭議。

9 月 29 日

7 點 10 分：車子來接。

回去繼續敲腦袋。某方面而言，這成了一種有趣的實驗，全面死寂受到了合理化，另外加上一些輕微的肢體虐待。

10 月 3 日

午餐——凱西・雷特與傑佛瑞・羅賓森（Geoffrey Robinson）[466]。

世上可能只有凱西能讓碧安卡・傑格（Bianca Jagger）、約翰・莫蒂默（John Mortimer）、凱莉（Kylie）與丹妮・米洛（Dannii Minogue）、海倫娜・甘迺迪、

463　艾倫・瑞克曼因《天賜良醫》被提名最佳男主角，但獎項最後頒給了艾爾・帕西諾（Al Pacino）。

464　威爾斯演員，1933 —。

465　英格蘭演員，1934 —。

466　工黨政治家，1938 —，凱西・雷特的配偶。

弗瑞達（Frida，ABBA 團員）齊聚一堂。喬伊絲・海特納（Joyce Hytner）[467]，外加一群小孩子，再加上拼字遊戲，最後還是很順利。聊到一半時，弗瑞達突然問道：「你有牛皮癬嗎？」然後給了我一組電話號碼，是和她有某種關聯的診所。凱西曾在電郵中提過，弗瑞達是個很少和人交際但頗有趣的人。

事後莫名其妙地帶遠道而來的肖恩［・比格斯塔夫］去吃咖哩，然後見 ABBA 出現在第 5 臺。我們揮著手臂隨〈舞后〉（Dancing Queen）、〈費南多〉（Fernando）與〈小女孩〉（Chiquitita）起舞。

10 月 4 日

疲憊不堪的一天。

9 點 30 分：去金峰工作室錄《銀河便車指南》馬文（Marvin）的臺詞，1 點 30 分前完工。我的聲音有點南倫敦腔，不過目前為止還是我的聲音。

瘋狂與深情

10 月 5 日

10 點 30 分：皇家宮廷劇院。

和伊莉絲・道格森［Elyse Dodgson，戲劇製作人］與凱瑟琳・瓦伊納 [468] 見面。凱瑟琳已經完成幾場重要的早期訪談與核對，但在非線性方式與非具體死線這些方面仍有學習空間。

10 月 13 日

7 點 10 分：車子來接→《哈利波特》。

在片場外，聽到瑪姬與邁可不容錯過的閒聊，聊起國家劇院、奧利佛獎、寇威爾、伊蒂絲・埃文斯（Edith Evans），以及接下來的計畫。「瑟琳娜 [469]（指伊恩・麥 K）要演他的女爵。」邁可說。我一開始聽錯了，以為他說「阿瑞娜（Arena）要演女爵」。「茱蒂嗎？」我問道，結果他們都一頭霧水地盯著我。被糾正後，我提出：「那會很擠呢。」「擠什麼？」瑪姬說。

10 月 18 日

《哈利波特》。

四個字。毫無意義的四個字。各種時間、各種角度，然後我們就解散了。很容易坐不住的一段時間。

467　戲劇導演尼克・海特納的母親。

468　和艾倫・瑞克曼合作編寫《我的名字是若雪・柯利》的劇本。

469　編註：Serena，這是伊恩・麥克連被冊封爵位後，史蒂芬・佛萊給他的綽號。在此之後，他便用這個綽號在支持 LGBT 的活動上發聲。

10 月 20 日

2 點 30 分→又在大廳坐了許久。「你用了哪個表情？」瑪姬說。稍早柔伊來了電話，問我認不認爲她該演《籠中的女兒》(*Bernarda Alba*) 的潘希亞 (La Poncia)？我實在激動不起來。柔伊說原本被邀去演 BA 的是瑪姬，她的回應包括「我不想演那個討人厭的老太婆」到「爲什麼不能演輕鬆的喜劇？」。她對我說：「你能想像我說『男人都還在田裡』嗎……」

10 月 21 日

6 點 30 分：彼得・曼德爾森的離別派對。眞是奇怪，他在剛到場時就開始爲即將離開而道歉了。我隔著一層深色玻璃解讀安德魯・羅恩斯利 (Andrew Rawnsley)[470] 對杰弗里・胡恩 (Geoff Hoon)[471] 的唇語：「這禮拜事情眞多」。莎莉・格林 (Sally Greene)[472] 照常冷淡，蓋爾・瑞巴克 (Gail Rebuck)[473] 仍要我寫書。

10 月 29 日

《哈利波特》。

上午 9 點：獎盃室——幾個故事過後，它或許會改名爲「班・金斯利室」，或者如鄧肯・希斯後來所說……他甚至會在合約裡要求它改名爲「班・金斯利**爵士室**」。怎會有人如此執著於這些東西？邁可、伊恩、瑪姬、茱蒂等人身上都不見這種影子。也許是非常深刻的自卑感吧。

11 月 11 日

《哈利波特》。

7 點 15 分：車子來接。

和瑪姬在鄧不利多 (Dumbledore) 的辦公室……我的臺詞根本記不住，所以嚴重笑場。而且瑪姬還說了關於《等愛的女人》(*Ladies in Lavender*) 首映會的故事：「米瑞安・瑪格萊斯看上去簡直像滿身亮片的雪曼戰車。」

11 月 15 日

下午 3 點：去柯特與格洛斯 [Cutler and Gross，眼鏡商] 測瑞瑪的視力，還有配新的眼鏡。價格驚人……

470　英國記者，1962 －。

471　英國記者，1962 －。

472　舊維克劇院的執行長。

473　英國藍燈書屋 (Random House UK) 執行長。

我今天上了《時尚》雜誌排行榜，還是《大學挑戰賽》（*University Challenge*）其中一題的答案（他們完全猜不到）。

11 月 17 日

《哈利波特》。

7 點 15 分：車子來接。

衝進去，拿魔杖指著人。昂貴的《超時空奇俠》類似物。面對這種浪費力氣的行為，瑪姬和邁可真的越來越不耐煩——我則自然是早就排在這條隊伍裡了。

11 月 23 日

《哈利波特》。

7 點 15 分：車子來接。

石內卜和波特全片唯一的對手戲，結果我當然被耍了。首先，8 點的拍攝調整竟是和替身合作，何不提早告知我呢——我們基本上就是在排演啊。接著他們宣布要用多得不可思議的器械，所以**請**我們都要心無旁騖喔。

12 月 7 日

《哈利波特》。

7 點 40 分：車子來接。

大廳。聖誕舞會……他們試圖說服我跳舞。為什麼？和誰跳？有什麼理由？還是別出現比較好，但一定要出現的話，那他想必會從容地旁觀。

晚間 8 點：回家收到消息，《獨立報》（*Independent*）為若雪・柯利[474]計畫下了頗具煽動性的頭條。到女性電影獎（Women in Film Awards）取材的記者自稱是代表《獨立報》，結果果然是《每日郵報》的人。

稍晚和雪歌妮談論《法恩沃斯太太》與《雪季過客》（*Snow Cake*）。如果我們齊心協力便足夠了。

12 月 8 日

《哈利波特》。

474　若雪・柯利，1979 年出生於美國，學生時期走訪加薩，加入了防止以色列軍隊摧毀巴勒斯坦房屋的行動。2003 年 3 月 16 日，她被以色列國防軍（Israel Defense Forces）裝甲車輾斃，至於此事是軍方故意為之或意外仍有不少爭議。在 2005 年，她父母克雷格與欣蒂・柯利對以色列政府提起民事訴訟。同年，艾倫・瑞克曼與記者凱瑟琳・瓦伊納製作了《我的名字是若雪・柯利》舞臺劇，在倫敦首演後預計轉至紐約戲劇工作坊（New York Theatre Workshop）演出，卻被無限期推遲，艾倫・瑞克曼對此提出了內容審查的指控。這齣劇參與了愛丁堡國際藝穗節，最終在 2006 年 10 月 15 日於外百老匯公演。

這兩天都只全身靜止地站著，兩度鼓掌，並看著其他人跳舞。

不過這兩天在《若雪‧柯利》劇本方面大有進展，以致加上昨日的種種詭計——我們可能不會加入太多（甚至是完全排除）加薩相關的素材。她的歷程似乎已經有豐富細節了。

12月13日

《哈利波特》。**最後一天？**

上午7點：車子來接。

和普吉拉（Pedja）[475]的最後一個場景，我失禮地將他描述為裝了輪子的餐具櫃。這和他（複雜、有趣）的性格無關，主要是因為他一有機會就和你相撞。

儘管麥克[476]立意良善，我還是覺得自己在拍這部電影時被要得團團轉。他（和艾方索同樣）備受壓力，一切重點都是鏡頭。我們拍到約第4鏡次才開始討論這個場景。仍改變不了什麼。

2點30分：《我的名字是若雪‧柯利》。第一次讀劇本。

12月21日

希斯洛機場→香港。

下午2點：坐車→希斯洛。

到了機場，我們才發現去不成上海（沒有簽證），但可以去香港。後來覺得這個選項比較好，每天有四班飛機從香港飛往馬尼拉。在香港機場來回一陣過後……我們決定過夜。半島飯店。窗外是壯麗的海港景觀。

在北京道1號的28樓吃晚餐……他們警告我們白菜捲很辣，但我們不以為意。我設法吃下一個，瑞瑪吃了半個。嘴巴冒火。

12月22日

香港→馬尼拉。

12月24日

馬尼拉→安縵璞樂。

12月25日

安縵璞樂

475　普雷德拉格‧吉拉（Predrag Bjelac），捷克與塞爾維亞演員，1962 —。

476　麥克‧紐威爾，導演。

5點20分醒來？等待黎明——泡了幾杯茶，重複看CNN，起身，吃芒果，喝霸克費士調酒，拆禮物，去俱樂部吃早餐，回屋子躺在海灘椅上，去船屋看鄰近島嶼的孩子們穿鮮豔紅、白、黃與粉紅衣服跳舞——沒有任何一絲笑意，不過手腳輕巧無比，回躺椅上，到屋裡邊聽〈那是愛〉（That's Amore）邊修手腳指甲——聖誕禮物之中的狄恩・馬丁（Dean Martin）CD，我聽得輾轉打盹、做了瘋狂的夢——過程中一直在讀傑夫・戴爾（Geoff Dyer）的《懶得做瑜珈的人的瑜珈書》（*Yoga for People Who Can't Be Bothered to Do It*）——我有讀嗎？還是我寫的？得問問他了。界線全都模糊了。也許是因為這個完美所在過於誘人，且如何——安排……

7點30分：火雞晚餐。但去了骨，搭配梅乾？核桃？填料與馬鈴薯泥。完美。

2005

1月1日

CNN 和 BBC World 不斷報導海嘯事件[477]。

時間似乎停滯了——這個日期變得很諷刺。

1月4日

馬尼拉→香港→紐約。

1月7日

今天聽說艾登堡男爵[478]在海嘯中失去女兒和孫女。

下午5點，雪歌妮‧薇佛來飯店喝酒。

1月9日

紐約→倫敦。

9點10分→希斯洛機場。被認出的好處是有專人護送和關心。維珍航空的平床至少可以讓我們睡上三小時。

1月12日

我不在的時候，工作[479]照常展開，而我毫不知情，這讓我相當生氣。但在某種程度上來說，我更能專注比較兩種版本。

希望最終能呈現出一個真實的人物形象，讓梅根（Megan）[480]能理解並重新演繹。

1月15日

這星期的某天，哈利王子參加化妝舞會，穿著一件袖子上印有納粹符號的衣服。真是個白痴。想也知道，所有八卦小報開始爭相報導，彷彿另一道海嘯，佔據所有版面頭條和標題。

477　印度尼西亞蘇門答臘島西岸發生地震，引發一連串巨大海嘯，造成毀滅性的深遠影響。估計造成至少十四個國家、約22萬7千人死亡，影響最嚴重的國家包括印尼、馬來西亞、馬爾地夫、緬甸、斯里蘭卡、賽席爾、泰國和索馬利亞。是近代史上最嚴重的一次海嘯。

478　編註：即李察‧艾登堡。

479　這裡的工作指的是《我的名字是若雪‧柯利》。

480　梅根‧道茲（Megan Dodds），1970－，英裔美國人，飾演若雪‧柯利。

1月22日

哈洛德百貨折扣最後一天，是時候花更多錢買更多衣服了。我特別想買煮出濃縮咖啡和卡布奇諾的咖啡機。

1月25日

11 點 13 分：皇家宮廷劇院。

整理筆記和可行版本。當前任務是不要失去音樂性，同時允許一些自由度。柯利家族顯然很滿意我們捕捉到真正的若雪。巨大的加分點。

1月27日

5 點 30 分：和大衛・海爾見面。他似乎談論的是製作，而不是劇本。某方面來說挺讓人放心。有人一針見血提出這些問題也很好。

1月31日

瑞瑪生日。

下午 1 點：皇家宮廷劇院。來自演員工會的馬特・胡德（Matt Hood）。工會不再只能雇用工會成員，衍生出收取會費的問題，而有錢的演員說：「我為什麼要付這筆費用？」

2月1日

7 點：在柯溫畫廊有克洛伊・芙里曼特（Chloe Fremantle）的非公開展覽。她的畫作正如她本人，拘謹、有禮、感性、探索，蘊含過去，傳達出更為無形的當代意義。阿蘭・霍靈赫斯特（Alan Hollinghurst）也來了，相信他一定很欣賞畫作的優雅和前衛。

2月24日

11 點：皇家宮廷劇院。

上半場，三十五分鐘。

充滿歡樂，我發現我在尋找關注政治和社會問題的人，我們非常坦率地討論這些問題。

午餐。

下半場，五十分鐘。

會更快，但意味著整個晚上只有一個半小時。

明顯還有工作要做，但這是重大的第一階段結束。接著是梅根的學習時間，等到第七天重新開始時，個人和政治平衡將是優先考量的問題……

2月27日

上午稍晚時，在卡納瓦雷博物館參觀塞維涅夫人（Madame de Sévigné）的房間。

1點20分：在伊莎貝［·雨蓓］的公寓喝茶。勇敢的人兒——家裡有裝潢工人，她自己正在打包行李，而且有一場早場演出。

下午3點：看了《海達·加布勒》（Hedda Gabler），整齣劇步調緩慢，雕琢細節，規模壯麗宏大，宛如一齣希臘悲劇。伊莎貝的表演令人著迷，細膩而精彩。

3月4日

12點：科西默和帕羅瑪 [481]。

討論坎帕尼亞蒂科的事，希望6月份能搞定。繼續來選水龍頭和馬桶。

3月7日

12點：跟梅根的合作開始。

我的情緒不太穩定，只要我單眉一挑，梅根就會退縮——待在安逸圈裡。但我們持續前進，有一些很棒的進展。

3月9日

……勇敢美麗的希拉·吉許去世了。宛如一種逐漸加劇的悲傷，是這麼殘酷的不公平。除了她那令人敬畏的勇氣，很難有太多意義。

3月13日

下午5點15分：搭車前往市政廳。帝國獎（Empire Awards）[482]，結果5點40分才抵達，幸好我們趕到時，大家都還沒坐定。凱文·史密斯（Kevin Smith）、珍妮弗（Jennifer）、傑森、麥特·戴蒙、梅爾和潘、海倫·米蘭等等等都在現場。當然，史蒂芬·佛瑞爾斯也來吃免費餐點了。我發表演說，頒獎給凱文，稍後帶大家去了一趟滑鐵盧橋，這是他們五天以來唯一一參觀到的景點。

3月16日

若雪·柯利逝世2週年紀念日。

12點：和媒體和前廳工作人員開會，討論宣傳策略和可能的採訪。

排練之前，點燃鮮花和若雪照片旁的蠟燭。

481　編註：兩人為建築設計師，替艾倫·瑞克曼在坎帕尼亞蒂科的房產處理裝修事宜。

482　編註：為英國電影雜誌《帝國》（Empire），表彰評選國內外年度最佳電影的獎項。

3月22日

希拉・吉許的告別式。

中午 12 點，位於海格（Highgate）的聖米迦勒教堂。

隨著希拉繪有向日葵圖案的棺材抬入教堂，掌聲響起。完全地世俗，法蘭西斯・狄・拉・托爾開場，動人吟詠「我是否該將汝比喻爲夏日？[483]」我們全唱起了比・比・金（B. B. King）的歌。琳賽準備的餐點非常棒。儀式持續進行，掌聲雷動。

晚上 6 點：前往奧德維奇路 1 號。我到達酒吧時，大夥兒仍聚集在一起。我們一行人下樓去和丹尼斯・勞森[484] 吃晚餐，他看起來平靜且戒備，有種遠離世俗的感覺。

3月27日

上午九點→多倫多。

［排練《雪季過客》］

3月30日

上午 9 點：車子來接我去跳彈翻床，我覺得我一定有天分，畢竟那是一種混合舞蹈和跳高的運動。不出所料，我感覺到跟滑雪般的緊張刺激，馬上就跳得太高太快……

中午 12 點：讀劇本。

4月3日

10 點 35 分：排練室。

今天要讓雪歌妮發揮她的才華、施展她的身手，直到我不得不對她無止境重寫劇本的行爲提出抗議，那花了我們一個星期才寫好。他們爲什麼都要這樣？老在場景的最後加上一句臺詞，沉默和思考變得沒有任何價值──只是不斷用即興發揮的廢話塡補空白罷了。

4月5日

9 點：搭車去跳彈翻床。我愈來愈習慣這種運動了。據說人掛在半空中的那一刻對健康非常有幫助。

2005

日記：1993─2015年

483　譯註：莎士比亞十四行詩第 18 首。

484　丹尼斯・勞森，蘇格蘭演員和導演，1947─，希拉・吉許的丈夫。

4月6日

6點15分：多倫多→倫敦。

4月7日

睡了四小時。謝謝，白色小藥丸。

7點45分：《我的名字是若雪·柯利》首次預演。我發現我的大腦會抹去美好的東西，只關注當下要做的事。但梅根非常出色，事後也得到廣大讚譽。艾德娜說是「實至名歸」。

4月8日

《衛報》今天刊登了凱瑟琳·瓦伊納的文章，對整齣戲非常有幫助。我有點擔心，自己是不是太謙遜了。但正如我所說，這一切都是關於若雪和她的家人。

3點15分：希斯洛機場→多倫多。

4月12日

沃瓦［安大略省小鎮，正在拍攝電影《雪季過客》］。

5點30分：醒來。

6點05分：回到車禍場景拍攝現場，倒掛在車內很不舒服，翻車滾落山坡，演出震驚和嘔吐的畫面。

回到木屋洗澡，準確地說是躺在淋浴間地板上。

4月14日

沃瓦。

昨晚［在倫敦］觀眾起立為梅根喝采。她看著克雷格和欣蒂爆哭。

在皇家宮廷劇院跟伊恩［·瑞克森］交談。他想在8月移師樓下演出。

下午1點：打電話給在化妝間的梅根，她聽起來很冷靜、蓄勢待發，替她驕傲。好女孩！

下午：正確來說，與雪歌妮一起工作就像和自閉症者一起工作。我告訴她，這一場戲在於表現出她的不受拘束——絕對沒錯——以及我內心的緊張焦慮。這真是個難題。

4月15日

沃瓦。

凌晨5點42分：我腦袋中的另一個人已經起床穿好衣服了。用這種比喻的方式說，是因為其實我很想回去睡覺。想要消除腦中的那個人，需要思考的東西

太多了。我打開燈，拿起筆，表面上我思考的主要問題是，雪歌妮・薇佛有專屬的化妝師和髮型師，可以在車內的專屬空間完成梳化。很難說這種場合是否適合菁英主義（在其他時候我會覺得很滑稽）。

4月18日
沃瓦。

中午左右，打電話到在化妝間的梅根。星期六晚上她累壞了……如果這齣戲劇還有未來，她值得更好的報酬。各種評論都在期待這齣戲能持續上演，壓力也會隨之增加。

4月21日
沃瓦。

又是一個連續工作十四小時的日子。

接到茱蒂・霍夫蘭的電話，她將花六週的時間在英國拍攝《皆大歡喜》(*As You Like It*)的電影。這是她第一次提到這件事。為什麼我會感到這麼心煩呢？

5月19日
多倫多

8點45分：車子來接。

拍攝艾力克斯 [Alex，艾倫的角色] 和琳達 [Linda，雪歌妮・薇佛的角色] 之間的告別場景，既平淡又感傷，在某種程度上也貼切地反映了現場的氛圍。當大家已經如此親近，很多人往後卻再也碰不上面。再加上跟 S・W 之間的那些爭辯，一切對我來說都是非常**難得**的經歷，一段真正的**旅程**。

11點：實在太掃興了。吉娜 [・卡特（Gina Carter），製片人] 和潔西卡 [・丹妮爾（Jessica Daniel），製片人] 走向我，攝影組在我身後快速收拾。她們說：「照明要花上一個小時，所以拍攝取消了。」如果我腦袋清楚，我大概——應該要說：「騙子，跟燈光沒關係，是錢的問題吧。」就這樣莫名其妙收工了，我們心情沮喪地前往殺青派對。

6月1日
溫哥華，托菲諾小鎮

6月3日
托菲諾

賞鯨之旅。只看到一隻灰鯨的背部和幾次噴水。

下午，瑞瑪去賞鳥小徑，我回到飯店，在電視看到了超級新星拉斐爾·納達爾（Rafael Nadal）的亮眼表現，他在西班牙被暱稱為拉法（Rafa）。這個名字在全世界廣為流傳。

8點：在薛爾特［餐廳］用餐。

厚豬排佐馬鈴薯泥，搭配燉蘆筍和紅酒醬汁，非常美味的一餐。

日記中似乎太多跟食物有關的事，幾乎沒有運動……腰圍愈來愈粗……

6月4日

托菲諾→蘇克港。

6月5日

蘇克港→維多利亞省→西雅圖→奧林匹亞。

2點15分：抵達西雅圖。欣蒂和克雷格·柯利來接我們，開始一段奇妙的旅程，經過我熟悉但從未拜訪過的道路和街道。

6月6日

奧林匹亞

9點15分：沿著木棧道散步，克雷格走向我們。我們一起在湖邊的市集裡喝咖啡。

「嘿，你是那個演員嗎？」

嗯，那是個標籤。

「什麼？抱歉，我不是有意冒犯。」

6月7日

西雅圖→拉古納鎮。

6月25日

拉古納鎮→洛杉磯。

6月29日

洛杉磯→倫敦。

5點30分：搭乘維珍航空前往倫敦。

羅比·威廉斯也在這班飛機上，我猜是免費的（否則他為什麼會選擇這種麻煩又不舒服的公共交通工具？）。他正在前往八場的現場演唱會。

7月7日

炸彈轟炸倫敦的日子[485]。昨天還在歡欣鼓舞[486]，今天卻悲慟不已。一輛公車，三或四個車站？數百人受傷，（截至今天）三十七人死亡。

布希[487]居然還敢發表「無辜民眾遭到殺害」的言論，布萊爾[488]刻意用悲痛的語氣說話。從任何角度來看，這都是一場真正的悲劇，卻處處充滿了虛偽。

《新聞之夜》（Newsnight）的帕克斯曼（Paxman）照慣例提出一些問題，我認為在所有人當中，托尼・本恩回答得最為有理。

大家整天留在家中，接聽憂心忡忡的電話，死盯著電視看。

7月20日

倫敦→羅馬→坎帕尼亞蒂科。

4點30分：帕羅瑪、克勞迪歐、莉亞（Lia）和其他人都在，大家都有點驚訝，沒想到房子居然還能住。帕羅瑪臉上沾上一點白色油漆。她和科西默做得很好。有露臺、浴室和儲藏室，這是一棟有待整頓的房子。

7月25日

其他人去海灘了，我留下來列工作清單給克勞迪歐。幸虧如此，莉亞離開時說斷電了。我打電話給帕羅瑪、克勞迪歐，我也找了雷蒙多（Raimondo），他來了一趟，說他不負責修理工作。我在電話簿上找到 ENEL[489] 的電話號碼，並找到電費帳單。我打電話給他們，四十分鐘後他們來了，打開屋外的開關後離開，什麼也沒解釋。我要去學義大利語。

8月7日

11點：維克姨丈來了。他看起來恢復得很好，只是一看到我，劈頭就說：「艾倫！我的天，你長高了……」

8月15日

這是一趟沒人願意的飛行。要前往多倫多參加路克・格林布萊（Luke Greenblatt）的告別式。在我動身前往之前，凱特 [Kate，路克母親] 來了訊息，

---

485 譯註：倫敦爆炸案（London Bombing），於 2005 年 7 月 7 日早上交通尖峰時間，英國倫敦發生至少七次連環爆炸，炸毀數座車站及巴士，共造成 56 人死亡，傷者逾百。

486 倫敦剛贏得舉辦 2012 年奧運會的舉辦權。

487 譯註：當時的美國總統「小布希」。

488 譯註：當時的英國首相東尼・布萊爾。

489 義大利的電力公司。

邀請我致詞。我在搭機途中花了點時間擬稿，不禁悲從中來。

8月20日
→巴塞隆納──《香水》。
5點左右：麗思飯店（現在好像改名成皇宮飯店了）。
我可以跺腳了吧！我只是想要看個DVD，櫃檯沒有人，逼得我只想大喊：「有人嗎？」而禮賓部沒有提供協助，一句簡單的「今天沒有」便回絕了我。我只有小冰箱，有限的客房服務和聚酯纖維枕頭。

8月21日
新枕頭、額外的衣架和DVD播放器正在送來途中。

瘋狂與深情

8月22日
下午4點：騎馬課。

8月23日
《香水》第一天。

8月24日
傍晚：接人。和班‧維蕭 （Ben Whishaw）排練，隨後和他以及瑞秋［‧哈伍德（Rachel Hurd-Wood）］拍攝臥室場景。湯姆［‧提克威（Tom Tykwer），導演］氣度非凡，細心、熱情、助人，還有感謝老天──**脆弱**。我居然連續遇上兩位［出色的導演］。
凌晨5點20分回到飯店。

8月25日
睡到12點30分。
4點30分：車子來接。
騎上一匹叫譚寶（Tambo）的大黑馬。腿太短，跨不過馬鞍。清晨2點回到家。

8月26日
晚上7點：和瑞瑪、阿琳一起前往拍攝現場，兩人英勇地陪我到清晨1點左右才吃晚餐。但我沒那麼英勇，鞋子讓我痛死了。
上午7點：回到飯店，吃了點培根加蛋……我的腦袋在說：「別睡，你已經醒了。」理智的一面說：「不，你沒有。」然後我倒在床上，一路睡到下午2點。

8 月 29 日

下午 3 點：記者會。

「瑞秋，當一個美人是什麼感覺？」

「艾倫，巴塞隆納有什麼味道？」

9 月 5 日

為期一週的小鎮廣場拍攝開始了。前往片場，看 750 人脫光衣服。

8 點 45 分：卡佛之家（Casa Calvet）。

是由高第（Gaudí）設計的卡佛家族私人宅邸，餐廳所在地原本是他的辦公室。非常漂亮——白色瓷磚，拋光地板，木質隔間，彩色玻璃。食物很差。班（喜歡簡單的口味）被招待了一份墨汁義大利麵。

9 月 10 日

凱文·史貝西在《理查二世》（Richard II）的排練期間，從他的化妝室打來電話給我，談到了他有多麼喜歡與崔佛·農恩一起工作，我告訴他，我在 750 位裸體的人群中走過，有一股想從口袋中拿出微型攝影機的衝動。他睿智地說：「和拍劇照的攝影師交朋友吧！」

他們希望我參與演出亞瑟·米勒的劇作《藍調復活》（Resurrection Blues），導演是阿特曼，2 月開始進行。

9 月 26 日

納瓦塔鎮→菲格雷斯鎮

10 點 40 分：車子來接。靠近法國邊界。騎馬進入山區……一路風景秀麗。

我的馬藍波（Rambo）嚇壞了，不敢踏進 1.5 英寸深的水（上次是下水道），我們花了一點時間等牠適應水中行走。進度因此延誤。

9 月 30 日

菲格雷斯鎮→納瓦塔鎮

下午 3 點：開車前往巴塞隆納機場。

6 點 30 分→倫敦。

10 月 3 日

下午 5 點：接受安·麥克費倫（Ann McFerran）的採訪——《星期日泰晤士報》。

他們想談論依然還是二十年前的事，不然就是哈利波特、哈利波特、哈利波特。

我該驚訝嗎……？

10 月 9 日

8 點：為塞巴斯蒂安・巴里（Sebastian Barry）、艾利森、克莉絲汀、露比和康納舉行晚宴。

布克獎頒獎前夕。

塞巴斯蒂安既成熟睿智又充滿孩子氣。我們一致建議他：「隨時準備好拍手。」

10 月 10 日

塞巴斯蒂安沒有獲獎（得獎的是約翰・班維爾 [John Banville]）。

10 月 13 日

7 點 30 分：預演。

在化妝室中，梅根遇到「災難」，不是很嚴重，只是如果她太放鬆，就會有潛在的危險。今晚的演出清楚表明她必須更加努力去**揣摩**角色。有一、兩幕比較容易演繹，但其他充滿各種想法和形象的部分，必須表演當下立刻塑造呈現出來。

10 月 14 日

7 點：媒體之夜。

梅根表現非常出色，這是劇院歷史上最精采的夜晚。全場觀眾隨著梅根的演出投入到劇中。我站在後面 [並且] 偶爾瞥一眼觀眾臉上專注的神情，做了六條筆記，鬆了口氣。

10 月 16 日

菲格雷斯鎮

11 點 15 分→巴塞隆納。

下午 8 點：車子來接。

要前往一座（17 世紀）城堡的刑求室。這座城堡曾一次能容納三萬名士兵，現在被拿來放一個大水桶讓班浸泡。結果拍攝時，班每次浸泡，就有一個聲音在數 1、2、3。不曉得史坦尼斯拉夫斯基（Stanislavsky）[490] 會怎麼說？無論如何，我們拍完了，現場有掌聲，對李奇 [Richis，艾倫・瑞克曼的角色] 的道別與花束。也許是我多疑了，總覺得花束不是用遞的，而是被硬塞過來⋯⋯

490　編註：康斯坦丁・史坦尼斯拉夫斯基（Konstantin Stanislavsky），俄國戲劇和表演理論家，1863 － 1938。

10月17日

凌晨 4 點：上床睡覺。

上午 8 點：聽見車子從片場回來的聲音。

[晚上]8 點 30 分：在水療餐廳舉辦殺青派對，這場地選得非常好。我呢⋯⋯有人推我出來講了些話⋯⋯結果班撞到麥克風，他說了一句非常正確的話：「反正也沒人聽──來喝醉吧！」

10月25日

下午 6 點：切爾西學院演講廳。

與安德魯‧瑪爾進行採訪／聊天。他非常擅長細心聆聽，同時在我卡住的時候推進談話。感覺很奇妙──幾乎可以說是愉悅──可以坦率表達又不至於失了分寸。

10月28日

1 點 55 分→洛杉磯。

茱蒂‧霍夫蘭和碧安卡‧傑格也在飛機上，兩人昨晚也都去看戲。

10月29日

7 點 15 分：瑪西亞來接我。我們前往柯克‧道格拉斯劇院（Kirk Douglas Theatre）參加一場為街友舉行的慈善活動。有艾佛烈[‧伍達]、唐‧奇鐸（Don Cheadle）、伊娃‧曼德絲（Eva Mendes）、摩根‧費里曼（Morgan Freeman）、瑪麗莎‧托梅（Marisa Tomei）、提姆‧羅賓斯等人參加。幾英尺遠的鋼琴前坐著一個非常值回票價的人──湯姆‧威茲。見證他一小時左右的精彩演出。湯姆‧威茲唱了三首歌。演唱〈叢林流浪〉（Waltzing Matilda）時，我聽得如痴如醉。

9 點 30 分：一句話──**我見到湯姆‧威茲了！**他非常有格調，溫文儒雅（那些深沉而悲傷的鋼琴旋律完全如同他本人）。

10月31日

7 點 10 分：車子來接。《諾貝爾獎得主的兒子》，拍攝第一天。

11月3日

抵達公園廣場酒店。

「嗨，琳蒂（Lindy）[491]，我是艾倫。」

隨即開始在辦公室桌上做愛[492]。

晚上7點：和瑪麗［‧史汀伯格（Mary Steenburgen）］和泰德‧丹森（Ted Danson）共進午餐［晚餐］，［聊起］一般事情以及美國相關的話題……瑪麗談到了比爾‧柯林頓（Bill Clinton），她是真的喜歡他，欽佩他不愛慕虛榮和解決問題的熱情。泰德有著容易被人認出的知名度，卻仍保有好奇的探索精神。

11月4日

三個女人脫掉衣服，我們擺出被捉姦在床的姿勢。「嗨，介意我的姆指勾住妳的丁字褲嗎？」

11月7日

收到大衛‧強森［David Johnson，製作人］的傳真，上面表示出他有多支持《我的名字是若雪‧柯利》，並告知莫琳‧李普曼的文章已經刊登在《衛報》上。

11月8日

在搭車前往片場的路上，我開始撰寫一封給莫琳‧李普曼的信，毫無疑問這會變成一封標準範本。

11月28日

12點45分：《旗幟晚報》劇院獎午餐會。

和莫琳‧李普曼聊到她在《衛報》上對若雪‧柯利的評論——我有種感覺，她把皇家宮廷劇院和哈克尼帝國劇院（Hackney Empire）搞混了。

布萊恩‧弗雷爾和我有默契地用手勢示意。**你—寫—給我。／我—寫—給你。／現在就開始做吧。**

11月30日

Theatregoer.com公布提名名單。我們入圍了最佳個人表演、最佳劇本和最佳導演獎。

下午，伊莉絲‧道格森打電話通知我們，*MNIRC*[493]入圍了南岸獎——與《瑪麗女王》（*Mary Stuart*）和《慈善家》（*The Philanthropist*）並列。

《旗幟晚報》開始蔑視我們，說不定是被審查了。

---

491 琳蒂‧布斯（Lindy Booth），加拿大女演員，1979 —。

492 譯註：此處指拍攝《諾貝爾獎得主的兒子》其中一幕。

493 編註：即《我的名字是若雪‧柯利》。

12 月 1 日

上午 8 點 30 分：哈雷街 149 號，賈斯汀・維爾（Justin Vale）教授。

從 6 月開始醫生做的所有紀錄，最終得出一個診斷，我得到 PC[494]。賈斯汀・維爾教授的說明清晰明瞭且態度樂觀。大腦、意志力像果醬金屬蓋一樣緊閉，他說你會無法聽見任何聲音。我竭力想聽清楚每一個字。

我坐著和接待人員預約治療時間，並獲得 BUBP[495] 的批准。一切感覺很不真實。頭暈目眩和黑暗的感覺隨時會淹沒我。

也許我不該記下這段日記。

12 月 2 日

我跟當時也在場的傑洛米（Jeremy L.）談過，他非常冷靜和敏銳。

留言機裡有傑洛米的訊息——我會希望他過來嗎？他是朋友。

12 月 7 日

今天一整天，穿著睡袍在家裡晃來晃去。這是一個很重要的關鍵——減少奔波，多去跑跑（運動）。

12 月 8 日

[下午]3 點：哈雷街 149 號，做 MRI 檢查。

12 月 9 日

凱瑟琳・瓦伊納打電話給我，告知莫琳・李普曼在今天的《衛報》上說了「Mea culpa」[496]。做得好，莫琳。

12 月 15 日

6 點：賈斯汀・維爾的祕書終於傳來消息，檢查結果沒有問題。

12 月 20 日

晚上八點：史汀和楚蒂在他們位於安妮女王之門的新家／舊房子，舉辦一場俄羅斯皇室主題派對。屋外有馬車（稍後我們繞了一圈街區）……積雪覆蓋的花園通往聖詹姆斯公園，公園裡正下著暴風雪……還有供應魚子醬的專區……

494　艾倫・瑞克曼被診斷出攝護腺癌。

495　譯註：一家提供私人醫療保險的機構。

496　譯註：拉丁語，意思是「我的錯」。

12 月 22 日

立斯特診所。格羅夫納大樓。

討論選擇方案。我還不夠了解，每位醫生都在強調自己的優勢。

6 點到 9 點：海倫娜和伊安夫婦。

阿拉斯泰爾・坎貝爾暢所欲言。我簡短陳述我從沒遇到一個好奇心旺盛的政治家——是認真在發問，而不是發表想法。仔細想想，其實也有例外，那就是尼爾・金諾克，還有一個人，羅賓・庫克。

12 月 23 日

……熱度再次消失了。

12 月 28 日

9 點 30 分：坐車→希斯洛機場→紐約。

瘋
狂
與
深
情

12 月 30 日

上午 11 點：觀看《慕尼黑》。

有種史匹柏（Spielberg）在拍這部片時，同時也在籌備下一部的感覺……讓人看得有點枯燥。而且，這部電影為了避免偏頗所做出的努力，卻使其失去靈魂。

2006

1月4日

下午 2 點：納什維爾市

3 點 30 分：有人接送我到范德堡大學醫學中心進行手術前諮詢，和傑·史密斯醫生（Dr Jay Smith）會面 [497]——一個冷靜、專注、敏銳的人。

1月5日

凌晨 5 點：起床。

5 點 45 分：被送到醫院。

上午 6 點：進行術前準備。

一切都像電影場景，很不真實。

在恢復室中，因為止痛藥感到暈眩，什麼也不記得。周圍是細心照顧的人們。

回到我的房間，出色的護理師大衛（David）在等待著我。瑞瑪也在（帶著書）。

下午，史密斯醫生前來看望。

晚上 9 點：和瑞瑪看完反骨超凡的《與星共舞》（Dancing with the Stars）[498]，瑞瑪回旅館去。

本日最新情況是各種止痛姿勢或藥物，身上彷彿插滿管子。

1月6日

整晚一直醒來。

上午 6:30 分：醫生巡房。開始感受到生活改變帶來的衝擊。

11 點：瑞瑪來了／一起午餐／散散步。

下午：蘿西 [Roxy，護理師] 帶瑞瑪去目標百貨購買食物、運動褲等。

1月7日

整晚都感到冷，胃部緊繃。

沒想到散散步、耐心地蹲廁所也有幫助。

史密斯醫生來了一趟，這位有著文化素養的人簡單詢問了些關於我在工作上的事……然後告訴我再多住一天。

1月8日

耐心有了回報——我又重新恢復活力。

497　2005 年期間，艾倫·瑞克曼一直接受治療，對抗侵略性攝護腺癌，並最終決定切除整個攝護腺。他和瑞瑪前往田納西州納什維爾的范德堡大學醫學中心，由在相關領域首屆一指的外科醫生喬瑟夫·傑·史密斯（Joseph 'Jay' Smith）進行手術。

498　編註：美國真人選秀節目。

7點：醫生們過來檢查，取出導管和引流管，最後緊張地問：「在《終極警探》的尾聲，你那個跌倒是怎麼做到的？」

出院，到納什維爾市區的隱士飯店住一星期。史密斯醫生是我們的導遊，他說格雷斯蘭莊園離這裡有 200 英里（太遠了），建議我們去參觀傑克丹尼酒廠。因為在禁酒州的關係，所以沒有提供免費試飲。

我非常滿意這家飯店。傍晚，漫步在寧靜的納什維爾街頭，宛如置身電影《阿爾發城》（*Alphaville*）。有個戴牛仔帽的奇怪傢伙。

「導管大學」現在新誕生一位畢業生。

1 月 13 日

吉娜發了一份傳眞──《雪季過客》獲選爲柏林影展（Berlin Film Festival）的開幕片。另外一項消息，《我的名字是若雪·柯利》獲得 TheatreGoer/whatson.com 獎項中的最佳劇本、最佳個人表演和最佳導演獎。今年沒有發生「13 號黑色星期五」這種鳥事。

晦澀的天空下起雨，吃完三明治和咖啡就匆匆回到飯店。

感覺像是去躲起來一樣，某種程度來說，的確如此。

1 月 16 日

7 點 45 分→范德堡大學醫院。

史密斯醫生帶著他一慣的冷靜與智慧，拔出剩下的導管和其他東西。

1 月 17 日

我很得意地向史密斯醫生報告自己昨晚滴酒不沾。站立和走動仍是問題，但他似乎頗爲滿意，這也意味著我得少帶很多行李。

負責丟行李的是瑞瑪，她泰然自若地丟進公共垃圾桶。

3 點 25 分→納什維爾市到拉瓜迪亞機場→美世旅館。

1 月 22 日

倫敦

一回家就一大堆郵件等著我。

1 月 24 日

11 點 30 分：大衛·科帕。

有趣的是，據他說，因爲匯率關係，《哈利波特 4》實際收到的酬勞會比《哈利波特 3》少。

1月30日

我最終決定拍攝《哈利波特5》。心情沒有太大起伏。有句話說服了我：「堅持到底，這是你的故事。」以及一項附加條款：每部電影拍攝期爲七週。

2月8日

和安德魯・沃德（Andrew Ward）[499] 通話，我的**慶生大逃亡**決定前往阿勒浦鎮。有原野、在我們公寓訂婚的老友和他們1歲大的兒子。很不錯的緣分。火車旅行。書籍和窗景。

另外——接到芙朗辛・萊弗拉克的電話，她對《我的名字是若雪・柯利》在紐約上演一事感到憂心忡忡。正如我所說——事情發生了，我不能（也不會）退縮。美國爭取自由言論，沒想到審查也很重要啊！

2月9日

[上午]7點：搭車趕8點55分的班機→柏林。坐上賓利車前往麗晶酒店（前身爲四季酒店）。（靠在引擎蓋上拍了幾張照片，旅行期間這輛車是我們的了。）

9點：《雪季過客》在柏林電影節開幕，螢幕上看起來很棒。小奇蹟創造出史詩般的意義。觀眾聆聽、大笑，大力鼓掌，久久不散，感覺就像在玩吃角子老虎機時出現一排櫻桃。

2月17日

致電皇家宮廷劇院的黛安・波格（Diane Borger，總經理），告訴她來自大衛・強森的消息，也就是麥可・摩爾（Michael Moore）支付我們1萬美元，要得到NYTW[500]「延後一年」的消息。委婉表達了「我們感到害怕，沒有公關公司願意接洽我們，而且我們沒有勇氣直接說不」。

2月18日

不斷通電話，向梅根傳遞消息。黛安行事有條有理。伊莉絲像往常一樣積極。梅根非常冷靜。大衛・強森建議先搬到西區劇院上演，再進軍美國。伊莉絲想揭露整件事，而黛安希望小心行事。梅根是整個團隊的支柱。正如同我對黛安說的，我們沒有生活在紐約，不明白會承受多大壓力——坦誠一點肯定是更好

瘋狂與深情

499　艾倫・瑞克曼舊時在藝術學校結交的愛丁堡朋友，這位朋友後來娶了艾莉森・坎貝爾（Alison Campbell）。

500　即紐約戲劇工作坊。

的方式。用哈馬斯（Hamas）政府[501]作爲延期理由是荒唐的，你如何保證一個月、六個月、一年或十年後的情況會如何？道德上的懦弱必須穿上外衣來遮掩。或者這就是法西斯主義？無論如何，審查制度回來了。

2月19日

晚上8點：尤斯頓車站。搭乘蘇格蘭臥鋪列車前往印威內斯。在車上吃晚餐，服用一粒藥丸，藥效大約兩個小時。整個晚上就在不斷的搖晃和刺耳警示聲中度過。

2月20日

9點30分：火車晚點半小時抵達印威內斯。下車，一位親切的女士開車來接我，一個半小時後，來到阿勒浦的蓋爾旅館。

12點30分：跟安德魯、凱絲汀（Kerstin）和卡林（Carlin）在旅館吃午餐。我真的很喜歡這個孩子。

從駁船小路盡頭的停車場走到燈塔，一旁有塊土地，是安德魯和凱絲汀希望蓋房子的地方。這裡風勢猛烈，景色壯麗，斯托諾韋郵輪每天會經過兩次。

安德魯開車來接我們，去了他們的小屋享用海草燕麥飯／羊雜佐馬鈴薯泥及白蘿蔔泥。非常美味的蘇格蘭傳統美食。凱絲汀對於穀物的堅持是對的，使用時再磨碎，意外地很符合我的胃口。

2月21日

在凱爾特荒野度過生日。

安德魯帶我們去看他的畫坊，播放馬丁・班尼特（Martyn Bennett）的音樂，再帶我們回家吹蠟燭，然後我們動身前往阿奇爾提布伊鎮，在附近的海灘散步和野餐。

7點左右：回旅館吃晚餐……之後，珍・厄克特（Jean Urquhart）[502]加入我們，她是蘇格蘭民族黨的議員，我們聊了起來。回到床上，感覺這一天有著不斷往前的動力，而不是一味地感傷回顧過去。

2月27日

與《衛報》的凱瑟琳・瓦伊納聊天。皇家宮廷劇院希望保持中立。

若雪・柯利是一個獨立自主的人，不受他人控制或影響。這是出於恐懼而產生

501　譯註：掌控加薩走廊的伊斯蘭政治組織。

502　也是蓋爾旅館的老闆。

的審查制度。無論是否出於同情，她的聲音就像霧中的號角，應該被聽見。

2月28日

報紙刊登出來了。「瑞克曼猛烈批評……」等等等，但報導內容基本上還算公正客觀。**提姆·羅賓斯打電話來說「到洛杉磯來演」**。

下午：檢查凱瑟琳·瓦伊納明天在《衛報》的評論稿。有人提出採訪要求，或要我在週末去上丁布林比（Dimbleby）[503] 的節目。我都拒絕了。我們只要做好一齣戲，讓若雪·柯利替自己發聲。

3月2日

今天一整天都在跟人講電話，皇家宮廷劇院的黛安、欣蒂和克雷格·柯利、大衛·強森……公關公司的珍妮（Janine）「盡職」地說服我去和友善的新聞媒體朋友多聊聊。**這部戲說的不是我**。我抱怨。**但我們必須推銷出去**。他們回嘴。

3月4日

8點：琳賽和希爾頓。

路上遇到了黛安。她與奧斯卡·尤斯蒂斯 [Oskar Eustis，紐約市公共劇院的人] 交談過，他熱情地表示，就算是為了證明單一團體不能終止一場表演，《我的名字是若雪·柯利》都應該去到紐約。

3月6日

透過和皇家宮廷劇院的來往傳真，回應紐約戲劇工作坊的網站。現在他們想在《紐約時報》上發布這件事。

3月7日

又一篇《紐約時報》的文章，仍把責任歸咎給我和我的「電影承諾」。

3月8日

大衛·強森的傳真，他替快要丟掉工作的吉姆（Jim）[504] 強力求情。這對每個人都是痛苦的。就像大衛說的——這是新保守主義派的一貫手法，先製造不安，接著退到一旁，看著自由主義者自相殘殺。

黛安……想讓吉姆不要再跟媒體對話。我想皇家宮廷劇院是不可能跟他們合作

503　編註：英國時事和政治廣播與電視節目的主持人。

504　詹姆斯·C·尼古拉（James C. Nicola），藝術總監。

了。事情變成一團糟，真是悲哀。但如果讓紐約市長或是首席拉比 [505] 介入，情況只會更加糟糕。

3 月 17 日
和尤里通過電話，他很遺憾《我的名字是若雪・柯利》又再次被推到浪尖上。安娜〔・梅西，他的妻子〕後來說：「他都 80 歲了——」語氣深情而驕傲，簡單明瞭，沒有置喙的空間。我不該太驚訝，畢竟他是俄羅斯猶太人，對他來說，過去**就是**現在。

3 月 19 日
讀琳恩・巴柏採訪凡妮莎・蕾格烈芙的文章，還是老套的二元對立——除了主題，很大程度是關於記者自己。這位記者有趣、直率、敏銳。她結束離開後可以再次發表**觀點**，日後也還會去採訪其他人。我很欣賞她的一針見血，但即使如此，她也不該強勢引導凡妮莎。凡妮莎留給世人偉大的成就，巴柏小姐能留下什麼呢？

3 月 24 日
我聽到自己接受下星期晚上 10 點 BBC 第 1 臺的邀請……而前一天我才剛拒絕了「名人賽馬」活動的邀請……

3 月 26 日
我沒什麼自信和 BBC 新聞對談。無論他們的立場為何，都可能從負面角度切入，我將被迫為一個我不必辯護的話題辯護。還要冒被寫上網路評論的風險。

3 月 28 日
8 點：《我的名字是若雪・柯利》首次預演。
梅根說她很害怕——還真是看不出來。演出結束時，觀眾都起立鼓掌了。

4 月 1 日
露比開車／搭計程車去沃斯利餐廳和珊德拉・凱曼、安妮・藍妮克絲和芭芭拉會面。她們剛剛去看了《我的名字叫若雪・柯利》，並且非常喜歡……對面是尼爾・坦南特，我們後面是盧西安・弗洛伊德。

505　編註：拉比（Rabbi）是猶太教對於尊長的稱呼，後專指負責執行教規、教律和主持宗教儀式的人。

2006

日記：1993—2015年

你會想：「我保證，我會是個有耐心的模特兒──**快選我！**」安妮是位迷人的女子，但凡事都會往壞的一面去想⋯⋯

4月6日
下午看了《香水》。湯姆拍了一部唯美的電影。沒人對葛奴乙有任何評判（班，你演得太好了）。美貌對**嗅覺**會是個問題嗎？而且到底是**誰**開的車？

4月12日
6點45分：車子來接。《哈利波特》
一旦進入［石內卜的］狀態和戲服時，我立刻意識到──我變了。變得不那麼健談、愛笑、大方。這個角色束縛住我，這在片場不是一件好事。我跟拍攝團隊的交流從未如此之少。幸好丹尼爾［・雷德克里夫］親切迷人地演出這個角色。而且**年輕**。
感覺是回到家沒錯，但沒多久又得起床了。

4月21日
重返霍格華茲大廳。
跟著瑪姬和邁可一起。沒幾分鐘就笑到不行──伊美黛・史道頓說到跟史蒂芬・席格（Steven Seagal）拍攝時的趣事，以及她在奧斯卡頒獎典禮當天上午在電梯裡遇到邦妮・齊默曼（Bonnie Zimmerman）[506]。「我要讓妳出演我的黛安・阿勃絲（Diane Arbus）電影，演個沒有手或腳的角色。」

4月24日
晚上11點：和露比在沃斯利餐廳。終於把這位懷克斯小姐從蘇活區的廉價酒館拉出來。她推翻自己之前一直認為沃斯利餐廳是虛有其表的印象，［並且］坦承她參加了「名人賽馬」活動。**這人真是一點也沒變啊！**

4月30日
10點25分→紐約。

5月4日
9點30分：《雪季過客》。
放映畫質不太好，但整部電影拍攝得很美。劇情高潮時，觀眾時而沉默，時而

---

506 美國文學評論家，1947 ─，婦女研究者。

驚呼，映後問答時間輕鬆自在──對自己完成如此佳作充滿信心。

5月5日

……今天跟瑞瑪談到──她落選了 [507]。那絕對是**他們的**損失，而她自由了。

5月14日

4 點：《我的名字是若雪‧柯利》。

欣蒂和克雷格入場。

跳電導致演出晚了二十分鐘。梅根演出了非常純粹的一面──也許跟看到柯利一家坐在圓形劇場中觀看有關。表演得太美了。

今天《觀察家報》刊登報導說這是一場成功的演出──跟大衛 [508] 當時在休息室時說的有出入……

5月21日

4 點：倫敦最後一場演出。滿座。梅根一開始節奏太快，才剛進入狀態，接下來又失常了，就這樣一路到落幕。在後臺，我發現剛才在演員謝幕時大吼大叫的女人，她在下半場時也吵個不停。難怪梅根會慌了手腳。這是預告了未來在紐約上演時的情況嗎？

5月30日

坎帕尼亞蒂科

今天是我修剪花園的日子，讓無花果樹脫離奇異果的限制，給忍冬花一席之地，提醒紫藤誰才是老大……

6月7日

坎帕尼亞蒂科

3 月 22 日，羅伯‧勒帕吉寫了封信給國際創新管理公司，信上表示，法國發行商想要更有名的演員出演《巨龍三部曲》（*Dragons' Trilogy*）。就是那一刻，我想起湯姆‧克魯斯（Tom Cruise），就看到他在傑‧雷諾（Jay Leno）的節目裡不甚自在的模樣──你是大起或大落，加入或出局──誰來決定？

507　在地方選舉中失去肯辛頓─切爾西皇家自治市議會的席次。

508　編註：大衛‧強森，《我的名字是若雪‧柯利》製作人，1960 — 2020。

6月8日

坎帕尼亞蒂科

我今天自己動手打磨戶外的桌子和長椅，塗上第一層漆（保護漆之類的⋯⋯？）。上過第二層漆後，好像有比較好看了。

6月13日

前往馬里波恩高街採購一大堆生日／結婚禮物。

7月9日

12點：理查・威爾森的生日派對⋯⋯伊恩・麥克連的致詞非常大膽精彩，完全說出威爾森的特點。珍妮・史托勒（Jennie Stoller）[509] 和我送了一本紀念簿給理查。

7點：和柔伊〔・瓦娜梅克〕和蓋恩（Gawn）[510] 在沃斯利餐廳，正聊天／故事／詆毀／說笑到一半時，潘妮・威爾頓來了，緊接著安東妮亞・弗雷瑟和哈羅德・品特都來了⋯⋯會提到那個話題嗎？有，是哈羅德（外表神采奕奕、思緒清晰，為人更是慷慨有禮）。他先客氣地稱讚了幾句《我的名字是若雪・柯利》，然後問：「你們聽過我的詩作〈民主〉（Democracy）嗎？」接著就為我們朗讀起來⋯⋯

理查和哈羅德，一天兩個標誌性人物。

7月24日

往紐約。

2點35分→紐華克。

在飛機上讀到東尼・賈德（Tony Judt）撰寫的一篇優秀文章〈不願成長的國度〉（The Country That Wouldn't Grow Up）。談到以色列「像個青少年一樣」，「恣意妄為，不擔憂後果，自以為永恆不朽」。這篇寫在黎巴嫩恐怖攻擊[511] 發生前。

8月3日

→愛丁堡。

凌晨3點：時差。閱讀湯姆・寇特內（Tom Courtenay）的書《親愛的湯姆》（Dear Tom），我彷彿回到年輕時的廚房、洗碗間、前後客廳──這解釋了我在所處

509　英國演員，1946 —。

510　英國演員蓋恩・昆查（Gawn Grainger），1937 —，佐伊的丈夫。

511　譯註：The horrors of Lebanon，始於2006年7月12日以色列與黎巴嫩之間的軍事衝突，導致1,000名黎巴嫩平民和120位以色列士兵死亡。

環境底下，所感到的愉悅和些微不安吧？

11 點：來自國王十字車站的列車。

5 點 55 分：《我的名字是若雪·柯利》。首次預演。喬西（Josie）[512] 非常生動地勾勒出了角色。

8 點：和所有人去位於利斯區的河岸酒吧。非常好的選擇。

之後轉往普雷斯頓菲爾德酒吧，歡笑聲不斷。

8 月 6 日

大衛·強森來電說，我們在《蘇格蘭人報》（Scotsman）上得到極高的評價。這顯然幫了他一個大忙。

8 月 9 日

6 點 30 分：瑞瑪前往義大利。

8 月 11 日

愈來愈不想去義大利了。機場混亂，再加上他們經營一家旅館，沒得休息，壓力愈來愈大。更何況，他們還沒開始整理花園……

8 月 12 日

惠廷頓醫院〔倫敦〕

5 點：麥克斯〔·斯坦福－克拉克〕的腦袋清晰如常，記憶力完好，無法確定視線位置，左半邊癱瘓。我們仍若無其事地聊天，這很重要。麥克斯問了幾個關於科林·蕾格烈芙（Corin Redgrave）的尖銳問題，談起亞倫·艾克鵬（Alan Ayckbourn）的中風。但我們很快轉移話題。

8 月 15 日

11 點：往愛丁堡的火車上。

命運的捉弄讓我讀了（而且剛讀完）湯姆·寇特內的書。他和我非常不同，境遇卻如此相似。我們同樣轉換跑道進入皇家藝術學院，囑咐媽媽不要和媒體交談，親戚不斷騷擾，奶奶、爺爺、叔叔阿姨們、媽媽住院。罪惡感。這時的我正搭車前往愛丁堡參加一場《雪季過客》的上映會，以及明天的《我的名字叫若雪·柯利》。但我為自己的工作感到驕傲，這是受到家人的影響。

7 點：《雪季過客》上映。現場有 J·K·羅琳，尼爾〔·莫瑞（Neil Murray），

512　英國演員喬西·泰勒（Josie Taylor），1893 ─，飾演若雪·柯利。

她丈夫］、安德魯［‧沃德］和艾莉森［‧坎貝爾］。

晚餐在附近的漢密爾頓餐廳。

接受採訪，然後去了洛夫特飯店（與布萊恩‧狄帕瑪 [Brian De Palma]），接著是喜來登酒吧。史提夫‧庫根（Steve Coogan）一直都在，非常聰明且討人喜歡。紅酒讓我陷入語無倫次的狀態。我是怎麼回到自己房間的？

8月16日

下午 1 點：［皇家咖啡］生蠔酒吧。這麼多年，我怎麼會錯過這個地方？簡直是天堂。羅伊‧哈特斯利（Roy Hattersley）走進來，我們彼此點頭，揮手致意。「你還在努力，還是已經絕望了？」「更糟。」我說。「一切都會好起來的。」他說。很布朗主義[513]式的說法，我覺得。

9月7日

慕尼黑——《香水》首映。

媒體……「《香水》對你意味著什麼？」「你最喜歡的香水／氣味是什麼？」「你會為女人買哪種香水？」等等等等等。

9月9日

5 點 30 分：醒來。

上午 6 點：搭計程車→醫院。

1 月的餘波盪漾。

其中，工黨的所作所為讓人覺得可悲——完全脫離現實世界、僵化、自相殘殺、自大、惡毒、扭曲而且愚蠢。查爾斯‧克拉克（Charles Clarke）[514]——絕對不要相信一個兩天不刮鬍子、吃東西會狼吞虎嚥的男人。想當然，布萊爾[515]迅速前往以色列進行一些政治活動。

9月13日

下午 9 點：瑞瑪從義大利回來。

513　譯註：布朗主義（Brownism）是一個英國政治術語，最早由 BBC 記者馬克‧伊斯頓（Mark Easton）提出，用來描述前英國首相戈登‧布朗的政治意識形態。

514　工黨政治家，1950—，最近被解除職務。

515　編註：當時英國首相東尼‧布萊爾因支持和參與伊拉克戰爭，執政後期備受爭議；該年他未在「以黎衝突」中呼籲停火而再受責難。

9月19日

下午3點:《黛妃與女皇》(*The Queen*)。懷特利電影院。

觀看過程很愉快,海倫[·米蘭]非常出色。但電影沒有達到該有的嚴謹考究,水平只有小報水準。在聖詹姆士宮集體會見皇室成員就像去找人玩樂一樣。而且,女王陛下和菲利普親王分房睡不是眾所周知的事嗎?我猜皇太后即使90多歲,影響力依然很大。總而言之,一開始很引人入勝,但很快就索然無味——因為核心出問題,可惜了。

9月29日

最近似乎和所有事都格格不入——英國皇家藝術學院、品特的戲、《雪季過客》、《香水》上映、《我的名字是若雪·柯利》中潛在的人格衝突等等。一**切**都是問題,或者會成為問題。到底是為什麼呢?甚至雪歌妮被哈維[·溫斯坦]惡劣對待的事,即使和我沒有直接關聯,我仍感受到了那股情緒。我現在很想懲罰他,但他會感覺得到嗎……

11點15分:搭車→希斯洛機場。**繼續前進**。

10月4日

紐約

著裝彩排[516]。

和一些製片人、行銷人員和媒體一起。梅根的眼神和靈魂都顯得疲憊不堪。她因此感到挫敗,同時也變得消極和脆弱。

10月5日

8點:首次預演。

她恢復原有水準。不過觀眾年紀大,要站起來鼓掌是不可能了——得花上好一段時間。

10月12日

有些措手不及——瑞瑪打電話來說:「我從機場出發了。」

10月15日

7點:開幕之夜。

---

516 《我的名字是若雪·柯利》在米娜塔小巷劇院(Minetta Lane Theatre)上演,由大衛·強森製作。

在紐約的壓力下，表演得盡善盡美。到處是西裝、領帶、金錢和權勢。落幕之後，人們聚集在劇院大廳跟柯利家聊了很長的時間。

稍晚，巴爾札餐廳。黛安·波格首次意識到《紐約時報》的評論是「褒貶不一」（很糟的詞）。又來了[517]。

10 月 16 日

……該死的報紙影響力籠罩了整整一天——帶來的壓力從梅根的臉上就能看得一清二楚。

10 月 28 日

下午 3 點：布麗（Bree）[518]——首次登場。

她的表演快了六分鐘，我坐在樓梯上，假裝拉馬繩提醒她注意節奏。不過，落幕時觀眾起立鼓掌，她的青春和精神非常感人。

瑞瑪→甘迺迪機場→倫敦。

11 月 3 日

11 點 05 分：《芭樂特》（Borat）。一部精彩絕倫的喜劇電影——整部電影和演出從頭到尾充滿了才華。

11 月 28 日

紐約→多倫多。

6 點 30 分：車子來接→《雪季過客》首映會——在多銀幕電影院。

招待會上——一位患有自閉症的 58 歲女性告訴我，她努力保持沉默。「不然我會表現得太失禮。」

12 月 3 日

上午 6 點：時差問題，閱讀安東尼婭·奎爾克（Antonia Quirke）的書《黛帕狄約夫人和美麗的陌生人》（Madame Depardieu and the Beautiful Strangers）。一本三百頁的書，寫得非常快樂放縱。有時候，讓人感覺作者是個渾身泥巴的五年級學生，把曲棍球棍往房裡一扔，抓起泛起毛邊的日記，窩在床上寫個不停。

517　《紐約時報》評論：「柯利女士對世界的感知出現了偏差，讓她不得不質疑『自己對人性本善的根本信仰』。所以當然了，無論你在政治上偏向哪一邊，這都自然會引起普遍的共鳴和沉痛。」

518　布麗·愛爾諾（Bree Elrod），美國演員，飾演若雪·柯利。

12 月 5 日

《香水》首映。

電影畫面相當唯美，300 人全神貫注地坐著觀賞。

12 月 6 日

11 點 30 分：搭車前往松林製片廠 [519]。

進行頭部石膏模製，很奇怪，好像被活埋了一樣——不能咳嗽、看見或說話。他們不斷貼上石膏布，感覺愈來愈燙。接著是唱歌。我想保羅（Paul）喜歡我回擊那位十分無禮的鋼琴家……一個風光不再的風流男人，有點像萊斯·帕特森（Les Patterson）[520]。

12 月 11 日

倫敦診所。抽血檢查。

離開診所前，看到安德魯·瑪爾拿著手機左右徬徨，好像忘了自己還拄著枴杖、右腳打石膏。我等到他掛斷電話後問：「我想你一定被問到煩了，不過發生什麼事了？」「噢，肌腱斷裂。你知道卡文迪許街怎麼走嗎？」我不知道，並祝他好運。結果一離開，左轉 100 碼處就是卡文迪許街。回頭一看，他正匆忙走過去。

12 月 13 日

皇家宮廷劇院 50 週年慶祝活動。

瑞瑪後來說，整個活動充滿一種憂鬱的氛圍——她似乎是對的。皇家宮廷劇院自制的態度，不鼓勵縱情狂歡，我們後來轉戰沃斯利餐廳。

12 月 15 日

9 點 45 分：松林製片廠。彩排時我的情緒非常糟。太早了——沒有聲音，高音上不去，他們卻輕描淡寫地強調沒有問題……

12 月 17 日

9 點 35 分→紐約。

下午 3 點：《我的名字是若雪·柯利》。布麗的最後一場演出。她現在已經掌握了舞臺和空間，不過依然在還沒理解上一句話之前就急著進入下一句。但她

519　《瘋狂理髮師》（*Sweeney Todd*）拍攝前準備工作。

520　編註：某個澳洲單人喜劇中的常駐角色。

做了件神奇的事。她居然去了一趟加薩。

晚上7點：凱莉（Kerry）[521] 的最後一場表演。擁有了不起的才華，但畢竟還年輕，有點力道過猛──「我要全力以赴」是她給人的感覺。不過，她很有魅力，沒有浪費或辜負任何一句臺詞。

12月25日

紐約上州區，米爾布魯克村

娜塔莎和連恩是不得了的主人……早上打開臥室門去泡杯茶──兩隻大襪子正等著我們。

12月27日

米爾布魯克村

《紐約時報》強烈抨擊《香水》，但《每日新聞報》（Daily News）卻表達欣賞。難怪夢工廠（DreamWorks）表現得像個扭捏的門房一樣。

6點：娜塔莎和連恩的派對。印度食物和比手畫腳遊戲。現場有梅莉·史翠普、貝蒂·蜜勒（得分……）、米亞·法羅、史丹利·圖奇（Stanley Tucci）和夫人凱特（Katie）[522]，艾登·昆恩和伊莉莎白［·布萊克（Elizabeth Bracco），他的妻子］、艾倫·科杜納。梅莉拿到一個題目是《玩美女人》（Volver）[523]──於是她比劃出女性的陰部（volva）。法羅女士精闢地深談起蘇丹的達佛省。

在連恩家的廁所看了一本非常棒的實用書──《快樂人生的44堂課》（How To Be Happy, Dammit），很多關於恐懼和模式的觀點很適合新年這時候來看。恐懼是一種不斷持續、無法終止的現象。恐懼成功而導致失敗。**這處境必須停止。我得入手一本。**

瘋狂與深情

521　凱莉·畢許（Kerry Bishé），若雪·柯利的替代演員。

522　編註：本名凱瑟琳·史帕奇（Kathryn Spath），2009年因乳癌過世。

523　2006年的西班牙電影，由佩卓·阿莫多瓦（Pedro Almodóvar）執導。

2007

理查・威爾森

《瘋狂理髮師》

瑞瑪 60 歲生日

哈羅德・品特

戈登・布朗

盧夫斯・塞維爾

提摩西・司伯

李察・艾登堡

強尼・戴普

露比・懷克斯

東尼・布萊爾卸任

坎帕尼亞蒂科

提比里斯

《哈利波特》小說最後一集出版

索諾馬，《戀戀酒鄉》（*Bottle Shock*）

李歐納・柯恩（Leonard Cohen）

丹尼爾・雷德克里夫

紐約

芭芭拉和肯・弗雷特

開普敦

1月1日

凌晨 3 點半，參加完理查在克拉里奇酒店舉辦的派對回家……悠哉的元旦，走過公園來到遊樂場……進到塞爾福里奇百貨公司（買冰淇淋機，人生就是要享樂），在雨中搭計程車回家——空無一人的遊樂園仍閃爍著勇敢的光芒。快點——寫出劇本、籌備資金、開始拍攝。

1月3日

[晚上]9 點 30 分：在三輪車電影院（Tricycle Cinema）。《香水》映後問答，過程似乎頗為順利。觀眾喜歡這部電影，現場擠滿人群，觀眾提出有趣的問題，讓人聽得津津有味。

1月4日

3 點 30 分：克拉里奇酒店。瑞瑪生日第一次籌備會議。預定 2 月 3 日，開始各種準備工作。

1月5日

10 點：馬克・梅蘭。
歌唱課。五天沒喝酒，意味著身體不會脫水，嗓音能更加靈活……得證。

1月8日

11 點 40 分：車子來接→松林製片廠。收到的訊息是「複習」。走進片場時，現場有一個完整的合唱團。克里斯多福・李（Christopher Lee）、彼得・鮑爾斯（Peter Bowles）、安東尼・海德（Anthony Head）、邁克爾・哈伯（Michael Harbour）[524]、麗莎・莎多維（Liza Sadovy）和（感謝上帝）提摩西・司伯。更不用說還有史蒂芬・桑坦（Stephen Sondheim）了……
那麼——**開唱吧！**

1月9日

11 點 30 分：馬克・梅蘭的歌唱課。
12 點 30 分：松林製片廠。
基本上都在唱〈漂亮女人〉（Pretty Women）給桑坦聽。感謝馬克，總算克服高音的部分，適時的呼吸果然是好的。桑坦提到法官［艾倫・瑞克曼的角色］這個人物應該比我認為的更加氣質有型——但我覺得是麵包屑、頭皮屑和指甲污

524　蘇格蘭演員，1945 — 2009。

垢，以及偏執。

1月17日
花了一小時快速決定好桌椅／座位安排［瑞瑪的生日派對］。當然，這並不困難，可以採自由入座，但難免會有一、兩個衝突狀況發生，能免則免，對吧？

1月21日
10點45分：搭車到薩伯里山丘去拜訪維克姨丈。我已經大概有一年沒見他了，他看起來老了很多。有一次他問我：「你認識我的妻子嗎？」「非常熟，維克姨丈。」「我非常想念她。」

1月26日
《瘋狂理髮師》錄音。
11點30分：〈漂亮女人〉首次錄音。新版本——由強尼·戴普生動演唱。在場的人有提姆·波頓（Tim Burton），還有——感謝上帝——馬克。以及邁克（Mike）和其他錄音師。大家看起來都非常開心。在平日自我批評的轟炸中，我感到一種狂喜的解脫。

1月31日
瑞瑪的生日。
上午：穿著浴袍，喝咖啡，開禮物。

2月3日
瑞瑪的生日派對——克拉里奇酒店。
下午3點：克拉里奇酒店。登記入住，協助亞歷克斯（Alex）和萊斯莉（Lesley）布置房間，房間美得彷彿春天已來到。
6點45分：到樓下的法國沙龍。大批朋友陸續抵達，大家都滿臉笑容。
晚上8點：晚餐。食物很棒，快問快答非常有趣——大家透過簡訊／黑莓機／電話聊天，到處都是笑臉。
隨後是跳舞。塔拉、萊斯莉和希爾頓唱歌。雖然有突發狀況，晚餐席位需要臨時增加兩個，但幾乎可以說是完美的派對。
清桌之後，四十多人被請到大廳繼續喝酒聊天，一直到凌晨4點。都沒有人想要回家。

2月4日

10點30分：在克拉里奇酒店餐廳用早餐。

2月5日

國際筆會（PEN）致敬哈羅德・品特。

5點30分→溫莎小鎮。搭車進入一片黑漆漆、既沒有路燈也沒路標的溫莎大公園……

7點30分：終於抵達坎伯蘭小屋，遲到了二十分鐘，我很生氣，但琳賽保持優雅有禮的態度。她是對的，朗讀會十分鐘後就要開始，而我還在氣頭上。不過，朗讀內容非常精彩，我們享用了一頓開心的晚餐。哈羅德為人慷慨熱情，笑口常開，對於要把《歸鄉》（*The Homecoming*）搬上廣播，他非常興奮。哈羅德針對伊拉克發表了一次尖銳的演說。

6點30分：在規則餐廳。

凱西・雷特和傑佛瑞・羅賓森替莎拉（Sarah）和戈登・布朗舉辦晚宴……戈登似乎非常放鬆，當即問起若雪・柯利／凱瑟琳・瓦伊納的事。比較放不開的人是莎拉，話說回來，沒人喜歡選擇星期天晚上外出吧。

2月14日

待在家觀看全英音樂獎（The BRITs）。連恩・蓋勒格（Liam Gallagher）是一位出色的搖滾歌手，但作為一個人絕對是個笨蛋。誰在意他的小脾氣——拿掉那種髮型和眼鏡，停止做作的走路和愚蠢的無理，表現出真正的自我吧。

2月19日

我的一小部分生活，隱約像唱片般被放到唱盤上，受到喜愛卻令我感到煩躁。又或者像在轉輪上跑動的老鼠，到底是誰在控制誰？在工作上，我感到有點被利用，在這世上，我似乎無關緊要……我非常感激接到《雪季過客》的相關電話——這是我引以為豪也別具意義的事。這是其中一個更加痛苦的自相矛盾。

2月20日

10點15分→松林製片廠。

練習從理髮椅往後摔倒。

2月23日

6點45分：車子來接。《瘋狂理髮師》。

杜彬法官（Judge Turpin）的第一天。提姆是個有著快樂心靈的人，非常清楚自

己想要的東西，全神貫注，但卻像個孩子，也像室內綻放的煙火。周圍都是像提摩西・司伯這樣的人（他戴上他的「年輕」假髮，對著鏡子說：「這是誰啊？年輕的崔姬[Twiggy]？」）。

2月25日

7點30分：洛福斯・溫萊特，帕拉丁劇院（Palladium）。

一個令人讚嘆的壯舉。2小時45分鐘的高亢演唱，加上瑪莎・溫萊特（Martha Wainwright）才華洋溢的表演。凱特・麥蓋瑞格（Kate McGarrigle）跳上跳下、臺下臺上穿梭。洛福斯用反諷的方式向前輩們致敬，減輕了自己的負擔，同時不流於俗套，就像在看一個變魔術的人。

3月15日

松林製片廠

6點15分：車子來接。

在老貝利街[525] 拍攝。

能跟提摩西・司伯在一起一整天真愉悅。有深厚的才華，毫無虛榮心，還能感受到他對家人及船隻的熱愛。而且非常幽默風趣，即使在談論窗戶上看到的招牌時，他都還記得在卡拉奇機場看到一塊告示寫著「這裡有瘋子」。

3月21日

《衛報》刊登一篇沒有意義的文章，描寫好萊塢中的英國口音，引用我的話，說我使用了「親愛的男孩」這個詞。這不可能從我的嘴裡講出來，完全是一則誤導讀者的荒謬報導。

3月26日

晚上8點：與露比和艾德共進晚餐。

露比明天要以「美國傑出人物」的身分去宮殿，她以為可以把車停在宮殿前庭，讓我們拭目以待。

3月27日

她還真的停了。

12點30分：多切斯特酒店。

2007

日記：1993—2015年

525　編註：Old Bailey，英國中央刑事法院所在的街道。

為迪奇・艾登堡[526]舉辦午餐……我坐在他旁邊（是誰搞錯了？還是因為我是皇家藝術學院副主席的關係？）期間，有人的演講內容既沒敏感度也與主題無關，他低聲問：「那人是誰？」我說：「弗蘭克・卡森（Frank Carson）[527]。」他做了個筆記，毫不在意地把對方的名字加入自己的演講中。

3 月 28 日
在排練〈漂亮女人〉的片場。

和強尼・戴普聊起他的女兒[528]。

我給了他一個擁抱，說：「你經歷過地獄後回來了。」他聊了一些，而在某種程度上，我們建立了平等的交流。從真實的事情中。這總是個好的開始。

3 月 29 日
氣氛愉快而投入。強尼非常看淡自己的名聲，做足功課，願意接受意見，也有很多自己的想法。這是逐漸克服障礙的過程，但其中一個是真正的威脅——在反覆塗上又洗掉刮鬍膏六到七次之後，我的皮膚開始刺痛。一天結束後，化妝品遮蓋掉紅色斑點和刺痛感。

3 月 30 日
能與強尼・D 一起拍攝非常愉快。他既專注投入，又有絕佳的幽默感，非常無以倫比。現場整天氣氛熱烈且活力充沛。桑坦先生，你太厲害了。這首歌無論從旋律或歌詞的角度來看，不但沒有失去複雜性，還守住了簡潔有力的特點。這一定是某種天賦。

4 月 16 日
凌晨 4 點：瑞瑪起床，試圖悄悄離開。

下午：坎帕尼亞蒂科的工程有了進展——一棟大型建築、一些混凝土和一顆無花果樹已經沒了。

4 月 27 日
香檳市→芝加哥→紐約。

在飛機閱讀《紐約時報》對《雪季過客》的評價，這評價讓人以為電影中沒有

526　譯註：李察・艾登堡的別名。

527　北愛爾蘭喜劇演員（1926 — 2012）。

528　她患有厭食症。

半分笑點。

難道評論本身的行爲就是會讓人不快樂，無法徹底享受其中？

5月1日

晚上7點。烏姆餐廳。布魯頓廣場。

露比的生日派對。

派對……非常慷慨盛大，但公關女士說她做了筆交易。她完全忽略了赫拉提亞
[・羅森（Horatia Lawson），記者]，直到我提到她是奈潔拉（Nigella）的妹妹，
她的態度不變。另一頭——艾德里安・安東尼・吉爾（A. A. Gill）坐在珍妮佛・
珊德絲旁邊（他曾在文章中抨擊她）。她當然不會跟他交談。這是露比非常有
個性的等級名單，但因爲沒人引介，只能互相猜測對方的社交地位。線索可能
來自奇特的座位安排，以至於有些地方冷場，有些地方熱絡。

5月3日

上午7點：車子來接。

強尼昨天很晚睡，行程有點拖延。上午稍晚才到拍攝現場……拍攝團隊坐在塑
膠保護膜後面，身上穿著拋棄式防護服，強尼和我被灑了一身明亮的橘色／紅
色液體。褲子臀部、手臂、衣服裡面莫名沾到這些液體，弄得強尼滿臉都是。
明天還要再來一次。

5月9日

上午6點：車子來接。

最後一場戲。躺在水溝裡吐血，抓著樂芙特夫人（Mrs Lovett）[529] 的皮膚，她
尖叫著說：「去死吧！你這個混蛋（之類的話），死吧！」我很滿意，至少內
褲沒有比在理髮椅上濕。

5月10日

東尼・布萊爾辭職下臺演說——他大可以直截複誦〈我的路〉裡的歌詞，可以
省下很多時間。

5月18日

獨自在家。把梯子搬到花園去，在牆上釘釘子，看著釘子彈飛到灌木叢裡（兩

2007

日記：1993—2015年

529　由海倫娜・寶漢・卡特（Helena Bonham Carter）飾演。

次），放棄，收起梯子。

下午，和亞當討論談到《外西凡尼亞故事集》（*Transylvania Tales*）的合約，揭露華納兄弟大規模剝削《哈利波特》演員的現況。為了貪一點便宜，讓演員失去工作熱情，何必呢？話說回來，問了也只是浪費時間，何必呢？

5月27日

大衛和克莉絲汀→去療養院探望維克姨丈。希拉和約翰已經先到了。要怎樣做才不會顯得在履行義務？我們圍成一圈聊天，維克姨丈在一旁看著沒有聲音的電視。我問起他的近況，他說：「我最近有點煩。」

6月4日

坎帕尼亞蒂科

上午：工人在花園裡工作，終於聽到水泥攪拌機啓動的聲音。

6月5日

坎帕尼亞蒂科

科西默從米蘭來了，一如既往地優秀，解釋所有事情，與工人交談，試圖解決電腦、電話系統，以及潮濕的廚房牆壁問題。在整個花園規劃中，他謙虛地展現出高度的正直和品味。尤其在國家委員會的建築防震要求下，不可能不遇到問題。

6月11日

坎帕尼亞蒂科→羅馬→倫敦。

上午：現在就像在經營一家小旅館，我以前就覺得自己會樂在其中。清理客房讓下一位客人入住——非常務實但很療癒。

9點20分：上飛機。重讀我寫的日記。很多人、很多地方、吃喝玩樂。沒有太多思考、塑造和實踐……

6月14日

提比里斯 [530]

2點10分：參加書展。《哈利波特》主題展，孩子們緊抱書本拍照。

7點：女王慶生派對，地點在萬豪酒店。唐納德（Donald）[531] 演奏蘇格蘭風笛，用英語和喬治亞語演講。稍後，到一家俯瞰河景的餐廳觀賞喬治亞舞蹈，唐納

530　編註：喬治亞首都。

531　唐納德・馬克拉倫（Donald MacLaren），派駐喬治亞的英國外交官。

德再次拿出風笛。他真是一位明星。

7月1日
節食月從今天開始。

7月4日
8 點 30 分：在河流咖啡廳⋯⋯在場有特薩‧卓威爾（Tessa Jowell）、西蒙‧夏瑪（Simon Schama）、艾倫‧羅斯布里奇（Alan Rusbridger），露絲正在值班。社交的網絡中心。「《哈利波特》還有續集嗎？」《衛報》編輯問。「最後一集將在 7 月底出版——將會是你們的頭版。這可是世界新聞。」我說。

7月6日
喬‧羅琳接受強納森‧羅斯（Jonathan Ross）採訪時說到——《哈利波特》第七集中還有兩個人會死。

7月8日
12 點 30 分：在會員餐廳用午餐，和安娜貝爾‧克羅夫特（Annabel Croft）同桌。有水煮鮭魚和草莓，非常溫布頓風情。現場沒看到一張黑人、亞洲人或工人階級的臉孔。我想像有無數對話，涉及園藝中心、遮陽棚、高爾夫、孩子的教育、保險和 A40 公路。
男子單打決賽。我喜歡納達爾的開放勝過費德勒（Federer）的保守，不過，陰陽調和形成一種完美。

7月21日
《哈利波特》最後一集上市。
11 點 15 分→唐橋井和水石書店。
我之前推測會有二十到三十人排隊等待午夜到來。實際來了快三百到四百人。隊伍緩慢前進。排了一個小時，我決定採取行動。我找到一名親切的保全人員。「你看過書嗎？」「沒有。」「看過電影嗎？」「看過其中一部。」「我也在電影中。」喔是的！如果我去排隊會引起混亂。「我去請經理過來。」（經理來了。）「噢！你好！」

7月27日
⋯⋯看完《哈利波特》最後一集。石內卜英勇犧牲，波特形容他是最勇敢的人，並將自己的兒子命名為阿不思‧賽佛勒斯。這是一個真正的人生轉折點。七年

前，從 J·K·羅琳那裡得到一個小消息——石內卜深愛莉莉——讓我得以攀在懸崖邊不至墜落。

8 月 1 日

最終，我在衝動之下看了《哈利波特 4》……羅傑·普拉特（Roger Pratt）運鏡唯美，麥克[·紐威爾]讓整部影片充滿人性。瑞瑪說這是小說最複雜的一集，也是最難拍攝的。一切都歸功於他們。

8 月 5 日

[重新拍攝《戀戀酒鄉》]
→芝加哥→舊金山→索諾馬。

8 月 10 日

9 點 45 分：車子來接→納帕谷的蒙特萊納酒莊。

下午：跟吉姆·巴雷特[Jim Barrett，酒莊主人]一起品酒，場面非常安靜。他是個魅力十足的人，言談之中盡顯對史蒂芬·史普瑞爾（Steven Spurrier）[532]的欣賞。我再次強調，我這麼說是想表達對 S·S 的敬意——沒有結巴且幽默感十足。

晚些時候——談到史蒂芬·史普瑞爾吃肯德基炸雞的不尋常故事。

8 月 11 日

索諾馬

在蒙特萊納酒莊的另一天。開著一輛我不太會剎車的車，跟比爾[·普曼（Bill Pullman）]協調拍攝。有時有點棘手，正如他所指出，我的臺詞已經被精雕細琢，可能導致他無法發揮。然而，也正如我所說，我在二維平面工作，而他在三維立體空間。儘管如此，他是一位有想法的演員，我們最終找到某種折衷的方式。

8 月 13 日

索諾馬

放假一天。

下午 4 點：在水療中心接受按摩。很不錯的按摩師……但他聊太多了。結束後還不走，可能是為了小費，但我的浴袍裡沒有現金。

532　英國葡萄酒專家和商人，1941 — 2021，《戀戀酒鄉》的原型人物。

8 月 15 日

索諾馬

6 點 30 分：第一天——品酒。

美麗但荒謬的地方——一個 19 世紀無屋頂的廢墟。可能是舊酒桶儲藏室？真是愚蠢——在華氏 90 度 [533] 高溫下下品嚐世界一流的葡萄酒。

這種荒謬讓人煩躁，現場必須不斷應變、調整劇情。幸好，有六到七位飾演評審的法國演員在場，生活變得相對輕鬆。他們都住在洛杉磯，彼此經常在試鏡時碰面，在即興表演上非常自由，且樂於分享。

8 月 17 日

索諾馬

敘事模稜兩可、無法有效傳達的麻煩在於，我的大腦開始過度運轉，失去了幽默感。就這樣過完一天倒無妨，但對劇組士氣和藍道 [·米勒（Randy Miller），導演] 會有很大影響。當拍攝場景在主導故事時，就會發生這種情況。但若沒有故事，拍攝就不會有動力或深度。

8 月 18 日

大約 7 點左右：瑞瑪來了。

8 月 19 日

索諾馬

上午 10 點：開車前往索諾瑪市中心廣場。在一條小巷子裡的餐廳吃了一份煎蛋。這家餐廳正好在鞋店隔壁，店裡正在打折出售 Jimmy Choo[534] 和 Manolo[535] 的產品。最後帶著一個裝滿的小袋子離開。

8 月 20 日

9 點左右：被叫去拍「我是個混蛋」場景……拍攝時還是很難愉快得起來……

8 月 28 日

前往格倫艾倫區拍攝最後兩個場景。性感的伊麗莎·杜什庫（Eliza Dushku）飾演酒吧女侍喬（Joe）。（稍後，在化妝車上，我看見她的刺青「導我前

2007

日記：1993─2015年

533　譯註：約攝氏 32 度。

534　譯註：創立於 1996 年的奢侈品牌，專門生產和銷售高檔時尚鞋履、包包和配件。

535　譯註：創立於 1970 年代的奢侈品牌，以生產高品質、時尚且手工製作的鞋履而聞名。

行」[536]……在屁股上。）「我在阿爾巴尼亞做的。」她說。「感謝上帝，他們有拼對字。」我說。

9月8日

→倫敦。下午4點左右回到家。花了兩個小時翻閱信封、分類、寫支票。

吃了一份披薩。品嚐美味的喬治亞葡萄酒。看了一些糟糕的電視節目。上床睡覺。

醒來，再次入睡，醒來。

9月11日

坎帕尼亞蒂科

今天上午科西默和麥可來了，我們談論了水槽、牆壁、欄杆、桌子、植物和屏風。終有一天，這些東西都會出現在這裡。我一直提到「有個老人需要扶手」。麥可最後忍不住說：「這個要來的老人是誰？」「是我，等這座花園建成的時候。」我回答。能有植物真好，這樣就不會像好萊塢跑到坎帕尼亞蒂科來了一樣。

9月13日

坎帕尼亞蒂科

……去了凱希‧馮‧普瑞格（Kathy Van Praag）的房子，那裡具備了一座義大利房屋應該有的樣子。同時，經營和維持也帶來了頭痛的問題。

當凱希和瑞瑪上樓時，我拿起《紐約先驅論壇報》（*NY Herald Tribune*），看到印有安妮塔‧羅迪克（Anita Roddick）的幾個粗黑字時，感到一陣寒意。我的目光挪到一旁，看到了**訃聞**。她因腦出血去世，享壽64歲。這個世界變得更加貧瘠了。

9月30日

8點30分：丹尼斯‧勞森的生日派對。

彼得‧潘先生來了，身邊圍繞著幾個奇妙仙子、許多達林夫人和幾位虎克船長。這是一個非常歡樂、輕鬆的派對。雖然希拉不在了，但她的照片讓她出席了這個她原本會非常喜歡的活動。

---

536 譯註：lead kindly light，出自約翰‧亨利‧紐曼（John Henry Newman）於1833年創作的詩歌〈Lead, Kindly Light〉。表達了對神的信仰和對光明的渴望，希望在黑暗中獲得引導。

10 月 20 日

6 點：李歐納・柯恩和查爾斯・格拉斯（Charles Glass）[537] 進行對話和問答。

問：柯恩先生，您是否會考慮更改書名，例如《成就》（*Fulfilment*）？

柯恩：給出了什麼成就呢？

10 月 25 日

12 點 30 分：皇家藝術學院商業午宴。多切斯特酒店。

這是保險經紀人、皇家藝術學院合唱團、迪奇・艾登堡和各種校友的年度聚會——美味的食物、尼古拉斯・帕森斯（Nicholas Parsons）、真假遊戲、抽獎和拍賣。

迪奇談到《賣花女》（*Pygmalion*），我們討論了獨立電視臺（ITV）帶來的粗俗影響——在電影播放期間閃現其他節目的廣告、片尾字幕縮小到無法辨識等等——不知這種情況何時會結束。與此同時，大家都玩得很開心。

10 月 30 日

上午 9 點：皇家法院委員會／董事會。

我被說服參加。擺脫不了「我在這裡做什麼？」的感覺。在皇家藝術學院，總是有事情要對抗——在這裡一切看似美好，我卻失去獨立性。好吧，等著看，再給它一年的時間。

11 月 9 日

12 點：歌唱課。

〈上城，下城〉（Uptown, Downtown）和〈你有個好朋友〉（You've Got A Friend）獲得了馬克・梅蘭的認可。在我之前的那位自虐者竟然是丹尼爾・雷德克里夫，他說：「這是我七年來首次有三天的休假。」

11 月 25 日

《瘋狂理髮師》日。

1 點 15 分：《瘋狂理髮師》上映。

提姆製作出一部傑出的電影。強尼開著車，海倫娜悠閒地坐在副駕駛座上。兩人是絕佳的搭檔，而提姆從不退縮。向他的無畏致敬。

537　美國記者，1951 —。他們正在討論李歐納・柯恩的著作《渴望之書》（*Book of Longing*）。

11 月 26 日

經過一番協商，我們終於能不在臥室進行採訪……接著，記者會開始。多數記者表情略顯茫然，其中一位女士問道：「聊聊剃刀吧！」她自己似乎也該被剃一下。

12 月 6 日

紐約

下午 1 點 30 分：連恩和娜塔莎的午餐。在第 55 街上——謝了，塞車和紅燈，我們遲到了十五分鐘。食物很美味，帳單金額很可笑，但無所謂，我喜歡這兩個人，而為了能自在聊天，這是相對較小的代價。和娜塔莎一起，總是有神奇的時刻。在某一瞬間，她突然覺得人生聊到這裡就夠了——看了一眼手錶，然後就離開了。

瘋狂與深情

12 月 10 日

→倫敦。

上午 9 點 30 分：希斯洛機場。

回家。整理信件。訂購一顆聖誕樹。出去買晚餐，最後，自己煮。收到聖誕樹。掛上燈。燈只亮了三分鐘，為什麼？裝飾聖誕樹，上床睡覺。

12 月 16 日

10 點 15 分：沃斯利餐廳。與珍・B、薩爾曼・魯西迪（Salman Rushdie）、馬丁・艾米斯、伊恩・麥克尤恩（Ian McEwan）和「一位美國人」共進早餐。我們走向我們的桌子時，薩爾曼起身致意。我說他們的桌子應該取個名稱，他立刻提議「其餘的人」。

12 月 17 日

7 點：露比顯得特別脆弱。即使她聰明、敏銳、機智，仍不時對生活感到不安，總覺得在轉角處、昨晚遇到的人或剛通電話的人當中，會有更好、更風趣、更有用、更能證明自己地位的人或事。偶爾靜下心來和老友們待在一起吧。

12 月 20 日

今天我讀完了艾德娜・歐 B 的手稿［關於拜倫］，這是一部瘋狂的小說，就像有人犯了錯，把兩、三行內容混在一起。今晚，她留言說她的出版商不想要這本書。這種漫不經心的殘忍，當然是典型的拜倫式風格。

12月24日

拜訪維克姨丈／送聖誕禮物給他／減輕並認清一些內疚感。他躺在床上，穿戴整齊。我趕緊出去找工作人員給他泡些茶。顯然地，他拒絕離開餐廳，隨後又拒絕坐在椅子上。我輕聲試探，他說這是在「抗議」——但不記得是為了什麼。我留下他一人用吸管喝茶、翻閱電視雜誌。也就是說，我逃走了。

11點30分：聖雅各伯堂聖誕彌撒。布道中，提到史達林（Stalin）是人們為何需要上帝的理由。大多時候我只是看著教堂裡的信徒，心想我們為什麼沒有一間當地的維特羅斯超市。

12月30日

4點：克拉里奇酒店，芭芭拉·弗雷特的慶生派對。

沒有麵包屑的三明治、茶、香檳。芭芭拉站在麥克風前說：「等等我們會唱生日快樂歌，希望**大家一起跳舞**。」肯送她一輛（當然是紅色的）捷豹汽車——就停在克拉里奇酒店外。接著，兩人一起共舞，模樣就像兩個孩子，這是他們最迷人的魅力之一。

6點：搭車→希斯洛機場。

8點30分→開普敦。

2008

南非

《瘋狂理髮師》首映

鹽湖城

《戀戀酒鄉》

日舞影展（《諾貝爾獎得主的兒子》）

多麗絲・萊辛（Doris Lessing）

《哈利波特：混血王子的背叛》（*Harry Potter and the Half-Blood Prince*）

英國影藝學院電影獎

安東尼・明格拉

羅素・布蘭德（Russell Brand）

提姆・波頓和海倫娜・寶漢・卡特

坎帕尼亞蒂科

漢弗里・利特爾頓（Humphrey Lyttelton）

坎帕尼亞蒂科

舊金山

《戀戀酒鄉》

安妮・赫茲（Anne Hearst）和傑伊・麥金納尼（Jay McInerney）

《債權人》（*Creditors*）

紐約

洛杉磯

拒絕接受 CBE

《諾貝爾獎得主的兒子》首映

紐約

哈羅德・品特

丹尼爾・雷德克里夫

1月1日

開普敦——坎普斯灣。

5 點 30 分：醒來。海灘依然微微熱鬧。從窗戶望出去，可以看到一些待了整夜的人，有人是濕的，有人是乾的。回來床上，幸好又睡著了。喧嘩聲愈來愈大，直到上午 11 點，再次往外看，草地邊擠滿了家庭——都是從鄉鎮來的——享受這個大型假日派對。

1月3日

普林格爾灣

上午 6 點整。意味著整整失眠的六小時。是因為搭機飛行？風（真的很猛烈）？還是食物？那人保證咖啡是無咖啡因的。新年症候群？錯過跨年那一刻不該成為一個象徵或主題，而是一種跡象，代表生活應該具體，不要迷失在一般的儀式中。總之，這只是我的一個想法，在這個夜晚反覆無數次的眾多想法之一。

12 點 30 分：露比、艾德和麥克斯來了——露比滿心歡喜地發現普林格爾灣就像另一個天堂。

1月9日

普林格爾灣→倫敦。

6 點 30 分：搭車→開普敦。因為道路封閉，得提前出發。

10 點 45 分：維珍航空→倫敦。哈囉，藥丸。哈囉，久違的睡眠。

1月10日

倫敦——《瘋狂理髮師》首映。

8 點 10 分：飛機上。我內心某個部分（也許是過動症）想再買一本日記，用一支真正好用的筆來記錄過去十天。但也許新年的第一個星期有些太熱鬧了——從我上廁所進入新的一年開始，直到昨天的大型山林大火結束。

上午 6 點：搭車→萊斯特廣場。

滿滿的攝影機、麥克風，很多隻手塞過來節目單、書和紙張。有人問：「如果你被做成派，會是什麼口味？」我進去後找到強尼和提姆——已經在廣場先後和海倫娜及吉姆（Jim）打過招呼。7 點 30 分上臺，之後逃到希基餐廳吃晚餐。

9 點 15 分：到皇家法院參加派對，非常精彩。

1月14日

路易絲·布爾喬亞（Louise Bourgeois）日。

泰特現代藝術館。

趁著展覽即將在週末結束前去欣賞，果然名不虛傳。她當然不會在意「大眾」的看法。94 歲仍在創作，不甩威尼斯雙年展。如此**極具**創造力。展覽空間相互結合、對比鮮明，既充滿侵略，同時又粗鄙。完全自然，且「捕抓」到精神。卻又非常有活力，鼓舞人心。

1 月 15 日
麥可・格蘭道吉 [Michael Grandage，導演／製片人] 打電話過來，詢問我是否願意執導唐瑪倉庫劇院（Donmar Warehouse）的《債權人》——史特林堡（Strindberg）的作品。通常，我不會出現在導演人選名單上，這次是因為伊恩・麥卡達米（Ian McDiarmid）[538] 的建議。
又一次。但這就是制度運作的方式，一切取決於人們的認知。

1 月 16 日
6 點 30 分：華納之家（Warner House）。皇家藝術學院放映《瘋狂理髮師》。有錢人對於故事／戲劇／電影的反應不像一般人。事實上，他們很少笑，不怎麼投入，只守著自己所擁有的。

1 月 18 日
芝加哥
→鹽湖城。
參加 8 點 30 分的《戀戀酒鄉》首映。雖然第一次看時總帶著恐懼，但這部電影無疑有著愈來愈深刻的感人之處。人生有時就是需要這樣的電影，觀眾似乎也同意這點。

1 月 19 日
日舞影展（關於《諾貝爾獎得主的兒子》）
接受班・里昂（Ben Lyons）採訪……有 92% 都是他在說話。

1 月 20 日
日舞影展
11 點左右：走到外面的休息區。在屋內進行廣播訪談後拍照、收禮物。拍照，短暫交談後，我把一支不想要的手錶送給瑞秋[539]（後來我發現它價值 1 萬美元）。

538　蘇格蘭演員和導演，1944 —。
539　瑞秋・泰勒（Rachael Taylor），澳大利亞女演員，1984 —。

2 點 30 分：《菲比夢遊仙境》（*Phoebe in Wonderland*）。

艾兒‧芬妮（Elle Fanning）是某種表演動物，她是在什麼地方／又是怎麼學會的？其餘的部分，要是有人能提出幾個問題就更好了。大型音樂劇要搬上學校禮堂……校長怎麼會沒發現彩排呢？

1 月 21 日

日舞影展

10 點：去德塔酒吧（非常文明的地方），為價值 1 萬美元的手錶道歉。

1 月 22 日

帕克城，日舞影展

希斯‧萊傑（Heath Ledger）去世了。我在紐約見過他……沉默、內斂、才華洋溢。今天的焦點都在這件事上，電影、電影明星、慶典、訪談、公關人員、律師和頒獎典禮什麼的都無所謂了。

1 月 23 日

下午 1 點左右回到家。這或許適合反思的空白時刻。再加上時差和憂鬱，可以解釋這一天（傍晚）的拆箱、拆信、扔掉一些紙屑、安靜地坐著，只希望一旁的時鐘滴答聲能助我入眠。

1 月 24 日

經過這些天深刻的反省，有種被膚淺的思想邊緣化之感。膚淺的思想，歸功於那些形塑觀點的人。

1 月 28 日

去約翰路易斯百貨公司——現在它更像是個什麼樣的神殿？常識吧。它就是它自己，沒有任何添加物和香氣，我想你在整棟大樓裡找不到鮮紅色——處處證明在裝飾……不對，在**充實**人生上，選擇實用的方法有其道理。

我們是去買平底鍋的。

1 月 30 日

6 點 30 分：華勒斯典藏館。國際筆會向多麗絲‧萊辛致敬。

我喜歡她的氣質風采——多麗絲‧萊辛。灰色鬢髮和紅色天鵝絨連身裙極具品味。她面帶微笑，從容而不做作。茱麗葉‧史蒂芬森來晚了，幸好一切進行順利。只是我不確定這些內容是否適合朗讀出來。

2月4日

《哈利波特6》。

混血王子的背叛。

第一天。

感謝上帝我還能扣上大衣，衣服沒有裂開。

2月7日

8點15分：車子來接。

停車場。狗仔隊。寒冷的格洛斯特大教堂迴廊。

這次和湯姆・費爾頓 [Tom Felton，飾演跩哥・馬份（Draco Malfoy）] 建立了全新的工作關係。這部史詩般的故事進行到第六部，剛開始還是一群小孩子……現在呢？我在拖車裡找到瑪姬，她的模樣看起來脆弱——同時又非常淡定。

瘋
狂
與
深
情

2月10日

9點：觀看英國影藝學院電影獎。《瘋狂理髮師》的（被迫）缺席使得整個頒獎典禮失去意義。能向誰抱怨？除非有陰謀，否則抱怨是沒有意義的。年復一年，這些活動被過度重視，變得令人尷尬。把演技／導演等等各方面當成鴨脖子，強行餵養好製作成鵝肝醬。

2月11日

有一刻，瑪姬說了她很疲憊，把手放到我的手心裡。

2月12日

蘇菲・湯普遜送花給瑪姬——她（和她姊姊 [艾瑪]——是簡・布羅迪[540]的終身粉絲）真的非常貼心。

3月3日

6點45分：車子來接。

霍格華茲天文塔和鄧不利多之死。這一場景——在劇本上——莫名缺少戲劇性，這絕對是因為劇本必須縮短（削弱）敘事。我們不知道——或不記得——個別角色的顧慮，以至於無法理解他們的問題或在意的事。石內卜的臺詞「我給了承諾，發過誓言」會令人困惑不解，因此我提出爭辯（今天成功了）。

540　譯註：《春風不化雨》（*The Prime of Miss Jean Brodie*）裡的女主角，由瑪姬・史密斯飾演，描述一名充滿理想的女老師在30年代的愛丁堡女子學校中，用無比的熱情啟發少女對美術、音樂和政治的興趣。

「你得說嗎？」瑞瑪在我回家時間。

「不用，但我敢打賭我明天會說。」

3 月 4 日

果不其然，在同意刪除那句臺詞後，大衛〔‧海曼〕在一次拍攝中找到一個有力（？）的理由，要我「說就對了」。我在想這壓力來自哪裡，很荒謬，但在意料之中。我敢說這句臺詞最後還是會出現在電影裡 [541]。

3 月 10 日

一句「拿出你的魔杖」讓海倫娜‧寶漢‧卡特笑個不停 [542]。這會在星期四變成一道艱難的挑戰……海倫‧邁柯瑞（Helen McCrory）說她嚇壞了，但仍恰如其分地融入。在設計建造石內卜家時，她還說了幾句，本人都還插不上**任何**一句話呢。

3 月 17 日

回到山坡上，寒風刺骨，海倫娜頂著寒風露出乳溝……我說出那句諷刺的臺詞：「沒錯，是我，我就是混血王子。」我們距離導演帳篷不到 100 碼，拍了兩個鏡頭就離開了，一個有火焰，一個沒有。整個過程就像突然中斷的性行為一樣。

3 月 18 日

下午 2 點：回到葛洛芙〔酒店〕。

沒特色的酒店房間，窗外的高爾夫球場往遠方無限延伸，1 點的電視新聞報導：「奧斯卡獲獎導演——」時間變得緩慢，我在大腦中翻找訊息，**完全沒有**「安東尼‧明格拉今天去世」這一項，太不真實了。我用一隻手摀住嘴巴，就像拙劣的演技。跟朱麗葉交談，她非常激動……被告知回家。

在茱麗葉的要求下，我們 7 點 15 分去看了英國電影協會（BFI）放映的《第一女子偵探社》（*The No. 1 Ladies' Detective Agency*），這是安東尼在波札那拍攝的電視劇，也是他最後一部作品——溫柔、富含寓意、（典型地）忠於原著。跟現實中的波札那無關，但它就像一個信號，一層薄霧，充滿了明格拉的奇思妙想。

3 月 20 日

新聞報導兩位逝世的人物——相較於保羅‧史考菲（Paul Scofield）[543]，《最後的夏日葡萄酒》（*Last of the Summer Wine*）中的布萊恩‧魏爾德（Brian Wilde）

541　結果沒有。

542　編註：因為帶有一點性暗示。

543　英國演員，1922 — 2008。

更受關注，而在稍後的新聞快報中，甚至沒提及史考菲。足以象徵這是一個庸俗且懶散的世代。

3月27日

6點30分：車子來接。

一整天都在石內卜的房間，和海倫娜和海倫一起。跟舞臺劇演員和電影演員在一起很有趣——兩人都很棒，但海倫需要互動並給予回應，海倫娜則完全積極主動，就算你跟她說中文也無所謂。

4月5日

安東尼・明格拉的追思會。

在一天之後寫下這些，仍讓人無法接受。首先，一切就像電影場景——**如此**不**真實**。我依舊難以置信。現場來了400人，布萊爾和雪麗、戈登・布朗都在。環顧四周，可以看到一長串來自美國和英國影視產業的熟悉面孔。無法接受。追思會長達三個小時（包括彌撒），從模糊到清晰，從難以理解到深刻，從尷尬到感動。安東尼從未讓人尷尬，然而，在很多方面，這次追思會確實展現出他的許多面相。這絕對跟名聲和票房有關，以芮妮・齊薇格（Renée Zellweger）的情況來說，名聲侷限了她。

4月23日

回到《哈利波特》的浴室，鏡頭外的腳穿著橡膠靴。整天都是這個鏡頭、那個鏡頭，丹（Dan）[544] 陷入自己過度反應的漩渦。我輕輕提及了兩個角色之間相互尊重的概念，以及時間一瞬間停止的想法。有效，但只維持了一段時間。

4月25日

羅素・布蘭德參加強納森・羅斯的節目。

我喜歡羅素，但我的天，我最討厭有人裝天真，試圖掩飾他怪異作風下的野心（看看瑞奇・賈維斯 [Ricky Gervais]）。你們這些混蛋就老實一點吧，別扯一堆「誰，我嗎？」的鬼話。

4月27日

下午1點；去修道院醫院接露比。

嗯，就是這裡啊……一棟古老的巨大白色建築。車子剛抵達正門，露比走了出來。

544　譯註：即丹尼爾・雷德克里夫。

瘋狂與深情

在巴恩斯區教堂路的一家瑞瓦餐廳吃午餐。回到修道院參觀，黃色牆壁、幽閉空間、食物氣味、房裡廉價的木櫃、小電視，活動項目有戲劇工作坊、自信建立和手作（爲露比？）。但她勇敢地繼續努力，並尋找合適的藥物平衡。我們聊起老朋友，減少交友，過上簡單生活，降低自我中心。這是我們早已知道的不變真理。

4月28日

2點30分：大衛·格雷格（David Greig）[545]。我認爲我們兩個立刻達成共識——現在還沒有做決定的準備。稍安勿躁，等進入排練室，獲得更多能量和明確方向後再說。

5月1日

倫敦選舉。

8點30分，自然是起床。

打盹到11點30分。去酒吧喝咖啡。12點搭車回家，立刻出門去投票。

一名佩戴藍色綬帶的女士愚蠢地想問出我們的號碼。「不。」瑞瑪斷然拒絕。「喔，好吧，每個人選擇不同……」她說。離開時，她又試了一次。「希望能說服你……」愚蠢。我滔滔不絕（冷靜）地批判鮑里斯·強森（Boris Johnson）。這無疑是受到今天《衛報》引述我的話鼓舞。英國選民再次證明，他們從不爲**支持**任何事而投票。「有人羞辱我們……我們就拋棄他。」

5月3日

天氣暖和到可以坐在陽臺上喝咖啡，看週六的《衛報》，舒緩鮑里斯·強森的噩夢。法西斯主義的羅馬市長、貝魯斯柯尼（Berlusconi）[546]、薩科吉（Sarkozy）[547]，還有馬侃（McCain）總統[548]？布希仍在位，卡麥隆[549]正在崛起……天佑我們。

5月9日

8點：晚餐。提姆·波頓和海倫娜·寶漢·卡特。7點30分貝蒂來接我，進入

545　蘇格蘭劇作家，1969—，他正在改編奧古斯特·史特林堡（August Strindberg）的《債權人》。

546　譯註：義大利政治人物、企業家，現任歐洲議會議員，數度出任義大利總理。

547　譯註：2007－2012年法國總統。

548　譯註：美國共和黨參議員，曾與歐巴馬競選2008年美國總統大選，後來並未當選。

549　譯註：大衛·卡麥隆（David Cameron），2010－2016年間出任英國首相。

海倫娜／提姆世界，有許多彩色小燈，花園是洞窟，幾乎每個房間都是玩具城。他們是一對神奇的組合，有著兩個純真的孩子──臉上寫滿了「真不敢相信我的好運」。

5 月 24 日

天空新聞臺（Sky News）全是反布朗的政治宣傳，英國人太令人鬱悶了……難怪只配擁有卡麥隆和他那一群糟糕的團隊。

5 月 25 日

坎帕尼亞蒂科

寧靜美麗、陽光明媚的下午，直到接到露比的電話，她把護照留在家裡。艾德開車把護照送到斯坦斯特德機場，晚了六分鐘，錯過班機。現在她們改道去羅馬。我打電話給梅蘭妮[550]，她找到了正要去比薩市接露比和瑪西亞的亞歷山卓，他掉頭去羅馬接她們，一行人晚上 11 點 30 分抵達。

5 月 26 日

針對修道院醫院，和露比談了很久。某個程度上，我認為那是讓一個不快樂的正常人休息的地方。

6 月 9 日

坎帕尼亞蒂科→倫敦。

6 月 15 日

全然的愉悅。廣播的致敬節目之後，就是《荒島唱片》（*Desert Island Discs*）[551]，這次的嘉賓是漢弗里·利特爾爾頓。還記得他在哈默史密斯阿波羅[552]演奏完〈我們會再相見〉（We'll Meet Again），全場起立鼓掌的畫面。他去世時，有人在莫寧頓街（Mornington Crescent）[553]留下鮮花，讓我們兩個都流下眼淚，他是無可取代的。

接到藍道的電話，他說《戀戀酒鄉》在放映過程中獲得五次掌聲，而且我在西

550　梅蘭妮·帕克（Melanie Parker），艾倫·瑞克曼的個人助理。

551　譯註：英國著名廣播節目，在 BBC 廣播第 4 頻道播出。每集節目中，主持人會邀請一位知名嘉賓，談論他們如果被困在一座荒島上，會選擇帶哪八張專輯、一本書（以及一件奢侈品）。

552　編註：漢默史密斯阿波羅劇院（Hammersmith Apollo）。

553　地鐵站，也是 BBC 廣播第 4 頻道節目《抱歉我一無所知》中的遊戲名稱。

雅圖贏得最佳男主角獎——對他們和電影都是好事。

7月4日

7 點 45 分：《黑衛士兵團》（*Black Watch*），巴比肯藝術中心。
太美了。我曾以為看不到這種精確、嚴謹和投入。演員們有如運動員／舞者般
移動，出色的導演和設計，表達出「建立一支軍隊花了三百年，而西方軍事史
上最糟糕的決策只用幾年就摧毀了它」。

7月5日

凌晨 2 點上床睡覺，凌晨 4 點 45 分起床。5 點前往希斯洛機場。就快**可以完
工**了。

7月8日

坎帕尼亞蒂科

美好的托斯卡尼之日，我們在小坡上**幾乎**完工的家中度過第一天。莎賓娜來
了，開始修整樹葉。我則是負責修修補補，整理花園，修補櫥櫃，而瑞瑪在一
旁讀書……

7月9日

這就是我們幻想中的生活。涼爽的早晨，聽著甦醒中的小鎮不時傳來的關門聲；
午餐是哈密瓜、火腿、起司和番茄，午後炎熱而寧靜。在藤架下吃晚餐，欣賞
連綿不斷的落日變化。一**切**都像一本（有點）廉價的小說。
下午：水電工來了，冰箱接上電，幾秒後，冰箱裡裝滿葡萄酒、啤酒，開瓶器
就放在一旁的櫥櫃待命。

7月14日

上午：迷你市集，先找安東尼奧（Antonio）買香茅蠟燭，然後去咖啡店吃帕
尼尼三明治、喝卡布奇諾。被人看見我們**出現**在鎮裡和商店裡。

7月24日

從達拉斯轉機前往舊金山。

7月25日

舊金山

尋找可以讓女士在寒冷夜晚裡披在肩上取暖的東西。去了薩克斯百貨，沒找到。

7月26日

晚上9點：《戀戀酒鄉》首映。

影像和配樂都很棒，他們（這是一群被擄獲的觀眾）非常愛。想當然，這是有理由的。結束後——喝了更多葡萄酒。接著我們都回到飯店，再喝了些葡萄酒。最後悄悄逃回房間睡覺。

7月27日

9點30分：找不到美容師。

11點：找到美容師，接著→蒙特萊納酒莊，進行一天的媒體宣傳活動……第一位「電訪」的女士來自地獄，她質疑影片的準確性。電話裡看不到我咬牙切齒，但我指出我們並不是在拍一部紀錄片等等，好像還暗示她應該放寬心態……

瘋
狂
與
深
情

7月28日

卡利斯托加市→洛杉磯。

出版傳媒和廣播電臺圓桌會議。分別與《每日新聞報》和《洛杉磯時報》進行一對一訪談。訪談到一半，突然傳來一陣非常明顯的隆隆聲，大樓持續晃動了約十秒。規模5.4地震！是1994年以來最大的一次。

8月1日

8點30分：車子來接。

10點40分延到12點→紐華克。

11點左右：抵達安妮·赫斯特（孫女 [554]）和傑伊·麥金納尼的家。

8月2日

上午6點：《亂世佳人》（Gone with the Wind）風格式宅邸前的草坪上有一隻鹿，迷霧籠罩翠綠的草地，太陽努力穿透紫藤。在屋前的泳池游泳。

晚上8點：晚餐。安妮·赫斯特、傑伊·麥金納尼，以及朋友們。很快地，我們就被——呼！——狂熱的民主黨人包圍，甚至可以談論中東地區的種種問題。桌上有美味的葡萄酒，傑伊絕對可以喝完。

---

[554] 媒體大亨威廉·藍道夫·赫斯特（William Randolph Hearst）的孫女。

8月10日

38 號[555] 的復仇。

……洗衣間淹水了，我拿著拖把和水桶站在裡面，水深及踝。瑞瑪打電話找一個願意在星期天出勤的水電工。冰冷的水源源不絕流出，但我的掌上型電腦（Psion Organizer）偏偏發瘋，我找不到電話號碼或地址。很難不去想是房子對我們生氣了。每次我們回家幾乎都會發生類似的情況。

8月17日

帕蒂·樂福和哈莉特。沃斯利餐廳。

帕蒂生日。

我們坐在餐廳正中央，哈羅德·P 和安東妮亞的桌子在我們後面，附近是盧西安·弗洛伊德和他的朋友。親愛的日記啊啊！我走向哈羅德，開朗地說：「你好，很高興見到你。」哈羅德立刻提醒我，他有著三十八年交情的好友賽門·葛瑞剛剛去世。我脫口而出：「我當時在美國。」哈羅德很生氣我岔開話題。但我解釋美國那邊沒有相關新聞（安東妮亞輕拍哈羅德的手），他意識到這個事實，接著我們談到《債權人》和史特林堡。危機解除。我真的很喜歡他。

2008

日記：1993—2015年

8月25日

《債權人》第一天。

讀劇本。制定一些表面上的基本規則。投入角色臺詞。認真聆聽。他們三人[556]聽起來都很棒，但明顯需要引導和做出重大改變。

8月27日

下午：和藍道交談。《戀戀酒鄉》表現相當不錯……我要不要飛到芝加哥參加歐普拉的節目之類的……

9月4日

第一次在電視上看到莎拉·裴琳（Sarah Palin）。我的天啊，這種業餘主義的崇拜已經上升到選舉和總統級別。

9月6日

《債權人》。

555　編註：威斯本露臺街 38 號。

556　安娜·錢瑟勒（Anna Chancellor）、歐文·蒂爾（Owen Teale）和湯姆·伯克（Tom Burke，艾倫·瑞克曼的教子）。

10 點 30 分：排練室。

排演劇本，或者按照排練單上所說，分階段進行排練。他們表現出的勇敢無須言喻。安娜、歐文和湯姆展現出高度敬業精神，隨時為你待命，就像傳統硬糖棍的隱喻一樣——堅定不移。還有很多事要處理、重新排練、進度——但我們還有兩星期的時間。

9 月 10 日

1 點 30 分：製作會議。

對我來說，討論的焦點是吉曼·基爾在節目上的貢獻，一個關於婚姻的激辯。這正是我擔心的，所以我表達了反對立場。

9 月 28 日

第一次得知保羅·紐曼去世的消息。他是一位傑出的演員，謙遜的男人，尊重他的家人和事業。和琳賽在紐約共進晚餐的時刻是個珍貴回憶。

9 月 30 日

《債權人》，媒體首演。

劇一開始他們就投入進去了，看起來觀眾也是。劇終後沒人想回家，酒吧裡擠滿看完一齣特別的戲而感到意猶未盡的人們，三位英雄的表演令人難忘。

10 月 1 日

麥可·格蘭道吉打電話來，說媒體一片好評，尤其是《衛報》對歐文讚譽有加⋯⋯

10 月 3 日

7 點 30 分：《債權人》。

他們到底在做什麼，以為自己在皇家莎士比亞劇團嗎？動作誇張、聲音太大。在更衣室裡——一個個臉上露出愧疚。感覺自己像比爾·尚克利（Bill Shankly）[557]⋯⋯

10 月 5 日

《債權人》得到《觀察家報》的認可，無論是否有其他抨擊，都算是唐瑪倉庫劇院的成功之作。

---

557 利物浦足球俱樂部的蘇格蘭籍教練，最為人所知的是他在球員表現不佳時會爆粗口。

瘋狂與深情

11 月 5 日
歐巴馬勝選。

凌晨 3 點回到床上，看樣子奇蹟要發生了。

8 點：回到電視機前，奇蹟發生。52% 的美國人展現出對未來極高的想像。

11 月 6 日
工黨在格蘭路思區以 6,700 票贏得了勝利。也許是卡麥隆和歐巴馬站在一起的畫面太反胃了吧！

11 月 17 日
下午 4 點→希斯洛機場。

6 點 30 分——紐約。

11 月 18 日
希拉里・舒爾 [Hilary Shor，電影製片人] 來接我去日光地標戲院（Sunshine Landmark）/休士頓，參加《自由大道》（Milk）首映——葛斯・范桑執導的哈維・米爾克（Harvey Milk）傳記電影……之後在柏威里飯店舉行映後派對，會場星光雲集，是索求簽名的夢想之地。跟我說過話的有洛琳・白考兒、史丹利・圖奇、傑夫・高布倫、（跟柯恩兄弟同行的）法蘭西絲・麥多曼（Frances McDormand）、詹姆士・夏姆斯（James Schamus）[558]。現場還有——娜歐蜜・華茲（Naomi Watts）、娜塔莉・波曼（Natalie Portman）、大衛・布萊恩（David Blaine）、米基・洛克（Mickey Rourke）等人。

11 月 25 日

洛杉磯

12 點：羅根（Logan）來接我去企業租車。這裡出現一個寫日記的理由。拿到車，嘗試三點式倒車，離開停車場，踩下極為靈敏的油門，（非常輕微地）撞上前後車輛，等待相關文件的處理過程，然後接到電話留言，得知我將被授予 CBE[559]……

558　美國編劇，1959—。

559　譯註：大英帝國司令勳章，授予那些在藝術、學術、慈善、社區服務及公共事務等領域做出卓越貢獻的人。

11 月 27 日

謹慎地寫了封婉拒 CBE 的信。

4 點：雷婭・珀爾曼（Rhea Perlman）和丹尼・狄維托（Danny DeVito）。

七十名親朋好友齊聚在他們好萊塢到不行的家中。一個房間接一個房間，一張沙發接一張沙發，氣氛輕鬆，交流熱絡。就像雷婭和丹尼本人一樣。這些人都是認識非常久的老朋友，還有他們的孩子。特別是傳奇的聲樂老師亞瑟・萊薩克（Arthur Lessac），他已經高齡 99 歲。

12 月 2 日

洛杉磯

《諾貝爾獎得主的兒子》首映。

12 月 5 日

洛杉磯

寧靜的早晨，無疑意味著影評不佳。又來了。

回顧這次旅行，我覺得會對自己產生一定的影響。即使得不到多少好奇關注，能否在這座城市取得一點點成果也好？這一切聽起來都令人疲憊。

12 月 8 日

洛杉磯

下午：和疲憊不堪的藍道聊天 [關於《諾貝爾獎得主的兒子》]……

能說什麼呢？錯誤的片名、錯誤的行銷，卻是一部好電影。

12 月 13 日

紐約的週六。格林威治村。在第 4 街和格林威治大道之間的第 12 街。全然的社區氛圍，一處角落有克呂尼咖啡廳，另一處角落有小房間餐館。繼續走，來到第 6 街的派對商店購買樹燈和一些東西，然後去了一趟第 18 街的萬能衛浴公司，繞回第 12 街的食物雜貨超市，返回溫暖的家──外面冷死了。

12 月 18 日

下午 2 點：瑞瑪從倫敦來了。

12 月 23 日

聖誕節大採購。書店、蛋糕舖、超市，再去書店。瑞瑪去了約翰・巴雷特 [美容沙龍]。不見得是按照這個順序。最後又再去了一次書店。

12 月 24 日

伊恩・瑞克森打電話告訴我，哈羅德・品特去世了。正如我寫給安東妮亞的信，人們總習慣幻想他會永遠活下去。而他也的確永存大家心中。

12 月 26 日

1 點 30 分：《情遇巴塞隆納》（*Vicky Cristina Barcelona*）。

伍迪・艾倫（Woody Allen）的《女性週刊》（*Woman's Weekly*）式廢話。

12 點 30 分：The Box 夜總會。在等待凌晨 1 點 30 分開始的歌舞／雜耍／舞孃同時，法蘭西絲卡［瑞瑪的姊姊］向我們展示了一間功能齊全的洗手間（有墊子的座位、腳凳、橫桿、鏡子），可能是爲了讓我們做好心理準備，因爲之後是觀賞裸體猛男從臀部拉出裝滿藥丸的避孕套。因爲太努力追求表演效果，結果反而顯得平淡了。

12 月 29 日

下午 1 點：和丹尼爾・雷德克里夫在克呂尼咖啡廳共進午餐。前一刻還是個 12 歲的孩子，怎麼一瞬間就 19 歲了呢？他非常聰明伶俐、善於表達，在紐約有一間三房公寓。

2009

1月3日

去見瑪莎・克拉克，康乃狄克州。

11 點 48 分：哈林山谷—溫代爾車站。

瑪莎來車站接我們。首先去探望一匹眼睛受傷的馬——格雷先生，以及身兼馬語者的護理師和她熱愛《哈利波特》的女兒。接著去瑪莎家。進屋沒幾分鐘，我就想住在裡面、擁有它、租用它。阿希爾・戈爾基（Arshile Gorky）在 40 年代曾住在這裡，這地方實在太令人嚮往了——梁柱、展廳、窗明几淨、採光充足……我們在火爐旁添柴，被書籍環繞，度過了一天。吃過雞肉晚餐後，瑪莎的思維如同喜鵲般在熱情、陰謀和掙扎之間來回穿梭。

1月5日

紐約。

和特蕾莎・里貝克（Theresa Rebeck）[560] 共進午餐。

她提到了最新的騙局。導演聲稱自己（根據黛安・波格 [561] 的說法）「修改爛劇本」，有權分得作家的部分財務收益。簡直荒謬。

也許是時候演員用同樣理由分得導演的部分版稅了。

1月9日

12 點：The Box 夜總會。一名厲害的日本舞者和一個女孩……表演了一場反轉脫衣舞。衣服從每個洞出現，鞋子從假髮跑出來，難忘的一夜，瘋狂到凌晨 4 點才上床睡覺。

1月14日

清理書桌，整理文件，丟掉很多信封。難以置信地瞪著我的美國運通信用卡帳單。

1月20日

巴拉克・歐巴馬（Barack Obama）總統就職典禮。

3 點 30 分：在波多貝羅路的電氣電影院，參加露絲・羅傑斯舉辦的就職日觀影派對。

560　美國劇作家，1958 —。

561　編註：皇家宮廷劇院的總經理。

如果你不能「親臨現場」，那麼這是一個「現場觀看」的完美選擇。同行的有凱西・雷特、露比・懷克斯、丹尼和蕾拉，瑪麗亞・弗羅司楚（Mariella Frostrup）、艾瑞克・費納 [Eric Fellner，來自沃克泰托影業（Working Title）]、李察和蘇・艾爾（Sue Eyre）、菲莉帕・楊圖 [Philippa Yentob，艾倫・楊圖的妻子]、珍美瑪・汗（Jemima Khan），傑洛米・金 [Jeremy King，餐廳老闆]，黛博拉・豪爾 [Debra Hauer，電影製片人]、特薩・卓威爾。

典禮還沒開始，我們所有人已經莫名感動到不行，但似乎只是個簡單的流程。他的演講沒有過多華麗的修辭，可能是故意的，內容卻令人深思，透露他未來的首要政策。

1 月 24 日

1 點 30 分：在史考特餐廳吃午餐。

隔壁桌有一群有趣的女士在用餐，包括琳恩・巴柏、維吉妮亞・伊倫塞（Virginia Ironside）、翠西・艾敏（Tracey Emin）和另外兩位女士。奈潔拉・羅森和查爾斯・薩奇（Charles Saatchi）也在那裡。我陪他在外面抽菸聊天。他是個講話諷刺的右翼份子，難怪跟瑞瑪很合得來。

1 月 26 日

8 點：沃斯利餐廳。

常常遇到盧西安・弗洛伊德坐在隔壁桌。我很想衝過去說（1）「我能要一幅畫嗎？」（2）「畫我吧！」說什麼都好，只要能和那位大天才牽上線。

1 月 31 日

瑞瑪的生日。

2 月 8 日

英國影藝學院電影獎之夜。

天啊，我們還能給自己多少獎項？新聞報導裡澳大利亞還在大火，加薩都成廢墟了。

2 月 10 日

7 點 30 分：《大馬士革》（*Damascus*）。三輪車 [劇院]。

大衛・格雷格這部戲的靈感，來自他在中東旅行時與年輕作家合作，並且接觸到另一種完全不同的感性。作品幽默、溫柔又毫不妥協——就像大衛本人一樣——選角不可思議地精準，其中一位說出「我是變性的烏克蘭音樂家」的臺

詞極具說服力，每個字都表現得恰到好處。

2月17日

晚上 8 點：去米娜塔小巷劇院接瑪莎‧克拉克、蘇珊‧貝蒂許和史蒂芬妮‧卡頓‧史密斯 [Stephanie Carlton Smith，藝術家]——接到人之前，在外面的人行道為戴‧瓦勒拉辯護，反駁法蘭克‧麥考特（Frank McCourt）……

2月20日

位於 165 街的摩根史丹利兒童醫院。

替一群 5 到 12 歲的孩子們朗讀故事，去病房探望孩子。一排排點滴架，一張張茫然的表情，意味著我得打起精神。我很想抱抱他們，但他們看上去很脆弱。

2月21日

又一次生日，只是這次在紐約。

2月22日

奧斯卡頒獎典禮。

西恩‧潘（Sean Penn）擊敗米基‧洛克獲獎，除此之外，沒有太大驚喜。凱特‧溫斯蕾獲得奧斯卡獎[562]。感謝上帝，有人拍攝下她孩子聽到她獲獎時的反應，可能有人覺得這樣做很不好，但是——很好啊！有何不可？總之，經過冗長的三個小時，典禮變得尷尬、空洞、誇張，然後又是尷尬。更別提皇后‧拉蒂法（Queen Latifah）對著保羅‧紐曼和薛尼‧波拉克的相片大唱〈他日重逢〉（I'll Be Seeing You）有多庸俗了。

3月8日

6 點：前往英國影藝學院電影獎。

7 點：參加馬克‧夏瓦斯的追思會。

不知道他本人會怎麼想，應該在他還活著的時候舉辦。

3月9日

7 點 30 分：唐瑪倉庫劇院，《靠近我》（*Be Near Me*）。

伊恩‧麥卡達米執導，改編自安德魯‧哈根（Andrew O'Hagan）小說的戲劇作

562　憑藉《為愛朗讀》（*The Reader*）。

品。內斂哀愁、引人深省，非常有伊恩的風格。

3月14日
9點30分：《牆》（*Wall*），大衛・海爾。
在劇院？做演講？聽起來不錯──但我用讀的就行了。

3月17日
今天是有生以來最悲傷，也最不眞實的一天。早上接到雷夫・范恩斯的電話，
他人在紐約，當地時間是7點。他帶來了一個「噩耗」。娜塔莎在加拿大滑雪
時摔倒，起初沒事，然後昏倒了。她現在呈腦死狀態，連恩正飛去接她回家，
讓人們能與她道別。他一口氣說完，語氣充滿痛苦。我放下電話，呆坐了一個
小時，然後走來走去，傳訊息給連恩，整天忙著回電話，取消行程。
這位無與倫比、世上最偉大的女主人，她的生活、每一天、每一分都反覆檢視、
精彩豐富，能量、魅力、才華、憤怒、同情、慷慨、自我、笑聲、菸霧、智慧、
諷刺、快樂、速度、誠實、脆弱、品味、即興、秩序。她開懷大笑，一切盡在
她的掌握，除了這次。

354

瘋
狂
與
深
情

3月18日
喬安娜（Joanna）──連恩和娜塔莎的私人助理──打電話來，說他們將在紐
約時間下午6點放手讓她走。
午夜時分，娜塔莎走了。很難想像她那驚人的活力已不復存在。她下巴一抬，
話還沒說完，腦中的思緒就已轉到下一個話題，門一開，熱烈的歡迎開始了。

3月19日
今天一整天都是她的新聞，她微仰著頭，笑容滿面，妙語如珠。連恩、裘莉・
李察遜（Joely Richardson）和凡妮莎・蕾格烈芙一回家就被攝影師包圍。
今天國家劇院舉辦史考菲的致敬活動。我沒心情出席，待在家裡茫然地四處走
動。

3月21日
前往紐約和康乃狄克州。
6點55分→瑞瑪果斷地上網訂機票，飛往紐約。

3月22日
娜塔莎的葬禮。晴空萬里。

娜塔莎的棺木周圍擺滿照片和海報，她看起來像櫥窗中的擺設——耀眼、僵硬、上了妝。就像蘿拉・琳妮（Laura Linney）說的，是她，又不是她。現場有希朗和伊蓮（Hélène）、梅莉・史翠普、米亞・法羅、雷夫・范恩斯、[約翰・班傑明・]西基、艾登・昆恩、裘莉、湯姆・漢克斯、凡妮莎、琳恩・蕾格烈芙（Lynn Redgrave）、安・羅斯（Ann Roth）[563]，以及潔瑪・蕾格烈芙（Jemma Redgrave）和其他五到六十人。[連恩・尼遜的兒子們]麥可（Micheál）和丹尼爾（Daniel）和朋友們待在一起，帶著笑，異常平靜——也許這是好事。聽說丹尼爾描述整件事就像是「假的」。看樣子，之後他們獨處時心情會難以平復。進到屋內吃過午餐，一行人來到美麗的小教堂——經過一群狗仔隊和電視攝影機……喪儀非常私密——連恩很出色、風趣和坦率，凡妮莎朗誦《冬天的故事》（The Winter's Tale）中牧羊人的段落，琳恩悅耳地誦讀經文，裘莉、卡洛[Carlo，她弟弟]以及他妻子珍妮弗（Jennifer）吟唱，雷夫朗讀了一首關於太陽的詩，凱瑟琳（Katherine）的母親格雷斯塔（Grizelda）、法蘭高（Franco）和凡妮莎合唱一首義大利歌曲。

稍後，連恩告訴我們，娜塔莎捐贈出器官，她的「心臟、腎臟、甚至是肝臟」都成功移植了。醫生表示她的心臟年齡只有 25 歲。

3 月 23 日

去紐約。

上午 7 點：我昨天主要在想的是，連恩會沒事的。即便他深愛著娜塔莎，他也會走出來。昨天的葬禮上，他說出了我常在想的話：「這一切是怎麼發生的？這個女人來了，說『好——既然我們要結婚、生兩個孩子，那就從現在開始吧』。」一個跟狗慢跑、在河邊釣魚的男人就這樣被哄騙進一場派對、房子和責任的生活。他在喪禮結束後說：「她每次說『我們去晚宴吧』，嘆氣的人是我，最後一個離開的人也是我。所以我學到教訓了。」

3 月 27 日

都柏林

1 點 20 分：車子來接，前往都柏林大學。

2 點 15 分：詹姆士・喬伊斯獎（James Joyce Award）[564]。有點像被一排排的醫學生挑選，但他們很大方又開放。

4 點 30 分：前往萊姆里克郡的莫因村。

563 美國服裝設計師，1931 —。
564 譯註：由都柏林大學文學與歷史學會為特定領域取得傑出成就之人頒發的獎項。

車程剛好夠我看完《失落的祕密手稿》（*The Secret Scripture*）[565]。老天，我的書評會非常新鮮地出爐。

6點左右：和塞巴斯蒂安、艾利森在諾肯安納村的老牧師住所。

3月28日

接近中午：開車、漫步，在峽谷中的一家酒吧吃午餐，隨意走走，欣賞萊姆里克美麗的田園風光。萊姆里克郡？應該是**威克洛鎮**才對。和塞巴斯蒂安聊聊他的傑作。一開始是塞巴斯蒂安式的抒情、悲壯，接著刻意地朝狄更斯靠攏。

4月8日

7點30分：《英國瘟疫》（*Plague Over England*）。

尼古拉斯・德・喬 [Nicholas de Jongh，戲劇評論家] 的戲劇作品，內容關於約翰・吉爾古德 [因同性戀] 被逮捕。寫得不錯，但不是一齣戲劇。看到一半我以為在看「電視電影」，然後中場休息時尼爾・巴特利特 [566] 告訴我們，這部作品即將被拍成電影。希望到時也是麥克・F（Mickey F.）[567] 和希莉亞・伊姆麗，兩人都演得非常出色，大受好評。你只能說：「這是當然的。」

4月19日

《怒犯天條》今天在電視上播出。我盡可能地看了（一點），為什麼作品真實呈現出來的模樣和原本的理念差這麼多？

4月21日

去比薩和坎帕尼亞蒂科。

4月23日

突然想起今天是莎士比亞的生日。還記得以前在史特拉福，長長的隊伍帶著水仙花向南非大使抗議。

財政預算，對部分人徵收 50% 的稅率。

晚餐前有接不完的電話。瑞瑪正在看《失落的祕密手稿》。「我就知道是他，一開始就猜到了⋯⋯」我正在剝蠶豆，去掉青豆的頭和尾，折蘆筍。瑞瑪把這些都加到烤馬鈴薯（幸虧我弄掉了大半）和幾條難以辨識的魚上面，這就是晚餐了。

565　塞巴斯蒂安・巴里的小說。

566　英國導演，1958 —。

567　英國演員麥克・費斯特（Michael Feast），1946 —。

4月28日

在帕帕基諾披薩店吃午餐,觀看教皇在震後的拉奎拉市[568]接見民眾。

5月2日

看了《大牌明星》(*Il Divo*),富有想像力和表現力——儘管我對義大利政治歷史認知很少,而貝魯斯柯尼只在開頭出現一下子,他就已如幽魂般貫穿整部電影。

5月8日

11點30分左右:上路。利佛諾市→比薩→機場。到 Avis 租車公司還車(沒有刮傷)。搭接駁巴士。這一路比起羅馬的經驗要平靜多了。接著就是繁忙的蓋特威克機場,乘車前往南航站的火車站搭車,但沒有搭上可以車上付費的蓋特威克特快車,結果——可能要在維多利亞站被罰錢了。絕對不行。一個中國家庭在站在計程車排隊隊伍前方。「你們可能要排隊喔!」我們示意。「沒關係,我們有嬰兒。」我心想:「你們的嬰兒車跟我的行李箱一樣大。」我們才剛提醒他可能會引起糾紛,一個女人坐在輪椅上,由朋友推著,艱難地穿梭在隊伍中。歡迎來到英國。

5月22日

獨立藝人經紀公司的一通電話。
「星期天你能搭(私人)噴射機去坎城頒獎嗎?」抱歉,有聚會。
7點30分:《等待果陀》(*Waiting for Godot*),皇家乾草市場劇院(Theatre Royal, Haymarket)。
我居然以前都沒有看過這齣戲,劇中交互穿插著心靈**富足**與**空虛**,很難相信兩個聲名大噪的人居然在等待**什麼**。為每個人都帶來愉快的一晚。沒想到會有人批評這齣戲太過通俗,戲中採用了大量的音樂劇元素。伊恩·麥克連細膩的詮釋充滿驚喜,西蒙·卡洛精湛地演出了盲人,朗諾·匹克(Ronald Pickup)飾演的幸運兒(Lucky)令人動容。

5月24日

伊恩·麥克連,70 歲大壽。
魔術師、La Clique 表演團、滿屋子的朋友。如同伊恩說的——就像家人。在一

568　編註:該年 4 月 6 日,當地發生規模 6.3 的地震。

個晴朗的 5 月傍晚，所有人聚集在他美麗的河畔屋子裡。大衛·歐文[569]不在家，他家露臺就被我們佔用了。亞米斯德·莫平和丹娜·哈默斯坦似乎是特地搭機趕來的。

5 月 25 日
7 點 30 分：艾德娜·歐伯蓮，沃斯利餐廳。

艾德娜非常開心，她的劇作（《鬼魂》[Haunted]）獲得極高的評價……今天在《衛報》上，她透露自己已經 78 歲——真是不敢相信。晚餐時，我們聽她談起和大衛·歐文、約翰·福鈞（John Fortune）[570] 和約翰·弗里曼（John Freeman）[571] 的風流韻事；對丹娜·H 的反感、與哈羅德·品特的僵持（關於虛榮）；以及地鐵上和貝克特聊天，貝克特提到伊麗莎白·鮑恩（Elizabeth Bowen）[572]，說她是「有才華又瘋狂」。

6 月 7 日
頭痛、嘔吐、疲憊和浴室淹水。壞事大集合，**都怪我**。

下午 2 點：在國家劇院排演品特的紀念活動。

伊恩〔·瑞克森〕徹底展現出他佛教徒包容的一面。「你覺得如何……？」「或者你認為……」他堅持提供選擇。我不明白，直說你要什麼不就好了。

7 點：演出。

「喔，我愛演員。」艾琳·阿特金斯在我們下臺時說。「他們一上臺就可以表演。」有些時候的確很出色，我們這次的表演——琳賽和吉娜·麥琪（Gina McKee）演得很好，但我在原地打轉——發現角色的揣摩很不簡單，很氣自己演得不夠深刻。

6 月 11 日
睜開眼睛。我（不知道從哪）染上感冒。新聞整天報導豬流感。瑞瑪說：「別傻了，你得先接觸過什麼什麼什麼……」

6 月 21 日
不必去任何地方。

見任何人。

569　英國政治家大衛·歐文男爵（Dr David Owen），1938 —，伊恩·麥克連的鄰居。
570　英國諷刺作家，1939 — 2013。
571　BBC 記者，1915 — 2014。
572　英籍愛爾蘭作家，1899 — 1973。

做任何事。

外面陽光有點燦爛。

空氣涼爽。

有很多無聊的電視節目可以看。

回了一些信。

晚餐吃了點羊肉。

最漫長的一天……

6 月 28 日

下午 1 點：和尼爾和葛蕾妮絲·金諾克共進午餐。

以及詹姆斯·諾迪（James Naughtie）[573] 和艾麗 [Ellie，他的妻子]。瑞秋
（Rachel）[574] 和葛蕾絲短暫前來問候，之後，兒子喬伊（Joe）穿著巫師袍，
騎著掃把一個人跑來，連珠炮地問了二十五個關於《哈利波特》的問題。場
面有趣、令人放鬆，除此之外，是一次精彩絕倫的午餐聚會（持續到晚上 7
點……），談了許多至今印象深刻的內幕：工黨無藥可救，戈登不做決定，討
厭海澤爾·布萊爾斯（Hazel Blears）[575] 和曼德爾森（當然了），不信任米勒班
（Miliband），勉強認同（我感覺）卡麥隆的聰明才智。傑佛瑞·亞契（Jeffrey
Archer）的故事很精彩，他這個人簡直就像另一個馬多夫[576]（真沒想到）——
實在大快人心。我們送尼爾一盒完整無缺的「吐痰印象（Spitting Image）」桌
遊——裡頭有他、戈巴契夫（Gorbachev）、雷根和柴契爾等人物，他非常開心。
「噢那個大衛·歐文，他上次演講的時候，每兩句話就冒出一次『我』。」

6 月 29 日

8 點：瑞瑪前往義大利。

7 月 1 日

3 點 30 分：前往 UCH[倫敦大學學院醫院] 探望米麗安·卡琳。

米麗安待在一個密封的「容器」裡，很不高興自己從鬼門關被拉回來。聊著聊
著就不時爆出怒氣——首當其衝的話題第一名是海澤爾·布萊爾斯。

她進行髖關節置換手術，患有十二指腸潰瘍和困難梭狀桿菌感染（好像是），

573　譯註：英國 BBC 電臺和新聞節目主持人。
574　金諾克夫婦的女兒。
575　工黨政治人物，1956 —。
576　伯納·馬多夫（Bernard Madoff），1938 — 2021，美國詐欺犯和金融家。

卻不讓別人擔心她。她想「表現」自己的行走技巧，充滿無止境的好奇心和幽默感。半死不活，卻比我認識的大多數人都要有生命力。

7月2日

在這段時間裡，終於達成《哈利波特7》I和II的協議。大家都很謹慎地維持了尊嚴。

7月3日

湯姆·伯克。條件是什麼？在哪裡？如何進行？要多久時間？提供的工作需要足以匹配他辛苦贏得的尊重。這是大家都認同的。

7月7日

5點15分：下了一大場冰雹，前往萊斯特廣場（下得更凶了）參加《哈利波特6》首映。人群濕透了，興奮地尖叫——我們從儷人街的後門離開，回家吃披薩。

7月9日

《哈利波特6》紐約。
自然史博物館的派對。
我想吃東西，我想喝一杯，我更想把那三個大衛[577]的頭按到最近的牆上去。我理解人物的發展和出色的特效（令人目眩），但故事在哪？？？？

7月11日

6點：連恩……喝酒。他看起來很平靜，但旁邊少了一個人。上次在這間公寓見面，娜塔莎就坐在連恩現在的位置上。

7月14日

晚上——在看《浮生若夢》（*Les Ephemeres*）的節目單時，我想起自己曾見過碧娜·鮑許，我認識亞莉安·莫虛金（Ariane Mnouchkine）[578]，合作過蜷川和斯圖魯阿[579]——這些劇場英雄塑造了我的想像力，讓我看見劇場的無限可能性。突然感到一股無上的榮幸。

577　《哈利波特》電影製片人大衛·海曼、大衛·巴隆（David Barron），以及導演大衛·葉慈（David Yates）。
578　法國導演，1939—，執導《浮生若夢》。
579　羅伯特·斯圖魯阿（Robert Sturua），1938—，喬治亞戲劇導演。

7月19日

一整天下來，仔細整理過後才發現自己被一堆文件包圍——會計師、銀行、水電工、建築商、健康保險、其他保險、慈善機構、劇院董事會——各自包含行程、年度報告、合約、發票等等——讓房子顯得沉重起來。

進行整理、歸檔／寄出的同時，電視正在播放英國高爾夫球公開賽……那麼多體重過重的男人居然稱之為運動。打一顆小球，走過美麗的鄉村和觀眾席上的人群，然後再打一顆小球。

8月24日

《哈利波特》

三位大衛來到我的拖車，我努力克制怒氣，但不是很成功。我試圖藉由「過程」和「敘事」等字眼，盡可能傳達我的想法。也許我們能找到一條出路。時間——即使到了這種時候——會給出答案的。

戲服感覺很緊。

8月27日

和露比與艾德一起晚餐。

艾德心情很失落，因為瑪蒂要去上大學了（她第一個週末會回家）。看樣子她仍然想當一名演員，祝你好運了社會學系。

9月1日

3點30分：和米麗安·卡琳、艾倫［·科杜納］與尤哈［Juha，他的丈夫］一起喝茶。米麗安幾乎提不起茶壺，但個性一絲不苟——頭髮俐落、指甲整齊、桌上放有蛋糕、十幾個談話主題、無止境的好奇心，四周都是書籍，始終收聽廣播第4頻道。她仍保有性感的魅力——對於戀人的回憶依然清晰——「我從沒想過——我已經有米契[580]和史丹利·柯文斯基（Stanley Kowalski）[581]了。」她在各方面都是國寶。

9月2日

8點：去雜耍劇院（Vaudeville Theatre）看艾倫·康明演出。

一場難以界定的表演。艾倫有著無可否認的魅力，豐富的好故事源於他的勇敢和誠實。歌曲既原創又具挑戰性。當他說他在「演出」時，我更希望能少一點

580　勞勃·米契（Robert Mitchum），1917 — 1997，美國電影明星。

581　改編自田納西·威廉斯（Tennessee William）作品的電影《慾望街車》中的角色。

表演（麥克風幾乎就像是特寫鏡頭），多一點思考。此外，**真正的**艾倫·C有著比本人承認更爲黑暗、堅定的靈魂。**真正的**表演也許可以反映出這一點。

9月4日

7點：露比——修道院醫院現場表演。

好消息是——奏效了。但仍只是萌芽階段，意味著露比很緊張，也就代表她把茱蒂絲[582]當代罪羔羊。

舞臺上慘不忍睹，但她找回自己，憑藉著勇氣和演技獲得掌聲。這是一場勇敢動人的表演，雖然總有不可預測的變數，但只要調整一下就會很好了。

9月5日

在家的一天⋯⋯看了兩部披頭四的影片（紀錄片），陷入懷舊情懷。我們有幸經歷那個時代，購買《白色專輯》（*White Album*），聆聽時就**知道**我們買了一張經典專輯。這些歌曲如今已融入我們的骨子裡——和諧的前奏、合奏、搖頭都能引發一連串的回憶和畫面——朋友、聚會、戀愛、跳舞、緊身毛衣、緊身衣和寬腿褲、短夾克、尖頭鞋。

9月10日

下午3點：大衛·葉慈［《哈利波特》導演］。不知爲何，我無法針對《哈利波特》的臺詞提出修改。我在石內卜／佛地魔（Voldemort）的最終攤牌中發現一個致命缺陷，沒有拐彎抹角，直接就提了出來。然而，大衛·葉慈只做他想做的事，表面上在聽你說話，其實固執得很。看起來就是那種會同情地點頭，但不去涉足未經計畫之地的男人。

10月5日

《哈利波特7》II。

第一天。

凌晨5點起床⋯⋯5點45分車子來接。

感冒／病毒／不管是什麼都讓我一整天非常難受。

無法說話，當然更無法演戲。不幸的是，我不能不說話也不能不演戲。

下午8點：回家，**精疲力竭**。

582　茱蒂絲·歐文（Judith Owen），1959—，威爾斯歌手、作曲者。

10 月 7 日

6 點 45 分：車子來接。

雷夫・F 今天表現得非常出色，既能自由展現又能遵循紀律，完全投入到佛地魔角色中。

跟拍攝紀錄片的團隊聊天——再榨取一次價值。

10 月 8 日

重新拍攝我所有的臺詞。第一天肯定相當糟糕。

10 月 9 日

再一次重拍……先不管臺詞本身就很難演繹……事情**非常**不對勁。

10 月 15 日

詹姆斯・麥克唐納 [James Macdonald，劇院導演] 談到《約翰・蓋柏瑞・卜克曼》（*John Gabriel Borkman*）和其他可能性。

10 月 16 日

收到詹姆斯・麥克唐納的訊息，提議（不是說笑）要不要考慮梅莉・史翠普和克蘿絲 [583]。

10 月 30 日

都柏林

8 點 30 分：城市酒吧和烤肉店。

和弗蘭克 [584] 共進晚餐。

巧妙避開《約翰・蓋柏瑞・卜克曼》的話題，但弗蘭克跟人聊天就像在玩撲克牌——洗牌、發牌、出牌，幽默風趣不帶嚴肅，隨時能逗你發笑。

10 月 31 日

10 點 45 分：和詹姆斯・麥克唐納與弗蘭克・麥吉尼斯喝咖啡。

總而言之，結論是到了 9 月 [2010 年]，我們將在都柏林的艾比劇院（Abbey Theatre）上演《約翰・蓋柏瑞・卜克曼》。

583　編註：葛倫・克蘿絲（Glenn Close），1947 —，美國電影、電視劇及舞臺劇女演員。

584　愛爾蘭作家弗蘭克・麥吉尼斯（Frank McGuinness），1953 —，《約翰・蓋柏瑞・卜克曼》的改編作者。

11月3日

2點：卡洛斯・盧米耳 [Carlos Lumière，攝影師]。

我的天，時尚拍攝。我最怕這種小鮮肉的打扮。現在穿這類的衣服都會很不自在……很胖的感覺。

11月15日

晚上7點：致敬約翰・莫蒂默。

再次的不可思議——一如既往，演員們總是能嗅出線索和可能性，並將其拼湊出美妙、真誠和感人的作品。我最享受觀看約翰在牛津大學辯論社與懷特豪斯 [585]、朗福德 [586] 的激辯。或者說是他的演說，犀利**而且**具魅力。

11月16日

上午7點：車子來接，《哈利波特》。

排演被稱爲「船屋場景」，其他說法就是「石內卜之死」。

在一個空蕩蕩的錄音棚，現場只有大衛・葉慈、雷夫和我。大衛是一個深不可測的人，既可以親切，同時也相當固執。他通常直截了當告訴你故事內容、扮演的角色、想什麼、站哪裡、怎麼動、怎麼坐、怎麼看。雷夫和我（在船屋裡）把船槳放進水中，我看得出大衛很努力要讓我們自由發揮。我們開始漸入佳境。

11月17日

11點：南華克座堂。約翰・莫蒂默追思會。

精心策畫的儀式（有這麼多涉及神的言論，約翰會不會覺得是在跟魔鬼打交道？主持人稱他是「爲耶穌而生的無神論者」）。該到場的人都到了。尼爾・金諾克精采的演說遠勝過所有演技比賽。

11月25日

《哈利波特》6點15分：車子來接。

前往停機棚……

寒冷潮濕、冷風颼颼，但劇組離我們還有一段距離，雷夫和我可以慢慢朝片場移動。大衛・Y還是一樣固執地要讓佛地魔用咒語殺死我（實在難以理解，更別說會引發讀者憤怒）。

不過，跟雷夫合作還是很棒，直接、真誠、創意且自由。

585　瑪麗・懷特豪斯（Mary Whitehouse），1910 — 2001，英國教師和保守黨成員。
586　朗福德伯爵（Lord Longford），1905 — 2001，英國貴族和社會改革家。

回到家，瑞瑪（故事情節高手）說：「他不能用咒語殺死你——唯一能殺人的是索命咒『啊哇咀喀咀啦』，而且會立刻致人於死——你就沒辦法演完那場戲了。」

11月26日
《哈利波特》6點15分：車子來接。
隨著角度和鏡頭的切換，拍攝進行了整整一天。「石內卜之死」。過了將近十年，如今只剩兩個演員……當大衛興奮時就容易激動，討人喜歡。他在這個場景時就是這樣。今天絕妙展現出當平面的場景拉到現實中，兩名演員在故事和空間裡能碰撞出怎樣的火花。史都華·克雷格（Stuart Craig）[587] 設計的船屋帶出了諷刺和永恆。正如我之前曾對大衛說過的——有點宏偉壯觀和日式風格。

12月1日
前往紐約。

12月2日
今天我們去買家具，發現同樣一盞燈，在惠氏家具店要 7,200 英鎊，但在 RH 家具店只要 799 英鎊。

12月3日
8點：《雨季》（*A Steady Rain*）。丹尼爾·克雷格（Daniel Craig）和休·傑克曼（Hugh Jackman）擔綱演出。應該是戲劇表演吧，但更像是在舞臺上說故事。落幕後去了更衣室……丹尼爾和休剛拍賣了他們汗濕的 T 恤（用於愛滋病基金會籌款），拍得了 4 萬美元。

12月18日
8點：跟詹姆斯·麥克唐納聊天。有個角色位置，他們會先詢問西內德·庫薩克（Sinead Cusack）。他談到瑪麗·馬倫（Marie Mullen）[588]——我提起了哈莉特［·華特］。

12月25日
延著空間鐵道公園散步到 20 街。

587　《哈利波特》美術指導。
588　愛爾蘭演員，1953 —。

12 月 29 日

冷到不可思議，在去吃午餐的路上，我只能背對風倒著走，結果被一棵樹旁的小欄杆絆倒，右手腕承受了我所有的重量。

12 月 30 日

11 點：前往聖文森醫院急診室，進行 X 光檢查，上夾板……是扭傷還是骨折？**真是煩死了。**

下午：德國米勒公司的瓦斯工人來了。瓦斯**洩漏**。

12 月 31 日

9 點：帕梅拉 [·達克（Pamela D'Arc），不動產經紀人] 和安德魯 [Andrew，她丈夫]。

10 點：The Box 俱樂部——比以往更瘋狂。食物晚了兩個小時才到，喉嚨嘶啞，至少還有反轉脫衣舞、一位驚人的體操選手和一個拿瓶子的變性人可以彌補一下……帕梅拉跟一位裸男跳舞，我們則享用了烤牛排。

2010

紐約

凱特・溫斯蕾

《美人情園》

蘇珊・莎蘭登

南非

阿索・佛佳德（Athol Fugard）

露絲・羅傑斯

邁可・坎邦

《哈利波特》最後一天

紐約

《債權人》

《午餐之歌》(*The Song of Lunch*)

坎帕尼亞蒂科

沃爾泰拉鎮

《哈利波特》殺青派對

都柏林，《約翰・蓋柏瑞・卜克曼》

琳賽・鄧肯

費歐娜・蕭

布萊恩・弗雷爾

紐約，《美人情園》

牙買加

哈莉特・華特女爵

1月1日

2 點 45 分：回家，上床，新日記。

1月4日

一整天都在等瓦斯工人……試著和美國醫療保健系統交涉——一開口就是：
「你要如何付費？」明天要動特別手術的醫院會打電話來——頭總是隱約發
疼，不嚴重但很困擾。

1月5日

到聖文森醫院，走完繁瑣冗長的流程——「上樓，填表格。」「下樓，要付 10
美元，帶表格回來拿光碟。」——才能拿到我的手腕 X 光片。

1月7日

9 點 30 分：克呂尼咖啡廳。
和凱特・溫斯蕾喝咖啡聊天。《美人情園》已經萌芽成長，散發斑斕色彩。凱
特喜歡這個劇本，這是個絕佳的開始。
之後，去了紐約新畫廊，依次欣賞了克里姆特（Klimt）、席勒（Schiele）、柯
克西卡（Kokoschka）到克利（Klee）的作品。
接著，去了 145 號醫院，關於特殊手術，霍奇科斯醫生（Dr Hotchkiss）的保
證讓我完全放心了。

1月9日

下午 1 點：和蘇珊［・莎蘭登］，贊帕義式餐廳。原來是蘇珊以她一貫的聰明
睿智所下的分手決定。或許提姆 [589] 抱持不同的看法。

1月12日

回到威斯本露臺街 38 號。

凌晨 3 點 30 分（早上 8 點 30 分）：在飛機上，我迷迷糊糊地突然在想（時差
影響），在紐約的生活，會讓你用不同角度去看待你在倫敦的生活。要保留什
麼？丟棄什麼？更關注什麼？從兩個不同的面向去觀察時間流逝。
10 點左右：塞了很久的車回到 38WT。哀怨的科妮莉亞（Cornelia）（「我早
上七點就到了」）就在那灰塵和紛亂的另一頭。

589　編註：她的伴侶提姆・羅賓斯。

這裡和紐約形成強烈的對比。生活突然被一堆文件、財產等**物品**所限制。我立刻有一股衝動想要改變、丟棄、擺脫、重整、**簡化**。

1 月 14 日
《哈利波特》。

6 點 30 分：車子來接。一夜無眠。

第 305 幕，在停機棚——**賽佛勒斯・石內卜的最後一口氣**。

停機棚冷得要命，地上有積雪——「裡面比外面還冷。」我的司機克利斯（Chris）說。十年過去了，我和丹、艾瑪、魯伯特再次重聚（艾瑪向布朗大學請假），我的脖子因一條幻想出來的蛇娜吉尼（Nagini）[590]而鮮血淋漓。他們三個仍皺著眉，有些喘不過氣。我想不起來過去幾年的特定場景，主要是因為所有決策都是在會議室裡產生的，而非在現場。我們聽從 D・Y 的指示，該怎麼想，為什麼（必要時會重新敘述故事），一點一滴的創意就這樣被扼殺了。

1 月 17 日
2 點 45 分：河流咖啡廳。

引起大衛・H注意的絕佳機會，關於停機棚、道具遺失、美國演員來了會發生什麼事、沒有製片人等等問題。誰叫他一開口就讚賞跟丹尼爾的那一場戲……對某些人，我一開口就停不下來，特別是當他們**自作聰明**的時候，就更沒有必要了。

1 月 20 日
詹姆斯〔・麥克唐納〕打電話來，他已經去邀請琳賽和費歐娜出演了。

1 月 21 日
今天得知我要到 3 月才需要返回《哈利波特》拍攝。

腦中頓時有了更多空間……

1 月 25 日
2 點 15 分：牙醫。

庫伊拉（Cruella de Vil）翻版。如果我沒有因為她碰到我的神經而畏縮，也會在被吸唾管嗆到的同時，還被噴得滿臉濕。洗牙過程機器吵得要命，她還能問我問題、跟我小聊紅酒、薄荷茶等等等。快帶我離開這裡！

2月7日

閱讀安東妮亞‧F撰寫的哈羅德傳記[591]。她把日記稱之為朋友。我和我的日記之間更多的是憤恨。這是可惜且錯誤的。不然我就能在裡面找到更多關於娜塔莎[592]的事了……

2月12日

5點30分：搭車前往**佛佳德劇院（Fugard Theatre）**。

劇院在第6區——由一座教堂和一個倉庫組成。馬克［‧東弗德—梅伊（Mark Dornford-May），導演］從皇家宮廷劇院和新維克劇院（Young Vic）得到靈感，留下了牆上的灰泥（和鬼魂）。一座美麗的劇院，有令人讚嘆的排練室和壯觀的屋頂，背景是桌山。《魔笛》（*Magic Flute*）依然令人心馳神往——舞臺上沒有自大狂，阿索‧佛佳德［編劇］之後談論到這座建築和演員回歸的事。

2月15日

開普敦→倫敦。

2月21日

晚上9點：觀賞英國影藝學院電影獎。

強納森‧羅斯需要更好的笑話，我們不應該過分偏愛美國。凡妮莎看起來很美，但我聽不出她在致詞中想表達什麼[593]。

2月25日

6點15分：搭車去萊斯特廣場。《魔鏡夢遊》（*Alice in Wonderland*）首映。

陰雨綿綿，辛苦那些在雨中等待四個小時的影迷。簽名/拍照/拍照。排隊見查爾斯和卡蜜拉。他說：「你還在演《哈利波特》嗎？」她說：「好久不見了。」接著是電影。太迷人了——奇特、深刻、複雜且美麗。

2月26日

7點30分：《愛無止境》（*Love Never Dies*）。

洛伊‧韋伯的新音樂劇（歌劇魅影2）。我認為有一首歌會蔚為流行，另一首

591　《你一定要走嗎？我和哈羅德在一起的日子》（*Must You Go? My Life with Harold Pinter*）。
592　娜塔莎‧李察遜。
593　編註：凡妮莎‧蕾格烈芙獲得學院頒發的終身成就獎。

的開頭和〈窗外有藍天〉（Room With A View）一樣。還有兩位魅力十足的女主角 [594]。但劇情在哪？

3月8日

11 點：露絲‧羅傑斯。

她在為明天的告別式準備悼詞，追悼她二十五年的合作夥伴蘿絲‧格雷（Rose Gray）[595]。能幹的女強人露絲突然變得非常脆弱。她寫了一篇幽默／悲傷的美麗文章。我努力協助她要注意呼吸和用螢光筆標記重點。

3 點 15 分：在《哈利波特》現場和邁可‧坎邦排演。

迅速收工，這一場的需求很明確。在回拖車的路上，邁可聊到他很怕學習／背不住臺詞。他還告訴我，他正在準備《克拉普最後的錄音帶》（Krapp's Last Tape）[596]——這走向好像哪裡怪怪的？？

3月10日

整天和邁可‧坎邦在一起。在生病之後，他顯得很脆弱，昨天的排練不是開玩笑，他在臺詞上真的出了問題。若科技可以幫忙，有何不可呢？如果是記憶力衰退，表現不可能好的——無法放鬆、不自在、不能交流。我的話就會到處放提示板和讀稿機。無論如何，他仍能輕鬆展現出卓越的演技，使觀眾著迷。

邁可的故事非常精彩。在百老匯時，為了排遣寂寞，他找了一份（無償的）修理英式腳踏車的技師工作。某天晚上，在演出《天窗》[Skylight，大衛‧海爾的戲劇作品] 時，他打不開門上臺，於是一腳踢倒門之後爬了進去。

瑞瑪說，露絲今天在告別式上的表現很棒。我打了通電話，聯絡上理察 [‧羅傑斯]。露絲隨後回電。她今早朗讀悼詞給理察聽時哭了，搭計程車時很緊張，但在講壇上有保持冷靜。真棒。

3月11日

7 點 45 分：車子來接。

晚上，在高錐客洞（Godric's Hollow），石內卜進屋找莉莉，偉大的劇組展現出高度的專注力，在寒冷中工作到晚上 9 點 30 分。沒有製片人的身影和聲音，食物難吃到極點——從廉價麵包店買來的肉餡餅、香腸捲、裝其他香腸的白麵包捲、融化加工起司夾心的白麵包，全都涼了一半，難以下嚥。

594　美國演員席艾拉‧波格斯（Sierra Boggess，1982 —）和英國演員利茲‧羅伯遜（Liz Robertson，1954 —）。

595　英國主廚，1913 — 2010。

596　薩繆爾‧貝克特創作的獨角戲。（編註：有著大量臺詞。）

3 月 12 日

感覺太奇怪了——在冷漠疏遠多年之後，石內卜的感情終於得到宣洩，這時卻突然被打斷（當然沒獲得道歉），實在不怎麼好笑。「你不介意吧？」「我**介意**。」「喔——別這樣嘛！」「是你先問的。」「是啊，我發現我不該問的。」

3 月 22 日

6 點 40 分：車子來接。

石內卜校長。

痛苦的對白——獨白——有點燒腦。

3 月 24 — 25 日

多種角度、不同數量的孩子，瑪姬等得快抓狂了。

瘋
狂
與
深
情

3 月 29 日

6 點 15 分：車子來接。

《哈利波特》最後一天——這一切都有點令人難以置信。我想就連丹尼爾都有點被這陣勢震撼到。到處都是攝影機（紀錄片用的）。「感覺如何？」在**感覺**到它之前，我當然還不知如何說出口。「這是私人問題，我不想當著那個說。」我指著他的鏡頭——早上還是個善解人意的朋友，到了下午就成了尷尬窺探他人隱私的人。

那些膠捲裡記錄了一些東西，而它已經完成了。**謝謝，喬** [597]。

4 月 6 日

《BBC 十點新聞》（*10 O'Clock News*），科林 [598] 在這週末去世了。這實在是太不公平——把所有悲傷累積在一個家庭身上。

4 月 7 日

[關於《債權人》]

下午四點：排演。令人屏息的表演，尤其是安娜 [· 錢瑟勒]，她生動的演繹令人驚豔。尤其是和湯姆 [· 伯克] 激烈對戲時，簡直跟現實生活一樣真實……

597　譯註：指原著作者 J · K · 羅琳。

598　英國演員科林 · 蕾格烈芙，1939 — 2010。

4月10日

《債權人》去紐約。

11 點 30 分：搭車前往希斯洛機場。「我討厭你在《笨賊一籮筐》(*A Fish Called Wanda*) 裡的角色。」司機說。

4月14日

技術排演開始。如果只是技術問題就好了——我有點擔心歐文〔·蒂爾〕正在失去信心，甚至產生要讓角色變得更溫和的奇怪想法。但我們仍堅持排演到晚上 11 點離開。技術團隊都非常傑出——演員們在摸索前進。為什麼我會感到驚訝呢？

4月15日

下午 4 點：第一次服裝彩排。

歐文終於投入到表演之中，如果這是首演之夜，那也還不錯。

4月15日

7 點 30 分：首場試演。

可怕，所有人——都在笑，而且是**哄堂大笑**。而你完全沒有預料到會有這種情況。演員大吃一驚，更加賣力演出。

4月20日

《債權人》首演之夜。

7 點 30 分：開演。

一開始很好，接著感人的力道就弱了下來，只發揮出原本的 83%。

4月22日

紐約那場演出大受好評，電話不斷響起。

4月26日

《控方證人》(*Witness for the Prosecution*)。

快樂的齊聚一堂，只有鄔瑪·舒曼因為**椎間盤問題**去「看醫生」了。

5月1日

早上：安娜打電話來說：「我碰到了問題……」她沒睡覺、頭痛欲裂。我要她搭車過來。

打電話給貝瑞・柯恩（Barry Kohn）醫生。要去哪間醫院？聖文森關門了，60街和10街的羅斯福／聖路加可以。直到下午5點，安娜吊了點滴、血壓檢查、電腦斷層掃描、全身磁振造影掃描，沒發現任何異常，但頭痛沒有緩解。醫生給了止痛藥，安娜認爲是病毒感染，最後回家了。今晚沒有演出。

5月2日

今晚也不會有演出。昨晚，安娜的情況惡化，回到醫院進行腰椎穿刺脊髓檢查，是病毒性腦膜炎。實際上可能比那聽起來更嚴重——需要休養一週，但沒有抗生素，只能靠止痛藥和休息。和她聊過之後，我們決定去接歐文，搭火車去比佛利和拉伊市。風光明媚的一天，歐文游泳和划船，我們坐著讀書，之後去比佛利俱樂部早早地吃晚餐。

5月3日

回到家得知琳恩・蕾格烈芙去世的消失，宛如希臘悲劇般。如此貼心又聰明的女人。

5月6日

11點10分：搭車去西普里安尼42街餐廳。

參加「關懷他人的女性」餐會。

那些在購物、午餐和整容之外還會關心他人的女性。

眞的，儘管都有那麼多令人分心的事情了。

回到家，電視新聞沒什麼具體的英國消息，只知道沒有一個政黨在議會取得絕對多數，以及戈登輸了。難得有一次民調是正確的，而且美國人居然也感興趣。

5月16日

《債權人》最後一場演出。

下午3點：紐約最後一場演出。

說實話，這是他們給出最好的表演之一，也是我見過最好、最自由的表演。全場觀眾似乎都起立鼓掌了。

6月7日

約翰路易斯百貨公司——偉大的冰箱傳奇仍在繼續。直到今日仍然沒有解決方案，明天用計算機和捲尺進行測量。

6 月 10 日

終於買到冰箱，等十天才能送達。

6 月 22 日

《午餐之歌》

下午 3 點：

尼爾 [· 麥考密克（Niall MacCormick），導演]、克里斯托弗 [· 瑞德（Christopher Reid），作家] 以及艾瑪。

在艾瑪的意見漩渦之中，試圖找到平靜、純淨的水域。艾瑪才華洋溢——控制慾**如此強、如此脆弱、如此封閉、沒有好奇心**。

6 月 27 日

為即將來臨的重大考驗來研究臺詞。

6 月 28 日

漫長的一天——手指交叉，祈禱記憶力發揮出色（這個隱喻滿貼切的）。艾瑪從未動搖，始終在場，永遠掌控全局。稍晚，她說她去自己的拖車裡哭。

6 月 30 日

現在是困難的部分——在敘事上緩慢推進。腿和背部因長時間高度專注坐在桌前而疼痛不已。嗯，也不是那麼專心。這兩天我總是想笑。可能跟湯普遜女士有關。每當我腦袋一片空白時，她簡直就像腹語者在說話般地提示我。「伸出你的手。」「另一隻手。」

7 月 8 日

《午餐之歌》結束。

下午 4 點：車子來接。

拍攝艾瑪的手、眼睛、紅酒和食物等細節，接著輪到我。在道謝和道別之前，他們回顧了 1989 年的回憶片段。

下午 4 點結束。皮爾 [· 威爾基（Pier Wilkie），製片人] 說了些感性的話，送上一瓶（1.5 升）99 年伯蘭爵香檳。他可以去給《哈利波特》劇組上一課。

7 月 12 日

義大利。

坎帕尼亞蒂科。

7月14日

上午6點：游泳。

氣溫和水溫完全一致，這座泳池和花園的樂趣之一就是你可以裸泳。只有你自己、空氣、破曉的晨光和水。

7月16日

沃爾泰拉鎮

4點→聖吉米尼亞諾──這輩子──沒必要──再去一次。沒有生活，只有遊客陷阱和許多沮喪的臉孔。

5點左右：沃爾泰拉鎮。珊德拉來酒店找我們，帶我們進城，來一次小小的沃爾泰拉之旅。

7月17日

沃爾泰拉鎮

整理要做的事和執行的時間。還得準備明天的但丁（Dante）詩歌。

晚上10點：在圓形劇場的陰暗中。

朗誦「世界是個舞臺」（All the world's a stage）[599]（在一片漆黑之中，走下階梯時沒摔斷腳踝真是個奇蹟──法蘭西絲卡穿著高跟鞋──走上舞臺）。接著，法蘭西絲卡作為中間串場人，西蒙（Simone）朗讀了就我所知是他最愛的獨白。

7月28日

漏水、水坑、異味。

7月29日

9點：水電工吉多（Guido）會來……

但首先，上午7點先喝杯茶──記得不要排空水槽──然後再拿起、打開、進入《卜克曼》[600]之前（一趟旅程下來，我已經閱讀消化掉幾英寸高的稿子，成果不錯），我要先來讀葉夫根尼亞·奇特科維茨（Evgenia Citkowitz）的短篇小說集。這才叫寫作，〈以太〉（Ether）一篇中，用字精準，刻劃犀利。故事狡猾大膽，引人入勝。

599　編註：莎劇裡的一段獨白。
600　編註：即《約翰·蓋柏瑞·卜克曼》。

7月30日

暴風雨次日。

上午7點：坐在門口內一張乾椅子上，因為整座小鎮都停電了。一大堆濕透的毛巾堆在樓上等著丟洗衣機，到處是熄滅的蠟燭，冰箱敞開著門，裡頭的食物瞪視著廚房，知道自己的生命正在倒數中。暴風雨後的平靜。

從昨晚7點到11點，風雨肆虐、像塔朗泰拉舞 601 一樣狂舞、大雨傾盆。磅礡壯觀，電閃雷鳴，然後電力就中斷了。每隔二十秒，夜晚瞬間明亮如白日，我們只是它卑微的奴隸，努力阻止房子被淹沒。現在，喝杯茶——在清晨的陽光之下，鴿子呆呆地在屋頂排成一排，牠們搞不好整個過程都在睡覺。

7月31日

大腦——在洛杉磯（應該是），演員穿著隨意，彷彿身在觀眾席。這是一場夢。開場表演（在那之前，我跟露比找到座位，發現不是我的座位時，我走到後面，拒絕一個紅髮年輕女孩的搭訕，坐下）。大部分的觀眾都站起來吼叫跳舞，而我只是看著。一群幾乎都體重超標的女人——穿著藍色綢緞衣服——因為看我不跳舞而感到不悅。我撤退到外面，一群狗仔隊正在尋找目標。我掩面突圍。其中一人挑釁我的方式挺有創意。我停下腳步，氣勢洶洶地給他一張照片，其他人氣呼呼地走掉。結束。

8月1日

比薩→倫敦。

8月4日

我們驚恐地發現浴室地板鼓起，到處是濕漬。是濕度升高？還是水管爆裂？這一切到底有完沒完啊？

8月7日

1點45分：搭車前往利維斯登參加《哈利波特》殺青派對。

幾乎沒什麼預算——至少在食物方面。下午2點30分已經沒什麼吃的了。我們玩了模擬器和扭扭樂。（很痛苦）

8月9日

觀看《午餐之歌》。坐如針氈。姑且不論影片品質，要客觀看待自己**真的**很難。

8 月 10 日

研判應該是水管裂開，也就是說，天曉得除濕機一直嗡嗡收集管子漏出的水有多久了。

8 月 17 日

和聲樂教練克莉絲汀・林克雷特［聲樂教練］合作。一個半小時內，她立刻重新教育了我，我只需具體掌握一個可以反覆運用的技巧。呼氣和吸氣的感覺很好，另外，去感覺聲音在頸部後方和舌頭上方的震動。左耳有種令人害怕的堵塞感。

8 月 23 日

上午 10 點：艾比劇院，都柏林。

第一天——《約翰・蓋柏瑞・卜克曼》。

我在排練室看到的第一個人是瓊安・柏金——她參加完艾美獎，剛下飛機。她贏了，這是她第三次獲獎。

詹姆斯說完話後，大家開始讀劇本。山峰從迷霧中浮現出來。

湯姆・彼耶（Tom Pye）展示舞臺布景——美麗、冷酷、透明，我們在冰冷的氛圍之中。瓊安製作的戲服很漂亮，而這只是一切細節、熱情和關注的開始。

8 月 24 日

第二天，劇本像洋蔥般展現出多層次。這齣戲開始像是貝克特的靈感。昨天的戲服看起來過於精緻，弗蘭克的某些對白寫得有點生硬。我質疑口音的部分。費費配合額外的道具調整位置——劇本會告訴我們怎麼做，詹姆斯默默地注意著一切。

早早回到家，沒喝酒。尋找更健康的食物將成為口號。馬莎百貨在招手。

8 月 29 日

戒酒一週後，昨晚倒個不停的酒讓我今早像被卡車撞到了一樣。

8 月 30 日

走過人行天橋（不平坦的階梯），抬頭望了一下，下一秒就重重摔在地上。這導致我一整天心有餘悸，手上多了擦傷，我那（無可取代的）褲子上右膝破了個洞。一整天下來我仍能感受到當時的衝擊、驚訝和脆弱，大概是因為不像小孩子習慣跌跌撞撞的關係吧。

9月1日

休息一天。

他們在排演第 1 幕——琳賽很緊張，費費要求把他們童年的「東西」擺在房間……

排練結束後，琳賽打電話來，說房間看起來就像《斯特普託與兒子》(*Steptoe and Son*) 裡的場景，但費費也是有心想要參與，一切都會順利的。

9月5日

謝默斯·希尼，**艾比劇院**。

精采的作品，優美的朗讀。布萊恩·弗雷爾也在場，我們在酒吧圍著他。他說他不要再寫作了。我說——「寫點東西給我，十分鐘長度也行。」這個短時間的要求似乎激起他的寫作欲。

9月6日

整天都在與討人厭的聽覺問題搏鬥，每一個低頻嗡嗡聲——空調、鍋爐、鐵路、交通——都像持續不斷的低沉、共鳴，彷彿身處水底。

排演……一堆即興演出，沒有真正的進展。找到了聲音和態度，也有表達出來。當然，琳賽完全是另一個面相——探索和誠實。

昨晚在酒吧和費費的談話仍像鼓聲般迴盪，身處水底的感覺愈來愈加劇。

9月8日

搭車去比肯醫院〔都柏林〕。

照理說是來做 MRI 檢查——但櫃檯的人一問三不知。一個南非裔女人找到我，帶我去做聽力測試（現在左右耳一樣了）。我們回到樓下，然後我**終於**能做 MRI（頭和脖子在機器裡——砰砰砰、喀喀喀）。1 點返回排練室。

下午：只是旁觀著——因為沒有參與的空間——完全隨心所欲的費費。我們一路工作到晚上，除了我用一個即興表演來證明觀點、**找回地位**外，沒有任何成果。

9月23日

第 3 幕。

房間裡的貢希爾（Gunhild）[602] 不一樣了——更加沉默，更加投入。有一點點——「你要我什麼都不做嗎？那就是像這樣。」——這只是開始……

602　費歐娜飾演的角色。

2010

日記：1993—2015年

9月27日

下午2點：排演。

第2幕。臺詞已經融入身體的不同部位，這是過程的一部分，我覺得。

下午6點：第2幕全場排演。

必須說，從詹姆斯的導演椅上傳遞出來的能量太少了，以至於琳賽和費費則有些驚慌。琳賽把自己封閉起來，費歐娜則向外抵抗。

9月28日

10點：漫長而焦慮地走完第3和第4幕。我現在明白為何詹姆斯之前一直沒做出反應。他開始無止境地討論——沒完沒了——最終還是沒給出具體的指示。

9月29日

10點：蹣跚前進。

也許是重要的一天……

全場排演有一些地方表現得非常差，但也有一些瞬間，讓人看到整部作品的可能性。

不得不全面探討是否需要詹姆斯的指揮和指導。至於琳賽，她必須走出費費的陰影，不被費費的「能量」（「當我覺得平淡時，我會加把勁」）影響。她的特立獨行，不依靠任何演員，加上自我才能所迸發出的閃耀能量。

明天又會是同樣的一天，我不加掩飾地抒發出所有想法，不管後果如何。反正現在也無法收回了。畢竟——我們都是成年人了。

10月1日

10點30分：全場排演。

我感冒了，情緒持續緊繃，不可能平靜得下來。臺詞逐漸模糊不清，不清楚哪些部分起了作用、哪些沒有——詹姆斯一副漫不經心的模樣。

下午7點：和琳賽、費歐娜回到史賓賽碼頭——馬丁尼、紅酒、坦誠相對。制定計畫，繼續前進。

10月4日

……去看醫生。因為起床時，我身體的每一個部位都希望繼續留在床上——第83次鼻竇炎，更多的抗生素、鼻噴劑和滴鼻藥水。還能怎麼辦呢？

10月6日

第一場預演。

我們做到了，艾拉（Ella）[603]，我們做到了！

10 月 8 日

1 點 30 分：排演。

7 點 30 分：開演——有各種舞臺效果加持，噢——我們度過的那些可怕日子啊！

10 月 9 日

下午 4 點：排演 / 7 點 30 分：開演。

原以為我們在第 3 幕達到了某種共識，一到晚上就破滅了——我們像在演一場《白廳鬧劇》（*Whitehall Farce*）。

凌晨 2 點：和琳賽、希爾頓一起回到公寓。

此刻也只有一個話題可以聊。

10 月 12 日

7 點 30 分：開演。

我們其實都在對抗疲勞。第 3 幕——費費在自我發揮。在舞臺上，大家不是和**她共演**，而是在**對抗她**。在生活中——她光采動人、**慷慨大方、幽默風趣**；在藝術中——是一場噩夢。

10 月 13 日

7 點 30 分：媒體之夜。

他們說，已經比預期中要順利得多了。

10 月 15 日

……詹姆斯側目一笑，悄悄從門邊溜走。媒體評價褒貶不一。從言語、沉默和缺席情況（除了瓊安·B，祝福她）來看，我成了眾矢之的。我感覺自己像代罪羔羊。但願這種感覺會消失。

10 月 18 日

瑞瑪回家了……

6 點左右，事情會如何收場呢？

費費來到我的化妝間——我們明天可以見面嗎？——我們需要另一位導演——

603　譯註：貢希爾的妹妹，琳賽在《約翰·蓋柏瑞·卜克曼》中飾演的角色。

這齣戲沒辦法搬上 BAM[604]——我可能不得不離開……一如往常，沒有對話，只有獨白，表演只會讓恐懼加深。

10 月 20 日

3 點：琳賽有了一些進展，勇敢的靈魂啊——她還感冒了呢！

7 點 30 分：開演，第 3 幕開始自己上軌道。但是**老天**，沒有導演啊……此時此刻——**誰**來導都好。

10 月 26 日

7 點 30 分：第 3 幕——一場噩夢。

演出結束——詹姆斯一臉「太棒了，布景在紐約也派得上用場」的模樣……我的天啊。

瘋狂與深情

10 月 27 日

12 點：詹姆斯，酒吧。在菲奇[605]的辦公室，詹姆斯看起來像一隻受傷的動物——但**我們也是**。我對布景提出強烈批判，他一定（想當然）會固執到底。

10 月 28 日

費費一直到下午 4 點才出現，除了（小聲地）交流外，沒時間做其他事。好戲上場——會這麼說，是因為觀眾卯起勁來笑。老套的臺詞也能引來哄堂大笑或竊笑，他們甚至在聽到「拜託……」時還以為戲要落幕了。我們在應對上碰到前所未有的挑戰。

表演結束後，在酒吧裡面對那一張神祕莫測的笑容，我憤怒地說了太多——可能吧——實話。或者還不夠多。這下要滑鐵盧了。

10 月 30 日

2 點 30 分：第 3 幕——一場笑話（1）。

7 點 30 分：第 3 幕——一場笑話（2）。

我想要記錄一下——為了日記之用——這段時間可能會發生的某種情境。琳賽不和其中一位女演員排演，卻與另外一位女演員演出……這會是惡意的大勝利……

604　布魯克林音樂學院（Brooklyn Academy of Music）。

605　菲奇・馬克・康諾利（Fiach Mac Conghail），1964 —，擔任 2005 — 2016 年艾比劇院的總監。

10 月 31 日

7 點：小鎮酒吧和燒烤餐廳。

菲奇、琳賽、費費和我。全神戒備——情況可能非常惡劣。波濤洶湧，導演的名字不被提及等等等——許多棘手的問題。回家時，我和琳賽說——**費費想走，就讓她走。**

11 月 2 日

6 點：化妝室裡，費費說「想去酒吧聊聊」。她的臉色蒼白。

7 點 30 分：演出開始——如果我在這種緊繃情緒下都能完成，我到哪都能做到。

10 點 15 分：費費——精神分裂——一臉無辜，不認為這是她的決定。我們不接受這種說法。「費費——妳得走，明天就去跟菲奇說。」

11 月 3 日

7 點 30 分：開演。她失控了。而在某種程度上，我也是。整個人頭昏眼花（就是字面上的意思）。

11 月 4 日

5 點 30 分：小組會議。果不其然，費費最後一個到，什麼也沒說。我拿出我的場地平面構圖給她看，她立刻替自己在舞臺上鋪路……中場休息時，她跟琳賽說：「好萊塢打電話來了。」繼續這場馬戲表演。

11 月 11 日

上午 11 點：排演。

費費希望貢希爾被約翰·蓋柏瑞·卜克曼所愛。我不予置評，只引述劇本。我們爭吵不休，沒有人足夠強硬到指出她的錯誤。**婚姻已經結束——故事從這個無比糟糕的局面繼續發展**……經過三或四（？）個小時的睡眠，我鬥志全消，但也不會屈服於普通的觀點。

7 點 30 分：開演。我還能**怎麼辦**呢？總之就是演到底了。

瑞瑪來了。

11 月 16 日

7 點 30 分：開演。

被人埋怨臺詞的結束方式還到售票處投訴，這讓我更加憤怒了。一開始不要在舞臺後方開場，第 2 幕大部分時面向後舞臺或角落會比較好。用**正面的**態度來溝通不是很好嗎？這樣的要求很過分嗎？

11 月 20 日

下午 2 點：日場。

剩最後幾天，感覺就像盯著一座我們爬不上去的斜坡——永遠到不了頂峰。但逐分逐秒，逐字逐句，我們做到了。

7 點 30 分：最終場（艾比劇場）。

隨著演出逼近結束，對於將去往何方（以及可能永遠到達不了之處）的感覺變得更加強烈，琳賽和我就像**站在**山頂上一樣。

10 點左右：在酒吧。

前所未有的如釋重負，真正的成就感。無論結果如何——我們完成了，全力以赴。

11 月 22 日

倫敦

整天沒踏出家門一步。

這期間，跟茱麗葉通電話，她似乎有點疲累和消極——她的人生不斷在應付挑戰——如今少了休[606]（在加拿大）、孩子的要求、沒有角色給年過 50 的女性、和 F・S 重新活在恐懼之中……令人唏噓的是，她曾是如此愛笑的一個人。震驚之處在於（一如既往地**經常**發生）——失去對（同行）人的真正興趣。

11 月 23 日

溫坡街 55 號。醫生的實驗室。血液檢查、看了許多雜誌，包括《時尚》雜誌。裡頭提到艾瑪・華森的「製片人」給了她一支經典勞力士手錶……

12 月 3 日

去紐約。

12 月 6 日

羅素・布蘭德在傑・雷諾的節目上讓人看不下去。一個已經放棄自我風格，正在摸索職業生涯下一步的人——短髮、毛衣和領帶。變得古怪而可愛，而不是瘋狂。

12 月 10 日

《美人情園》。

606　休・布羅迪（Hugh Brody），茱麗葉・史蒂芬森的丈夫。

9 點 30 分：演員陸續抵達。

10 點 15 分：凱特・溫斯蕾抵達。既親密又陌生——從她 19 歲時就認識她，一路看著她，如今都 35 歲了。

10 點 30 分：《美人情園》，第一次讀劇本。

下午 1 點：巴布托義式餐廳。

凱特、嘉兒 [・伊根（Gail Egan），製片人]、安德莉亞 [・卡爾德伍德（Andrea Calderwood），製片人]、艾利森 [・迪安，編劇]、瑞瑪和我。依然摸不透凱特，她似乎同時在進步和退步。

12 月 19 日

牙買加，蒙特哥貝市

好老舊的美國航空公司。

晚了一個半小時起飛（我們還有一班轉機航班），機艙裡沒有雜誌，耳機只有一邊能聽，餐點難以言喻……在邁阿密拚命地趕時間，最後班機也延遲了。機上沒有空服員，因爲她還在紐約出發的那班航機上……抵達蒙特哥貝市。找到司機，到達圓山 [酒店]，白色欄杆、白色窗簾、白色床單、殖民風格家具。泡熱水澡、在月光下喝杯蘭姆酒。

12 月 20 日

虛度的一天。偶爾回想飛機上讀到的劇本——《埃斯特雷馬杜拉人的肖像》（*Extremaduran Portraits*）——以及閱讀一本很不錯的劇本《午夜之子》（*Midnight's Children*）。然而，選角還沒開始就結束了。

12 月 25 日

12 點：去海灘，聖誕老人 1 點的時候搭船抵達——他是一個有著白色大鬍子的黑人，（用深沉的牙買加口音）說著：「天啊，你們國家眞熱！」

回家開禮物。

8 點：吃晚餐，一應俱全，只少了烤馬鈴薯、抱子甘藍、聖誕布丁，以及第三根蠟燭，好看清楚我們在吃什麼。

12 月 28 日

前往邁阿密→紐約。

到樓下辦公室辦理退房手續，得好好思考一下帳單問題了。

上午 10 點：抵達機場。原定的航班從 5 點 25 分變成 6 點 25 分，變成 7 點 10 分，變成一架沒有公共廣播系統的飛機，無法對乘客發布消息，然後機組人員

因爲超時工作（8 點半了，沒錯，還沒結束），他們必須換班（9 點 05 分）（9 點 30 分）（9 點 55 分）。能抵達約翰‧甘迺迪國際機場眞是了不起。這個喜悅隨即（其實是難熬漫長）被三個半小時的行李等待給消磨殆盡。終於在凌晨 4 點 30 分突圍回到家。公寓竟然冷成這樣，上一次感到這麼冷還是在小時候。

12 月 31 日
我的天啊，是哈莉特‧華特女爵！

瘋
狂
與
深
情

2011

紐約

《約翰·蓋柏瑞·卜克曼》

反削減遊行

歐力·戴佛（Olly Driver），個人教練

《謀殺》（*The Killing*）

湯姆·寇特內

《冤家偷很大》（*Gambit*）

卡麥蓉·狄亞（Cameron Diaz）

米麗安·卡琳

《哈利波特 7》II

安娜·梅西

坎帕尼亞蒂科

紐約

《研討會》（*Seminar*）

1月1日
再次在紐約過新年。

1月6日
布魯克林音樂學院。第一天。技術排演開始……可以說是**愉快的**一天。腦袋努力跟上步調和指導，身體卻完全不聽話，躺了兩、三次。不過，費費、琳賽和我後來在里昂酒吧時都一致同意（在威士忌酸酒的幫助下），H[607] 是一個非常神奇的空間，你會感到振奮、創意無限、靈感啓發，戲劇的內容和語言源源不絕浮現。「我們有了一齣劇。」費費說。

1月7日
9 點 30 分：在布魯克林音樂學院。第 4 幕技術排演。
下午 2 點：服裝彩排進行得頗順利，霍華德‧戴維斯 [導演] 很滿意——我們盡情地發揮，不受限制。
7 點 30 分：首場預演。
在極度疲憊下工作，我還忘了要大量喝水。無論如何（每次都是這樣）我們順利完成演出了。

1月8日
第二場預演。
在與慢慢浮出的病毒對抗的同時，有了眞正的進展，呈現出一場非常精彩的演出。奇妙的事情正在發生。

1月10日
晚上：道格‧麥格拉思（Doug McGrath）[608] 給了一個索然無味的案子，讓我不禁納悶起經紀人的存在意義………

1月14日
7 點 30 分：演出。
整體來看是最艱難的一場，有趣的是，沒看到半個布魯克林音樂學院的工作人員……在紐約獨自面對挫敗的一天。
10 點 15 分：離開劇院，搭車回家，觀看影評人票選獎（Critics' Choice Awards）——

607　哈維劇場（Harvey Theater），隸屬於布魯克林音樂學院。
608　加拿大演員，1935 —。

這樣尷尬的演員頒獎典禮不會是第一個，還會愈來愈多。爲了免費收看電視，換來尷尬的重播廣告和空虛。怪不得《迷失某地》(*Somewhere*)[609]被忽略了。

1月18日

7點30分：演出。

有兩通電話響起——第一個場景，打擾演出的人似乎還知道道歉。第二個場景，就坐在前排，居然還翻找起包包來。

1月19日

7點30分：演出。

來自地獄的病毒彷彿就要降臨。觀眾席裡一直有人咳嗽和坐立不安。噢天啊，眞是一場**與自己**的無盡戰鬥。

1月20日

躁動的觀眾動不動就大笑。開演前，收到聽不清舞臺聲音的投訴。感覺今晚我都是用吼的。

10點15分：咖啡酒餐館。

大家一臉讀到差評的表情。

1月23日

下午3點：演出。

奇怪的是，當我把所有煩惱和恐懼排除在外後，腦袋開始有了空間——我說不定喜歡演這場戲。你必須**藏起**野獸，而不是讓它控制你。

1月25日

1點30分：布蘭達·丘林 (Brenda Currin)[610]帶著改編自尤多拉·韋爾蒂 (Eudora Welty) 作品的劇本來到我們家廚房。她絕對是位優秀的演員，但這齣戲需要一個具體的身分認同。我提出一些建議——很基本但非常關鍵。

7點30分：演出。

非常愛出聲音的觀眾，甚至有點失控了（居然大叫石內卜……）。

609　由蘇菲亞·柯波拉 (Sofia Coppola) 執導。
610　美國演員，1946—。

1月27日

[在薩伏依餐廳吃完午餐]走路回家,穿過積雪,肚子非常不舒服,及時抵達家門。

7點30分:演出——薑茶、冰袋、水全都用來平息一場即將到來的風暴。

無論如何,演出取得一定的成功,亞當・艾薩克[Adam Isaacs,藝人經紀公司]一陣吹捧,我後知後覺地發現,我自己的經紀人幾乎沒對我的演出說什麼。**這是怎麼情況?**

2月2日

7點30分:演出。

預料中,事後來看也是——沒人應該在同一天出演兩次,聲音、身體和精神都受到嚴重打擊,耗盡大腦(記憶)和技巧(非常疲憊),變成意志力的考驗。

瘋
狂
與
深
情

2月4日

7點30分:演出。

仍在與病毒戰鬥。

10點30分:咖啡酒餐館。

克莉絲汀・米華德和朋友們。某位摯友直到我離開前都**不發一語**,印象深刻。

2月6日

下午3點半:演出。最後一場,也是不錯的一場。

7點30分:藍絲帶糕點店。嗯,不是我會選擇的場地[殺青派對],但也還可以。

每個人都很熱情地擁抱道別,費費坐下來傾訴她的無辜……

2月7日

下午7點:英國影藝學院電影獎採訪。

我才不告訴你我偷了哪些道具,或是喬・羅琳對我說了什麼。

2月8日

7點:搭車前往布魯克林音樂學院。

兩場《終極警探》放映,一場介紹,一場進行問答。誰知道呢?兩場都座無虛席、滿堂喝采,觀眾非常熱情。

2月26日

《一步登天》(*How to Succeed in Business Without Really Trying*)。

第一場預演非常成功，丹〔尼爾·雷德克里夫〕老練地唱歌跳舞，沒說話時會分心，儘管舞蹈一流，但走位沒有編排好，所以丹的部分有點奇怪。示範給他看，他立刻就能做出來。

3月2日
凌晨 1 點：The Box 夜總會。
其中一場表演是有個女人在音樂提示下對著麥克風放屁。當然是裸體。

3月8日
11 點 45 分：帝勢藝術學院（Tisch School）。
一切順利，除了一個《哈利波特》的難題，以及一個問我正在讀什麼書的男孩。「你是指小說嗎？」「是的。」我腦中一片空白。我經常**蒐閱**各種不同類型的文本，或是劇本，或者可能**什麼**也不讀。
去 14 街的頂級裁縫店取回西裝，回家開始漫長的整理行李。
飛機上，坐在我隔壁的人是羅傑·沃特斯〔Roger Waters，平克·佛洛伊德樂團（Pink Floyd）〕——友善、健談又聰明。
下午：像往常一樣——分類、打開、丟棄、開箱、更換、搬重物、重新掛起……

2011

日記：1993—2015年

3月14日
開始整理家中物品。漂亮嗎？有用嗎？有沒有東西會讓人感到一絲沮喪？維多利亞風格的大房間需要**很多**東西。

3月18日
11 點 10 分／11 點 30 分：雷德醫生。
血液檢查，從頭到腳（字面上的意思），不舒服的地方全檢查一次。

3月26日
琳賽來接我們——開車到皮卡迪利圓環參加反削減遊行[611]。先到 EAT 喝咖啡、吃三明治，接著散步到特拉法加廣場，等了很久才拿到英國演員工會（Equity）的布條。走到公園巷，看到多切斯特酒店，已經足以說明一切。琳賽、海頓〔·格溫（Haydn Gwynne）〕和我們走進去喝茶配三明治（去邊）、蛋糕，這是所有社會主義者在下午 4 點都會做的事。

611　譯註：Anti-Cuts March，2011 年在倫敦舉行的抗議活動，抗議 2010 年 5 月成立的自由民主黨聯合政府計劃削減公共開支。

3 月 28 日

里斯特醫院的奈爾・沃克（Neil Walker）──檢查黑痣、瑕疵、紅斑和剝落──所有皮膚症狀。一如往常地沒有真正的解答──藥膏、類固醇──在好轉之前會先變糟。我發現**他的**皮膚很好，所以……

3 月 31 日

瑞瑪去參加管理會議時，我煮了一道紅酒燉雞，真是該死的好吃。味道清淡不濃郁──有春天的感覺。

4 月 6 日

10 點 30 分：約翰・蓋諾（John Gaynor）。
測血壓、聽診器檢查、小聊娛樂圈。

4 月 8 日

8 點：歐力・戴佛──**教練**。
一如大家說的嚴格，但合理。一天下來，我可以感覺到變化……全身上下都在發出質疑。

4 月 11 日

8 點：歐力・戴佛。
辛苦，但不會崩潰，一整天都可以感覺到好轉──身體逐漸清醒，有來真是太好了。

4 月 14 日

繼續看《謀殺》。我很容易分心，［所以］老是沒跟上劇情。當然，瑞瑪依舊**目不轉睛**。

4 月 18 日

8 點：歐力・戴佛。
他開始要求了……
3 點 30 分：讀《暫定─冤家偷很大》的劇本。
元素很多，卡麥蓉・狄亞相當出色──開朗大方。柯林［・佛斯］還是老樣子，好奇又包容。至於劇本呢？不應該拿到檯面上來一起讀。這是一部關於動作、剪輯和致敬某類型電影的故事，有時會很有趣，但大部分不是──只是聽起來好像要搞笑。麥可［・霍夫曼（Michael Hoffman），導演］非常樂意做出改變，

工作就此展開。

7 點：歐力・戴佛。

我的天。這可不是開玩笑，畢竟今晚先喝了一些好酒──雖然說故事時灑了出來（老是這樣）。但他還是逼我做完了。若沒人推一把，我是不可能做到的。

4 月 20 日

麥可優柔寡斷，猶豫不決，擔心會有更好的選擇──讓人有點不安。

湯姆・C 來找我聊天──聊到菲利普・拉金（Philip Larkin）、亞伯特・芬尼、他的老狗、新養的狗、討厭某個演員（談了好久）。他是穿著短褲的 74 歲小男孩，他是湯姆・寇特內，我成長歲月裡的大明星。

看了一部關於卡麥蓉［・狄亞］的傳記電影，非常有用。一個工人階級的女孩躍身模特兒界，然後進入電影圈，交往名人男友。看似一瞬間的事，其實都過二十年了。

4 月 23 日

下午：看了《謀殺》，太精采了，令人（英國電視臺）羞愧。

4 月 24 日

看了另一集《謀殺》。

每位演員的演出都十分精彩，即使是最小的角色也被完美詮釋。

只剩六集了……

4 月 29 日

歐力・戴佛──越來越嚴格。

皇室婚禮 [612] 在科妮莉亞吸塵和凱斯・B（Keith B）清洗所有窗戶時入侵房子。回顧起來，我們真是耀眼。這會是一種有趣的戲劇形式。選角至關重要，布景是既定的，容納了各種表現，包括愚蠢到具有創意。劇本？有不同解讀，交由歷史去定奪。

4 月 30 日

和艾利森對完《美人情園》的劇本。

2 點：維特羅斯超市。

下午：看完《謀殺》。

612 威廉王子和凱特・密道頓（Kate Middleton）。

劇情時常讓我摸不著頭緒，但影片價值無與倫比。演技在整部劇中都非常出色。絕妙。

5月2日

米麗安‧卡琳，丹維爾莊園[613]吃午餐。

我們都認爲可以寫成一部戲——或是一集《駭人命案事件簿》(*Midsomer Murders*)……仍在迷失中的演員坐在輪椅上，蒼老的面容凝視前方。米麗安一如既往地進行她的戰鬥，只是如今她在與自己對抗，祈求瑞士能夠爲她帶來解脫。誰能怪她？布萊恩？貝瑞？年過90卻依然注重儀表——襯衫、領帶、夾克，爲齊聚一堂的家族成員送上咖啡。「謝謝，服務生。」我說。「是管家。」他屬聲說——面帶微笑。迪娜‧謝里丹（Dinah Sheridan）[614]手拿相機，她是在尋找事情不尋常的證據嗎？

瘋
狂
與
深
情

5月7日

8點：自宅晚餐。

凱瑟琳‧瓦伊納、愛德‧米勒班（Ed Miliband）和潔絲汀‧桑頓 [Justine Thornton，他的妻子]、米蘭達 [‧李察遜]、亨麗埃塔‧格林、羅南‧班尼特（Ronan Bennett）[615]和喬治娜‧亨利 [Georgina Henry，他的妻子]、拉希拉（Rahila）和友人瑪麗（Mary）。

當我們關上門收拾完畢後——幾乎收拾完——在凌晨2點左右的當下，齊聲說了句「噩夢」。

食物雖然美味，卻在9點30分和10點30分才上桌，晚得太尷尬。對拉希拉來說是巴基斯坦時間，而她又是極度注重調味的完美主義者。愛德‧M很有耐心，畢竟他明天還要去上安德魯‧瑪爾的節目。我累得無法交談，壓力也很大。

5月9日

《冤家偷很大》。第一天，夜間拍攝。

3點30分：車子來接，前往紐波潘尼爾小鎮的泰林漢姆莊園。

然後是夜間拍攝的噩夢（可悲的是，不是因爲睡眠）。悄然襲來的疲憊，沒空吃飯，忘記喝水，導致說話含糊不清，品味和判斷隨之消失在泰林漢姆的田園上。凌晨5點30分倒臥在床上（有著東亞色彩危機的房間）。

613　Denville Hall，演藝圈人士的養老院。

614　英國演員，1920 — 2012。

615　愛爾蘭小說家和編劇，1956 —。

5 月 10 日

10 點 40 分醒來。

12 點左右：和柯林、卡麥蓉、麥克［·羅貝爾（Mike Lobell），製片人］、麥可·霍夫曼，以及其他製片人圍坐在餐桌前，聊到阿根廷、音樂、電影、火車和方言等話題。大家愉快地享用食物、喝咖啡和聊天。

晚上：卡拉 OK 之夜。因左手大拇指被車門碰的一聲……夾在裡面，這下永生難忘了。始終揮之不去的疼痛，讓我差點昏厥。我想拇指可能會變成黑色吧。麥可·H 有一種獨特的個性，既有決斷力，同時又優柔寡斷。讓人有點不安。但他內心深處確實知道自己要的是什麼。

5 月 11 日

沒錯，拇指變黑了。我得重學怎麼扣好褲子鈕扣了。

5 月 15 日

待在家的一天，從露比那裡偷了幾句臺詞，明天拍戲時可以用。

5 月 16 日

凌晨 5 點 50 分：車子來接。昨晚 11 點 30 分上床，凌晨 2 點 30 分醒來，回頭繼續睡——凌晨 5 點起床，展開一天漫長的拍攝。亨利小鎮外的山坡——四周景色宛如英國的托斯卡尼。我和一群全副武裝的人，兩頁的劇本，不停倒地、爬起，滿臉灰塵，按指定位置站在泥濘之中、大吼大叫……晚上 6 點收工，我只想泡個熱水澡，從腳踝到眼皮都覺得痛。

5 月 24 日

4 點 20 分車子來接……依舊是凌晨時分。又餓又累，待在地下室，完全不知道時間的流逝。走回拖車的路上，詫異地發現有人在餐廳吃午餐。居然已經下午 3 點 30 分……

5 月 25 日

上午 6 點：起床跟要去義大利的瑞瑪告別。

回到床上睡到 10 點。

有點期待拍賣商的場景。然而，當麥克·L 緊迫盯人時，麥可·H 又再度陷入天人交戰的泥沼中。最終——一個好好的創意被削弱到枯燥乏味，最後拍了平淡無奇的版本。以防萬一。

5 月 27 日

要去探訪兩間安寧醫院——沒有其他方法，只能去了。

下午 3 點：安娜 [·梅西]——聖查理斯醫院。

蒼白、平靜而美麗——凝視著前方看。詢問理由，話鋒一轉，一如往常變成了批判。「我不認為 M 是個很好的人。」（我曾以為他在她心中是個英雄）。但她也是個有愛的人。

下午 5 點：米麗安——聖約翰和聖伊莉莎白醫院。

完美妝容（出於別人之手），隨時準備迎接訪客。儘管藥物讓她幾乎睜不開眼，也要談天說笑。我不敢太快離開。

5 月 31 日

上午 6 點：車子來接。

在夏班達[616]辦公室裡的沙發上拍攝了很久。我、卡麥蓉、柯林……對臺詞的掌握不夠，快到晚上才拍攝我的特寫鏡頭……可憐的麥可，只能被動地承受。我要如何壓抑自己讓他人感到疏遠和害怕的能力呢？這**沒有幫助**，但至少推動了一點進度。至於「可以先讀場景的劇本嗎？」這不是首要之事嗎？——不能光注重鏡頭而已………

6 月 2 日

上午 6 點：車子來接。

今天沒穿衣服。

好吧——其實穿了肉色內褲。像他們說的那樣，過一陣子就不會注意到了。只是在這種情況下，我是唯一半裸（八分之七）的人。這就是現實，但還是感謝歐力·戴佛——即使我上週缺席，努力總會有回報。

6 月 3 日

米麗安·卡琳去世了。她具有高尚的精神，雖然最終沒能去到「尊嚴[617]」，但守住了強大的自尊。她有著一顆不多愁善感且熱情奔放的心，我永難忘懷與她相處的愉快時光。

6 月 6 日

和菲利普·赫德利談到下週米麗安的葬禮。要提高等級——確保皇家莎士比亞

616　夏班達爵士（Lord Shabandar），艾倫·瑞克曼的角色。
617　譯註：Dignitas，瑞士一家協助絕症患者安樂死的機構。

劇團的人和工會的馬爾科姆・辛克萊[618]都會出席。演員可以在追思會上發揮他們的能力。

6月8日
回到伊靈製片廠（Ealing Studios）。
卡麥蓉再次證明她是一名多才多藝的喜劇演員：天生的節奏感和精確性，而且很真實。

6月9日
閱讀《只是孩子》（*Just Kids*）[619]。佩蒂・史密斯寫下她和梅普索普（Mapplethorpe）的故事。兩人輪流進入惠特尼美術館（買不起兩張票），羅柏（Robert）說：「有一天，我們的作品會在這裡展出。」而我就是在那裡遇見他，在他自己的回顧展上……

2011

日記：1993—2015年

6月11日
繼續看了一小段《擁抱豔陽天》（*Monster's Ball*），女神卡卡（Lady Gaga）宣布她是帝勢藝術學院的學生。現在，我知道她將會被認真對待，因為她受過**正規**的科班訓練。有所謂的**過程**。

6月12日
7點30分：史丹利・圖奇和費莉希蒂 [・布朗（Felicity Blunt），他的女伴][620]。很高興看到有人也有一點廚房恐慌症。「馬鈴薯不夠了，煮些玉米粥。」

6月14日

米麗安・卡琳

10點：開車去接塞爾瑪，前往戈德斯格林火葬場，菲利普・H（上帝保佑他）已經在現場主持大局。**不要讓沒做事的人進來**。他一直堅持到了11點28分，我認為外面一定開始騷動了。隨後儀式開始，在我說完「不再害怕」後，菲利普講了二十分鐘……無論如何，總算走完流程（接著有海倫娜・K、哈莉特和

618　馬爾科姆・辛克萊（Malcolm Sinclair），時任工會主席。
619　譯註：被譽為「龐克搖滾桂冠詩人」、「龐克教母」的佩蒂・史密斯，在其回憶錄中描述一個男孩和女孩，在紐約從相遇到相愛，從日日掙扎、絕不放棄到各自勇敢站上舞臺的傳奇故事。
620　編註：她也是英國演員艾蜜莉・布朗（Emily Blunt）的姊姊。

克莉絲汀娜‧羅塞蒂 [Christina Rossetti]）。而期間，揚‧S[621] 和李察‧迪比‧戴（Richard Digby Day）[622] 的發言又拖了不少時間（只有在引述莫琳‧李普曼和米麗安去信《衛報》的內容時才比較有意思）。

6月25日
和大衛‧哈金斯（David Huggins）[623] 聊了一下。他覺得她可能腦袋混亂了，以為是尤里[624]。我不這麼認為——但大衛說，她九成的時間都在睡，不會感到痛。他們認為她會就這樣直接停止呼吸，白天大部分時間都認不出人。我打開電視收看格拉斯頓伯里音樂節。音樂總是能帶你到任何地方。露茱（Rumer）、肘樂團（Elbow）、酷玩樂團，英國音樂太棒了！

6月27日
8點30分：歐力‧戴佛。
這一堂太操了，昨晚太晚睡……

瘋狂與深情

7月3日
男子決賽：納達爾對上喬科維奇（Djokovic）。
難忘的經驗，鮮明的對比，先在主入口的陽臺觀看比賽，接著在格洛斯特公爵夫人（Duchess of Gloucester）的桌上用午餐。錯的人 [喬科維奇]——充滿勝利和自我——贏了。比約恩‧伯格（Bjorn Borg）來找我合影。「你在開玩笑吧？」我結巴地說。約翰‧梅傑回答：「你給了我們很多快樂。」「我也想這麼對你說。」我不得不說，他很有風度地大笑出來。
回到家，收到了尤里的消息——用俄語——安娜去世了。

7月4日
肯辛頓市政廳。瑞瑪當選市議員，發表一場激情澎湃的演說。我非常以她為傲。跟大衛‧哈金斯交談，安娜的遺願是希望我在她的告別式上演說。我們選了一個日子，但對俄羅斯猶太人的尤里來說，他心裡很不好過，他想盡快舉行告別式。

7月7日
《哈利波特7》II。

---

621 揚‧薩金特（Jan Sargent），英國導演和作家。
622 英國戲劇導演，1938—。
623 英國演員，1959—，安娜‧梅西的兒子。
624 編註：尤里‧安德列斯，安娜‧梅西的丈夫。

都結束了。第I部。

前往特拉法加廣場——花了一個小時。

抵達之後，到處是紅地毯。螢幕、平臺、一位採訪者和成千上萬人尖叫吶喊：「石內卜、石內卜、塞佛勒斯・石內卜……」晚上8點電影放映，蜿蜒的紅毯一路延伸到特拉法加廣場。我焦慮地看著——電影中途改爲講述石內卜的故事，鏡頭失去焦點。但觀眾看得非常開心。之後前往比林斯蓋特區，大家興高采烈，找不到（或聽不到）任何人……

7月8日

10點30分：去接尤里，送他到安吉魯斯餐廳用午餐。情感纖細的男人，因失去安娜而茫然若失，談到火葬讓復活成爲不可能之事；立場總是偏向右翼觀點，但基本上是個熱愛一切事物的人。

7月13日

卡在第125場兩天。

疲憊不堪、暴躁易怒，說話有時變得刻薄。

8點左右：在巴賽麗小餐館和柯林［・佛斯］、史丹利和費莉希蒂吃晚餐。

這是一個快樂的團隊，有很多話題可以聊、可以笑。柯林的獨白很有趣，來自一顆開放的心胸。史丹利愛上倫敦，很想住下來。

7月15日

在清晨寧靜的飯廳裡，我寫完安娜的追悼文。

12點30分：在肯薩綠地區的西倫敦火葬場。

大衛・海爾等在外面，他說：「這就是安娜——要嘛什麼也沒有，要嘛就是西敏寺。」

下午2點：安娜的告別式。安靜、有序、高雅，一開始是莫札特的樂曲，接著是祈禱，然後是我、潘妮・威爾頓、牧師和演奏舒伯特（Schubert）。我想我講了快三十分鐘，按照安娜的期望，這樣是可以的。

7月20日

《冤家偷很大》。最後一天。

在勞斯萊斯後座坐了整天。

卡麥蓉在沒有眞正投入工作的情況下，也能展現出令人驚豔的自信、穩定，彷彿一切都在她的掌控之中（讓導演和製片人無話可說）。她這幾週都在越洋旅行，居然還能吸收自己的臺詞，眞是叫人驚訝。總之，對她一點挑戰也沒有。

而我在畫面不夠流暢之下，甚至還得有人指點。我想這就是所謂的明星，也是金錢投入／花費的地方。

7月27日

獨一無二的尤里明天將前往巴勒摩市，8月中旬（這時我們在義大利）要到聖地牙哥，但離開時一句再見也沒說。他沒怎麼認識英格蘭，畢竟告別式就夠令他難過了。「沒有開棺、沒有吻別——火葬，葬送了復活的希望。」今晚，我聽說他對告別式上人們（合情合理）的笑聲感到困惑。

7月30日

9點15分：在[薩默塞特宮]庭院廣場放映《終極警探》。數千名死忠影迷帶著墊子、毯子和睡袋到場。有人在麥克風前像搖滾明星一樣表演，不容錯過。在湯姆（Tom）的廚房裡用過晚餐，到庭院廣場看了十五分鐘，你會發現這部電影有多麼厲害，每一個鏡頭都在推進故事發展。

8月1日

看了兩部關於魯伯特·梅鐸（Rupert Murdoch）的影像紀錄片。我猜這應該都歸功於尼克·戴維斯（Nick Davies）[625]、湯姆·沃特森（Tom Watson）[626]、克里斯·布萊恩特（Chris Bryant）[627]、艾倫·羅斯布里奇，是他們促成這一切。哎呀，時機真的很重要。

8月7日

坎帕尼亞蒂科

8月11日

艾蜜莉·楊[Emily Young，雕塑家]從巴蒂納諾鎮來享用豬排和蔬菜燉飯，我們聽了一場她的人生導覽。我喜歡她，但就沒有一**個**問題是關於我們的嗎？？

8月13日

沿著村子後面散步——古老的城牆搭起鷹架，滑行過小路，穿過聖母堂，來到但丁廣場吃帕尼尼三明治、喝咖啡，克勞迪歐請客……

625　英國調查記者，1953—。
626　工黨政治家，1967—。
627　工黨政治家，1962—。

8月17日

7點30分：游泳。

8點30分：在托斯卡納山丘／村莊、石頭小路和樹林走了約兩個小時。聽威爾・賀頓（Will Hutton）講述梅鐸的故事——傑瑞米・杭特（Jeremy Hunt）[628] 想要取代 [大衛・] 卡麥隆（我會把自己鏈在幾個欄杆上）。艾倫・羅斯布里奇長期支持尼克・戴維斯，是真正的英雄……諸如此類。

8月20日

華氏 97 度 [629]。

8月21日

華氏 100 度。

就像走進烤箱一樣，但這裡的人知道怎麼蓋房子，也許是他們觀察到鴿子會在大熱天時離開電線，飛到松樹枝頭上避暑。

9月3日

在飛機上看完艾德娜的短篇小說集《聖徒與罪人》(*Saints and Sinner*)。她用文字繪畫、用文字歌唱，而慶幸的是，在最後一個故事〈舊傷〉(*Old Wounds*)的最後兩行中，她給了我一個完美的總結：「那是……某種無法命名的東西，一旦有了名字，就會剝奪它的真實性」。

下午 4 點 10 分回到家。下午 4 點 30 分洗完澡，去切爾西藥草園參加湯姆・史塔佩的派對。這時若來顆炸彈的話，會炸掉大半的英國戲劇人士。我站在碎石地上一動也不動。派對很有趣，但也有點可怕。之後去卡拉菲尼義式餐廳吃晚餐……因為我在派對上沒有靠近任何食物。

9月13日

聽愛黛兒（Adele）的專輯《二十一歲》(*21*)，她正在做她天生擅長的事。

奈森（Nathan）和路易斯（Lewis）帶我去西 13 街 321 號。路被封了。四輛聯合愛迪生 [630] 的車，沒有電梯可用。要搬兩個行李箱爬七層樓……沒有電話、電視或電腦可以用，水龍頭涓涓流出褐色的水。

628 保守派政治家，1966 —，曾擔任文化傳媒、奧運會、和體育內閣國務大臣。

629 譯註：約攝氏 36 度。

630 聯合愛迪生（Con Edison），瓦斯公司。

9月30日
[關於《研討會》]

老天，我必須保持冷靜才行。四名演員不去堅持探索場景中的眞實性，其中兩名嘗試不同的聲音效果和可以製造的聲音特點。導演不提出問題，但有許多實用的建議。有時，緊繃的情緒退去，我們取得一些成果。因此，我必須保持開放的態度，不帶批判，信任團隊……

10月1日
12點40分：車子來接，排演。

老樣子，我實在不懂。

10月10日
11點：排演。

現在**眞的**需要熟悉臺詞。不要浪費任何時刻、分鐘、天數。

10月11日
12點：除蟲人員用手電筒照射，檢查床墊（沒有臭蟲），帶走樣本。

10月12日
11點：排演，走了一遍。特蕾莎 [·里貝克，編劇] 也在場，結束後就離開了，一句鼓勵的話也沒有——老天，這部戲不是**她**寫的嗎？我在電梯遇到她，在一團混亂中丟了幾顆手榴彈——「現在這是我們的劇了。」

10月16日
11點：排演。

在一堆事還沒安排好之前就要進入一次完整排演，讓人感到緊張和憤怒。天啊，這種要**詮釋**出來的壓力眞是糟透了。

下午2點：混亂的排演，臺詞消失，毫無章法，漢米許[631] 表現出色，莉莉 [·拉貝（Lily Rabe）] 依然照本宣科，特蕾莎一直在**翻劇本**……我愈來愈生氣。只能說勉強算是完成了。

10月20日
11點：排演。

631　漢米許·林克萊特（Hamish Linklater），美國演員，1976 —。

漢米許終於對部分劇本表現出挫折——這是對的——然後我們解決了這問題。
為什麼得花這麼長的時間？是因為恐懼嗎？每個人都被自身的才華給封閉了。
下午：排練劇本時進行了一些令人不安的小幅度修改和調整。我們把演出時間縮
短了四分鐘——但（僅限這本日記）**仍然**太多自我，精雕細琢每一句臺詞，太多
怎麼做，卻不知道到底說了**什麼**。白白浪費了這麼多才華，卻仍受到鼓勵和讚譽。

10 月 23 日

12 點 30 分：繼續前進。技術排演第一天。
睡眠不足——水管裡的聲音像尼加拉瓜大瀑布——最終導致身體和大腦分離。
與此同時——舞臺布景很好，服裝很好，劇院給人完美且親切的感覺。我開始
反思自己和整個局面。要知道別人的想法是不可能的，也許這就是實際狀況
（我們在喬·艾倫餐廳吃了一頓愉快滿足的餐點），相同戲碼再度浮現……

10 月 26 日

晚上 8 點：公開媒體試演。
原本以為只有五十人——沒想到高朋滿座，我們都勇敢度過了。在笑聲的支持
下，我們表現得更好——莉莉做出她最真實的表演。許多複雜的問題都有解
決，很清楚要把心力放在何處。

10 月 27 日

晚上 8 點：首次預演。
從進場開始就非常緊張，一如往常和內心的惡魔進行了一場戰鬥。

10 月 28 日

晚上 8 點：演出。
仍然相當緊張，當演員講錯一個詞，全場觀眾就會離線幾分鐘。
回到家，我所有愚蠢的擔憂，甚至嚴重的焦慮都煙消雲散了。這時，瑞瑪丟了
一顆震撼彈：波·羅傑斯（Bo Rogers）[632] 去世了。此時還沒人知道原因。過去
我常看著他，並感到不可思議：能一下子跟孩子打成一片，不說三道四，非常
善良。然而，我再次陷入茫然。

10 月 29 日

上午 11 點：車子來接。

632　理察和露絲·羅傑斯的兒子。

一夜難眠──樓下雷吉（Reggie）的重低音一直響到凌晨 6 點。

10 點左右：中央酒吧，史丹利〔·圖奇〕和瑞瑪。

史丹利時而刻薄，時而溫暖，對演出沒有多少評論，感覺像個外星人。

回到家，樓下的雷吉又開始一場震耳欲聾的狂歡。他沒回應門鈴。飯店沒空房，只好吃藥、戴耳塞，希望能好好休息。

10 月 31 日

上午 9 點：血液檢查。

這是最輕鬆、最快且最無痛的一次。

在演出前，我該如何停止這種狀況？恐慌？昏厥？盜汗？反覆唸臺詞？手臂沉重？呼吸困難？集中注意力？一開始很困難，之後漸入佳境。

回到家──門外放了一雙鞋子。雷夫·F 很高興留下來共進晚餐。

瘋狂與深情

11 月 5 日

晚上 8 點：演出。

除了又一次不穩定的開場外，（山姆[633] 說）這場演出非常成功。大腦全程和身體對抗──身體在中場休息時休眠了，自認已經完成一天的任務，中斷和大腦的聯繫，哪裡知道還得再上場才行。

11 月 8 日

1 點 30 分：派翠克·帕切科（Patrick Pacheco），《洛杉磯時報》。

他的提問中出現了「惡棍」和「冷笑」，不抱希望能有任何突破性的內容。

11 月 11 日

晚上 8 點：演出。

不確定觀眾是從哪來的，不過他們幾乎失去控制。

11 月 17 日

睡到快 11 點，大約下午 2 點回到公寓[634]。感覺有休息到，但身體仍不太舒服──腳軟、頭痛。

下午 5 點前往劇院。

貝瑞〔·柯恩〕來了，用聽診器發現左肺有液體──可能是肺炎，立刻使用抗生素。

633　山姆·戈爾德（Sam Gold），導演。

634　艾倫·瑞克曼前晚在飯店過夜，以便能補充一些睡眠。

今晚的演出——媒體首演——取消了。猛然察覺這是我第一次缺席演出。他們稱之爲「急性呼吸道感染」。回家、吃飯、取暖、電視、上床睡覺。

11 月 18 日
抗生素發揮作用，我得到的是「行走型肺炎 [635]」。

下午 5 點：到劇院。

舞臺測試。與其他人排演第二場景。一切順利，但願如此。只能祈禱。

晚上 8 點：演出。感覺生龍活虎，精力充沛，就是聲音受到限制。

11 月 19 日
下午 2 點：演出狀況不錯，但結束時非常疲憊。

晚上 8 點：6 點、6 點 30 分，到 7 點時都還覺得今晚的演出是不可能的任務。我沒有力氣、頭昏眼花，好不容易撐到了謝幕。問題是，兩場演出使我疲憊不堪，身體出現反向作用——產生抗藥性。

11 月 20 日
6 點 30 分：開幕之夜。

一切進行地比預想中順利。

11 月 21 日
《紐約時報》褒貶不一，後來從山姆那裡得知其他地方獲得一片好評。

11 月 22 日
晚上 7 點：演出。

感覺差不多恢復到正常狀態，不用再靠家具支撐了。

11 月 27 日
下午 3 點左右：演出。現場觀眾簡直像在看棒球比賽，不管是臺詞、入場或退場都在鼓掌，甚至在某個難忘的時刻……放屁了。我們幾個沒辦法看向彼此，但應該是這樣吧！

12 月 1 日
下午 2 點：車子來接。

635　譯註：黴漿菌肺炎，通常症狀較輕，又稱為「行走型肺炎」。

眼科醫師經過多次檢查：上、下、左、右、最上面一行、最下面一行、紅色、綠色？最後說：「十天後再來看情況有沒有惡化，你可以去找一下這位視網膜醫師……」

晚上7點：演出。

貝瑞·霍普金斯（Barry Hopkins）[636] 和他的朋友們以為是晚上8點……

在化妝室裡，有安娜·溫圖（Anna Wintour）、凱瑟琳（Katherine）[637]（安娜無趣的女兒和朋友們）和蘇珊·貝蒂許。

12月4日

健康突然惡化……正好碰上週末表演的高潮時刻。

7點30分：演出。

感覺像是非常愚蠢的觀眾（根據我在開演前跟傑佛瑞·芬恩 [Jeffrey Finn，製片人] 的交談），我擔心所有的宣傳都是著墨在喜劇／情劇喜劇／不具挑戰性。

12月13日

9點：視網膜醫師。點了一堆眼藥水，讓瞳孔擴張，他就可以照光檢查每個角落，最後確認沒有淚腺問題或視網膜剝落等狀況。六星期後回診。回家時經過裁縫店，以及13街（去買吸塵器）。

12月14日

晚上7點：演出。

相對來說，全場非常安靜。上帝保佑，幸好落幕時大家都站起身了。

12月16日

晚上8點：演出。

晚上10點：中央酒吧。

等待羅伯特（Robert）、阿琳和克羅伊·卡許曼 [Chloe Cushman，插畫家]，他們幾乎隻字不提《研討會》。這種無禮有時真叫我震驚。

12月19日

12點45分：班傑明·艾許醫生（Dr Benjamin Asher）為我開了中藥、維生素D，打了一針，我的喉嚨馬上變得舒服多了。他還減緩了我脖子的疼痛。

636　美國演員，1953—。

637　編註：全名為 Katherine Bee Shaffer，媒體上較常出現的名稱為碧·夏佛。

12 月 21 日

晚上 7 點：演出。

第一排坐了一個非常惱人、總在不對時間點大笑的人。很難讓人忽略他的存在。

12 月 29 日

難以想像這本日記之後讀來會是什麼樣子。從開幕之夜開始就被疾病糾纏，點綴了幾天自由的幸福日子，但大部分時間都像在開碰碰車，努力東躲西藏。

12 月 30 日

下午 2 點：演出。

明顯好轉了，但仍離不開面紙盒，至少不再頭昏。這是個好消息。

晚上 8 點：演出。

觀眾是來放鬆享受的，沒有任何文學性的參考價值——而是一路歡樂到底。

12 月 31 日

下午 2 點：演出。

在最後一幕，我幾乎是匍匐前行，每條血管、每根骨頭和每個孔洞都充滿疲憊。

2012

紐約
伊莉莎白‧柏賽（Elizabeth Pursey）
《研討會》
布魯克‧雪德絲（Brooke Shields）
凡妮莎‧蕾格烈芙
凱文‧克萊
梅莉‧史翠普
多倫多
李歐納‧柯恩
薩凡納市，《龐克地下城》（CBGB）
基恩‧麥克瑞（Keene McRae）
紐約
紐澳良
「艾薩克」颶風
《白宮第一管家》（The Butler）
珍‧芳達（Jane Fonda）
歐普拉‧溫弗蕾（Oprah Winfrey）
坎帕尼亞蒂科
大衛‧貝利
歐巴馬連任
《美人情園》
《冤家偷很大》影評

1月3日

上午 11 點：打電話給帕特・希利 [Pat Healy，記者] 談談星期天的《Times Talk》節目。一整天都在安排和說服。法蘭西絲卡病得很重，我認爲瑞瑪最好今天立刻搭上飛機。

1月4日

上午：跟瑞瑪談過。她撐過來了——法蘭西絲卡還沒走——眞是奇蹟。瑞瑪、彼得 [Peter，瑞瑪的弟弟] 和梅蘭妮・帕克齊聚在牛津。

1月7日

收到瑞瑪的電子郵件——法蘭西絲卡去世了。很難相信如此一個勇敢堅定的人就這麼放棄了。我向每個願意傾聽的人聊起她。**聽好了，非常罕見的一個人走了。**

1月10日

下午 3 點：艾許醫生。
吃更多的藥，注射穀胱甘肽，非常棒的頸部按摩。到布魯明黛百貨公司找（而且找到了）一件外套。

1月11日

晚上 7 點：演出。
開始覺得噁心。這本日記應該寄去《刺胳針》（*The Lancet*）[638]……

1月15日

從新聞上得知伊莉莎白・柏賽去世了。包括她在內，特司佳（Toshka）、麥克・麥卡連（Michael McCallion）、羅伯特・帕爾默（Robert Palmer）、珍・坎普（June Kemp）都是對我影響極大的人，塑造了我的過去和現在，以及我這個人[639]。

1月17日

晚上 7 點 30 分：演出。七零八落的觀眾——有笑聲、有沉默，還有一個一直在咳嗽的人。整場演出到結束我都感覺不太舒服。布魯克・雪德絲說：「謝謝。」空氣中瀰漫一股怪異。

638　譯註：醫學期刊。

639　該篇提及的人名都是在艾倫・瑞克曼在皇家藝術學院的老師。

1 月 21 日

昨晚下了 3 英寸深的雪。

晚上 8 點：演出。洛福斯・溫萊特在場——看起來很開心。

1 月 24 日

奇怪而有趣的一天。今早的消息，《哈利波特》只入圍奧斯卡技術獎項。不出所料，但（晚上）不禁想起那群愚蠢的投票者——（1）不看兒童電影（2）不看關於佛洛伊德的電影（3）不看任何莎士比亞的作品（4）不看莎莉・賽隆（Charlize Theron）飾演的抑鬱女性（5）讚揚那些（高明的）模仿者⋯⋯今晚，我的心變得更冷，也許更實際了。

1 月 26 日

3 點 45 分：艾許醫生為我打針、抽血。讓我們一起解決這個問題吧。

晚上 7 點：演出。劇院太熱，我很有壓力。我們慢慢地把觀眾凝聚在一起。

2 月 1 日

晚上 7 點：演出。今晚強烈意識到凡妮莎的存在。之後——傑夫・高布倫[640] 和珍妮絲・哈尼曼（Janice Honeyman）[641] 來了⋯⋯

晚上 9 點：歐索餐廳。

一如往常，凡妮莎熱切討論著除了自己以外的所有事情。她想要解析這齣戲、自己的經歷、觀眾和特蕾莎[642]，嘗試找出她不喜歡的地方——在這一刻很有用。

2 月 3 日

4 點 15 分：艾許醫生。

誰能不感到困惑呢？健康和病痛不斷交替，就像在坐雲霄飛車。

2 月 13 日

無所事事的一天⋯⋯有個叫《省錢折價王》（*Extreme Couponing*）的節目，毫無文化可言。人們整天從雜誌上剪下折價券，去超市買七十罐狗糧、三十瓶維他命水和八十包尿布等等，堆放在家以備不時之需。重點是，他們幾乎沒花到什麼錢。

640　接替艾倫・瑞克曼飾演倫納德（Leonard）。

641　南非導演，1949 —。

642　編註：《研討會》的編劇。

2月17日

12點30分：搭車→布魯克林音樂學院。

1點30分：服裝排演——《首席女高音》（*Prima Donna*）（洛福斯·溫萊特譜寫）。動聽的音樂，傻氣的歌詞。華麗的女高音高昂地唱出：「我要叫警察！」洛福斯在一旁狂笑。

2月23日

下午4點：車子來接我前往查理·羅斯的節目。

5點15分：他來了。我們各自坐到分配的椅子——他感冒了。不過他很厲害——不甩腳本，直接聊了起來，彷彿可以聊上好幾個小時一樣……

2月26日

下午5點：去瑪麗亞·艾特肯和派崔克·麥格拉斯的家。傑克·達文波特（Jack Davenport）也來了。他們夫妻倆住在布魯克林橋附近的佩斯大學附近——晚餐在附近一家普通的義大利餐廳吃。幽默風趣、機智慷慨的三人組。

2月29日

晚上9點：中央酒吧。

大衛·葛勞斯曼［David Grausman，作曲家］、鮑伯·克勞利。鮑伯很挑剔，他在另一張桌子（「我重複訂位了」）待了四十分鐘，錯過了和金·凱特羅（Kim Cattrall）看完《推銷員之死》（*Death of a Salesman*）後一起現身的路·瑞德（Lou Reed）——他說話的語氣就像個演員。

3月13日

卡希爾醫生（Dr Cahill）留下了訊息。沒發現任何異常。也許可以就此和阿米巴原蟲說拜拜，但還感到非常疲憊。

3月15日

9點：和凱文·克萊在中央酒吧。

這是一個非常臨時且睿智的變更，因為格雷格·穆舍［導演］和他的女伴克麗希塔（Christa）也來了，茱莉亞·羅勃茲和她的丈夫也突然現身。

3月29日

重頭戲是梅莉[643]來了，莉莉心中警鈴大作（逃到樓上去）。

643　編註：梅莉·史翠普。

2012

日記：1993—2015年

4月1日

最後一場演出和派對。在玻璃屋酒館有飲料和自助餐。

下午 3 點：演出。神奇的是，這是我們最好的演出之一。不僅在臺上掉了幾滴淚外……謝幕時大家都哭成一團。

4月28日

11 點 30 分左右：搭車去西徹斯特郡的南薩利姆，和費莉希蒂和史丹利‧圖奇見面。

7 點左右：梅莉‧史翠普抵達。「我就知道你會在這裡，我要做馬丁尼酒。」她說。晚餐有兔肉和玉米粥，最棒的是可以暢談世界各地的種種議題，一路聊到半夜 2 點 30 分。S 女士有一股自然的影響力，她**非常**有見識──即使你不見得同意她的話──同時觀察入微，兼具理性與感性。

5月7日

我發現沒有行程的日子真好，要常常這麼做。

5月13日

多倫多

這次離開紐約，心情很悶，感覺像是受害者，受到了無法出聲的長期欺壓。我敢說，這在之後終究會讓我變得更加強大，但此刻那些別開的目光讓我顯得卑微，有些人則像尖銳的螺絲釘，帶著僵硬的微笑。

5月14日

李歐納‧柯恩。

格倫‧古爾德獎（Glenn Gould Prize），在梅西音樂廳（Massey Hall）舉行。

8 點 30 分：李歐納‧柯恩音樂會。

被音樂家包圍感覺非常孤單，但走上那個舞臺以及受到的反響是難以忘懷的體驗。詩歌和 L‧C 的歌詞在我腦海中交織，非常完美、震撼。

5月16日

倫敦

5月17日

在相對簡單的環境中度過了八個月後，我意識到自己有個慣性，會去添加、購買不需要的物品。得改掉這習慣。

5月27日

下午 1 點：露比等人。

在花園開心地共進午餐（艾德負責煮——露比穿著睡衣迎接我們，滿頭濕淋淋的染髮劑用錫箔紙包著）。西恩（Sean）和魯伯特［·艾瑞特］彷彿球賽評論員一樣，灑脫不羈且直言不諱。離開時，露比說她有問起他的工作。「持續奮鬥中。」他說。

6月3日

女王登基鑽禧紀念活動 [644]，距離加冕典禮已經過了六十年。我妹妹打扮成女王，在扮裝比賽中勝出。

6月14日

10 點：皇家藝術學院委員會。

爆發——也不是第一次了——關於晚間節目不雅字彙使用量的爭論。很難相信這是發生在 2012 年，話說回來，當我們在談論「多元化」時，一屋子坐著的都是中產階級的白人，除了邦妮·格里爾（Bonnie Greer）之外，沒有其他代表。

6月19日

簽證終於寄到了……希斯洛機場。鄔瑪·舒曼在候機室和飛機上。「你能送來吧？」簽證即將到期的舒曼女士問著。

6月21日

［關於《龐克地下城》］

2 點→薩凡納市。

6月24日

11 點：排演。

老天，這部電影將在剪輯中才能找到定位。

讀劇本就像在看電影本身——快得像在翻閱雜誌一樣。

6月26日

《龐克地下城》。

我們在一棟美麗的南方老宅度過大部分時間，瘋狂的主人允許我們把鋼琴從她

644　編註：Diamond Jubilee of Queen Elizabeth II，多個國家慶祝女王登基 60 週年的一連串紀念活動。

美麗的木質樓梯上撞下去。有避開了樓梯欄杆，但在對面的牆上刮出一個小洞。

7月5日
6點35分：車子來接。《龐克地下城》火力全開。

這三個孩子演奏起警察合唱團（The Police）的〈羅珊〉（Roxanne）真是太棒了。基恩·麥克瑞（飾演主唱史汀）來自阿拉巴馬州，卻有著完美的英國口音。他就為了一句臺詞，整天都保持英國口音。

7月11日
今天印象深刻的是 J·B[645] 一直佔據鏡頭。下午某個時候，為了一場他沒有臺詞的場景，不斷地進行麥克風測試——至少跟其他三名演員商量一下好嗎？

7月16日
整天保持冷靜，好讓希利·克里斯塔爾[艾倫·瑞克曼飾演的角色]表現自然，為電影結尾的一幕做好準備。喬[·大衛·摩爾（Joel David Moore）]、朱利安[·阿科斯塔（Julian Acosta）]、史蒂文[·舒布（Steven Schub）]扮演起雷蒙斯樂團（Ramones）簡直太出色。

瑞瑪7點左右抵達→8點到加里波底義式餐廳。

7月17日
今天是雷蒙斯樂團的最後一天，也是臉部特寫樂團（Talking Heads）的誕生。兩者都很精彩——臉部特寫樂團的表演真實得令人瞠目結舌，但那幾頂假髮就難說了……

7月26日
告別在薩凡納市的拍攝。

7月30日
前往紐約。

8月6日
奧林匹克運動會。
馬術賽障礙超越！

645　美國演員賈斯汀·巴薩（Justin Bartha），1978 —。

8月22日

晚上7點30分：伊索地義式餐廳。

史丹利·圖奇、費莉［希蒂］和派蒂·克拉克森（Patti Clarkson）[646]。克拉克森不停地讚美我，讓我開始懷疑她是不是聽說過《美人情園》……不過我忙於享受美食，沒有太在意。

8月23日

7點30分→紐澳良和溫莎苑酒店。

8月24日

漫步皇家街——彷彿天意安排，發現一家珠寶店，看到一枚四石黃水晶戒指[647]。

5點15分：前往拍攝現場／拖車。

一路上，「傾盆大雨」都不足以形容，司機幾乎看不清楚前方路況，無法拍攝……

8月27日

艾薩克颶風今晚來襲，整個早上都在看新聞。多數人已經撤離，我們有點想留下來等待颶風過去。但隨後有人示警，若是斷電，酒店可能無法應對。最後，製作方替我們訂了前往亞特蘭大的班機。

晚上7點（7點35分）：搭機前往亞特蘭大，入住洛伊斯酒店。對面是一家義大利餐館——我們是唯一的客人。已經半夜了。

8月30日

前往紐約。

達美航空在廉價程度上再一次超越自己。為了一個小行李箱支付25美元→亞特蘭大，現在要付50美元才能進入貴賓室。**才不要。**

8月31日

10點30分：大衛·葛拉瑟（David Glasser）帶著一束花抵達。車子就在樓下。我們在一個陽光明媚的美麗日子開車前往布魯克林法院找大衛的父親（後來才發現他居然88歲了）。他是一個聰明、溫暖、親切和善於傾聽的人，難怪是一名法官。瑞瑪和我結婚了，感覺像一個不注意，醫生在你手臂上扎了一針。接著他說了一個笑話，很好笑。我們沿著布魯克林大橋走回去，到巴布托義式

646　即派翠西亞·克拉克森（Patricia Clarkson），1959—，美國演員。

647　要和瑞瑪結婚。

餐廳吃午餐。一切都恰到好處。

9 月 1 日
4 點 30 分：瑞瑪→甘迺迪機場，前往羅馬。

9 月 4 日
6 點 10 分：和塔拉一起看《尋找甜秘客》（*Searching for Sugar Man*）。

這是一部關於尋找「失蹤」歌手羅利葛斯（Rodriguez）的感人紀錄片。片中說的沒錯——他走在時代尖端，音樂美妙，其自制力令人敬畏。

9 月 8 日
1 點 45 分→約翰·甘迺迪國際機場→回到紐澳良。

晚上 8 點：風情美式餐廳吃晚餐。希拉里·舒爾、李[648]、他的家人——以及珍·芳達，必須說，她實在充滿活力、好奇和性感。F 女士開門見山地詢問我的婚姻狀況（以一個朋友的身分），她同時也是個敏感脆弱的人。

瘋狂與深情

9 月 9 日
《白宮第一管家》。

8 點 45 分：車子來接→化妝和道具試鏡。

這是試鏡的目的吧，讓我體驗一下被一堆橡膠包住臉的窒息感，這樣一來最重要的臉部表情就做不出來了。放棄，選擇更簡單的方式。珍飾演的南希［·雷根（Nancy Reagan）］太棒了。

9 月 10 日
《白宮第一管家》。

抵達拍攝現場。臨時演員充其量只能說在「走來走去」。李要大家表現出高貴感，看得出珍很緊張。我們站在樓梯頂端等著入場，我說：「看看我們——兩個演員扮演著在白宮裡的演員。」她決定兩人齊步走下三級臺階，當她說「左腳先」的時候我沒做對，也許是因為我們**都**試圖要當帶頭的那個人。

9 月 12 日
珍在大廳，戴著黑色大墨鏡，一旁是她的繼女和艾許文化中心（Ashé Cultural Center）的卡蘿（Carol）——珍一如既往地包容、好奇和投入。

648　李·丹尼爾斯（Lee Daniels），《白宮第一管家》導演。

劇組晚餐，和一群臨時演員建立關係……歐普拉的拍攝團隊也在現場。毫無意外，我拒絕穿著雷根的戲服接受採訪，但現場花絮照片廣爲流傳，歐普拉可是推特名人。這一天以李‧丹尼爾斯的風格結束，我們沒有經過排演，匆促地拍完雷根宣誓就職的場景。這不是任何人最光彩的一刻……但結束拍攝時，李哭了。

9 月 13 日

→前往紐約。

8 點 45 分：寫了一封（但願能夠）和解的信給歐普拉……

在飛機上。只要點進 Flixster 網站，輕輕鬆鬆就可以一目了然——爛番茄評分，想看的人數比例，觀影評價和喜好與否。再加上歐普拉的推文，電影殺青前就會有評論出來。

9 月 14 日

2 點 15 分：搭車→紐華克。

接待人員說：「我在看／讀歐普拉的採訪……」兩天過去了，我開始希望寫給歐普拉的信要有點挑戰性，像是——如果妳要從事嚴肅的工作，就不要同時做馬戲表演。

9 月 15 日

抵達坎帕尼亞蒂科。有一塊讓人不安的看板——用英語寫著「污染區」。不禁讓人懷疑這是針對住在這座小鎮的英國人……

9 月 16 日

該死的蚊子……全身每一處都不放過，而我們的防蚊液快用光了。可能是我多想，但如果蚊子善用自己的力量，就能統治全世界了。

9 月 28 日

晚上 7 點：史丹利和費莉希蒂的婚禮派對。

在肖迪奇飯店。

我看到的第一批人就是梅莉‧史翠普和湯姆‧克魯斯，這是個小預兆。房間果然鬧烘烘的，再過去是一座位於頂樓的游泳池，非常酷的地方。當然，外面有狗仔隊。

9 月 29 日

3 點 30 分：中殿。

費莉希蒂和史丹利結婚了。

艾蜜莉和蘇珊娜・布朗（Suzanne Blunt）以一首〈慈悲的耶穌〉（Pie Jesu），克莉絲汀娜（Christina）則以披頭四的〈我願意〉（I Will）震撼全場。費莉希蒂一如既往地美麗耀眼，幸福洋溢的史丹利有點像史丹・勞萊（Stan Laurel）。

當天的嘉賓陣容有梅莉・史翠普、柯林・佛斯、史蒂夫・布希密、茱莉安・摩爾（Julianne Moore）、比爾・奈伊（Bill Nighy）、奧立佛・普雷特（Oliver Platt）[649]、艾登・昆恩、東尼・沙霍柏、伊旺・麥奎格。（有趣的）布朗兄弟可以進演藝圈了。我們這一桌相處起來有些費力，但食物非常美味。充滿幸福、笑聲和愛的一天。

10 月 9 日

和泰勒[650]一起參觀斐列茲大師展（Frieze Masters）。她煩惱著要選祖巴蘭（Zurbarán）的作品、聖母和基督二聯畫、盧西安・弗洛伊德的畫，還是奧爾巴赫（Auerbach）的作品……也許她會全部買下來吧。祖巴蘭的作品要價 90 萬英鎊。大衛・貝利也在，但他差點認不出我來，因爲我看起來太蒼老了。

11 月 7 日

清晨，打開電視。一瞬間有點緊張，不過——歐巴馬贏了。感謝你，美國。

11 月 13 日

整天都在寫《美人情園》，終於完成。用聯邦快遞寄到倫敦。它依然躍然於紙上。

11 月 15 日

根據今天會議結果，會向馬提亞斯・修奈爾（Matthias Schoenaerts）[651]提出邀約[關於《美人情園》]。

11 月 21 日

11 點 30 分：馬提亞斯・修奈爾。

比我想像中更加大方開朗。他立刻答應了，但提到自己還年輕，會有一些但書。

649　加拿大裔美國演員，1960 —。

650　泰勒・湯普森（Taylor Thomson），1959 —，加拿大演員、電影製片人，男爵肯尼斯・湯普森（Kenneth Thomson）的女兒。

651　比利時男演員、電影製片人和塗鴉藝術家，1977 —。

他媽媽也一起來了，非常有個人魅力，她是貝克特[652]作品的譯者。我因爲身體不舒服，說了不少廢話，但願能繼續推進。

11月24日

終於讀了《衛報》對於《冤家偷很大》的批判。我從痛苦的經驗中學到一件事，那就是你**終究**會走出來。

12月4日

賈斯汀・維爾[泌尿科醫師]。好，有變動。他認爲……雖然很小，但數據上升需要進一步觀察[653]。

12月5日

和黛博拉・米登（Deborah Meaden）與琳賽・鄧肯在麗思飯店喝茶。她非常令人愉悅，熱衷於自己所做的一切，觀察入微，不拘泥於俗套。我們非常聊得來，自然而然地提起應該每年聚會一次。

12月7日

下午1點：前往艾利恩斯[健康管理中心]做MRI檢查。
想聽古典音樂還是輕鬆的音樂？請給我輕鬆的音樂，拜託。古典音樂太需要思考了。
結束後得去一趟塞爾福里奇百貨公司買水壺才行。

12月11日

MRI檢查沒有問題。接下來是大衛・蘭多[David Landau，腫瘤科醫生]。
稍晚觀看賽門與葛芬柯（Simon & Garfunkel）……「Time it was, and what a time it was.」[654]

12月13日

晚上8點：葉甫根尼（Evgeny）[655]在波特蘭坊88號的公寓舉辦派對。那是一間讓

---

652 譯著：薩繆爾・貝克特，愛爾蘭文學家，20世紀最重要的劇作家和小說家之一，著有《克拉普最後的錄音帶》。

653 艾倫・瑞克曼的前列腺健康檢查結果。

654 編註：出自1968年該團體發行的歌曲〈書夾〉（Bookends）。

655 葉甫根尼・列別傑夫（Evgeny Lebedev），1980—，英國上議院議員，也是部分持有《獨立報》和《旗幟晚報》的俄羅斯寡頭。

我非常羨慕的公寓，有寬敞的走廊、開闊的房間，非常適合某些人士，像是約翰·馬克維奇（John Malkovich）、露絲·威爾遜（Ruth Wilson）[656]、綺拉·奈特莉（Keira Knightley）、洛伊·韋伯、艾德·米勒班、尼克·克萊格（Nick Clegg）、休·葛蘭、珍美瑪·汗、湯姆·荷蘭德（Tom Hollander）、大衛·弗羅斯特（David Frost）、史蒂芬·佛萊、克莉絲汀·史考特·湯瑪斯、愛德華·聖·奧賓。

12 月 14 日
1 點 15 分：蘭多醫生。
醫生列出各種選擇，需要集中精神去聽。幸好我有傑·史密斯醫生替我講解。
去塞爾福里奇百貨公司買聖誕拉炮。

12 月 21 日
1 點 15 分：蘭多醫生。
電腦斷層檢查結果正常。
午餐會議很平靜，但隨著時間流逝，大腦變得混亂，到了晚上已經頭昏目眩。

12 月 22 日
睡個覺不太容易。
就連交際也是。
12 點：安吉魯斯餐廳。
沒什麼胃口，但下午待在家讓我慢慢地恢復平靜。晚餐吃牛排，看帕運會開幕式也有幫助。

12 月 24 日
11 點 30 分：聖雅各伯堂。
午夜頌歌儀式，嗯，其實應該叫彌撒，因為少了聖歌，多半是坐著、站著、回應及領聖餐。我們手拿蠟燭，聆聽著沒什麼啟發性的布道，當中甚至莫名其妙提到巴布·狄倫（Bob Dylan），什麼道路／旅程之類的……

656　英國演員，1982 —。

2013

1 月 7 日

身體功能故障，又缺水。要找回平衡，就得每天標記時間。

1 月 8 日

9 點 40 分一直到下午 3 點⋯⋯不停地喝水、等待、吃三明治，回到家後又全吐了出來。

1 月 9 日

有所進步。上午 11 點結束，蘭多醫生上門拜訪。解析了水的問題。

1 月 11 日

下午 6 點：國家劇院。喬絲琳・赫伯特（Jocelyn Herbert）講座，由克里斯多夫・漢普頓主講。

說是講座，其實克里斯多夫大都在分享喬絲琳的故事。我想他沒有接到明確的指示。不過也還好——他依舊一如既往地風趣幽默。

1 月 15 日

下午：疲憊不堪，無疑是場艱難的障礙賽。

1 月 16 日

讀完費莉達的新書[657]。她的風格如此狡猾——看似給出一切，卻讓人觸手難及。深具人性和幽默，寫到哥哥時文筆更是精湛。

1 月 22 日

和艾利森的不可能對話[關於《美人情園》]。無法想像有多少編劇可以一再否決導演，還能全身而退的。

1 月 23 日

聽說凱特・溫絲蕾正在和另一部電影協調檔期，而 Film4 製作公司**拒絕**了⋯⋯《冬天的訪客》無疑是那家公司初出茅廬的青澀時期。

657　《荷蘭有多少駱駝？痴呆症、母親和我》（*How Many Camels Are There in Holland? Dementia, Ma and Me*）。

1月24日

睡過頭,沒看到精采的《權力的堡壘》(*Borgen*)。清醒後,便是讓人頭皮發麻的《問題時間》,接著是讓人做噩夢的《強納森·羅斯秀》(*The Jonathan Ross Show*),艾迪·瑞德曼(Eddie Redmayne)在節目中的表現像隻在自動鋼琴上的猴子。

1月27日

觀看《唱快人生》(*Quartet*)。瑪姬〔·史密斯〕和湯姆〔·寇特內〕渾身優雅。比利·康諾利(Billy Connolly)表現出色,話說回來,退休音樂家住的屋子是哪棟?我們都搬進去吧。

1月29日

12點30分:魯伯·潘瑞—瓊斯(Rupert Penry-Jones)魅力十足又平易近人,完全符合人們對他的期望。同時也讓我想起他在國家劇院上演的《權力》(*Power*)中所扮演的路易[658]。我記得他的舞跳得非常傑出——一段漫長和困難的編舞。他肯定比我們任何一人都更了解那個時期,卻又十分風度地沒有表現出來。

2月4日

《美人情園》。
第一次重要的製作會議。

2月7日

11點:露比從洛杉磯回來了。這次,她出乎意料地度過了一段愉快的時光。舉她 iPhone 上的兩段影片為例。第一段,嘉莉·費雪向母親(黛比[659])展示新蓋好的木製遮陽棚,如此一來,狗狗在雨中尿尿就不會被淋濕。第二段,一個像安吉琳[660]的女子,頭戴金色假髮,身穿螢光粉色緊身衣,大胸部,主持人說服她重現(很久以前)在《花花公子》(*Playboy*)上的姿勢。

658　譯註:指法國國王路易十四。

659　美國演員黛比·雷諾(Debbie Reynolds),1932 — 2016。

660　安吉琳(Angelyne),1950 —,美國歌手(和話題性人物),1980 年代因為在加州廣告看板上的挑逗姿態而聞名。

2月12日

布倫亨宮將用來進行凡爾賽宮的拍攝，而克里維登莊園的**餐廳**會作為路易的凡爾賽臥室。美極了，有著法式的雕梁畫棟和戶外花園。我們會在窗外搭設鷹架，完美。

2月19日

收到電子郵件，我們的資金已全數到位，現在，就讓泰勒[661]感到自豪和開心吧。

2月25日

下午2點：希臘街。試鏡。

作為身兼導演的演員，和其他演員對話不是很自在，尤其是劇本中的角色臺詞很少。搭計程車回家的路上，尼娜［·戈爾德（Nina Gold），選角導演］談到了與身兼導演的演員合作的樂趣，內疚才得以稍微紓解。只有在觀看一年一度的奧斯卡頒獎典禮時才再次湧上。這是我所做的事，我們都**相當**認真。在看似與世界愈來愈脫軌的現在更是如此。

瘋狂與深情

3月2日

12點，艾倫·庫羅絲［Ellen Kuras，攝影指導］。

又有一位世界級人才加入這部電影，我請她坐下來觀看BBC第2臺的凡爾賽電影。

7點30分：薩伏依飯店。

和希莉亞·伊姆麗參加一場為公園劇院（Park Theatre）籌款而舉辦的拍賣晚宴，一開始就困難重重。商場關閉，我走到河畔入口，希莉亞在大門。沒有任何標示指引我們餐廳位置，也沒有名字可供參考。最後，賓客陸續出現，希莉亞和我碰面了，我們盡情享受晚宴。

3月4日

搭乘歐洲之星→巴黎。

凱特看到艾倫非常開心，真是太好了。前往巴黎北站的路上，我們都在聊天。貝特朗[662]來跟我們會合──一輛大巴士──出發前往凡爾賽宮。令人難忘的是，今天沒有遊客，我們得以獨自參觀鏡廳，導遊提供了很多我們沒發現的事實。像是路易在八十個人的注視下躺在床上，30歲後不再跳舞，一個人獨睡等等。

661　編註：泰勒·湯普森。

662　編註：貝特朗·費佛（Bertrand Faivre），《美人情園》製片。

3 月 11 日

晚上 8 點：戴克斯特和達莉亞。

《愛在陽光燦爛時》（*Sunshine on Leith*），戴克斯特的新電影，非常吸引人，但同時也在尋找自己的節奏和特色。

回家路上，收到來自嘉兒［製片人］的電子郵件，信裡提到泰勒 [663]。有點懷疑，但證據確鑿。不要把財務和朋友混在一起。顯示了富人是如何被那些從中獲利的人所控制。

3 月 14 日

7 點 45 分：車子來接→有著美麗花園的切尼斯村。

但這是個無論室內室外都讓人寒冷徹骨的日子。到了晚上已經精疲力盡，腳跟冰塊一樣冷，好想坐在有暖氣的車裡，喝一杯茶。

3 月 17 日

1 點 30 分：貝琳達和麥特，以及大衛、愛德華和米蘭達。

我發現自己陷入一種沉默的絕望，因為愛德華從不提問，只是在**等待**答案，引發更多對話。一種無止境的評論──這不都是些耳熟能詳的話？諾爾·寇威爾、戈爾·維達爾、楚門·柯波帝（Truman Capote）？

3 月 18 日

凱特和我對劇本，她真的花了很多時間去檢視每個模糊的想法、離題的用詞遣字。這些都是微調細節，重要的是不能忽略講述故事的能力。

3 月 25 日

下午 4 點：和剪接師尼可·蓋斯特（Nick Gaster）見面。幸好我很喜歡他。這是一種棘手的關係──要相處數個月而不用變成朋友。他原本就覺得他會得到這份工作，我們很幸運能夠相處融洽。

3 月 28 日

回到家，得知理察·葛瑞夫斯的悲傷消息。親愛的葛瑞夫斯，還有他在史特拉福 [664] 飾演皮樂默思（Pyramus）[665]，幾乎甚麼都不用做就讓 1,500 人哄堂大笑，

663　泰勒·湯普森，關於《美人情園》的資金問題。

664　譯註：莎士比亞的故鄉。

665　譯註：莎士比亞作品《仲夏夜之夢》（*A Midsummer Night's Dream*）中的男主角之一。

成了永恆記憶。他在《歷史系男生》裡只用一點微小的語調就足以讓人驚艷，是一位大師。

4月8日
……柴契爾夫人今天過世。瑞瑪沒辦法看報導，我茫然地看著引人回憶的歷史片段，許多人因為信任和支持而盲目崇拜她。

4月15日
《美人情園》——第一天，切尼斯村。

4月16日
6點15分→切尼斯村。
難忘的一天，一開始馬車就出了問題，然後我把對講機當成手機在用，鬧了笑話。凱特·W的丈夫 [666] 來了，他的存在感太強，讓人分心……

4月17日
6點15分→切尼斯村。
我觀察到一個特殊的現象。凱特很少表露內心——**完完全全投入角色**——但她從不對其他演員表現出興趣——說聲讚美或謝謝。她故意建立起一道高牆，和其他人保持距離。

4月22日
6點25分：車子來接→漢姆宮。
進入書房。
在結束心煩的一天後寫下這篇。也許是房間太小，或是人太多了之類的原因，拍攝進度非常緩慢。儘管凱特和馬提亞斯從未動搖或分心，我們甚至延長一個小時努力想完成當天的拍攝進度，但仍無濟於事。尼可·蓋斯特的到來就像喝了一杯常溫水，平淡無奇。我猜這就是他的風格吧。真是鬱悶，下筆的現在，我實在想不起來我們做好了哪些工作。

4月26日
第二週結束了。

瘋狂與深情

666　愛德華·艾柏·史密斯（Edward Abel Smith），即奈德·洛克諾爾（Ned Rocknroll），凱特·溫斯蕾的丈夫。

我和馬提亞斯與海倫［・邁柯瑞］一起在收藏室……

海倫一如往常狂放不羈、不可預測，爲了拍攝，有時需要（稍微）控制一下她，同時讓她發揮自己的才華，再加上馬提亞斯的神祕與內斂，會有出色的表現。

4月30日

哇。可能會演變成很糟糕的一天……加上演員不夠熟悉臺詞，狀況百出，拍攝進度落後好幾個小時。

5月7日

凱特・W 和馬提亞斯・S 在床上表現出色。

5月12日

12 點：和伊恩・麥克連共進早午餐。他將離開幾個月前往紐西蘭和紐約。一屋子滿滿的人，大家都很高興見到彼此。伊恩在爐子前忙碌。

5月14日

7 點 45 分：車子來接。

雨中，泥巴浴。假山樹林［凡爾賽宮］[667] 看起來像《勇氣母親》（*Mother Courage*）的舞臺布景，非常出色。史帝芬 [668] 內心充斥著自我懷疑，卻能表現自如。幸好他和凱特在同一個場景裡，凱特的應變能力非常好。我們在雨和泥巴中繼續堅持著。

5月19日

非常需要待在家的一天，翻閱劇本，尋找缺失的節奏……清理樓下花園門上的水垢以及椅子上的鴿子糞便。第一次坐在外面，配著一杯茶，吃一些烤義大利麵包。晚餐吃了烤牛肉。

5月20日

第六週。

下午 1 點：漢普頓宮。

噢，天啊，真是太難了。處理好報導，但沒處理好史丹利［・圖奇］。他說他整

667　譯註：Rockwork Grove，著名的凡爾賽宮景觀園林，包括一系列巨大的岩石結構和水景，被視爲巴洛克式園林設計的典範。

668　英國演員史帝芬・威汀頓（Steven Waddington），1967 —。

天都在寫作。我總是驚訝於每個人各自擁有不同的自由觀。對我來說，自由和紀律相連。史丹利滿懷熱情地說：「這樣做，你會扼殺掉它。」（再做一遍、再做一遍、快一點、輕一點。）我很想（但我沒有也不能）說：「沒有生命的東西是殺不死的。」

5月22日

暴風雨下的園林，濕透的三名演員和布景。多年前，這裡還是一處戶外舞池，現在，（假）風吹著防水布，（假）雨敲打在部分（可見的）布景上，很快地，（假）閃電伴隨著（假）雷鳴出現。

5月29日

10點10分→克里維登莊園。

和史丹利一起進入國王的臥室，他似乎不熟悉自己為數不多的臺詞……真是可惜了，他的好奇心似乎在不知不覺中消失，但他有一段輝煌的過去。現在，他有了新家庭、新婚姻、三個孩子，還有搬到倫敦的新家，何必煩惱演技呢？

6月7日

正式拍攝的最後一天。凱特已經懷孕十六週（？），仍舊全力以赴。每天結束時她都累壞了，但依舊保持驚人的專注力。今天是馬提亞斯的最後一天，這個溫柔、充滿好奇心的靈魂將回歸到他原本的地方，為他接下來的許多表演增添光彩。

6月9日

《美人情園》──最後一天。

像是一場只有一名選手的接力賽跑。凱特快速穿梭，從馬車到馬車到辦公桌再到浴缸，燈光不斷變化。她果斷俐落地前進──對一切全力以赴。奈德、孩子、這部電影、下部電影、孩子的焗豆、辦派對、全心投入、毫不妥協、不受情緒干擾。

殺青派對。這竟成了一件愉快的事。奇斯威克宮是個很好的場地……突然間要和大家告別了，我們一起經歷許多感受、不安和成功，一起大笑、目不轉睛、打呵欠……莫名感到一陣空虛。

6月10日

哇。這就像被火車撞到。全身處於一種震驚狀態。是**什麼**原因？我想我知道答案，只是不知道身體已經撐到極限了。應該壓抑緊張的後果。難怪左膝蓋不行

了，和右膝蓋各自爲政，擁有各自的疼痛、規則和障礙。

疲憊不堪的一天，隨時可能躺在沙發上睡著。理智告訴我：「別出門。」改在家吃牛排和薯條當晚餐。

6 月 11 日

坎帕尼亞蒂科

翁貝托街 26 號開門迎客，重新粉刷後煥然一新，陽光燦爛，我們更換露臺藤架底下的坐墊，打開一瓶白酒，等待超市開門。

6 月 14 日

在維加·奧利維拉餐廳吃晚餐。

當我們一走進去，可靠又優秀的披薩師傅帶著我們走到桌子，或者說是兩手一攤，任由我們選擇，因爲我們是晚上 8 點唯一的客人。寇達多（Cortado）抵達來替我們點餐時，我問他：「最近還好嗎？」「日子很難過。」「不是換了新政府？」「都一個樣。」漫步走過這座小鎮時有點感傷——廣場上沒有桌椅，商店關閉。當我們離開餐廳時，客人多了八個人。

6 月 16 日

安裝好新的遮陽窗簾，鞋帶——暫時的解決方案。

6 月 26 日

比薩市→倫敦。

上午 9 點：收起坐墊，整理行李，丟完垃圾，啓程前往比薩。

在飛機上閱讀 ipad 版《衛報》。感謝凱瑟琳·班尼特（Catherine Bennett）與南希·班克斯—史密斯（Nancy Banks-Smith）（說到這，就不能不提瑪麗娜·海德[Marina Hyde]），下筆犀利尖酸，很有珍·奧斯汀和多蘿西·帕克（Dorothy Parker）的風範。我想，這是男人所不具備的一種尖銳敏銳度，或者男人並不需要，因爲他們相信強者永遠是對的。

6 月 27 日

《美人情園》進入剪輯。

自然是只注意到不對勁之處，眼下的大事就是找回一些純眞——這無疑得有勇氣向他人展示。標題很明確——尼可的動作場景剪輯得非常好，但在對話較多的片段，他並不總是了解該場景的核心。

7月2日

我能夠感受到這部電影如今有了自己的生命力，時而希望它能神奇地在明天完成，時而又想連續二十四小時坐在那裡。然而，實在無法想像這部電影要如何再剪掉三十分鐘。看不出在不影響敘事的情況下，可以剪掉哪些部分。

7月6日

12點15分：溫布頓。

與一群傑出的冠軍和決賽選手在餐廳共進午餐——瑪格麗特・考特（Margaret Court）、比莉・珍・金（Billie Jean King）、維吉尼亞・韋德（Virginia Wade）、安・瓊斯（Ann Jones）、安潔拉・莫蒂默（Angela Mortimer）、瑪蒂娜・娜拉提洛娃（Martina Navratilova）、瑪蒂娜・辛吉絲（Martina Hingis）、瑪麗亞・布埃諾（Maria Bueno）、克麗絲汀・杜魯門（Christine Truman）、雅娜・諾弗娜（Jana Novotná）、漢娜・曼德利可娃（Hana Mandlíková）。

我跟瑪麗亞・布埃諾交談，接著是比莉・珍・金，但大部分時間是和維吉尼亞・韋德喝茶聊天……當然，她說話有個腳本……不過還是非常有趣……比莉・珍也是。另一個有趣的事是坐在米蘭達・哈特（Miranda Hart）旁邊——我們一起大笑談論著那些蠢評論員是如何讀唇語的。

7月7日

安迪・莫瑞贏了溫布頓！！

12點：克莉絲汀・林克雷特。

早午餐。

一位聰明、投入並充滿好奇心的女士，她還是名蘇格蘭人，理所當然會留下來見證**安迪・莫瑞贏得溫布頓冠軍**。每一秒都緊張萬分，一場真正展示勇氣、專注和精準度的比賽。

7月18日

1點15分：蘭多醫生。

我所有的醫生，甚至我的編輯——在某種程度上也算是醫生——都異常低調。這是好事嗎……？

7月20日

接到克里斯・古爾〔Chris Gull，老友〕的電話，他一說到：「你聽說了嗎？」我就知道他下一句要說：「梅爾走了。」……之後，在家裡找到潘的地址。梅

爾在斯努・威爾遜（Snoo Wilson）[669] 葬禮後的隔天心臟病發去世。世界又痛失兩位才華洋溢、精神偉大的人，他們就像托比・貝爾奇和法斯塔夫[670]，笑聲中總是伴隨著其他情感。

晚上 8 點：格里夫・瑞斯・瓊斯（Griff Rhys Jones）。

他在斐茲洛伊廣場的家美輪美奐。擠滿了梅爾的同事和朋友，襯托出一個非凡的——我不知該如何形容——個人和生命。

8 月 20 日

10 點 30 分：試映。嘉兒、安德莉亞和雷［・庫珀，製片人］。

獨自坐在剪輯室裡，只有我和電影。令人印象最深刻的是——我深受感動。特別是在凱特和馬提亞斯最為坦誠和脆弱的時刻。關鍵是，我收到嘉兒和安德莉亞的意見，顯然我必須做出選擇——我沒辦法製作出**她們**要的電影。電影中的一切都是累積出來的——必須提供足夠細節，才能讓觀眾**共鳴**。我很喜歡《永生樹》（*Tree of Life*）——但其他人不喜歡。沒有一種完美的方式能讓所有人表達自己的看法。我必須傾聽、詢問感受，而不是問他們要刪掉哪個片段或如何剪輯。

8 月 24 日

除了冒雨遠征維特羅斯超市之外，幾乎都是一個人待在家。

柴契爾——《唐寧街歲月》（*The Downing Street Years*）非常精彩，前部長們都非常樂意透露一切。當鏡頭轉到她時——她全身上下沒有一根骨頭在聽，眼睛炯炯有神，而不是鼻翼顫動。

8 月 29 日

下午 6 點：瑞瑪回家，臥室總算不再是半空狀態了。

8 月 30 日

下午 3 點：我們一起看試映。

這次更艱難了，看到了更多的是非對錯，站到了選擇的蹺蹺板上。

9 月 2 日

10 點：迪恩街。

2013

日記：1993—2015年

669　英國劇作家和導演，1948 — 2013，死於心臟病發。
670　譯註：Toby Belches 和 Falstaffs，莎士比亞筆下的人物。

現在的電影長度大約是 2 小時 17 分鐘。

9 月 3 日

6 點 45 分：搭車→希斯洛機場。

9 點 15 分：威尼斯。

在服務櫃檯逗留約半小時，接著搭車前往碼頭，再搭船前往精品酒店。攝影機和攝影團隊像蝗蟲一樣湧入。

我們搭船逃離，前往威尼斯。下午散散步，買冰淇淋和一個要送給瑞瑪女士的手提包，之後乘船返回，稍作休息，再搭船遊覽——非常美好的體驗。我們獨自搭計程車前往晚餐地點。

9 月 4 日

10 點：步行進入「城鎮」，被蝗蟲圍攻。稍微走了一下海灘，隨即躲進一條偏僻小巷中。

9 月 5 日

睡睡醒醒直到 10 點。收拾行李。回到家後，有種一切都無所謂的感覺。這樣不行，工作是一種樂趣，但評價總像松節油一樣剝奪我們的樂趣。

9 月 13 日

晚上 7 點 45 分：凱西・雷特。

噢，凱西……

賓客名單——巴瑞・哈姆弗萊斯（Barry Humphries）、泰瑞・吉連、海倫娜・甘酒迪、露比和艾德、愛德華和潔絲汀・米勒班、班奈狄克・康柏拜區（Benedict Cumberbatch）、珍美瑪・汗、薩爾曼・魯西迪。老天，光是寫下這些名字就叫人精疲力盡。和潔絲汀（承受一切壓力）相談甚歡，愛德華仍然堅強、充滿希望。他是個能激勵人心的人，對所有人和所有事都充滿好奇。

9 月 16 日

10 點：迪恩街。

收到 BBC 的建議。正如嘉兒所說，這些建議看起來像對劇本有意見，而不是剪輯。無論如何，我不能照單全收，那樣會變成另外一部電影……

我們繼續前進、剪輯、縮短和調整。BBC 提出的建議裡，值得注意的是要調整一下邏輯順序，很難說是否有可能。

9 月 17 日

10 點：迪恩街。

接著是來自獅門娛樂（Lionsgate）茲吉・卡瑪薩（Zygi Kamasa）的建議。老天，在這個行業裡，你必須非常堅強。他希望電影聚焦在凱特／馬提亞斯身上，展現她的內心，看著兩人相愛，其他一切都是次要的等等等。

沒錯，這是一部愛情故事。**是的**，必須看到她的內心世界，但是故事必須要有質感和背景。

9 月 18 日

晚上 10 點：德勞內餐廳。餐廳經理像腹語者說話般，低聲地說：「今晚有一個人，我想您可能認識。」「喔，誰？」「艾瑪・華森。」

9 月 21 日

一整天都待在家，幸福而安心的週六。只有去了一趟馬里波恩高街買食物，修理麵包機、很漂亮的番茄和魚派。

9 月 27 日

12 點 30 分：夏菲尼高百貨公司。他們販售的衣服似乎只適合瘦長的人。

10 月 3 日

上午 11 點：迪恩街。

跑全片。

第一部分不斷改進，現在急需音樂。尼可提議做大幅度刪改，我終於同意了。直到我發現故事情節和人物心理存在嚴重缺陷，得到的是一貫的回答：「我想觀眾不會注意。」即使之後用電話聯絡，依舊溝通無果。關係陷入緊張的時刻。

10 月 4 日

→紐約，《龐克地下城》首映。

10 月 7 日

兩個小時的電話訪問，內容一再重複那五個相同的問題。

10 月 11 日

清晨 6 點 30 分→希斯洛機場（只睡了兩個小時）

回家沖個澡，準備前往迪恩街。正好趕上——收到尼克・曼茲 [Nick Manzi，代

表獅門娛樂〕的信。我一直認為他是個聰明人，無法理解他怎會寫出如此外行又遲鈍的廢話。

10月16日
下午7點：二十世紀福斯電影院。第一次公開放映。
沒錯，一開始節奏很緩慢，缺乏配樂，令人摸不著頭緒，但觀眾看得非常專注。

10月17日
上午11點：和尼可碰面，實際上是11點30分，這時，安德莉亞和嘉兒也到了——都在討論昨晚的「數據有多好」，以及給演員的表現打分數。他們可能很驚訝，沒想到我會是這樣的反應……我不感興趣，我表示我的工作就是在操縱和真相之間取得微妙平衡，成功做到意味著「好數據」，但不是過分關注數據。輕輕用頭撞牆壁。

10月27日
稍後，在家裡收到路·瑞德去世的消息。還記得在紐約中央酒吧與他同桌的那一晚，他慷慨激昂地談論戲劇和演技——不是音樂，也不是他自己。

11月2日
12點15分：《遲來的守護者》（*Philomena*）——大門電影院（Gate Cinema）。
太令人失望了，一味地（正確）假設可以依靠茱蒂·丹契的演技，沒在劇本上多做著墨。看的時候只想一直舉手大喊：「等一下，怎麼回事／她為什麼沒有／他為什麼沒有？？？」等等。結束後，我們得立刻去一趟傑米·奧利佛（Jamie Oliver）的店，花點小錢平復心情。

11月6日
《電視沙發客》（*Gogglebox*）停播了，週三晚上將不再一樣……這部劇讓我愛上英國人，當你認為世界上不再有同情和同理心時，他們就在沙發上，和電視上的陌生人一起分享感受。

11月18日
4點40分：搭計程車→倫敦電視塔／菲律賓馬拉松（Philippines Telethon）[671]，但是——悲慘時代的跡象——一堆女孩子打電話進來導致佔線，只為了跟 New

---

671　譯註：英國舉行了一場慈善電視直播，旨在為菲律賓災民籌集資金。

Direction[672] 說話。和茱麗葉坐在一起，趁著空檔聊聊近況，偶爾接聽幾通**真正**有意捐款的電話。在第三十四層的旋轉平臺上——傑米・奧利佛、安德魯・瑪爾、史蒂芬・默錢特（Stephen Merchant）、尼格爾・哈維斯（Nigel Havers）、菲爾・朱比圖（Phill Jupitus）等人——都躲掉了因為不是 New Direction 而遭拒的來電。

12 月 12 日

上午 10 點：蘭多醫生。

他甚至比我還開心地記錄下 0.00，並說即使雷德醫生那裡是 0.03，也意味著一切都**很好**。

12 月 14 日

上午：國民保健署萬歲。

第一次察覺問題，立刻打電話去聖瑪麗醫院——進行血液檢查——可能是感染。總之先行動，包括跟賈斯汀・維爾談談。兩天前還一切沒問題呢。

12 月 16 日

7 點：放映會。

在富勒姆大道站的 VUE 電影院。位於富勒姆大道地鐵站上方的一間購物中心裡。可怕的聲音——音樂太小、音效太大、還有回音。節奏感覺很緩慢，但觀眾**非常**安靜，這是好事。帕蒂・樂福來了，深受感動，熱情地表示不應該加快節奏。

12 月 18 日

上午 9 點：獅門辦公室。

似乎每個人都是電影製片人，每個人都是影評。

這是否就是「但以理在獅子窩」的畫面[673] 呢？……都是不得不同時接受和抗拒的力量。

2 點 45 分到 3 點 30 分：私人林多院區／聖瑪麗醫院[674]。

穿上後面綁帶的患者服，進入相連的小房間，然後是手術室。賈斯汀・維爾一

672　2013 年 11 月 7 日，一場史上最強烈的颱風襲擊菲律賓，將塔克洛班市夷為平地，造成數以千計的民眾死亡。眾多名人公開支持救援行動——包括男子團體「1 世代」（One Direction，不是 New Direction）——艾倫・瑞克曼也是其中一。

673　譯註：來自聖經《但以理書》（*Book of Daniel*）的故事，描述但以理被投入獅子圈中，然而神的使者保護他不受傷害的情節。

674　艾倫・瑞克曼正在接受常規癌症檢查。

如往常地有禮，給我看螢幕上我的膀胱內部……在早上聽了一堆模稜兩可的話後，直接的真相讓人感到寬慰。

12 月 19 日

上午 11 點：艾比路。

獅門「喜歡」這部電影，想幫助它成為「最好的作品」(？)，願意提供更多資金和時間給我們進行補拍或加強。我感到困惑與不解。我們已經將電影去蕪存菁了，現在他們要求縫補擴大……？這是在拆毛衣吧。

下午五點：搭車→希斯洛機場。

8 點 40 分：約翰尼斯堡。

12 月 20 日

10 點左右→薩克遜飯店。

高高的圍牆、帶刺的鐵絲網、外面到處是電子設備。裡面是泳池、植物和寧靜。

12 月 21 日

8 點 20 分→約翰尼斯堡機場。

有個人帶我們去打黃熱病疫苗的診所——「給我藍色的那種（100 蘭特[675]）——不對！是藍色的……」他最後拿了紅色的……

接著搭乘 11 點 40 分的航班前往馬翁市（一個半小時），轉搭四人座小飛機飛越灌木叢到達曼波[676]。

12 月 22 日

凌晨 5 點：起床。

今天早上我們看到一群三百隻的水牛、很多長頸鹿、五彩斑斕的鳥兒、一棵兩千年老樹（彷彿無中生有般突然出現），大象近在眼前；吃午餐前，一群獅子正在打盹，一群禿鷹在樹上盤旋不去——地上有獅子昨晚吃剩的水牛頭顱和骨骸……數百萬隻蒼蠅嗡嗡飛舞。

12 月 24 日

凌晨 5 點：最後一次曼波之旅。

沒多久，卡倫 [Callum，導遊] 眼神銳利地發現五隻非洲野犬在陽光下躺著，

675　譯註：南非的貨幣單位。
676　譯註：Mombo，位於南非波札那的自然保護區，以野生動物和生態旅遊聞名。

這是每三個月才會出現一次的畫面。緊接著開始了**大追逐**，我們時而加速時而暫停，跟在後面穿越灌木叢，觀察牠們獵捕午餐／晚餐。

12月25日

晚上 7 點：美妙的聖誕驚喜。

在荒野上的一處空地用餐。有牛肉、火雞、大桌子、**蠟燭**，附近有獅吼聲……永生難忘。一對墨西哥夫婦要求自己一張桌子，但就連他們也應該看出在這凡事都要分享的特別之地，自我封閉是件很可笑的事，最後只能悻悻然地加入我們。

12月27日

2 點 30 分：搭機前往王池營地[677]。

12月28日

……短短幾個小時內，我們追著非洲野犬，來到牠們狩獵的尾聲——一隻高角羚。等我們發現時，牠們只留下骨頭了。據說，牠們能在一分半鐘內吞掉整隻動物。接著是一群獅子，牠們守著昨晚的獵物——樹底下一頭鮮血淋漓、已毫無動靜的河馬。

12月29日

凌晨 6 點：起床。

出門去看河馬屍體，獅子正在大快朵頤，一旁有三隻土狼虎視眈眈。

12月31日

搭乘五人座小飛機——一小時——抵達卡薩內鎮。緊接著計程車、快艇、再坐四十五分鐘的計程車……來到東加利亞露營地[678]。尚比西河……就在我們的門外。

4 點 30 分：只有我們兩人——和船夫唐納德（Donald）滑行在尚比西河上。無比難忘。1.25 公里外的［維多利亞］瀑布瀰漫著原子彈般的水霧。6 點 30 分回到房間，迅速洗好澡，換上衣服。7 點 15 分吃晚餐，9 點結束，回房間喝香檳。和這些美好回憶告別，2013 年結束了。

---

677 譯註：King's Pool，波札那北部的豪華野生動物觀察營地。

678 譯註：Toka Leya，位於尚比西河畔的豪華露營營地，毗鄰瀑布。

2014

尚比亞

開普敦

菲利浦・西摩・霍夫曼（Philip Seymour Hoffman）

托尼・本恩

鮑伯・霍金斯

伊恩・麥克連 75 歲大壽

李察・艾登堡

《美人情園》首映，多倫多

《天眼行動》（*Eye in the Sky*）

麥克・尼可斯

開普敦

1月1日

上午 8 點：維多利亞瀑布。

不確定我原本的想像是什麼，但沒想到瀑布會如此近在咫尺，有種強大吸力，讓人想一躍而下。在**部分**大腦無意識的區域裡，彷彿被緊緊包覆。聲音、水花、高度、開闊度，對感官的全面衝擊。

1月2日

前往約翰尼斯堡，然後是開普敦，普林格爾灣。

戈弗雷（Godfrey）開車接我們去逛李文斯頓市。貨真價實的體驗。尤其是市場……除了一個賣二手包的小攤販，每棟建築物彷彿都像是座教堂，包括舊首都電影院（Old Capitol）。

11 點左右：抵達機場。排隊地獄。13 點 15 分前往約翰尼斯堡。快步趕往 B 航廈，搭上 17 點飛往開普敦的班機。麗莎（Liza）已經在出境大廳等待，我們坐上她哥哥的車奔向普林格爾灣。

看到露比在《HARDTalk》上的活躍表現。

1月3日

午餐後小睡。遛狗到沙灘散步，然後時間到了，急忙趕往謊言餐廳吃晚餐，要是晚了，史特凡（Stefan）可是會大發雷霆。我先進去緩和氣氛，但這只是暫時的，當其他人一進門——「我明明說過是 7 點半……」但他也只是裝裝樣子，很快就準備好一桌的魷魚、蝦子、旗魚等料理。離開時他語出驚人地說，這可能是我們最後一次在那裡用餐。他將在 4 月退休。

1月5日

回到家，面對郵件、寒冷，一切都迥異於我們不久前身處的地方。坐下來看著糟糕的電視節目，意識到這其實是一種 21 世紀的冥想，思維在沒有目的的狀態下自由流動。

1月11日

《自由之心》（*12 Years a Slave*）。

嗯，大家都說是一部很棒的電影。我會再看第二次嗎？不會。這部電影講了什麼？奇維托［·艾吉佛（Chiwetel Ejiofor）］會得奧斯卡獎嗎？不 [679]。他出鏡時間很長，看起來很憂慮，呼吸急促，那樣就夠了嗎？不過，［麥可·］法斯賓達

679　他沒有得獎。

（Michael Fassbender）非常出色，你會想深入了解他的角色。不知爲何，我總是在看演員，而不是故事。

1月23日

回家路上，去了一趟——被迫的——迪恩街特易購超市。這間連鎖店眞的很爛，爲了推行客人自行結帳，盡可能地減少員工。於是貨架缺貨，水果只有一種，店員沒幾個，爲了等其中一人去拿一瓶伏特加就等了十五分鐘。再也不來了。簡直就跟我們的政府一樣糟糕。

1月26日

下午1點30分：泰勒・湯普森。

泰勒的聚會總是五花八門，有人會最後一個到（當然是費費），有人會最先離開（雪麗和東尼），還有事先安排好的對話……東尼似乎充滿戒備，而雪麗比以往更爲脆弱。

1月31日

瑞瑪的生日。

晚上9點：棚屋餐廳。

有一群喧鬧的年輕人。店家幫我們找了一張靠角落的桌子，如此一來，我們的年紀不至於讓整個空間感到尷尬。

2月2日

新聞報導菲利浦・西摩・霍夫曼去世了。太令人震驚。他是個才華洋溢的人，在電影界有著領導地位，同時也是我在紐約的鄰居。曾在布魯克林音樂學院演出《卜克曼》結束後見過他一次——也看過他在第8街吃早餐。既平凡又非凡。

2月4日

[關於《美人情園》]

待在家。又是沉默的一天……那些該死的發行商，還有對劇本提出的蠢看法。沒人教他們如何發行或行銷，卻自以爲是地對劇本指手畫腳。是不是好主意我一聽就知道，也知道有些意見就像給一隻瘦小動物超額的脂肪，只會讓牠動得更慢。

2月7日

專爲艾倫［・庫羅絲，攝影師］、凱特和馬提亞斯舉辦的放映場。他們喜歡這部片，甚至可以說愛上它了。凱特倒是很直言不諱：「我們不能……嗎？」「爲

什麼不這樣……」

2月17日

5 點 30 分：白金漢宮。

和塞爾瑪被分到不同隊伍，跟安吉拉·蘭斯伯里（Angela Lansbury）、史提夫·麥昆（Steve McQueen）、珍·霍洛克（Jane Horrocks）、連尼·亨利（Lenny Henry）、路克·索德威（Luke Treadaway）[680] 一起排隊面見女王。女王一如往常握了我的手，然後換下一個人。

2月24日

早上 10 點：迪恩街。

能感覺到尼可今天非常疲憊，到了下午他甚至開始偏頭痛。不過，他知道這是關鍵的最後一天，明早必須交差，只能照我的建議去做。我認為我們有了進展，但很難相信已來到最後一刻。主要希望能保有去年 12 月的成果。

2月26日

7 點 30 分：在家和帕蒂·樂福共進晚餐。哈莉特、蓋伊〔·保羅（Guy Paul），她的丈夫〕和 A·L·甘迺迪都在場。

哈莉特最近勢不可擋，滔滔不絕地談論起自己。她甚至送我一本生日書，裡頭有關於她的篇章。蓋伊全程相當沉默——眼神滿含愛意，就像我們所有人一樣。不過——作為聖誕禮物，她已經幫他報名了普魯·利思（Prue Leith）的烹飪學校。（她討厭做菜，他不下廚，但想必很快就會了。）

3月5日

今天看了兩集《反腐先鋒》（Line of Duty）。非常出色，演員有趣、不做作。大部分的時候你能感覺受到北歐的影響——這是好事。不時跳出一些狗血劇情，這時又回到英式風格了。整體來說，是非常經典的作品。

3月12日

6 點 45 分：拉蒂默高中募款活動（Latymer Fundraiser）[681]。

這是時光飛逝的一刻，我站在五十年前同一個高中禮堂，五十年前我在這個地方表演，五十年前「我們在木巷玩遊戲時下雨」，還很丟臉地弄掉毛巾。哎呀，

680　英國演員，1984—。

681　譯註：該活動通常會是一場舞會晚宴，吸引校友、家長和支持者參加。

我馬上就喜歡上新校長。這個地方就像一個大家庭。磁磚和名人榜大廳證實了這點。我的工作是不時提醒大家，金錢不是**唯一**的考量。

3月14日

……托尼·本恩去世了。今晚電視播放了一段長時間的致敬節目。羅伊·哈特斯利難掩他的厭惡，尼爾則說少了他，人生會更貧瘠，但自己的路無疑會更順遂。我記得有天晚上，在看完《私生活》後，我和他及梅莉莎一起吃晚餐，我並不覺得他有羅伊·哈特斯利嘴裡的「狂妄自大」——而是充滿溫暖和求知欲。讚賞他堅持信念的勇氣。

3月25日

9點45分：電影換了面貌，新的服裝、新的髮型和新的面孔。也許變動是好事——只要一點點——但強制完成後製仍讓人憤怒。電影還是有**藝術**和**產品**之分。

3月30日

1點30分：薩伏依餐廳。

凱西·雷特和傑佛瑞［·羅賓森］。

在能看到河景的座位，與這兩位的同桌對話總是很棒——從輕鬆到深入的政治議題都能切換自如。我發現傑佛瑞加入呼籲撤銷斯蒂芬·沃德（Stephen Ward）[682] 的定罪。而且他和凱西是曼蒂·賴斯—戴維斯（Mandy Rice-Davies）的朋友。

4月30日

坐在 Lipsync 後製公司的大廳，看著接待櫃檯後方的電視螢幕。聲音很小，每個人都在聊天、吃東西。我看到新聞標題：鮑伯·霍金斯去世了。親愛的鮑伯——直率、溫暖、脆弱，他在才華和日常生活中都如此真誠。晚上我打電話給帕蒂·樂福。我是他們在一起時認識鮑伯的。我們找到了一些可以歡笑的回憶。

5月3日

到但特書店逛逛，拿起琳恩·巴柏的新作 [683]。一篇訪問納達爾的文章（用字隱晦，避免涉及誹謗）提醒我要**學會拒絕**。

682　英國整骨師，1912 — 1963，在英國政治醜聞普羅富莫事件（Profumo Affair）中扮演關鍵角色。

683　《奇特的職業生涯》（*A Curious Career*）。

5月5日

銀行公休日。

下午1點：和夏琳·史碧與強尼（Johnny）錄音。

S女士有一棟漂亮的房子——就在倫敦動物園正對面。回到強尼那間由馬廄改建成的住宅錄歌。在一個像廚房的房間裡。很緊張。跟夏琳一起唱——二重唱？？不清楚他們是不是真的很開心。再次證明緊張一點用也沒有。

5月23日

下午3點：Lipsync 後製公司。

謝天謝地，需要處理的難題現在都處理好了——電影完成。

5月24日

2點：《狼廳》（*Wolf Hall*）。

彷彿在看一部奇怪的混合體——我知道我在劇院裡，但它聽起來像廣播劇，**看起來像一本在舞臺上的書**。不過，大家似乎看得很開心。

7點30分：《提堂》（*Bring Up the Bodies*）。

變得比較像在劇院了。或許是劇裡衝突更加激烈，也可能是情節交代得更為巧妙。本·邁爾斯（Ben Miles，飾演克朗威爾 [Cromwell]）似乎也在逐漸成長，不再躲藏。

5月25日

下午3點：伊恩·麥克連。

慶祝75歲大壽。

陽光、魚子醬、一座永遠凝望河流的葛姆雷（Gormley）雕像，一位非常出色的魔術師。

和艾德娜搭計程車回家，很值得，可以聽她講述故事——她、費歐娜·S和謝默斯·希尼在愛爾蘭大使館的活動中爭相搶詩朗讀。三人最後嚷嚷著「這不公平」。

5月31日

坎帕尼亞蒂科

克勞迪歐過來「修剪」橄欖樹頂時，我正躺在床上。他根本砍了一半……

6月5日

坎帕尼亞蒂科

坐在花園裡畫畫，而此刻倫敦正在放映 [《美人情園》]。看似不相干的兩件事，

卻產生了聯繫。我看著我的手聽從眼睛的指示，某個程度上和在片場、剪輯室、調色與混音的過程一樣。

6月8日
晚上 10 點：在瑞瑪女士的催促下，我們來到（空無一人的）廣場，走進馬西默[684]的愛諾特卡餐酒館，喝一杯格拉帕酒，買了幾瓶葡萄酒。我們問：「最近狀況如何？」得到的回答是：「糟透了。」我們討論是不是要寫封信給某個人——現在是**勢在必行**。看著一座小鎮沒落也太荒謬了。這些年，汽車修理廠、麵包店、家具店、花店、酒吧相繼倒閉，現在輪到雜貨店和飯店。

6月9日
輪到里克・梅耶爾走了。里克——在喜劇形象背後是那樣地脆弱。出乎意料，也令人震驚。我坐在陽光底下，無法接受這一切。收到露比的電子郵件回信。「他是我見過最美麗的事物。真是巨大損失。」

瘋狂與深情

6月10日
琳賽寄來電子郵件，凱文・艾略特（Kevin Elyot）[685]也走了。正如她所說：「他過得很好，不是嗎？」不愧是琳賽，直截了當，感人而不感傷。凱文**的確**過得很好。

下午 1 點：莎賓娜和湯姆・史塔佩，也就是湯姆爵士和史塔佩夫人前來用餐。他們剛在週末結婚，這是他們首次亮相。莎賓娜非常快樂。「我好愛說『我的丈夫』。」

6月11日
上午 8 點 45 分：馬里奧（Mario）代替亞歷山卓，開車來接我們前往比薩。
早些時候讀了有關里克的文章，包括 2000 年琳恩・巴柏的一篇採訪，她非常精準捕捉到里克的特點。《衛報》今天告訴我們，他的去世就像其充滿活力的精神一樣出乎意料。
親愛的里克——對外如此活躍，**而**私下如此低調，既狂野不羈**又**脆弱不堪。

6月16日
上午 11 點：何處去餐廳。

684　編註：馬西默・博圖拉（Massimo Bottura），義大利名廚。
685　英國劇作家，1951 — 2014。

嘉兒。

言外之意很多，只能從對話中推測發行商的意思。

「他們認爲這不是一部適合多天放映的電影。」「也許明年會更好。」

6月17日
芭芭拉 [里克・梅耶爾的妻子] 打電話來，請我朗讀。

6月19日
里克的告別式。

11點15分：開車到迪特沙姆村的教堂路程很短。天啊，德文郡眞美……教堂也是。

12點15分：芭芭拉、蘿西（Rosie）、席德（Sid）和邦妮（Bonnie）[686] 抵達，一場美麗且極具個人特色的告別式開始了。差點變成喜劇收尾，因爲靈車和人們無法爬上山坡……

農村景色宜人，里克被葬在一處山丘上，俯瞰鄉村美景。班・埃爾頓、凱文・麥納利（Kevin McNally）[687] 和里克的弟弟接連致詞，朗誦一首伯恩斯的詩歌。

6月25日
前往紐約。

7月2日
11點：克呂尼咖啡廳。

喬丹・霍夫曼 [Jordan Hoffman，影評人] 在《驚爆銀河系》15 週年紀念時，努力想挖掘線索，試圖了解提姆和我是否相處融洽，又或者，我們如同片中角色般相互照映。很奇特的……**觀察角度**。

7月19日
同意參加多倫多 [688][電影節]——今天得到消息，一切都安排妥當，凱特將會出席。她可能只需要從自家院子走出去就能踏上紅毯了。

7月20日
前往慕尼黑。

686　芭芭拉・羅賓和里克・梅耶爾的子女們。

687　英國演員，1956 —。

688　編註：多倫多國際電影節（Toronto International Film Festival，TIFF）。

下午 3 點→約翰・甘迺迪國際機場，在休息室遇到朱利安・許納貝[689]和他的助手卡特（Cat）。他們要去拿坡里……他告訴我關於他自己版本的《香水》，是如何被伯納德［・艾辛格（Bernd Eichinger），製片人］所**埋葬**。還邀請我們到波西塔諾鎮附近的小島用餐。

7 月 21 日

7 點 15 分：在慕尼黑的漢莎航空休息室和朱利安・S 聊天。他來這裡接一歲的兒子去義大利。很明顯已經變成傻爸爸了，難怪能創作出優秀的藝術品。他是貨真價實的人類。再加上傑夫・昆斯（Jeff Koons）和艾未未（Ai Weiwei），好事成三。

轉機前往拿坡里，再開一個多小時的車抵達波西塔諾鎮的勒西雷納斯飯店。

瘋狂與深情

7 月 22 日

7 點 45 分：受邀和李察・吉爾（Richard Gere）和他的兒子在飯店酒吧喝一杯。但他被洶湧的大海耽擱，我們只能匆匆在大廳見面……他是一個如想像中溫暖、聰明和開放的人。

7 月 23 日

基夫尼電影節（Giffoni Film Festival）。

3 點 30 分……電影節參與者的問答時間，問題來自卡達、澳洲、韓國等等。聰明且感人。壓克力做成的獎盃看起來就像《哈利波特》裡的道具。

7 月 24 日

下午 4 點左右：跟著泰勒一起前往海港，搭小艇登上「帕爾瓦蒂」——她租下的一艘豪華遊艇，提供各種便利設施，租期兩週。沿著巨石進行了一趟壯觀之旅，最後停下來欣賞閃耀的卡布里島。然而，我們走的是丹吉爾時間[690]——她沒告訴廚師可以準備吃晚餐了，結果我們晚上 10 點 30 分才開始用餐。雖然很好吃，但太誇張了。我們回到波西塔諾鎮的房間時已經凌晨 2 點了。

7 月 26 日

前往倫敦。

689　美國藝術家和電影導演，1951 —。

690　譯註：摩洛哥城市丹吉爾（Tangier）的生活步調緩慢，往往需要等待很長時間才會發生某些事情。

7月29日

收到史丹利的電子郵件，他剛看完電影，表示很喜歡，但我不喜歡沒人事先告知我。亞當（Adam）[691] 也喜歡，他有禮貌多了。

8月13日

7點30分：《美狄亞》(*Medea*)。

海倫・邁柯瑞主宰了那個陰森的空間，但製作沒有明確方向，美狄亞退場時的落葉是不必要的點綴。

德勞內餐廳。

海倫來了，因耽擱時間而道歉。「媒體之夜以來，導演〔凱莉・克拉克內爾（Carrie Cracknell）〕首次出現。我一度以為她是來給我一些指示。這五個星期以來，我一直在自導自演。」喔，我的老天。

8月21日

6點40分：坐上希斯洛機場快線趕搭8點50分航班→比薩。

8月24日

坎帕尼亞蒂科

回家後得到消息，迪奇・艾登堡去世了。親愛的迪奇。

8月27日

看《美人情園》的預告片，有點可怕。整部電影濃縮成兩分鐘，用刪掉的對白作為旁白。看了好幾次，我能看出他們的意圖，但這個版本——我很懷疑自己會去看這部片。聽嘉兒說，電影海報像巧克力盒子廣告一樣。又來了。

8月31日

上午10點：《美人情園》。

演員和劇組試映會。

看著自己的創作被共同協助者觀看，是種獨特且難以形容的體驗。很清楚雖然大家可能會支持你，但他們不會說謊。

691　亞當・詹姆士（Adam James），1962—，英國演員。（編註：史丹利和亞當都是參與《美人情園》的演員。）

9月3日

下午3點：接受《天眼行動》健康檢查，相當完整的檢查，還得彎腰碰腳趾⋯⋯

9月11日

影評出來了，好的、壞的和中立的都有，熟悉的焦慮感再度回歸。熟悉的沉默再次壟罩整個世界。

9月12日

前往多倫多。

9月13日

下午6點30分：前往羅伊・湯姆森音樂廳（Roy Thomson Hall）。

觀看影片。

結束時，整個大廳充斥著觀眾的沉默和笑聲，這些人都在認真傾聽，兩千人起立熱烈鼓掌，久久不息。最直接的讚譽，給予這部直觸他們內心的作品。

9月25日

7點30分：和麥克・尼可斯在海潮餐廳。

聽麥克滔滔不絕地談古論今，幾乎可以成為人生目標。涵養豐富、引經據典，有褒有貶。

談起菲利浦・西摩・霍夫曼：「我想是我殺了他」。奧森・威爾斯：「傳聞很多，跟他共進晚餐後，我發現我喜歡他」。伊萊恩・梅（Elaine May）[692]、史考特・魯丁（Scott Rudin）[693]、參與《我們的小鎮》（*Our Town*）、史翠普和《大師班》（*Master Class*）、東尼・庫許納、有人請他飾演哈姆雷特（天哪，不要）——如今他已經高齡83歲，能夠回憶起的名字很多，但更多他記不起來的名字。

10月10日

7點15分→倫敦。

聽紅髮艾德（Ed Sheeran）和冰金樂團（艾莉森）的歌。不知道她唱了什麼，聽不清楚她的咬字。

692　美國喜劇演員、導演和演員，1932 —。
693　美國電影製片，1958 —。

10 月 17 日

倫敦影展（London Film Festival）。西區電影院。

5 點 35 分：走紅毯。「是什麼原因吸引你拍這部片？」同個問題問了十遍。

7 點 45 分：觀看最後半小時。觀眾全神關注，結束時響起熱烈掌聲。

9 點左右：聯合俱樂部。朋友們都被這部電影深深打動。

10 月 23 日

下午 1 點：彼得・葛瑞森（Peter Gregson）[694]。

彼得沉默寡言，每結束一個問題就會笑一下帶過，幾乎不發問或也沒在聆聽。我想在他沉默寡言的表面下，是把一切精力都留給了音樂吧。

10 月 24 日

凌晨時分。

讀《天眼行動》劇本，在腦中勾勒出每個場景、每個瞬間。其中一些畫面危險地重複出現，我猜這就是我們現在要做的，化腐朽爲神奇。

6 點 30 分：搭車→希斯洛機場，原定 9 點 30 分的航班變成 10 點 20 分。只睡了兩個半小時左右，飛機太晃了。

10 月 29 日

開普敦

大腦沒辦法連結到嘴巴實在太可怕了。在飛機上缺乏睡眠，再加上兩小時，醒來，一個半小時，醒來，導致記憶恐慌。

10 月 30 日

有時突然清醒，但強烈感覺是爲了生存，不是在生活……一個非常炎熱、灰塵滿布的房間，一件被改過變得很緊的衣服。沒有具體的概念我是誰。

11 月 1 日

愉快的最後一個早晨。我們在一家老式殖民俱樂部，以及教堂廣場上一間搭建出來的玩具店拍攝，享受美麗的開普敦陽光。我很放鬆，因爲不需要使用專業術語，只要表現出角色就好。如果再重來一次，我應該更謹愼地安排時間。

694　大提琴手和作曲家，1987 —。

11 月 5 日

倫敦

整天都感到非常疲憊，就連在看我近來最喜歡的電視節目時——第 4 臺的《葛雷森·佩里：你是誰？》(*Grayson Perry: Who Are You?*)，有大半時間都睡著了。

11 月 20 日

麥克·尼可斯去世了。在 9 月的晚餐和午餐聚會中，他看起來突然好虛弱，卻也同時顯得永恆不朽。無疑是因爲我們這些凡人需要他永恆存在。借用梅莉·史翠普的話——「他負責點燃人們的夢想」。他爲許多人的夢想守住了這道耀眼的火焰。

11 月 25 日

7 點 30 分：爲史蒂芬·金諾克（Stephen Kinnock）[695] 籌款活動站臺——他在角逐亞伯龍區的席位。很高興能見到葛蕾妮絲和尼爾，可惜史蒂芬沒能掌握到雙親的演說技巧。光唸講稿是不夠的……

12 月 18 日

南非

從第一海灘步行到第四海灘，經過時向攝影、突出的岩石、冷飲小販、海灘帳篷內的按摩和遮陽棚底下的救生員。沿著原路折返，經過相同的人事物。唯有大海依然故我，我們只是它眼中的微塵。

12 月 31 日

海灘非常炎熱，我們逃到維多利亞阿爾弗雷德碼頭廣場 [購物中心]，但這是一個室外太熱、室內太暖的日子。喝了啤酒、可樂，吃了一顆橘子。

瘋狂與深情

695　工黨政治家，1970 —，葛蕾妮絲和尼爾·金諾克的兒子。

2015

1月2日

我昨晚吃了什麼？沒有吃很多，新的一年開始胃就不舒服。

1月4日

清晨 6 點——夢到了一間英國鄉村的房子…

上午 10 點：碧安卡（Bianca）來幫我們三人按摩，我在中途睡著了。「要常做抬腳運動。」她說。「因為浮腫？」我問。「是的。」她說。「是史達汀類藥物 [696] 的關係。」我解釋。

下午 4 點：去了海灘——印度洋很溫暖，但風浪很大，打到會讓人昏倒。我們改成徒步去找蠣鷸。

1月5日

陰沉的天空，波濤洶湧的大海。我想今天不適合游泳。

上午 9 點：一起吃了可頌麵包和咖啡，然後開始收拾行李，想讓行李箱變輕一點。放棄吧。

5 點 30 分：麗莎開車載我們去機場。在我們左手邊是一大片凱爾里居 [市鎮]。

1月7日

開始**大掃除**，可能得花不少時間。

晚些時候，發送電子郵件，大致介紹《美人情園》之旅、新聞宣傳和首映活動。理論上，如果不急著趕回都柏林 FF[電影節][697]，就可以安排時間去一趟澳洲和美國西岸。

1月11日

3 點 30 分：去拜訪潔拉爾汀 [·麥克伊旺]。花了些時間才找到她，我差點直接從她床邊走過去。很難相信那個曾經活力充沛、好奇心旺盛的年輕靈魂，如今變得如此憔悴。她睡著了，白髮蒼蒼，嘴角下垂。當塞爾瑪輕輕喚醒她時，她看著我說：「天啊！」右手輕撫我的臉龐。

1月13日

現在來到清理櫥櫃的階段。櫥櫃裡有著我一整個職業生涯。該留下什麼，該丟掉什麼……找到了不該被埋沒那麼久的信件。看到了一條軌跡成形——這條軌

瘋狂與深情

696　譯註：Statins，常用的降膽固醇藥物。

697　編註：都柏林國際電影節（Dublin International Film Festival）。

跡由一系列重大決定和跨越未知的時刻所標記出來。

1 月 15 日
瑞瑪一早去了巴爾比（Barlby）[698]，劍橋公爵夫人[699] 今天要來。這位重要的共和黨員和公爵夫人……

1 月 23 日
前往巴黎。
拉拜飯店有著最小的房間，但設計完美的浴室。步行可到榭榭米蒂街[700]。

1 月 24 日
吃過早餐，沿著榭榭米蒂街散步，走進莉莉絲 [一家精品店]──還在呢。

1 月 25 日
前往倫敦。早餐前迅速更換車票，乘車前往巴黎北站趕搭 12 點 40 分的火車→聖潘克拉斯站。

1 月 27 日
晚上 7 點：露比。
吃了一些雞肉、馬鈴薯和沙拉。聽她講述去美國旅行的恐怖經驗。我認爲她是想回味一下舊時光。

1 月 28 日
費雪餐廳。
與海倫娜和伊安共進晚餐。有很多話題要聊，你得抓住空檔才能插上一句。不過 H 和 I──這一對生命力旺盛的夫妻──談論的內容包山包海，也聊到海倫娜在聖誕節和雷吉 [·納德森] 起爭執。老實說，那是雷吉自找的。

1 月 30 日
前往紐約。
一進門，塞爾瑪就打電話過來。親愛的潔拉爾汀已經去世了。

698　位於北肯辛頓的小學，瑞瑪是校董會主席。

699　編註：即如今的凱薩琳王子妃（凱特·密道頓）。

700　譯註：Cherche Midi，巴黎第六區的一條街道，充滿了特色餐館、精品店和藝術畫廊，是巴黎著名的時尚和文化中心之一。

1月31日

瑞瑪生日。

今天早上，我同克勞蒂亞（Claudia）、格雷格[潔拉爾汀‧麥克伊旺的子女]和露意絲[Lois，她的助理]聊了一下。露意絲說了一件諷刺的事，是關於語言治療師們坐在潔拉爾汀床邊談論他們的專業術語（我想是字面上的意思）。露意絲輕輕把手機遞給護理師，上面是潔拉爾汀的維基百科頁面。護理師說：「喔！妳以前演過戲。喔，妳在國家劇院演過耶！」潔拉爾汀說：「從一開始就是。」

2月3日

9點：和莉莉與漢米許去中央酒吧。那晚的酒吧很不得了，傑克‧葛倫霍（Jake Gyllenhaal）和露絲‧威爾遜坐在同一張桌。傑格在他們後面，馬修‧鮑德瑞克（Matthew Broderick）抵達沒多久，葛倫‧克蘿絲也來了，沒完沒了。但我們四人就能自得其樂了，謝謝。

2月9日

前往倫敦。

2月11日

整理桌子。

統整放映的細節。

從澳洲傳來消息，放映會的門票已經售罄，我要不要再加開一場？

焦點[影業（Focus Features），發行商]仍在等待美國的上映日。

2月17日

11點：和莎拉‧舒格曼一起去施爾尼斯鎮看她的新家。就像開車進入一個全新的世界。在寬廣一望無際的肯特郡大地上，零星點綴著起重機、老工廠和煙囪——通過一堆巨大貨櫃旁的柵欄門，躍入眼簾的是兩排美麗的喬治時期連棟建築。其中一棟就是莎拉的家，有著一大片花園和有趣的鄰居——從二樓窗戶可以眺望大海。她從威爾斯邀請她的畫家和裝潢朋友住進來，房子成了18世紀柔和色調的調色盤。真是美極了。我們在附近一家酒館吃了歐姆蛋和薯條。酒館有一條棧板路，直通退潮時的海灘。

2月18日

下午1點：皇家藝術學院的培訓委員會。

總感覺必須不斷提醒他們（1）我是演員（2）我是導演（3）我在皇家藝術學院接受過訓練，因此（4）我不需要聽講座。事實上，應該是他們來問**我**問題才對。但我們還是要繼續努力，希望有所進展。

2月19日

上午9點：跟澳洲通電話。

隔了這麼遠的距離，依然是同樣的六個問題……

2月21日

在格拉斯哥過生日。

9點：希斯洛機場快線。

11點30分→格拉斯哥和布萊斯伍德廣場飯店，有種纖維板風格。吃了些午餐，下午3點梳妝打扮，接著前往蘇格蘭電視臺（STV）和媒體採訪。

下午6點：格拉斯哥電影節（Glasgow Film Festival）——《美人情園》。

簡單介紹後，我和艾倫・亨特（Allan Hunter）及柯妮・歐頓（Corinne Orton）[701]一同前往餐廳。房間不錯，食物太複雜了。回到電影院參加映後問答，過程非常愉快，觀眾給予極大熱情。

回酒店接肖恩［・比格斯塔夫］、艾莉森［・坎貝爾］和安德魯［・繆爾］，一起前往索奇霍爾街上非常出色的「閹牛與雀鳥」餐廳繼續享用晚餐。我差點累趴在餐桌上，但很高興聽到大家對這部電影的喜愛——還收到一個帕芙洛娃蛋糕。

2月23日

和柔伊和蓋恩在喜吉餐廳——老天，柔伊一個人就喝光那些馬丁尼酒，而且老天，還一邊喝酒一邊主導整場談話。蓋恩一臉憂心忡忡，但還是放任她不管，祝福他。

2月24日

下午2點：潔拉爾汀的告別式。我一整天都在說——真心的——我並不覺得潔拉爾汀離開了。這就像一場錯誤，而我們在現場一邊聊她，一邊吃三明治和喝氣泡酒。即使是下筆的現在仍感覺很不真實。也許，正如其中一人所說——有些人感覺彷彿永遠不會離開……

701　兩位分別是格拉斯哥電影節的聯合總監和製作人。

2月27日

我 google 了下傑羅姆・埃勒斯（Jerome Ehlers）[702]，想知道他最近都在做什麼，至少去澳洲時能跟他打聲招呼。結果他去年 8 月就去世了。高大瘦長、風趣浪漫的傑羅姆……生命太不公平了。

其餘時間我都在家裡收拾行李，送去乾洗店，吃魚派當晚餐，看著《電視沙發客》裡的人看《狼廳》。睡不太著。

2月28日

經新加坡轉機前往墨爾本。

在機場拿了一本《哈潑時尚》（*Harper's Bazaar*）雜誌，封面上的凱特筆直地看著我。觀看《寂寞星圖》（*Maps to the Stars*），茱莉安・摩爾在《我想念我自己》（*Still Alice*）表現出色，在本片中一樣**非常傑出**。她所扮演的角色很有可能會引起奧斯卡評委的反感，大衛・柯能堡無所顧忌，啟發人心。呈現了這個瘋狂行業的真實面貌——不，是這個行業被麥克・李口中的笨蛋瘋狂濫用，讓人想要離得遠遠的。

3月2日

墨爾本

睡睡醒醒，我們最終在早上 11 點左右起床。喝了些咖啡，手拿《孤獨星球》（*Lonely Planet*）旅遊指南，穿梭在墨爾本巷弄中，一路來到 Chin Chin 網紅餐廳吃午餐，大膽地點了叢林咖哩——只吃一半，因為實在太辣了。沿著路走，自然而然來到聯邦廣場旁的河畔（墨爾本有著美好氛圍、但難看的建築物），搭上 3 點 30 分渡輪遊覽雅拉河，然後返回。

3月7日

下午 4 點：在草稿咖啡廳遇見米瑞安・瑪格萊斯。

米瑞安生活隨興，何時何地都有話**直說**。演出狀況不是很好；她和伴侶分開太久，兩人在一起四十三年；以色列很可惡。在街道旁一邊喝咖啡一邊這樣聊著。

3月12日

晚上 7 點：《美人情園》放映。我坐在後面的樓梯上觀看，喔，老天——我好想重回剪輯室。觀眾非常熱情，在映後問答玩得很開心，依舊是那五個問題，只差在題目變長了。

702　澳洲演員和作家，1958 — 2014。

3 月 15 日

下午 1 點→雪梨機場。

4 點 10 分→新加坡。

3 月 16 日

倫敦

凌晨 3 點左右：看了《情迷包法利》（*Gemma Bovery*），電影精準地抓住波西·西蒙茲（Posy Simmonds）的漫畫精隨。

凌晨 5 點降落。穿越黑暗的街道，6 點左右回到家。餐桌上依舊堆滿了東西，幸好沒有東西壞掉。打開行李，回覆郵件，處理媒體的請求。

3 月 17 日

12 點：西敏寺。

李察·艾登堡的追思會。

感覺很奇特，走上教堂中間走道，兩側擠滿了人，穿過中殿，進到唱詩班區和祭壇尋找我的位置，結果是坐在伊夫林·德·羅特希爾德（Evelyn de Rothschild）[703] 和安娜貝爾·戈德史密斯（Annabel Goldsmith）[704] 中間。他沒考慮到其他人的空間，而她一隻手包著紗布，真希望我能再瘦點。正對面是塞爾瑪，右手邊還有茱蒂和芬蒂 [Finty，茱蒂·丹契的女兒]、米高和夏奇拉·肯恩（Shakira Caine）[705]、肯·B。艾登堡一家坐在合唱團席位上。普特南說了唯一的笑話，班·K 讀起甘地的文章彷彿是自己寫的。我弄掉了座位卡，是伊夫林·德·R 幫我指出掉在哪裡。迪奇一定會喜歡現場的音樂和表演，至於宗教部分可就難說了。之後，和 D·蘇切特一家與莎拉·蓋茲曼（Sara Kestelman）[706] 一起去德勞內餐廳吃飯。

3 月 18 日

上午 9 點：沒想到史蒂芬·韋利—科恩（Stephen Waley-Cohen）[707] 居然邀請我擔任皇家藝術學院的主席。我下意識就拒絕了。「你需要一個知名度更高的人。」「你太低估自己。」史蒂芬說。當然，之所以拒絕是因為我不想被體制吞噬。

703　英國金融家，1931 —。
704　英國社交名流，1934 —。
705　編註：米高·肯恩的妻子。
706　英國演員，1944 —。
707　英國劇院業主經理，1946 —。

3月19日

5點30分：車子來接→希斯洛機場。

7點20分：前往布拉格。

走過查理大橋，在一處可俯瞰河景的露臺吃午餐。其餘的記憶模糊不清，部分原因是數十名攝影師不停按快門，閃光燈閃個不停——拍攝派不上用場的照片。記者會、電視採訪、領獎、在兩家上映《美人情園》的戲院做開場；在氣派的市政廳舉行私人派對（出現嚴重時差問題），驚喜時隔三十年再次見到 J·J·亞伯拉罕（J. J. Abrams），還有碰到金·露華（Kim Novak）——不僅有趣且讓人感興趣。「吉米·史都華（Jimmy Stewart）和我就這樣玩在一起了。」

3月21日

上午6點起床，整理行李，喝咖啡，在 ipad 上看到好消息——凱瑟琳·瓦伊納現在是《衛報》的新編輯了！！！上午8點吃早餐，8點40分出發前往機場，搭上午11點的班機→倫敦。提出「我能跟你合照嗎？」的水準達到新低。大家排在他後面等著入座，而那個男人不接受拒絕。好了，他現在得到一張照片，照片中他滿臉興高采烈倚靠著兩個座位，一旁就是我不爽的表情。

3月22日

內心崩潰的一天，飛機、時差和連日沒意義的訪談，像在啃自己的肉般令人沮喪。

3月24日

下午1點：哥陵飯店。

和海倫·邁柯瑞合作，為《獨立報》進行「我們如何相識」（How We Met）的採訪和拍攝。海倫一如既往地幽默風趣，攝影師班（Ben）也是——不過化妝師和公關對燈光不太滿意。亞當［·雅克（Adam Jacques）］現身開始採訪。他顯然已有自己的想法，試圖引導我們回答問題……結束後，我們下樓享用龍蝦歐姆蛋。

4月2日

看了兩個小時的［大選］電視辯論，愛德表現得還不錯，但我知道妮可拉·史特金（Nicola Sturgeon）會勝出。她的演說直擊人心。

4月7日

2點30分：國家劇院。

湯姆・史塔佩的《意識的難題》（The Hard Problem）。

在黑暗中度過一個小時又四十分鐘。主要卡司——大部分——是一群年輕人，不知道自己在說什麼，或為什麼要這麼說，還有為了讓戲「有趣」，臺詞表現過於情緒化。誰該為此負責呢？

4月10日

往返巴黎。

凌晨5點40分。我好像有聽到鬧鐘響，知道6點車子會來接我。算是準時起床了。

8點：聖潘克拉斯站，和獅門的公關人員蘿娜・曼恩（Lorna Mann）搭乘歐洲之星前往巴黎，再坐車抵達凱悅凡登酒店。他們給了我一間非常時尚的米色套房，待了約一個小時，化妝師凱莉（Kelly）來了。她是英國人——在法國住了八年，嫁給法國人，想念倫敦。接著是電視訪問，和熱情的發行商山米・H（Sammy H.）共進午餐。媒體採訪，下午4點20分就結束。真的嗎？那還留著做什麼？趕往北站，搭上6點40分的班次回家。

4月11日

8點：與達莉亞和戴克斯特共進晚餐，在場還有休・傑克曼、克里斯多夫・華肯（Christopher Walken）、泰隆・艾奇頓（Taron Egerton）[708]、艾麗絲・波班（Iris Berben）[709] 以及傑米・奧利佛。還有一位立陶宛籍的廚師。是的，這就是當晚的情況……

4月17日

一如往常的寧靜早晨。終於收到保羅（Paul）的消息。我們正面臨一場挑戰——觀眾喜歡。影評人——有人沒去看。我敢說其中一個在之前就先寫好評論了。

下午3點→廣播大樓。伊迪絲・鮑曼（Edith Bowman）和詹姆士・金 [James King，BBC 廣播第 1 頻道主持人]。接受科莫德（Kermode）和梅奧（Mayo）採訪[710]。兩位都是正面支持的聲音。

8點10分→梅菲爾寇鬆影城，映後問答時間。「這部電影太美了」的評價一再出現。

4月24日

從柏林和維也納回來，前往紐約途中。

708　威爾斯演員，1989 —。

709　德國演員，1950 —。

710　編註：BBC 廣播第 5 頻道的雙人影評節目。

在協和廳[711]等待下午5點05分飛往紐華克的航班。顯然，有些事被迴避、擱置，以及佔滿——那是一種在內心深處的崩解，不時重組，然後**將再**重塑，但會變成什麼呢？不確定。這〔《美人情園》〕就是我會製作出的那種作品。如果我不被允許——我會停止。只是當我下筆時，似乎不該有這種反應。需要**一些**能量的**灌注**，否則我將會被抽空。

4 月 25 日

7 點 30 分：白宮記者晚宴。

在希爾頓酒店，有兩千人出席。找到凱瑟琳和其他人——《衛報》的工作團隊、克里斯・奧菲利〔Chris Ofili，藝術家〕、大衛・田納特（David Tennant）和其夫人。歐巴馬和蜜雪兒成了遙遠主桌的一個小點，但仍是個觀察人的好機會。半島電視臺說他們是我的影迷。「我也喜歡你們。」「真的嗎？這裡的每個人都以為我們是恐怖份子。」

我們這一桌非常愉快，即使房間裡有隻令人尷尬的大象——我的電影。

4 月 28 日

布魯克林音樂學院。凱倫・布魯克斯・霍普金斯（Karen Brooks Hopkins）[712] 致敬音樂會。

8 點 30 分：沒想到會介紹瑪莎・溫萊特和洛福斯出場，太令人驚喜了。他們合唱了一首由他們母親凱特創作的歌曲，震撼人心。還有很棒的舞者們，編制龐大的布魯克林合唱團，保羅・賽門（Paul Simon）在螢幕上演唱了一首〈歸途〉（Homeward Bound），以及一首——讓我最深刻的——〈時間飛逝〉〔Time It Was，更廣為人知的歌名是〈書夾〉〕。蘿瑞・安德森（Laurie Anderson）——在螢幕上——表演一段動人的小提琴獨奏。美麗的表演，向傑出的凱倫致敬。

5 月 11 日

上午 7 點：柏靈頓。

沒有解釋也沒有道歉，警衛背對我們，其中一個甚至還笑了——車次取消，我們 7 點 40 分才得以出發。急忙聯繫梅蘭妮和英國航空，最後一切順利，我們成功辦理登機手續，並在登機前五分鐘趕到登機門。

馬里奧在比薩市——陽光燦爛又炎熱的比薩——和他聊了快兩個小時，最後抵

---

711 譯註：英國航空設置的豪華貴賓室。

712 布魯克林音樂學院名譽主席。

達坎帕尼亞蒂科。這個地方已經開始讓人聯想到瑪麗・賽勒斯特號[713]。晚餐時，我們兩人凝望日落，思索著是不是該放棄這裡的生活。嗯……

5 月 14 日
在悠哉地吃完一頓漫長早餐後，我們去鎮裡散散步。停放在半山腰的拖拉機，說明步道已經開放了。

5 月 18 日
走進市中心廣場去找安東尼奧買燈泡、手電筒和香茅蠟燭。揮揮魔杖——給我們六個月的時間努力拯救死氣沉沉的露臺——讓賈比（Gabi）和賽維羅（Servilio）的餐廳和咖啡店回到廣場……小鎮就能再次生機盎然。

5 月 20 日
整理行李，打掃，洗衣，搬上車。
9 點 30 分，前往比薩。

5 月 21 日
11 點 30 分：雷德醫生的護理師會高分貝地喊人進候診室，但抽血時一點也不痛，總是精準地找到靜脈。

5 月 26 日
布魯塞爾
12 點：搭車→聖潘克拉斯站。
和凱蒂（Katy，獅門的代表）會合，抵達布魯塞爾→阿米戈羅克福特飯店。媒體採訪一直到下午 2 點結束，隨後和發行商共進晚餐。
9 點 20 分：到影廳參加映後問答。全場一片漆黑，只有一盞聚光燈照著我。觀眾發出長長的熱烈歡呼，是對我？還是對剛看完的電影？凌晨 2 點上床睡覺。

5 月 27 日
前往海牙和阿姆斯特丹。

713　譯註：1872 年 11 月，瑪麗・賽勒斯特號（*Mary Celeste*）從紐約出發，前往義大利熱那亞。不到一個月後，它在大西洋上無人駕駛的狀態下被發現，船上乘客和船員全數失蹤，但船上的貨物和貴重物品都完好無損。

5月28日

早上 10 點：荷蘭記者會。我已經非常疲憊，一位記者居然表示她認爲我是藉由故事諷喻銀行危機，真是無言……

下午 5 點：阿姆斯特丹國家博物館。

維梅爾（Vermeer）的倒牛奶的女僕、林布蘭（Rembrandt）的自畫像及提多斯肖像 714 是會讓人駐足流連的畫作。

5月29日

7 點 30 分：巴比肯藝術中心。

上週是《哈姆雷特》。

晚上：《海邊的卡夫卡》（*Kafka on the Shore*）715。和艾德娜碰面，我們兩個都認爲這是卡夫卡式作品，而不是一個關於叫卡夫卡的男孩。一如既往，有著令人印象深刻的畫面。

和塞爾瑪、艾德娜，以及塞爾瑪的外甥瑟馬斯·米爾恩（Seamas Milne）716 在德勞內餐廳吃飯。

6月1日

參觀馬里波恩、諾丁丘、切爾西一帶的待售屋，以及一棟緊鄰河畔的屋子，價格都在 300 到 450 萬英鎊左右，太誇張了。因爲種種原因全都不適合。其中，南華克房屋仲介（應我的要求）帶我看了一間位於卑爾梅西街的房子，格外讓人印象深刻。屋主是一位來自美國的股票經理人，現已搬到摩納哥，他用五層樓、五個房間儼然打造出一個夜總會，房間以環狀樓梯連接，頂樓有撞球桌，露臺有熱水浴缸（當然了）。整個地方極盡奢華。

6月5日

8 點 50 分：強納森·莫特〔Jonathan Mount，房屋仲介〕。

我們來到克勒肯維爾、肖迪奇地區，這裡有美麗的街道——但得在週五和週六晚上來一趟才能確定。

---

714 譯註：提多斯（Titus）爲林布蘭之子。

715 編註：改編自村上春樹同名小說的舞臺劇，由蜷川幸雄執導。

716 也是一位《衛報》記者和政治助理。

6月7日

前往紐約。

6月8日

9 點：清洗窗戶。

比起自己來，還是交給他們（配戴安全帶和掛勾）好保持安全。

6月9日

12 點：史帝夫（Steve），電視。新的遙控器使用起來更加方便。在他的說服之下，我還買了一台新的 DVD 播放器和 Netflix。

6月16日

喬伊·諾伊麥爾（Joe Neumaier）──《每日新聞報》。

這是我接受過最聰明的訪談之一，問題都非常好。

6月21日

洛杉磯

10 點 15 分：搭車前往約翰·甘迺迪國際機場。

納爾遜（Nelson）帶我們沿著河岸一路欣賞美景，幾乎快到達史泰登島。僅一個小時，卻是一個全所未見的紐約。甚至看到像蘇聯式建築的高樓大廈。

6 點：在 A.O.C. 餐廳（之前還是歐洛斯餐廳……）和瑪西亞·費雷斯登共進晚餐。為什麼每件事都愈變愈糟？我在那家餐廳擁有許多回憶，那是一段在洛杉磯度過的燦爛時光──午餐、晚餐、比佛利中心、Fred Segal [服裝選物店]、陽光和對未來的期待。今晚──食物還可以，服務過於積極，客人難以捉摸。

6月22日

9 點 30 分：洛杉磯時報專訪（蘇珊·金 [Susan King]），和以植物為背景的拍攝。

要讓她探索新領域真是不容易，她的想法根深蒂固……

6月29日

10 點：梧桐廚房咖啡館。

吃完早餐，開車去峽谷、穆荷蘭大道、聖塔莫尼卡。重新熟悉這些地方。但左足弓和小腿隱隱發疼，走路有點困難。

瑪西亞來接我，然後→ 3, 2, 1（不行）──太吵了，立刻逃到對街的莫札餐廳，這裡有 Sesti 紅酒和美食。在路上，我提到腿痛的問題，瑪西亞立刻幫我預約

足科醫生，並向巴特（Bart）確認情況。

6月30日
上午10點：跟巴西那邊通電話，然後去看了——足科醫生、心臟科醫生，做了超音波檢查、和血液檢查——結果是血栓。血塊不大，所在的靜脈位置也不危險，但還是滿可怕的——聽到血栓、凝塊、計畫有變化等等。

7月1日
下午5點：前往洛杉磯國際機場。
在澳航／英航的休息室享用晚餐。晚上9點登機——《美人情園》正在上映中……瞬間提醒我自己來自哪裡，但一顆安眠藥解決了一切。

瘋
狂
與
深
情

7月2日
下午5點左右回到家，看溫布頓網球賽，遺憾的是，納達爾輸了。他的強迫症也許真的影響到他的表現，尤其對手是像達斯汀‧布朗（Dustin Brown）這樣的球員——打球全靠手指和想像力，放開來打。
當天抵達房子時似乎一切無礙，不過，等等——沒錯，樓下煙霧警報器一直嗶嗶作響。我們毫無頭緒，打電話給消防隊，他們過來（我們以為）處理好了。結果晚上睡覺時嗶嗶聲又來了。拿掉蓋子依舊響個不停。試了兩次，放棄。

7月3日
預約血液專科醫生。除此之外，今天的行程很繁忙，觀看希瑟‧沃特森（Heather Watson）差點成為溫布頓網球傳奇（但仍舊打得很出色），為煙霧警報器找電池、回覆一大堆電子郵件，看著窗外一整天的陽光明媚，然後當我們上床睡覺時，下起傾盆大雨……

7月6日
溫布頓的日子會把一個人固定在沙發上，深怕隨便動一下，就會害安迪‧莫瑞的下一顆球出界。

7月7日
下午3點：聖瑪麗醫院。
席巴克醫生（Dr Shlebak）進行血液檢查，給出處方，每天服用不同的藥丸，為期三個月。都是稀釋血液的藥物。

7月9日

7 點 30 分：市政廳。

《紅男綠女》（*Guys and Dolls*）。

因為地鐵罷工，我們比預期的 7 點 30 分晚了約十五分鐘……但熟悉的曲調引領我們進入劇場。看完後，瑪琳娜[717] 說她現在知道她再也不想做音樂劇了——「都在露胸部和牙齒」。然而，年輕演員表現出的是一種更真實的現實感，必須無情地抓住每個提示，進場、出場像隊友一樣配合默契，那也塑造出了風格。

7月13日

2 點 45 分：威靈頓 [醫院]。

前往醫院，接受檢查。

7月14日

5 點 30 分：蘭多醫生，哈雷街。

要變成另一種日記了。[718]

7 點 45 分：《36 通電話》（*36 Phone Calls*）[719]。

為了轉移注意力，之後和傑里米（Jeremy）等一群好友到酒吧聊天。回到家後累癱了。

7月15日

整天昏昏欲睡，偶爾有一些即時的小夢境。

與大量郵件奮戰。要吃藥，不要吃藥，跟這個人談，替他們跟另一個人牽上線……

7月16日

12 點：前往奧文頓花園。

有著三個露臺的公寓，感覺像是把郊區搬到布朗普頓路上。雖然離 V&A 博物館、公園很近，但感覺很窒息，眺望倫敦的景色也不是很好……？

7月17日

8 點 35 分：威茅斯街 35 號 [醫院]。

整天面對一個接一個的新面孔。感謝老天，我有一個心愛的人在身邊。

717　瑪琳娜・拜伊（Marina Bye），1993 —，露比・懷克斯和艾德・拜伊的女兒。

718　這一刻，艾倫・瑞克曼得知自己確診胰臟癌。

719　傑里米・布洛克（Jeremy Brock）創作的劇本。

下午的某個時刻，一大碗鷹嘴豆泥和蔬菜棒是我的天堂。

7月19日
晚餐準備好後，前往威靈頓醫院進行預防性超音波檢查。房間是白色的，燈光也是白色的。我們試著收看《被驅逐的人》（*Outcast*）第二集。
回家吃晚餐。

7月20日
下午 2 點：哈雷街 93 號。
大衛・蘭多將我們介紹給托比・阿肯努醫生（Dr Tobi Arkenau），我很喜歡他。

7月22日
9 點 30 分：白金醫療中心 [720]。
第一次療程。

瘋
狂
與
深
情

7月24日
8 點：費雪餐廳，有隆恩、凱倫・鮑溫和我們。選得好。點了德式香腸（使用柔嫩的小牛肉和雞肉）、酸菜、馬鈴薯沙拉、山葵和黃瓜沙拉。我們這兩位老友，談起過去的事像在談論一場冒險。

7月26日
12 點：梅蘭妮・帕克來搬東西和收東西。箱子來了，箱子走了。我們聊到她的女兒依登（Eden），她有輕度自閉症（有出現症狀），**非常聰明、富有創意**。在所有白色的無印良品文件盒中，都是我參與每個項目的劇本、信件、筆記和研究。那些盒子收藏了我的想像力。

7月29日
上午 9 點：白金醫療中心。
9 點 30 分：阿肯努醫生。
上午 10 點：在街角等待的車子準時載我們前往古德伍德賽馬場，我們第一次去，主要是為了頒發薩塞克斯賽馬獎盃──被卡達國王臨時更動了，最後我連同薩伏依飯店的執行長一起頒發下一場比賽的獎項。有點奇怪，但午餐非常愉快。

720　艾倫・瑞克曼開始接受定期化療，他擔心會導致脫髮，因此院方給了一個緊密貼合的冰帽──類似頭盔，裡面都是冷凍膠──可以防止脫髮。結果證明，這頂帽子是不必要的。

7月30日

蒙塔古廣場（Montagu Square）20號。

再去看一次選項1號公寓。幾個星期下來，這裡確實是最完美的地方。位於美麗的廣場中心，步行十分鐘能到馬里波恩高街，途中會經過咖啡廳、乾洗店、蔬菜店，還有農夫市集和維特羅斯超市。

7月31日

現在威斯本露臺街變成了剪輯室。所有的抽屜、櫥櫃和架子都需要整理、存放或捐出，爲新的開始創造空間。

8月2日

茜拉・布萊克（Cilla Black）[721]。

我感覺我們彷彿是一起長大的。她是我們之中最好的人，只是站在披頭四旁邊。她有著很強的直覺，知道自己是明星，同時擁有自尊、直率和單純。在那個星期六晚上，能和她一起坐在梅爾家眞好，但願我能更加了解她。

8月5日

9點30分：白金醫療中心。

第二次療程。

下午3點30分回到家。重複意味著更容易產生反應，尤其是一種藥物沒能抵銷另一種藥物作用的話。

8月6日

這些日子，努力避開自己的同時，又得照常生活。因爲還有櫃子需要清空，箱子必須裝滿。繼續進行。

8月7日

1點30分：和卡洛琳 [Caroline，房屋仲介] 到蒙塔古廣場。是的，這將是不同的倫敦生活。卡洛琳和我密切合作，討論想法（不做花園房，重新整修浴室，我們自己的床還能用，也許樓上的沙發床也是）等等。

8月10日

又清掉一個櫥櫃。迫不急待想要櫥櫃收納盒了。公寓開始有空氣流通的感覺。

721　她在前一天去世。

8月12日

意識到被這麼多東西包圍,太可怕了,尤其是我們有這麼多儲藏室。櫥櫃和架子上滿滿歸檔、但我們從來沒看過的資料。

8月13日

晚上7點:穆爾菲爾德眼科醫院。

穆提克(Mutiq)先生非常迅速、專業和迷人。最近右眼出現閃光,確實是因為年齡大了,或者我記得他說是黃斑部退化。回家吃美味的魚派。

8月14日

去夏菲尼高百貨公司。對那裡的美食廣場感到絕望。但找到了適合珍的克什米爾羊毛衣。

7點30分:珍‧貝爾蒂什(Jane Bertish)的生日。

三十位朋友齊聚一堂,給不喜歡驚喜的人一個驚喜。「我臭臉了嗎?」珍後來說。這是個美好的朋友聚會,點燃蛋糕上的蠟燭時,我剛好在花園露臺的臺階上摔倒。是時候回家了。

8月15日

吃了義大利麵和沙拉當晚餐,我和瑞瑪一起看了一部她從沒看過的電影《妙女郎》(*Funny Girl*)。我想起史翠珊(Streisand)是多麼偉大的一名女演員,也被威廉‧惠勒(William Wyler)的手法所吸引——他的節奏和剪輯,只需輕輕用一根手指、一隻手或手腕就能推進故事。

8月17日

更多箱子被裝滿,一瞬間,我想著這些東西我已經很久沒看過了,然後現在又從架上被放進箱子裡……不過臥室窗外的垃圾桶散發出誘人氣息。即使如此,仍舊得繼續整理、歸檔,說不定都會進入另一個儲藏室裡。

8月18日

11點:律師事務所。

瑪格麗特‧朗(Margaret Lang,遺囑專家)負責我們的案子,她透過提問和引導,讓我們對事情大致有個概念。(之前史蒂芬‧偉格—普羅瑟 [Stephen Wegg-Prosser,律師] 在房屋購買上也是如此……)

瘋狂與深情

8 月 29 日

辦公室看起來就像被炸彈炸過一樣，到處是四散的紙張，瑞瑪正努力減少堆積的文件。

上樓，深吸一口氣，同樣情況也出現在所有的食譜書。整理過後已經井然有序。也許我們真的會使用超過十二本食譜。

8 月 31 日

晚上 8 點：洛卡特利小廚房義式餐廳。

週年紀念晚宴。

你得小心挑選食物，鮪魚沙拉意味著浸泡在羅馬豆泥（吃起來更奇怪）中的熱鮪魚塊很難咬，羔羊肉的分量足以餵飽好幾個牧羊人。我看不清楚賓客，但**聽得到聲音**，而且燈光打在食物上，不是臉上。我們五分鐘就到家了。

9 月 2 日

9 點 30 分：白金醫療中心。

湯姆‧提克威寫了一封文情並茂的信描述《美人情園》，一位優秀的導演能理解在追求目標時的每一個細微差異。我們試圖在一個世界中運作，這世界到底是什麼樣呢？

9 月 3 日

上午 9 點：為了讓生活回歸一點正常，負責維修蒸氣房的人準時抵達，一切正常。

花了一天把瑞瑪的食譜書黏回去，按順序排列。混亂再次上演，我們在電視新聞中看到布達佩斯火車站［充滿難民］的地獄場景 [722]。另外一個地獄場景，是看著首相試圖在英國輿論的潮流中駕駛他的小船。妮可拉‧史特金很輕鬆地站上道德制高點，但卡麥隆也同樣應該抓住它。

9 月 7 日

8 點 30 分：等著要去白金醫療中心，地板突然近在眼前……[723]

722　編註：該年 9 月 1 日，匈牙利政府關閉布達佩斯東火車站，取消所有前往西邊的班次，造成數千名已獲得免簽證檢查、允許進入德國及奧地利的難民，空有車票卻無法進入車站。

723　他中風了。瑞瑪撥打 999，救護車在幾分鐘內趕到。他先被送到倫敦大學學院醫院，接著轉往國家醫院神經科。過了一、兩天，他康復了，說話也恢復正常，能自己走到卡盧西奧餐廳。親朋好友那時才知道他病得有多嚴重。

9 月 9 日
前往威靈頓醫院。

9 月 15 日
回家。

9 月 17 日
2 點 30 分：物理治療師。

她明明知道自己在做什麼，還是忍不住一直笑。我決定每當她笑的時候，都要嚴肅地看著她的眼睛。

9 月 19 日
下午 4 點：瑪格麗特・赫弗南和她的丈夫林賽（Lindsay）來訪。

她帶來了一本關於艾姆斯兄弟（Eames brothers）[724] 的書，以及一本《40 首十四行詩》（*40 Sonnets*）。我們的朋友們是如此誠摯——體貼周到又親切有禮。

晚上 8 點：露絲 / 河流咖啡廳外帶。

更多來自露絲和河流咖啡廳的貼心舉動。有羔羊肉、蔬菜、義大利帕瑪火腿、番茄佐莫札瑞拉起司、杏仁蛋糕、檸檬蛋糕、覆盆子、無花果、豌豆和迷你李子。

9 月 21 日
12 點：麗茲（Liz）——語言治療師。

她有點迷糊，包容度很高，還會建議我多閱讀。

下午 2 點：艾倫・科杜納來訪，帶來巧克力和歡樂。

9 月 23 日
上午 9 點：白金醫療中心。

3 點 30 分：莎拉・舒格曼。

坐在陽光明媚的露臺上，品嚐奧托連基 [725] 的巧克力餅乾，喝了杯茶，聊著莎拉在施爾尼斯鎮的快樂時光，而她即將前往加利利地區，要在伊斯坦堡過生日。只要你伸出手抓住機會，生活就會有如此多的機遇。

724　譯註：查爾斯・艾姆斯（Charles Eames）和雷・艾姆斯（Ray Eames），他們分別是美國著名的工業設計師和建築師。

725　譯註：約塔木・奧托連基（Yotam Ottolenghi），以色列裔英國廚師，餐廳經營者和美食作家。

10 月 2 日
7 點 30 分：史考特餐廳。

維拉莉·阿莫斯（Valerie Amos）[726]、佛瑞斯·惠特克（Forest Whitaker）、瓦希德·阿里（Waheed Alli）[727]。

10 月 3 日
下午 4 點：和伊恩·麥克連、法蘭西絲·巴伯、西恩［·馬提亞斯］，以及來自美國的友人喝茶。

10 月 5 日
12 點：前往蒙塔古廣場[728]。

10 月 7 日
白金醫療中心。

10 月 9 日
下午 5 點：蕾拉和丹尼。
散步到公園看看鴨子，然後回家喝茶。

10 月 11 日
散步到已經擴建的維特羅斯超市，然後返回。

10 月 12 日
整天在家。

10 月 13 日
2 點：野莓餐廳。
午餐。

10 月 21 日
白金醫療中心。

726 工黨貴族阿莫斯女爵，1954─。
727 工黨貴族阿里男爵，1964─。
728 他在朋友卡洛琳·霍達維的陪同下，繼續蒙塔古廣場的購屋計畫，花了約六個月的時間完成交易，然而艾倫·瑞克曼從未在那裡住過一晚。

10 月 22 日

9 點：白金醫療中心。

輸血。

7 點 30 分：慶祝瑪西亞‧費雷斯登的生日。

10 月 23 日

8 點：和約翰‧哈特（John Hart）在克隆尼燒烤餐廳用餐。

10 月 24 日

11 點 30 分：莎拉和安迪，以及孩子們。

7 點 30 分：在露比和艾德家與丹娜‧哈默斯坦聚會。

10 月 26 日

整天在家。

瘋
狂
與
深
情

11 月 4 日

9 點：白金醫療中心。

11 月 5 日

為明天整理行李。

11 月 6 日

4 點→紐約。

11 月 7 日

7 點 30 分：布魯克林音樂學院——溫蒂和大衛 [729] 的表演？

11 月 8 日

在標準飯店吃早餐，接著去惠特尼美術館——阿奇博‧莫特利（Archibald Motley）——非常生動精彩的展覽。

729　美國芭蕾舞者溫蒂‧韋倫（Wendy Whelan，1967 —）和美國編舞家大衛‧諾伊曼（David Neumann，1965 —）。

11 月 23 日

上午 11 點：前往紐約現代藝術博物館（MoMA）參觀畢卡索雕塑展。

下午 2 點：艾倫‧W 和彼得‧K（Peter K.）。

下午 5 點：瑪麗‧伊莉莎白［‧馬斯特蘭東尼奧］和帕特［‧歐康納］。

11 點：上床睡覺。

11 月 24 日

設好 4 點 30 分的叫醒電話。

5 點 30 分：搭車前往約翰‧甘迺迪國際機場。

11 月 25 日

9 點 30 分：白金醫療中心。

11 月 26 日

9 點 30 分：哈雷街。

11 月 27 日

下午 1 點：和茉蒂‧霍夫蘭、湯姆、夏洛特和蘿絲瑪莉在奇爾頓消防旅館用餐。

11 月 29 日

7 點 30 分：艾德娜──沃斯利餐廳。

11 月 30 日

下午 2 點：皇家藝術學院。

替格倫‧古爾德[730] 錄音。

12 月 9 日

9 點：白金醫療中心。

12 月 10 日

［上午］10 點：德文郡街 18 號［診所］。

730　艾倫‧瑞克曼替格倫‧古爾德基金會（Glenn Gould Foundation）的影片擔任旁白。

12 月 11 日

6 點 30 分：希恩‧湯瑪斯。

康納和西巴。

迪恩街 52 號 [診所]。

12 月 12 日

12 點 30 分：肖迪奇市政廳。

2 點 30 分：《行李箱中的死狗》（*Dead Dog in a Suitcase*）[731]。

7 點 30 分：琳賽和希爾頓。

瘋
狂
與
深
情

---

[731]　由卡爾‧葛羅斯（Carl Grose）創作，麥克‧索非德（Mike Shepherd）執導的音樂劇。

後記

——瑞瑪・赫頓（艾倫・瑞克曼之妻）

艾倫的最後一篇日記寫於 12 月 12 日，但在那之前，他已經虛弱好一段日子了。整個秋天，他愈來愈疲憊，吃得也少，經常感到噁心。但我們繼續過著原本的生活，看電影和戲劇，和朋友聚會，外食或在家招待朋友。艾倫仍舊有在工作，只是他參與的電影項目不得不中斷了。

艾倫大部分時間都坐在沙發上看電視——他當時最喜歡的兩個節目是《不要告訴新娘》（*Don't Tell the Bride*）和《我的夢幻婚紗》（*Say Yes to the Dress*）。

我們在 11 月份去紐約的旅行非常重要。再住一次我們的公寓，參加麥克・尼可斯的追思會，見見這些年來對我們意義重大的朋友。艾倫非常喜歡紐約。

在這之後，他的病情惡化，到了 12 月中旬更加嚴重。他經常疼痛，非常虛弱，常常在睡覺。我們都知道他可能只剩幾個月的時間，而不是幾年了。但是我們對化療抱持希望，希冀療程能發揮作用、控制腫瘤，於是繼續計畫聖誕節和新年活動——聖誕節預計在好友莎拉・舒格曼位於施爾尼斯鎮的美麗房子裡和一群朋友度過。新年則計畫去諾福克郡。

到了 12 月 19 日，我知道艾倫需要住院了，但我們已經邀請他哥哥大衛和大嫂克莉絲汀來家裡吃午餐，並安排晚上去看柔伊演出的戲劇。艾倫不愧是艾倫，儘管疼痛，也沒讓大家失望。我事先和醫生談過，他同意艾倫隔天再住院。艾倫如期入院。

之後，他再也沒離開過醫院。我們很快就知道我們的聖誕節計畫得取消了（當天有許多朋友和家人來探望他）。我想所有人都很清楚他的病情嚴重。艾倫仍對新年抱有期望，新年前夕當天還要我回家整理行李。然而當拎著兩個小行李箱回到醫院時，我很清楚那是不可能了。他實在太虛弱了。

新年前夕很奇特。我白天待在醫院，但艾倫一直在睡，所以我晚上 8 點左右離開。隔天，他告訴我他在昨晚 11 點 50 分醒來，還有在電視上看到跨年煙火。

艾倫生命中的最後兩個星期很不平凡。他就快走了。醫生說他的情況非常糟糕，甚至可能在聖誕節前就會離開人世，而他們已經無能為力，只能讓他不再感到疼痛。他們做到了。

最後兩個星期，艾倫的房間儼然變成一個沙龍，貝琳達做了一棵桌上聖誕

樹，艾瑪帶來一盞立燈、坐墊和沙發套。還有一個濾茶器。米蘭達在窗外掛了一個餵鳥器。我被要求從家裡帶來一盞漂亮的桌燈。

每天都有不同的友人來探望。有時，艾倫會告訴我他想見誰，除此之外，他們說來就來了。經常有很多歡笑充斥房裡，艾倫躺在床上，但笑聲仍是當中最明顯的。

他與我們親愛的朋友兼室內設計師卡洛琳‧霍達維共同設計我們新家的裝潢風格，他甚至指示：「最好再裝一個該死的貓門。」她做到了。

他設計自己的告別式，由伊恩‧瑞克森（戲劇導演）主持。艾倫選擇舉辦的地點、演說的人選和播放的音樂。伊恩和我坐在床邊，聽他決定要展示自己哪些作品。

他被愛他的人包圍，直到 1 月 13 日仍在主導身邊的一切。之後，他就不在了。2016 年 1 月 14 日早上 9 點 15 分，他去世了。我人就在現場。他沒有感到疼痛，平靜地離去。

艾倫從確診到離開只有六個月光景，胰臟癌病患一般平均存活時間約三個月。因為目前沒有診斷測試的方法，且沒有具體症狀（我已經成為英國胰臟癌協會的受託人，期望能籌措到資金，資助研究開發及診斷測試，而這些測試或許當時能挽救艾倫的生命）。

那一天，有幾位朋友來了：露比、海倫娜、艾瑪、塔拉和姪女莎拉。當晚，大家聚集在露比家中，許多的朋友、許多的回憶和許多的淚水。

2 月 3 日上午，艾倫在摯友與親人的陪伴下火化。下午的告別式在倫敦劇院區中心的演員教堂（Actors' Church）舉行，伊恩指導了一群出色的陣容，其中包括 J‧K‧羅琳。梅根‧道茲表演了一段《我的名字是若雪‧柯利》。音樂是〈放克名流〉（Uptown Funk）和湯姆‧威茲的〈Take It with Me〉。唯一一部艾倫的電影作品是彼得‧巴恩斯的《革命見證》（*Revolutionary Witness*）。喪禮最後在全體合唱〈太陽不再閃耀〉（The Sun Ain't Gonna Shine Anymore）中結束了。李察‧西爾斯（Richard Syms）牧師要求我們給予艾倫「最後一次精彩的起立鼓掌」。

附錄 APPENDIX

早期日記 The Early Diaries

艾倫·瑞克曼於 1974 年從皇家藝術學院畢業後開始記錄他的日常生活，並一直持續到 1982 年。此後，他於 1993 年重新開始寫日記，並一直持續到去世。以下摘錄自他的早期日記，內容記錄了他在伯明罕劇院（The Birmingham Repertory Theatre）、布里斯托舊維克劇場（Bristol Old Vic）和皇家莎士比亞劇團等機構的工作經歷。

1974 年

精湛的表演宛如一枚精準投擲的炸彈，強而有力地衝擊觀眾——當下，觀眾只感受到強烈的震撼，或者接二連三的波動——之後，你久久無法平復，開始思索這股衝擊的力量是如何產生。沒有任何類比能夠充分說明這一情況——有太多化學反應產生的變化，因此無法建立一個固定的等式：不同於其他藝術家，演員的表演樂器就是自己，不只是用來練習和表演——也必須使用於生活上。他必須建立一個可以練習和展示樂器的生活，唯一的方法就是演奏作為樂器的自己。梅紐因（Menuhin）用敲鑼來代表用餐時間，而不是他的史特拉第瓦里琴。史特拉第瓦里琴在擦拭完後會被鎖入絲絨琴盒中，而演員的樂器則是必須斷斷續續地吃東西，在尖峰時段搭乘地鐵。

精湛的演技需得建立在時間、心情、才華和信任的脆弱結合之上，簡直就是該死的奇蹟。更多時候，我們只是不斷反芻那些我們自以為成功的模糊記憶。

＊　＊　＊

我愈來愈覺得，你要不擁有這種才能，要不根本沒有。要學習的是去找出自己的才能，以及承擔伴隨而來的責任，或者，在沒有才能的情況下如何面對。而這取決於導師是否擁有才能。才能是靠自己產生，擁有的愈多，就能獲得愈多，有別於金錢，你根本不知道它從何而來，而如果你認為你知道，那你根本就還沒沾到皮毛。

1975 年 3 月，曼徹斯特

曾經，我面臨信心崩潰的危機，而我挺過了這段經歷，如今的我自信、強大。我的信念得以鞏固，不是因為看到了榜樣，正好相反，是因為缺少榜樣。大家說得頭頭是道，卻無法搬上檯面，無論他們如何嘗試，幾乎不可能「做到」我們在做的事——說起來無聊老套，但只有毅力和紀律，才能達到任何意義上的革命——自滿只會孕育出盲目。最終，他們不想面對，因為當把自己奉獻給一個形象、一個想法、一個角色、一齣戲和一位觀眾時，將讓他們面對風險、危機、挑戰、誠實、勇敢，還有美麗的純粹。

＊　＊　＊

演員天生沒有比其他人更加神經質，只是，他們的感官不時會經歷一次或兩次大翻新，而淨化後，他們又被送回煙霧瀰漫的世界。結果就是：變得神經質。即使沒有淨化，他們仍比大多數人上更容易顯之於外，結果：變得神經質（也

是由於過度自我，內心焦慮無法獲得紓解）。

持續的鼓勵是重要的精神糧食。

你可以連續看上好幾個小時的臺詞，反覆琢磨推敲字裡行間的意義，但在說出來的那一瞬間就全消失了。

1975 年 8 月，萊斯特

角色定型化是致命的毒藥。

演戲可以成為一個人的生命，但必須足夠豐富才能支撐起這種生命。

必須抗拒這種誘惑，直到它消失在你自己的潛意識中。

1975 年 12 月，萊斯特

戲劇是唯一能**生動**表達「這是你，這是我，這是我們的互動，這是我們可以的互動」。它既是一種慶祝、一種警示，也是一種提醒和鼓勵。必要的話可以變成一家商店、賓果廳、宮殿或公車站，只要建立一個靈活的堅實架構，並注入正確的靈魂。看看一個小孩如何利用箱子就知道了。

我的體內有一支箭，從我的心進到我的喉嚨和大腦，不斷推著我前進。他人稱之為自信心──但它並不總是存在，會以各種不同的偽裝出現，懷疑、質問、不安、懶惰。在撥離了大部分的遲鈍和模糊，當我試圖找出目標時就會冒出來。

1976 年 1 － 5 月，謝菲爾德

該怎麼說呢？關鍵時刻。三個角色[732] 讓我經歷愉悅的高峰和沮喪的低谷。一定要有基本的信念，才能保持心胸寬廣，在得到更多確認和發展的同時──堅定不移（不至於理想幻滅，或滋生出「這只是一份工作」的心病）。

1976 年 7 月

我誕生為雙魚座──思考和行為都帶有雙魚的特質。我的生活和工作朝不同方

732 這些角色來自史蒂芬・波利亞科夫的《康乃馨幫派》（ *The Carnation Gang* ）、雷克斯・杜爾尼（Rex Doyle）的《尼金斯基》（ *Nijinsky* ）和亨里克・易卜生的《復甦》（ *When We Dead Awaken* ）。

向發展，卻來自相同的起源。一貫的客觀——保持距離——對身為演員的我非常寶貴（大致上——很大的危險在於缺少驚喜，而我已經意識到這點），但在人際關係上會帶來災難。無論是花時間保持平衡，或是繼續觀察、等待、強加，我是否會真正地放手順其自然？誰把這個隱形的望遠鏡頭放在我的眼睛上，幫助我看見，也讓我失明。我享受發自內心的笑聲，這就像是某種被埋藏的寶藏。

1976 年 10 月，伯明罕

星期日的伯明罕，我隨意瞄了眼窗外。兩個女人正穿越馬路走向對街，對街有一排路樁，路樁後面是成排的商店。我不禁想起許多舊時光，特別是星期日，我獨自一人在祖父母家附近的巷弄蹓躂、踢著罐子，磚牆有時會讓我感到安心，有時恐懼——尤其是當我沿著磚牆的長度和寬度走，深深凝視著它時。我猛然大悟，原來一直以來自己記得的異樣感，不單純是孤獨，也不是我自覺到「與眾不同」，而是「等待」。等待這一刻的到來。

瘋狂與深情

1977 年 5 − 6 月

伯明罕——利物浦——蘇黎世——阿姆斯特丹——海牙——鹿特丹——恩荷芬——科隆。

9 月 1 日，坐火車到布里斯托舊維克劇場

工作時需要思索一些相對的力量。

在掌控和放手之間取得平衡。

激發內心最深處的情感。

＊　＊　＊

這是我的腦袋，它思考、交談、迷人。它擔憂、大笑、疼痛。它有上百個神奇的技巧，我以它為傲。

這是我的身體。它的外觀有趣，會出毛病，穿冬季衣服最好看。我盡可能不去理它。算它好運，要不是我需要身體來擔任腦袋的司機，否則它就得走人了。

1977 年 11 月，布里斯托舊維克劇場

在恐懼和未知的力量驅使之下，我來到這裡，它們開闢了通往前方叢林的道路。在這裡，不能以本能的喜悅面對角色，否則會陷入先入為主的困境。必須

保持令人痛苦的客觀。雷爾提斯（Laertes）[733]、烏布媽（Ma Ubu）[734]、烏利亞（Uriah）[735] 都是我不熟悉的領域，光靠勇氣是不夠的──需要有人爲我指引出一條更有價值、更危險的路徑和風景。天知道未來十年會面臨什麼，但我現在必須尋求專家，帶著我的客觀和意願向他們請益，精益求精。

1978 年 1 月

如今寫作變得困難，顯示我在布里斯托度過的時光成爲一個重要轉折點。有兩個奇妙且衝突的特質讓人感受到這點。其一是──不斷挖掘枯竭的水源導致脖子以下麻木──盲目的侵略。其二是──義無反顧要成爲一名**眞正的演員**，而不是任何人的傀儡，更不是錄音玩偶。我是戲劇的僕人（這也意味著慷慨對待其他演員，以及願意傾聽導演的話），不是舞臺外遭人曲解的形象。

1978 年 3 月 20 日

這是……我在皇家莎士比亞劇團的第一天──長久以來的夢想。搭計程車去尤斯頓車站的路上，自己的一生彷彿在眼前閃過──典型地差點錯過火車，而倫敦最後的畫面是斯坦霍普劇院[736]，夢想孕育之所。同樣典型的是，這段經歷因過多的幻滅而變得平淡──然而，你再次獨自一人，爲戰鬥而穿上裝甲。這與生存有關，但更多的是裝甲帶來的勇氣，總有一天，我可以卸下這身裝甲。萬歲！你好！自由的精神。一個介於卡利班（Caliban）[737] 和艾瑞爾（Ariel）[738] 之間的費迪南（Ferdinand）[739]。

8 月，《安東尼與克麗奧佩托拉》排演

諷刺的是這空白的一頁。經歷過去幾個月的噩夢之後，翻閱這本日記是爲了找出原因。但與彼得‧布魯克共事彌補了一切，也讓一切變得更加清晰。同樣的，

733　譯註：莎劇《哈姆雷特》中的一個角色。他是哈姆雷特的好友，認爲哈姆雷特殺了他的父親，因此策劃要報復哈姆雷特。

734　譯註：《烏布王》（*Ubu Roi*）中的角色，她是烏布爸（Papa Ubu）的妻子。在劇中，她煽動烏布篡位成爲波蘭國王，是一位極度貪婪、陰險並有控制欲的女性角色。

735　譯註：聖經中的人物，大衛王想得到他的妻子，將他安排到前線，使他遭受敵軍攻擊而亡。烏利亞這個名字之後演變成受害者和犧牲品的代表。

736　斯坦霍普劇院（Stanhope Theatre），位於尤斯頓路，是艾倫‧瑞克曼 1965 年演出的地方。

737　譯註：莎劇《暴風雨》（*The Tempest*）中的角色。原始野蠻，半人半獸，生活在一座荒島上，在主角普洛斯彼羅（Prospero）到來之後，成了他的奴隸。

738　譯註：莎劇《暴風雨》中的角色。初階精靈，擁有強大的魔法能力，被主角解救，經常協助主角完成各種任務，希望普洛斯彼羅償還自己自由。

739　譯註：莎劇《暴風雨》中的角色。那不勒斯的王子，其形象被描繪為一個年輕而充滿希望的男子，有著堅定的信仰和勇氣，並且對愛情充滿熱情。

這一頁空白就像我在藝術學校和皇家藝術學院頭幾個星期的感受一樣，它的空白摧毀所有預設想法，重獲天真。一個可以自由發揮的自由空間。

幾天過去……現在我看見他的脆弱──就意義上來說，他是藝術家，花了八年的時間建立自己的畫布，如今被要求使用別人的顏料、別人的時間框架。我似乎察覺到他的恐慌了？他想在被定義之前就開始上色。也許他也需要鼓勵。

10 月 8 日──媒體之夜前的星期日

製作任何一部如此困難的戲，難免會遇到難以解決的需求。然而在過去兩個月，為了將劇團和戲劇結合在一起，需要高度的專注和努力，再加上週二晚上逐漸逼近的龐大壓力，使得戲裡的某些關鍵之處出現了盲點。而之所以關鍵，在於那是一齣戲的開頭和結尾。

瘋狂與深情

寫下這段曲折的文字，是因為我必須正視自己正處於嚴重不安的狀態（週日晚上和露比·懷克斯的對話）。我讓自己變得麻木不仁，思緒擺脫身體自立門戶。不給自己驚喜──和危險保持距離。生活是由一連串的習慣組成。有道聲音吶喊著：「振作起來！」這有一部分原因，肯定來自我無法順利表達想法──因為它們現在並不存在我的腦袋裡。我是緬懷過去和展望未來的混合物，得用「現在」來建立連結。行動吧。

1979 年 5 月 21 日

在失業救濟隊伍中，時鐘指向 89，而我在 00 的位置，這就是現在。皇家莎士比亞劇團已成過去，未來用數種面孔嘲笑我。我雙臂交叉，緊握拳頭回望。

1979 年 7 月，倫敦，新維克劇院──
《只屬於你》(*Desperately Yours*) [740] 之後

懷疑自己能否就此投身於導演工作。看首演之夜宛如被食人魚吞噬，周圍的人卻無動於衷，沒有回饋，沒有宣洩。但我有能力，極欲需要鍛鍊。

1979 年 10 月，諾丁漢──《安東尼奧》[741]

持續的噩夢，我謙卑地理解到需要一位導演。我的第三隻眼睛變得極度敏感，無法專注在任何事上。當憤怒稍加平息，在某一奇特的瞬間，我可以「抓住迸發而出的情感」，然而，沒來得及深入探索，我的不安讓我「意識」到它，並

740　露比·懷克斯的首場演出。

741　《安東尼奧的復仇》(*Antonio's Revenge*)，約翰·馬斯頓（John Marston）創作的劇本，艾倫·瑞克曼擔綱演出。

抑制住它。我清楚看到其中的缺點和可能性——前者大量朝我逼近，後者模糊且遙遠。

其中，《紅杏出牆》[埃米爾·左拉創作的小說]——讓我感到一絲溫暖的慰藉，身邊還是有一些人知道自己在做什麼。

1980 年 1 月，格拉斯哥公民劇院

邁入新的年代？依然有點麻木。我依靠自己的直覺，拒絕了原本在等待的工作，這也算是進步。另外兩份工作吃了閉門羹，出於（1）對我心理健康的尊重（2）我的自尊心。我在各方面愈來愈能察覺到跡象並遵從。清晰地從這場表演看到我目前面臨的障礙。

我不該用淡到幾乎看不清的灰色鉛筆寫下這些東西，太像某種道歉了。

1980 年 2 月，謝菲爾德克魯西布劇院（Crucible Theatre）

這個劇院直接或間接地替我的人生重新注入新活力，溫暖的血液裡充滿樂觀，感覺真好。我回顧部分日記內容，過去六年似乎一直遊走在混亂和虛假之中。我變得不那麼「包裝」自我，也不再那麼理想主義。進入「職場」意味著競爭。沒有人光靠一張嘴就能衝過終點線。終點線？別再想贏得別人注意，必須迎頭趕上，取得領先。

1980 年 6 月，倫敦布什劇院（Bush Theatre）——
排演《承諾》[*Commitments*，達斯蒂·休斯（Dusty Hughes）著]

這本日記充滿「命運性時刻」，只期望那些模糊掉的記憶已轉化成潛意識，讓過去這幾個月展現出成果。

《惡魔本人》[*The Devil Himself*，賽佛勒斯·羅格（Severus Rogue）所著]讓人太開心了——非常欣慰精彩的素材依然可以激發想像力，再加上演員的相互信任（雖然薄弱），仍舊可以創造出神奇魔法。

現在最開心的是和理查·威爾森合作，他說「不要只是表演，要表現出來」，還有其他上百種長期淡沒在戲劇學校裡的演技指導。

1980 年 9 月，甘迺迪機場

當我坐在這裡看著潰瘍不斷擴大，感官銀行應該有大筆的進帳。聲音和景象會帶來截然不同的刺激。在紐約的時光像是日記中的一面鏡子，有些段落清楚果決，多數則經過刪改和重複。多倫多有時是種解脫，有時則讓人想起不被理解的古老陷阱。但有一種放鬆，讓我能看著美國尼加拉瓜大瀑布上的彩虹——穿著黃色塑膠雨衣的生物走上搖搖欲墜的階梯。

甘迺迪機場——磨肩接踵的混亂。比多年前的希臘渡輪還不文明。麥克風一次又一次召喚同一個人到「紅色內部電話」——9點05分的航班沒有位子——心情沉悶——懷抱希望的乘客問著相同問題，地勤人員不勝其煩，背景音樂暗自發笑。

1980 年 12 月 9 日

廣播說約翰·藍儂死了……我的過去有一部分被移除，不，也許是更加不可撼動。就像今天，即便你不主動尋找答案，生命仍會告訴你一些事情。昨晚，電視播放了戲劇頒獎典禮，我想要其中一座——但我極力擺脫這個念頭。約翰·藍儂的死亡打擊來得猛烈沉重。此刻是那樣毫無意義——可不能讓它白費了（我不想永遠像這樣觀察自己的感受——他也有一樣的抱怨：「要是我不知道自己面向何方，我要如何前進？」）

1981 年 8 月 30 ～ 31 日，從愛丁堡搭臥鋪列車回家——
《卡拉馬助夫兄弟們》(*Brothers Karamazov*) [742]

之前說的反諷是無止境的。和麥克斯·斯坦福－克拉克合作，展開一場難以言喻的排演時期。我扮演一個性格內向的人，卻因怒不可遏，盡顯出性格外向的一面。最終，留下的回憶是午餐時間獨自一人在布萊頓海灘 [排演地點]，以及開場時的一片驚嘆之聲。依然能在這部戲裡找到真正的生命，等著瞧。

俄羅斯的紀錄

9 月 7 日，凌晨 1 點，莫斯科

要像這樣在旅行中抓住機會。可怕的旅程，本來只需要花上三小時——最後在星期天凌晨5點才抵達我們的房間。早在4點時，我們吃著（打包的）三顆水煮蛋、五顆蘋果、軟乳酪和蘋果果醬。當早餐的香腸和豌豆出現時，這肯定是有事發生的預兆。無聊的星期日晚上，在莫斯科沒事可做，沒處可去，沒人可問。我們興高采烈來到伊果（Igor）、譚雅（Tanya）和譚雅母親芙蘿菈（Flora）的住處。美食、紅酒、白蘭地、夥伴和玩樂。簡單的快樂是最棒的。

星期一晚上

有什麼比得上聽卡加利茨基一家人說話呢？這些思想家多年來一直在桌邊安靜思考。他[743]說布魯克不知道該如何評論這個世界。「有時候，歷史困難但英勇，

742　譯註：俄國作家杜斯妥也夫斯基的經典名作。

743　朱利葉斯·卡加利茨基（Julius Kagarlitsky），1926 — 2000，俄羅斯評論家，曾在莫斯科國家戲劇學院擔任歐洲戲劇教授。

今天，它是困難而可恥。」鮑里斯[744]（Boris）認為，俄羅斯九年內會出現自己的華勒沙[745]。

星期二

國家表演藝術學院。一座大器的建築，學生們合作無間，舞臺充滿共鳴、回音和能量，這是任何一位演員都無法單獨創造出來的；如此開放，令人感受到強烈衝擊，感動莫名。和莫斯科藝術學院相比，這是個截然不同的地方。我原本應該可以多待幾個小時，但身為旅客的壓力太大，遊覽車把我們統統帶去吃午餐，接著參觀修道院……

莫斯科，列寧格勒車站──等待夜間列車

和我們的口譯員蓮娜（Lena）道別──一名出色的吉普賽女子，擁有一雙黑眼睛，以及預知未來的驚人天賦。她形容她自己「獨具魅力但孤獨」，還跟我說：「你需要她的忠誠和耐心，但不要期望得到她全部的愛，她無法給予。她一向能照顧好自己，當你傷害到她，她或許一言不發，但已銘記在心。當你墜入愛河，這份愛會持續得比多數人都久，但你會在愛情中嘗到懷疑和嫉妒……」
這趟火車之旅既愉快又討厭，好玩，有笑有淚而且冷得要命。當你冷到的時候，一切都顯得沒什麼大不了。

列寧格勒──演出《卡拉馬助夫》之後

相較於昨晚在基洛夫劇院（Kirov Theatre）聽到熱烈「喝采」，（星期天）青年劇院的喝采就顯得敷衍許多。他們明顯對我們更加有興趣，增添了一絲奇怪的孤立主義（奇怪？）氛圍。普希金劇院（Pushkin Theatre）同樣令人驚豔……在一次正式交談中，一位女演員提到「靈性」，她那晚的演出充滿熱情、激動人心。上帝祝福她，她今晚有來看我們表演。我們連一杯水都沒辦法招待。「妳應該事先說的。」

提比里斯迪納摩足球賽後

喬治亞真是一個與眾不同的國家，有自己的聲音、景色和味道。地鐵裡有秤重機和秤重機管理員，可以秤體重，或是一袋袋馬鈴薯。站在美麗的魯斯塔維利劇院（Rustaveli Theatre）舞臺中央，熱氣壟罩下來。考慮到污水問題，不太敢去游泳。一家剛站穩腳步的酒店。在比賽中，每個人都坐在報紙上，以保護

744　俄羅斯社會學家和異議份子鮑里斯・卡加利茨基（Boris Kagarlitsky），1958 ─。
745　萊赫・華勒沙（Lech Wałęsa），1943 ─，波蘭政治家，異議份子和諾貝爾和平獎得主。

辛苦得來的褲子。七萬人在一個半小時內不斷地吶喊，撼動場地。我一定要再回來這裡收集更多線索——他們過著一種平衡的生活方式——不被高樓大廈壓抑。維持農業根基，在一個僅有伯明罕人口數的地方，卻有十三座劇院。我不知道真相是什麼，即便是一場騙局我也樂在其中。

1981 年 11 月，倫敦

《卡拉馬助夫兄弟們》昨晚在西區劇院上映。明天要在布什劇院開幕——演員還得扮演導演的心理醫生。我們的想像力是他最好的禮物——哪裡會有威脅？天啊，如果你的靈魂一團糟，心靈就會在烏漆抹黑的走廊裡狂奔。我有一部分的自己從未離開童年——必須想辦法找出它，告訴它快點長大。我將繼續把最接近的子宮當成避難所；感情、朋友、公寓和床。我像往常一樣誇張，但也意識到同時朝著兩個方向前進。我必須提醒自己事情可以改變，此刻有一股衝動（我自己也不懂），想讓手臂滑過壁爐架。

瘋狂與深情

1982 年 7 月

從克里特島和埃及回來的第二天。

上午 8 點——陽光普照、萬里無雲，提醒了這本日記可以當成我人生中的正能量，有很多頁需要劃上一道粗黑線。

索引

※ 索引編排順序為數字、A—Z，依次為英文、中文譯名、頁數項位。

490

索引

H

M

瘋狂與深情

瘋狂與深情

瘋狂與深情

索引

國家圖書館出版品預行編目資料

瘋狂與深情：艾倫‧瑞克曼日記絮語 / 艾倫‧瑞克曼
（Alan Rickman）著；朱崇旻、林小綠 譯. -- 初版. --
臺北市：春光, 城邦文化出版：家庭傳媒城邦分公司
發行, 2023.05
面； 公分
譯自：Madly, Deeply: The Diaries of Alan Rickman
ISBN 978-626-7282-07-6（平裝）

784.18   112002713

瘋狂與深情：艾倫‧瑞克曼日記絮語

原 書 名／Madly, Deeply: The Diaries of Alan Rickman
作 者／艾倫‧瑞克曼（Alan Rickman）
譯 者／朱崇旻、林小綠
企劃選書人／劉瑄
責 任 編 輯／劉瑄　　名詞校對整理／Cassie

版權行政暨數位業務專員／陳玉鈴
資深版權專員／許儀盈
行 銷 企 劃／陳姿億
行銷業務經理／李振東
總 編 輯／王雪莉
發 行 人／何飛鵬
法 律 顧 問／元禾法律事務所　王子文律師
出 版／春光出版
　　　　　　台北市 104 中山區民生東路二段 141 號 8 樓
　　　　　　電話：(02) 2500-7008　傳真：(02) 2502-7676
　　　　　　部落格：http://stareast.pixnet.net/blog E-mail：stareast_service@cite.com.tw
發 行／英屬蓋曼群島商家庭傳媒股份有限公司城邦分公司
　　　　　　台北市中山區民生東路二段 141 號11 樓
　　　　　　書虫客服服務專線：(02) 2500-7718 / (02) 2500-7719
　　　　　　24小時傳真服務：(02) 2500-1990 / (02) 2500-1991
　　　　　　服務時間：週一至週五上午9:30～12:00，下午13:30～17:00
　　　　　　郵撥帳號：19863813　戶名：書虫股份有限公司
　　　　　　讀者服務信箱E-mail: service@readingclub.com.tw
　　　　　　歡迎光臨城邦讀書花園 網址：www.cite.com.tw
香港發行所／城邦（香港）出版集團有限公司
　　　　　　香港灣仔駱克道 193 號東超商業中心 1 樓
　　　　　　電話：(852) 2508-6231　傳真：(852) 2578-9337
　　　　　　E-mail：hkcite@biznetvigator.com
馬新發行所／城邦（馬新）出版集團　Cite(M)Sdn. Bhd
　　　　　　41, Jalan Radin Anum, Bandar Baru Sri Petaling,
　　　　　　57000 Kuala Lumpur, Malaysia.
　　　　　　Tel: (603) 90563833 Fax:(603) 90576622　E-mail:cite@cite.com.my

封 面 設 計／朱陳毅
內 頁 排 版／HAMI
印 刷／高典印刷有限公司

■ 2023 年 5 月 30 日初版一刷　　　　　　　　　　Printed in Taiwan

售價 / 699元

城邦讀書花園
www.cite.com.tw

ISBN　978-626-7282-07-6

104 台北市民生東路二段 141 號 11 樓

英屬蓋曼群島商家庭傳媒股份有限公司
城邦分公司

- -

請沿虛線對折，謝謝！

愛情・生活・心靈
閱讀春光，生命從此神采飛揚

春光出版

書號：OK0142　　　書名：瘋狂與深情：艾倫・瑞克曼日記絮語

讀者回函卡

填寫回函卡並寄回春光出版社，就能夠參加抽獎活動，有機會獲得以下
《哈利波特》聯名商品（隨機出貨）！

・石內卜一撕淌三步殺 含框3D海報
・ALWAYS 鍍金把手卡布奇諾杯
・CSD中衛【哈利波特】學院款聯名口罩－成人(40片/組)
・CSD中衛【哈利波特】學院款聯名口罩－兒童(40片/組)

※即日起至2023年9月30日止 （以郵戳為憑）
※得獎公布：共計8名，請後續關注春光出版臉書粉絲團
　公布獲獎者。（活動詳情請查閱粉絲團貼文公告）

注意事項：
1.本回函卡影印無效，遺失或毀損恕不補發。
2.本活動僅限台澎金馬地區回函。
3.春光出版社保留活動修改變更權利。

「春光出版」臉書粉絲團

謝謝您購買我們出版的書籍！請費心填寫此回函卡，我們將不定期寄上
城邦集團最新的出版訊息。亦可掃描QR CODE，填寫電子版回函卡。

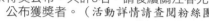

姓名：＿＿＿＿＿＿＿＿＿＿＿＿＿＿＿＿＿＿

性別：□男　□女

生日：西元＿＿＿＿年＿＿＿＿月＿＿＿＿日

地址：＿＿＿＿＿＿＿＿＿＿＿＿＿＿＿＿＿＿

聯絡電話：＿＿＿＿＿＿＿＿＿＿　傳真：＿＿＿＿＿＿＿＿＿

E-mail：＿＿＿＿＿＿＿＿＿＿＿＿＿＿＿＿＿

職業：＿＿＿＿＿＿＿＿＿＿＿＿＿＿＿＿＿＿

您從何種方式得知本書消息？
　　　□ 書店 □ 網路 □ 廣播 □ 親友推薦

您通常以何種方式購書？
　　　□ 書店 □ 網路□ 其他＿＿＿＿＿＿＿＿＿

您喜歡閱讀哪些類別的書籍？
　　　□ 財經商業 □ 自然科學 □ 歷史 □ 法律 □ 文學
　　　□ 休閒旅遊 □ 人物傳記 □ 小說 □ 生活勵志 □ 其他

very
beautiful
and sunny
Sunday
in
the park
thank
you.

pm a walk around the
Serpentine with Kathy Lette
well, not the Serpentine — to
the new pavilion (excellent —
airy, complicated and beautiful)
and back.

pm Chicken supper watching
some of Glastonbury and
wishing time didn't hurtle by!

和朋友共度的「愉快夜晚」
（2013年8月31日）

在南非普林格爾灣渡假。
（2015年1月3日—1月4日）

在南非海灘。
（2014 年跨年）→

拍攝「船屋場景」—又稱「石內卜之死」—《哈利波特與死神的聖 II》。
（2009 年 11 月 26 日）

↓

NEW YEAR'S EVE

WEDNESDAY
December
31

Blazing hot day on the beach.
We escaped, temporarily to
the V+A waterfront, but it is
one of those days when it is too
hot outside, too warm inside.
A beer, a coke, a tangerine...

and her
friends Imimaine Francis and
Stephan the Heart Surgeon
and the brothers chef and mechanical
engineer and their mother, and
Nadia, the LGBT festival Director
etc. Wonderful Bourillabaisse, wonderful
Mocha ice-cream. Then back to 6A this
where a full beach party is going on
and at 12, lanterns flew into the sky
along with fireworks from the hundreds
on their blankets below. Magical.

7 6 A is

2009   **November**   329-36 Week 48

Wednesday
25

8 am

9   HP. 6th pickup.

10   To the Flight Shed...
Cold, wet, aggravating but the
crew spun miles away so Ralph

11   and I can just get on with
inching our way towards the scene.
David Y. stubborn as ever about

12 noon   V. Killing me with a spell.
(Impossible to comprehend, not
the result but wrath of

1 pm   this matter.)
Great working with Ralph though.
Direct and true and inventive

2   and free.

3

4

5

6   Back home and R (narrative
brainbox) immediately say

7   "He can't kill you with a spell
— the only one that would do
that is Avada Kedavra and

8   it kills instantly — you wouldn't
be able to finish the scene..."

November
S M T W T F S S M T W T F S S M T W T F S S M T W T F S S M
1 2 3 4 5 6 7 8 9 10 11 12 13 14 15 16 17 18 19 20 21 22 23 24 25 26 27 28 29 30

2009   **November**   330-35 Week 48
Thursday
Thanksgiving Day

Thursday
26

8 am

9   HP. 6th pickup.

10   and the scene goes on through
the day and the angles and
the lenses. The death of Snape.

11   Nearly ten years later.
at least it's fun down to two

12 noon   action (and R strew of X's for
forgive the smoke)

1 pm   David to vulnerable and endearing
when he's excited. And he is
on this scene. It's the absolute

2   example of what can happen
when a couple of actors pick a
scene up off the page and work

3   with the story, the space and
each other.
Stewart Craig's Boathouse gave

4   us something iconic, and
evocative as I said at one
point to David — It's a bit

5   epic and Japanese.

6

7

8   Home, cream crackered, to a
bowl of gazpacho. And
sprouts. Bizarre heaven.

December
S M T W T F S S M T W T F S S M T W T F S S M T W T F S S M
1 2 3 4 5 6 7 8 9 10 11 12 13 14 15 16 17 18 19 20 21 22 23 24 25 26 27 28 29 30

臺上：艾倫與海倫・米蘭在奧利佛劇
（Olivier Theatre）出演《安東尼與克
奧佩托拉》（1998 年），以及和琳賽・
肯在奧伯里劇院（Albery Theatre）演 ──→
私生活》（2001 年）。

艾倫初次參演電影，飾演
《終極警探》（1988 年）
中的犯罪首腦漢斯・格魯
伯，以及在《人鬼未了情》
（1990 年）中和茱麗葉・
史蒂芬森聯合主演。

《俠盜王子羅賓漢》
（1991 年）、《新愛情
樂園》（1995年）與《理
性與感性》（1995 年）
劇照。

飾演《豪情本色》(1996 年)
中的艾蒙・戴・瓦勒拉，連
恩・尼遜飾演麥可・柯林斯，
以及在《怒犯天條》(1999
年)中飾演墮天使，揹著令
他背部受傷的翅膀。

和艾瑪・湯普遜共演愛情
喜劇《愛是您・愛是我》
（2003 年），以及《哈
利波特與火盃的考驗》
（2005 年）中備受喜愛的
巫師賽佛勒斯・石內卜。

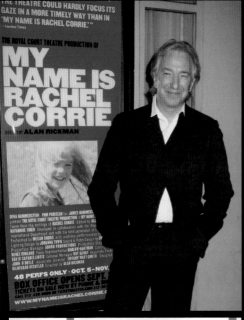

艾倫與凱瑟琳‧瓦伊納共同編寫的舞臺劇《我的名字是若雪‧柯利》（2006 年）首演。

《香水》（2006 年）—— 改編自徐四金（Patrick Süskind）的小說 —— 劇照。

← 和柯林‧佛斯同演《冤家偷很大》（2012 年）。

攝《美人情園》（2014 ） 的過程，艾倫擔任 演並飾演男主角路易 四。

選自艾倫個人收藏的
相片,其中兩張包括
他的靈魂伴侶瑞瑪·
赫頓 —— 一張在《美
人情園》片場上,一
張在去阿拉斯加旅遊
時拍攝。兩人在十多
歲時認識,後來 2012
年在紐約結婚。